맥을 잡아주는 세계사 02

로마사

帝国时代 国罗马
编者：《图说天下. 世界历史系列》编委员

맥을 잡아주는
세계사
02

로마사

맥세계사편찬위원회 지음
김덕수 교수 감수(서울대 역사교육과)
강치원 교수 추천(강원대 사학과)

느낌있는책

역사상 두 번은 없을
거대한 제국을 건설한 로마는
500년간 티베리스 강 유역에 자리한 약소국이었다.
그렇다. 로마는 하루아침에 이루어지지 않았다.

5000년 인류 역사를 담은
장쾌한 대하드라마

역사는 장대한 대하드라마이다. 그것도 아주 잘 짜인. 사건이 일어나게 된, 일어날 수밖에 없는 명확한 이유가 있고, 그로 인해 전개될 이야기는 전후 관계가 딱딱 들어맞는다. 각각의 시대를 살아 낸 사람들의 이야기는 너 나 할 것 없이 드라마보다 더 드라마틱하다. 그야말로 파란만장하다.

역사란 드라마틱한 시대를 살아 온 사람들의 파란만장한 삶에 관한 이야기이다. 그 속에 생존을 위한 몸부림이 있고, 종족과 전쟁이 있으며, 문화와 예술이 있고 국가와 민족이 있다. 권력을 향한 암투와 뜨거운 인류애가 함께 숨 쉬는가 하면, 이념과 창조, 파괴, 희망이 춤춘다.

인류의 역사는 희망적인가. 우리가 역사를 통해 배우고 이를 삶에 적용하는 한 인류의 역사는 희망적이다. 이것이 우리가 역사를 알아야 하고 이 시대의 문제에 대한 해답을 역사에서 찾아야 하는 이유이다.

역사는 읽는 것이 아니라 보는 것이라 했던가. '맥을 잡아주는 세계사'는 마치 대하드라마를 보는 듯 한 권, 한 권이 잘 짜인 책이다. 인과 관계가 명확하니 행간과 맥락이 머릿속에 쏙쏙 들어온다. 600여 개의 에피소드는 드라마를 흥미진진하게 이끌고 가는 매개체이며, 2,000여 장에 이르는 시각 자료는 세트, 정지 컷, 의상, 소품 구실을 한다. 에피소드는 어느 한 곳에 치우치지 않도록 다양한 시각을 담은, 다양한 사료를 바탕으로 꾸몄다.

각 권은 50여 개의 장으로 이루어진다. 각 장이 시작될 때마다 해당 시기와 등장인물이 어김없이 소개된다. 또한 그때 다른 곳에서는 어떤 일들이 벌어지고 있었는가를 별도의 연표로 제시한다. 그렇다. 드라마이므로 배경이 되는 시기가 있어야 하고, 주인공이 있어야 하며, 전후좌우의 맥락을 살피기 위해서는 주인공을 둘러싼 시대의 흐름도 아울러야 한다. 이러한 플롯으로 그리스와 로마, 이집트 역사를 통해 고대 문명의 원형을 찾아보고, 중·근세 유럽의 강국 영국, 프랑스, 독일을 거쳐 근세 일본과 중국, 미국, 러시아까지, 한 편, 한 편 완성도 높은 드라마로 빚어내어 역사의 거대한 흐름 속으로 독자들을 끌어들이려 한다.

  과거에 대한 올바른 인식 없이, 올바른 현재적 삶도 없다. '맥을 잡아주는 세계사'는 독자들에게 한 걸음 더 가까이 다가가 말을 건네는 책이다. 우리 삶을 더 인간답게 가꾸어 가기 위해 우리는 무엇을 고민해야 하고, 어떻게 해야 할지를 묻는다. 물론 그에 대한 답은 독자 스스로 찾아야 한다. 이 책 안에서 펄펄 살아 움직이는 역사를 통해.

  자, 이제 모든 준비가 끝났다. 독자들이여! 5000년 인류 역사의 거대한 물줄기! 그 장쾌한 대하드라마 속으로 함께 빠져들어 보자. 그것도 아주 열렬히.

  – 맥세계사편찬위원회

역사 속에서 거침없이 튀어나온 인물들과의 조우

역사는 과거와 현재와 미래의 대화라고 합니다. 현재의 가치가 과거의 사실을 만납니다. 현재는 과거와 미래에게 자신의 삶에 대해 묻습니다. 어디서 왔는지, 제대로 살고 있는지, 어떻게 살아야 하는지……. 현재가 치열하게 고민한 것일수록 과거가 들려주는 답은 명확합니다. 과거의 이야기는 여기에서 머물지 않습니다. 미래까지 적나라하게 제시합니다. 고대 로마의 정치·사회사에서 한국의 현재를 읽어 내는 일이 가능할까요? 물론입니다. 어디 현재뿐이겠습니까? 미래를 예측할 수도 있습니다. 왜냐하면 미래는 실천과 의지의 소산이기 때문입니다. 그것은 바로 과거를 아는 자들의 몫입니다. 이것이 바로 역사를 알아야 하는 이유입니다. 그래서 역사는 과거의 사실과 현재의 가치와 미래의 의지의 대화입니다.

이런 점에서 볼 때 최근 일어난 교학사의 한국사 교과서 역사 왜곡 논란은 참으로 안타까운 일이 아닐 수 없습니다. 편향된 시각으로 집필된 역사교과서가 자라나는 세대들에게 우리 역사를 바로 알고 현실을 직시하며 미래를 준비하는 토대를 제공할 수 있을까요? 역사를 잊은 민족에게 미래란 없다고 했습니다. 이념 논쟁을 떠나 역사 교육에 대한 사회적 합의가 절실합니다.

느낌이 있는 책에서 의욕적으로 출간한 '맥을 잡아주는 세계사' 시리즈를 보고 세 번 놀랐습니다. 가장 먼저 본문 구성이 매우 독특하다는 데 놀랐습니다. 마치 독자들이 날개를 달고 그 지역 상공을 날면서 여행을 하듯 쓰인 서술 방식은 그간의 역사서에서는 찾아보기 어려운 점입니다. 시간의 흐름에 따라 역사적 사건의 현장이 펼쳐지면서 그 시기에 가장 중요했던 인물이 등장하여 종횡무진 맹활약을 합니다. 이러하니 마치 다큐멘터리나 한 편의 영화를 보는 듯 지면이 살아 움직입니다. 두 번째로 놀란 것은 시간의 흐름에 따른 종적 편성 외에 신화, 축제, 교육, 건축, 예술, 여성 등 다양한 테마를 다룬 횡적 편성을 통해 생활사까지 아울렀다는 점입니다. 정치·사회사 중심의 역사서에서 놓치기 쉬운 생활사를 단원 말미에서 종합적으로 서술함으로써 두 마리 토끼를 모두 잡는 데 성공하였습니다. 마지막으로 놀란 것은 꼼꼼한 구성입니다. 각 단원이 시작될 때마다 시기와 주요 인물 혹은 사건이 제시되고 그 아래 총체적인 세계사의 흐름을 알 수 있는 비교 연표를 제시하여 독자들의 머릿속을 깔끔하게 정리해 주고 있다는 점입니다. 필요한 자리에 적절하게 들어간 사진 자료들은 한눈에 보아도 귀한 자료임을 알 수 있습니다.

　이 책은 중국 최고의 인재들로 구성된 중국사회과학원과 베이징대학 등 중국 유수 대학 사학과 교수진이 기획과 집필을 담당하였습니다. 우리로서는 그간에 주로 접해 왔던 서양이나 일본 학자들의 시각에서 벗어나 중국 역사가들의 새롭고 참신한 사관을 접할 수 있다는 점에서 흥미로운 일이 아닐 수 없습니다. 고대 그리스에서 시작되는 여행은 전 세계 곳곳의 상공을 날며 생생한 역사의 현장을 돌아봅니다. 그 현장에서 만나는 주인공들은 더 이상 박물관에 놓인 초상화 혹은 조형물이 아닌, 따스한 피를 가진 한 인간입니다. 그들과의 만남, 생각만으로 벌써 가슴이 뜁니다.

– 강치원, 강원대 사학과 교수, 경기도율곡교육연수원장

학문적 연구 성과에 기초한 입체적 구성 충실

하루가 다르게 변해 가는 이 시대에 2천여 년 전에 펼쳐졌던 로마 역사는 어떤 의미가 있을까? "영국만 아는 사람은 영국을 모른다."는 영국 속담이 있다. 자기 나라 역사의 중요성 못지않게 다른 나라의 역사를 아는 것이 얼마나 중요한지를 잘 보여 주는 말이다.

오늘날 역사 속의 로마 제국은 사라진 지 오래전이고 로마라는 도시는 이탈리아의 수도일 뿐이다. 그럼에도 '모든 길은 로마로 통한다.', '로마는 하루아침에 이루어지지 않았다', '영원한 로마', '로마의 휴일' 등 로마를 소재로 한 명언들을 자주 만난다.

지금부터 2천여 년 전 로마 인들은 한때 지중해를 '우리 바다'(마레 노스트룸)라고 불렀고, 유럽, 아시아, 아프리카에서 지중해와 접한 곳에는 어디를 가든지 로마의 유적들이 남아 있어 로마 문명이 얼마나 멀리까지 영향력을 행사했는지를 알게 해 준다. 로마 인들은 그리스에서 시작된 서양 고대 문명을 완성시켰고, 로마 공화정치, 로마 가톨릭 교회, 로마법, 로마숫자, 라틴 알파벳 등에서 볼 수 있듯이 중요한 유산들은 중세, 근대를 거쳐 오늘날까지 이어지고 있다. 로마 문명은 서양 문명의 뿌리인 셈이다. 따라서 오늘날 서양 문명이 세계화라는 이름으로 전 세계로 퍼져 나간 현실을 생각할 때 로마사에 대한 이해는 곧 서양 문명의 근원에 대한 이해라고 할 수 있다.

　지금까지 국내에 소개된 로마사에 대한 지식은 주로 서양 학자들이나 일본 역사가들이 내놓은 것이었다. 그런데 이번에 번역 출간된 '맥을 잡아 주는 세계사' 시리즈의 로마사는 중국의 로마사 연구 수준과 인식을 보여 준다는 점에서 흥미롭다. 이 책의 본문은 로마 시대의 문헌 자료들에 대한 학문적 연구 성과에 근거하여 서술하였으면서도 벽화, 조각, 유적 사진 등 다양한 자료들을 함께 제시하여 일반 독자가 로마 역사의 전개 과정을 입체적으로 이해할 수 있게 했다. 각 단원 앞 '한 눈에 보는 세계사'에는 다른 지역에서 일어난 주요한 사건들을 제시함으로써 비교사적 이해를 가능케 했고, 단원 곳곳에 배치된 '테마로 읽는 세계사' 코너는 로마사의 중요 사건이나 개념들을 잘 정리해서 로마사에 대한 이해를 심화하는 데 도움이 된다. 이 책은 학문적 연구 성과가 충실히 반영된, 그러면서도 쉽게 읽히는 로마사 개설서로서 로마사에 관심이 있는 독자 누구에게나 일독을 권하는 바이다.

－ 김덕수, 서울대학교 역사교육과 교수

CONTENTS

1 로마의 건국과 팽창

2 새로운 사회 질서로의 재편

3 귀족과 평민 간의 갈등

4 로마의 전설, 카이사르의 등장

5 세계의 제국으로 떠오르다

6 로마의 역사를 빛낸 인물들

7 사분 통치와 서로마 제국의 멸망

Ancient Rome

맥을 잡아주는 세계사

The flow of The World History

제1장 | 로마 건국과 팽창

1 고대 로마 신화

로마 이전 시대와 로마의 창건에 얽힌 전설은 모두 서정적 정취가 충만한 신화이다. 비록 역사적 근거는 없지만 그것을 긍정하거나 부정할 필요는 없다.

– 리비우스, 《로마사》

시기 : ? ~ 기원전 753년
인물 : 아이네아스, 로물루스, 레무스

아이네아스 신화

고대 로마의 기원에 관한 신화에는 여러 가지가 있다. 그중에서도 가장 유명한 것은 아이네아스Aeneas를 중심으로 한 라틴 인의 기원 신화와 로물루스Romulus와 레무스Remus를 둘러싼 로마의 기원 신화이다.

아이네아스 신화는 위대한 시인 베르길리우스의 서사시를 통해 지금도 그 생명력이 이어지고 있다. 아이네아스는 트로이 동맹국인 다르다니아의 국왕 안키세스의 아들이다. 기운이 왕성했던 장년 시절, 그는 트로이가 함락되자 도시를 탈출해서 유랑자 신세가 되었다. 위험천만한 고비와 숱한

한눈에 보는 세계사
기원전 770년 : 중국, 춘추 시대 시작

고생을 겪으며 천신만고 끝에 이탈리아에 이르렀다. 그리고 신탁이 점지한 땅, 바다 연안의 라티움에 정착했다. 당시 라티움은 라티누스Latinus 국왕의 통치를 받고 있었는데 라티누스 국왕은 처음에는 아이네아스와 트로이 인에게 깊은 두려움을 느꼈다. 그러나 훗날 신의 계시에 따라 딸 라비니아를 아이네아스에게 시집보내고, 400스타디온(74㎢에 달하는)의 땅도 주었다. 아이네아스는 그곳에 새로운 도시를 건설하고 아내의 이름을 따서 라비니움Lavinium이라 명명했다.

한편, 그전에 라비니아와 약혼한 사이였던 루툴리 인의 왕 투르누스는 이 소식을 듣고 심한 모욕감을 느꼈다. 그래서 전쟁을 일으켰지만 결과는 그의 참패였다. 라티누스 국왕이 세상을 뜨자 아이네아스가 왕위를 물려받았다. 그는 장인 라티누스 국왕을 기리고자 자신이 데려온 트로이 인과 이탈리아 토착민을 통칭하여 라틴 인이라고 불렀다.

그로부터 3년 후, 설욕전을 준비해 온 투르누스는 강성한 에트루리아 인과 연합하여 아이네아스를 공격했다. 전쟁은 라틴 인의 승리로 끝났지만, 아이네아스는 전장에서 목숨을 잃었다. 그 후 아이네아스와 라비니아 사이의 아들 아스카니우스가 왕위를 계승했다. 한편, 아이네아스가 트로이에 있을 당시에 아내 크레우사와의 사이에서 얻은 아들이 이울루스인데, 이울루스의 다른 이름이 아스카니우스라는 설도 있다. 아스카니우스는 라비니움의 좁은 영토와 지리적으로 열악한 조건을 극복하고자 알바 산맥과 알바 호반 사이에 새로운 도시를 세웠고, 이곳이 바로 알바 롱가Alba Longa이다.

지리적 이점을 바탕으로 알바롱가는 빠르

어미 늑대가 젖을 먹이는 모습의 청동 조각상

로물루스와 레무스가 어미 늑대의 젖을 먹는 모습이 예술적으로 표현된 작품. 오늘날 이 조각상은 로마의 대표적인 상징물이 되었다.

게 번성하기 시작했다. 라틴 인은 라틴 평원 북반부에 총 30곳의 도시를 세웠다. 그중 알바롱가를 중심 도시로 삼고 아이네아스와 라티누스를 공동 조상으로 받드는 종교의식을 행했다고 전해진다.

여기까지가 라틴 인의 기원에 얽힌 신화 내용이다. 두 번째 소개할 신화는 로마의 기원에 관한 이야기이다. 전해지는 다양한 신화 중에서도 신빙성 있고 잘 알려진 내용이다.

로마 건국 신화

아이네아스와 라티누스의 후손들은 알바롱가에서 15대를 세습하며 그들만의 역사를 이어갔다. 그다음 왕위의 주인공은 누미토르Numitor와 아물리우스Amulius 형제였다. 두 형제가 받은 유산은 왕국과 트로이에서 가져온 금은보화였는데, 누미토르는 왕국을 물려받고 아물리우스는 막대한 재물을 차지했다. 그런데 욕심 많은 아물리우스는 물려받은 부를 이용해서 누

맥을 잡아 주는 로마사의 중요 키워드

로마의 여러 신(神)

로마가 남긴 유산을 꼽을 때 결코 빼놓을 수 없는 것이 로마 신화이다. 신화는 당시 로마 인의 창의력을 엿볼 수 있는 통로로, 후대 예술가들에게 창작의 욕구를 자극하는 다양한 소재를 제공했다. 초기 로마 문화는 에트루리아 문화와 그리스 문화의 영향을 많이 받았으며 여러 신을 숭배하게 된 것도 그리스 문화의 영향이 컸다.

로마 인은 자신들의 입맛대로 그리스 신의 이름을 바꾸고 그들에게 새로운 능력을 부여했다. 그러나 그리스 신의 형상과 성격은 물론이고 이들과 관련된 신화까지도 로마화된 신들에게 그대로 덧입혀졌다. 유피테르, 유노, 미네르바, 아폴로, 비너스, 디아나, 마르스, 케레스, 바쿠스, 메르쿠리우스, 넵투누스, 불카누스 등 우리에게 익숙한 이 12신도 실제로는 그리스 신화 속 올림포스 12신의 복제판이다. 로마 인들이 그리스 신을 자신의 문화로 흡수하면서 올림포스 12신도 점차 로마의 신으로 변해 갔다.

미토르보다 큰 권력을 등에 업고 왕국을 빼앗았다. 누미토르의 아들들은 모조리 죽고, 외동딸 레아 실비아는 아물리우스의 딸 덕분에 겨우 목숨을 건질 수 있었다. 아물리우스는 누미토르의 대를 끊어 놓기 위해 레아 실비아를 평생 처녀로 살아야 하는 베스타 신전의 사제로 삼았다.

전하는 이야기에 따르면, 레아 실비아는 전쟁의 신 마르스와 사랑에 빠져 쌍둥이를 임신했다고 한다. 그 사실을 알게 된 아물리우스는 두려운 마음에 그녀를 감금해 버렸다. 그리고 그녀가 출산하자마자 두 아기를 바구니에 담아서 티베리스 강에 떠내려 보냈다. 바구니는 티베리스 강물을 타고 황량한 해안의 어느 무화과나무 옆에 이르렀다. 그곳에서 한 어미 늑대가 형제에게 젖을 물리고 딱따구리가 먹을 것을 물어다 주며 아이들을 보살폈다. 당시 늑대와 딱따구리는 마르스에게 바쳐진 신성한 동물로, 이들에 대한 라틴 인의 애정은 매우 남달랐다. 그래서 레아 실비아가 아이들의 아버지가 마르스라고 밝혔을 때에도 라틴 인들은 당연한 듯 그녀의 말을 믿었다. 마침 파우스툴루스Faustulus라는 양치기가 그곳을 지나다가 그 기이한 광경을 목격하고는 쌍둥이를 집으로 데려와서 키웠다.

두 아이는 양부모의 보살핌을 받으며 하루가 다르게 성장했다. 한 명은 로물루스, 다른 한 명은 레무스라고 이름이 지어졌다. 둘 다 체격이 건장하고, 남자다우며 두려움을 모르는 호탕하고 용맹한 청년으로 자라났다. 그러던 어느 날, 레무스가 도둑맞은 양떼를 둘러싼 분쟁에 휘말려 누미토르의 앞에 서게 되었다. 이 소식을 들은 파우스툴루스는 바로 로물루스에게 두 형제의 출생에 얽힌 비밀을 털어놓았다. 그리고 처음 발견했을 때 아기들이 누워 있었던 바구니를 들고 누미토르를 찾아가 레무스가 레아 실비아의 아들이라는 것을 증명해 보였다.

자신의 출신을 알게 된 로물루스는 아물리우스에게 반감을 품은 사람들을 동원해서 반란을 일으켰다. 레무스는 성 안에서 사람들을 선동하고,

로물루스는 성 밖에서 진격해 들어왔다. 이에 폭군 아물리우스는 이러지도 저러지도 못한 채 그들에게 굴복했고 결국에는 목숨을 잃었다. 아물리우스가 죽자 왕국은 곧 안정을 되찾았다. 로물루스와 레무스는 알바롱가의 왕위를 외조부인 누미토르에게 돌려주었다. 그리고 자신들은 파우스툴루스에게 발견되었던 그 자리에 새로운 도시를 건설하기로 계획했다.

그런데 도시를 세우는 자리를 두고 둘 사이에 언쟁이 벌어졌다. 로물루스는 로마 광장이 있는 팔라티움 언덕에, 레무스는 아벤티누스 언덕에 도시를 세우자고 주장한 것이다. 이 언쟁을 두고 고대의 작가들은 저마다 다르게 서술하는데, 이것이 가장 일반적인 견해이다. 둘 다 강하게 주장해서 의견의 차이가 좁혀지지 않자 로물루스와 레무스는 결국 독수리 점을 쳐서 신의 계시를 따르기로 했다.

로마의 건국 신화와 관련된 조각품

두 형제는 각각 팔라티움과 아벤티움 언덕에 앉아 주위 사람들을 증인으로 삼고 신의 계시를 기다렸다. 그때 레무스의 머리 위로 독수리 여섯 마리가 날아가는 것이 보였다. 그의 무리는 레무스가 왕이 될 것이라고 확신하며 로물루스에게 그 소식을 알렸다. 그런데 마침 로물루스도 독수리 열두 마리를 보고 승리를 축하하고 있었다. 길조를 먼저 본 사람과 수적으로 우세한 사람 중에 누가 왕이 되느냐를 두고 두 형제는 한 치의 양보 없이 팽팽하게 대립했다. 그러다가 전쟁이 시작되어 레무스가 로물루스에게 목숨을 잃고 말았다.

그 후 로물루스는 스스로 왕이 되어 팔라티움에 도시를 세웠다. 도시의 이름은 창건자 로물루스의 이름을 따서 로마라고 명명했다. 로물루스는 토스카나Toscana에서 사람들을 불러와 신성한 풍습과 습관, 고서적을 바탕으로 새 도시에 관한 모든 것을 일일이 규정했다. 로마의 건국일을 놓고 역사가들 사이에 여러 의견이 있는데, 공인되고 있는 것은 고대 로마의 철학자이자 저술가인 마르쿠스 바로Marcus Terentius Varro가 말한 기원전 753년 4월 21일이다. 전하는 이야기에 따르면 로물루스는 흰색 암소와 수소에 쟁기를 달고 깊이 도랑을 파게 해서 도시 성벽의 경계를 정했다. 그리고 도시 양쪽 경계를 성역으로 선포하는 종교의식을 치르고 누구도 함부로 넘어오거나 성역 가까이에 집을 지을 수 없게 했다. 후대의 로마 인들은 이 신성한 경계선을 포메리움Pomerium이라고 불렀다. 고대 로마의 모든 역사는 바로 이곳에서 시작되었다.

2 로마의 창건자 로물루스

로물루스Romulus는 고귀한 출신이지만 태어나자마자 세상에 버려졌다. 그래서 그와 그의 형제는 세상 사람들에게 미천한 노예나 다름없는 대우를 받았다. 그는 눈앞의 왕위를 뒤로한 채 용감하게 독립하여 로마를 건설하고, 사람들의 멸시를 받던 소도시를 다양한 민족이 조화를 이루는 강대국으로 발전시켰다.

시기 : 기원전 753~기원전 717년
인물 : 로물루스, 티투스, 사비니 여인

사비니 여인 납치 사건

로마를 건설하고 왕이 된 로물루스는 팔라티움 성을 정비해서 세력을 확장시켜 나갔다. 그리고 로마에 찾아온 외부인이라면 자유인이든 노예든 출신을 가리지 않고 모두 로마의 시민으로 받아들였다. 그중 병역을 이행할 수 있는 성인 남자는 군대에 배치했다. 군대의 각 조직은 보병 3,000명, 기병 300명으로 구성되었으며 이러한 조직을 '군단'이라고 했다. 나머지 사람들은 평민으로 분류하여 그중 명망이 두터운 100명을 의원으로 임명하고 '귀족'으로 삼아 그들이 속한 집단을 '원로원'이라고 칭했다.

한눈에 보는 세계사
기원전 770년 : 중국, 춘추 시대 시작

24

로물루스 시대에 부녀자를 강탈한 아주 유명한 사건이 있었다. 로물루스가 건설한 로마에는 건장한 장정들이 넘쳐나는 한편 여성의 수가 턱없이 부족했다. 이는 자칫 로마의 대가 끊길 수도 있는 심각한 문제였다. 이에 로물루스는 원로원과 의논한 끝에 이웃나라에 사신을 보내서 두 나라 사이에 서로 혼인관계를 맺자고 요청했지만, 보기 좋게 거절당했다. 그런데 때마침 로마에 새로운 신전이 발견되는 경사가 생겼다. 로물루스는 이를 축하하는 성대한 축제를 열었다. 화려한 볼거리와 각종 행사를 준비하고 누구든 와서 구경할 수 있게 했다. 그러자 이웃나라에서도 이 축제를 보려고 로마를 방문했다. 축제 분위기가 무르익을 무렵, 로물루스가 미리 짜 놓은 대로 신호를 보내자 로마 남자들이 일제히 칼을 꺼내 들고 부녀자 수백 명을 납치해 갔다. 술에 취한 이웃나라 남자들은 협박에 못 이겨 맥없이 쫓겨날 수밖에 없었다. 한순간에 딸과 여동생을 강탈당한 이웃나라 남자들은 몹시 분노하며 복수의 칼날을 갈았다.

　마침내 사비니 인의 도시인 쿠레스의 왕 티투스Titus가 수장으로 추대되어 연합군을 이끌었다. 사비니 인은 먼저 로마에 사신을 보내서 '인질'들을

납치당하는 사비니의
여인들

돌려 달라고 요구했다. 그러나 로물루스는 오히려 사비니 인에게 로마와 서로 혼인관계를 맺자고 계속 주장했다. 양측은 진지하게 협상을 시도했지만, 끝내 합의점을 찾지 못하고 전쟁의 불씨만 키우고 말았다. 케니넨시아, 안템나이, 크루스투메리 등 세 나라는 기다렸다는 듯이 로마를 공격했으나 크게 패했다. 오히려 로물루스에게 나라까지 빼앗기고 말았다. 로물루스는 그들에게 로마로 이주해 오면 로마 시민으로 받아들여서 차별 없이 로마 인과 동등한 대우를 하겠노라고 약속했다.

한 가족이 되다

로마가 사비니 여인들을 강탈한 이듬해 봄, 사비니 인은 로마에 반격을 시도했다. 사비니 군대는 보병 2만 5,000명에 기병 1,000명, 로마 군대는 보병 2만 명과 기병 800명으로 전례 없는 대규모의 전쟁이었다. 전하는 이야기에 따르면, 카피톨리움의 수비를 맡은 장군의 딸이 사비니 인의 장신구를 매우 좋아해서 사비니 병사와 몰래 짜고 성문 열쇠와 장신구를 맞바꾸었다고 한다. 이렇게 해서 방어망이 뚫린 로마는 쉽게 함락되었고 그녀 역시 사비니 군사에게 목숨을 잃었다. 두 나라는 실력이 막상막하로, 전쟁은 3년 동안이나 계속되었다. 그러던 중 마지막 결전을 앞두고 있을 때 로마 인에게 납치당한 사비니 여인들이 전쟁터에 나타났다. 로마에 정착하여 자녀를 낳은 그녀들은 더 이상 서로 창을 겨누고 싸우는 것을 원치 않았다. 결국 두 나라는 사비니 여인들의 간절한 바람에 따라 휴전하고 다시 협상에 들어갔다.

로마 병사의 갑옷과 단검

협상 결과, 원하는 사비니 여인에 한하여 남편과 계속 로마에 거주하되 방직을 제외한 다른 중노동은 금지했다. 또 로물루스와 티투스를 공동 통치자로 삼아 로마 인과 사비니 인이 로마에 함께 살게 했다. 양국은 합병하여 국명을 로마로 하고, 로마 시민은 사비니의 주요 도시 쿠레스의 이름을 따서 '퀴리테스Quirites'라고 불렀다. 이로써 로마의 인구는 두 배가 되었고, 사비니 인 가운데서도 귀족을 100명 더 뽑아 원로원 수도 200명으로 늘어났다. 그러나 이들의 공동 회의가 바로 시작된 것은 아니다. 로물루스와 티투스 두 국왕은 각각 자신의 원로들과 먼저 회의를 거친 후에 전체 회의를 열었다.

사비니 인은 로마식 연대 계산법을, 로물루스는 사비니 인의 타원형 방패를 도입하고, 나아가 자신과 모든 로마 인의 투구, 갑옷까지도 바꾸었다.

사비니의 여인

시간이 흘러 로마 인에게 납치되었던 사비니 여인 모두 엄마가 되어 행복을 되찾았다. 그녀들은 로마 인과 사비니 인 사이에 더 이상 전쟁이 일어나지 않기를 바랐다. 두 나라가 생사를 걸고 싸우는 전쟁터에 그녀들은 아이를 데리고 나타나서 온몸으로 전쟁을 막았다.

로마 인과 사비니 인은 연회와 제사 등의 의식을 함께 하되 예전부터 지켜 온 각자의 기념일을 버리지 않았다. 로물루스와 티투스는 국사를 돌보는 방식에서도 일치하는 점이 많았다. 그런데 딱 한 번 대립한 적이 있었다. 바로 티투스의 부하들이 사신을 죽였을 때였다. 흉악범은 반드시 처벌해야 한다고 여기는 로물루스와 달리, 티투스는 차일피일 재판을 미루기만 했다. 결국 티투스의 속내를 알게 된 피해자의 친구들은 티투스와 로물루스가 함께 제사를 지내는 틈을 노려 티투스를 살해했다.

로물루스의 외조부인 누미토르가 세상을 떠나고, 왕위는 다시 로물루스에게 돌아왔다. 그는 민심을 얻으려고 모든 통치권을 알바롱가 인에게 넘겼다. 그리고 그들을 위해 통치자 한 명을 세우는 대신 그 기한을 일 년으로 정했다. 이렇게 해서 로마의 세도가들은 국왕이 없는 통치 체제에서 돌아가며 통치자가 될 기회를 얻었다.

로물루스가 계속되는 전쟁에서 승승장구하며 세력을 키워 가자 원로원은 불안과 걱정에 휩싸였다. 로물루스가 전리품으로 얻은 땅을 병사들에게만 나눠 주는 등 로마 귀족의 이익을 해치는 일을 원로원의 동의 없이 마음대로 결정했기 때문이다. 그래서 로물루스가 갑자기 실종되는 사건이 일어났을 때 원로원은 로마 시민과 병사들에게서 의심과 비난의 화살을 받아야 했다. 왕위에 오른 지 38년 되던 해에 로물루스는 군대를 시찰하러 궁 밖으로 나갔다. 그런데 어디선가 갑자기 폭풍이 몰아치더니 순식간에 천지가 어두컴컴해졌다. 그렇게 한바탕 폭풍이 몰아친 후, 로물루스는 흔적도 없이 사라져 버렸다. 사람들은 원로원이 작당하여 국왕을 해친 뒤에 자신들을 속이려고 일을 꾸민 것이라고 믿었다. 후에 로물루스의 한 친구가 나타나 자신이 여행하던 중에 로물루스를 보았으며, 그가 하늘로 올라가 로마를 지켜 주는 군신軍神 퀴리누스Quirinus가 되었다고 말했다.

3 누마 시대

그 어떤 위협이나 강요 없이 단지 덕으로 빛나는 왕의 지혜로운 삶을 보기만 하여도 백성은 저절로
덕을 갖추고 기꺼이 군주와 한마음이 되어 우정과 화목이 넘치는 행복한 삶을 살아갈 것이다. 한 나
라의 왕이 자신의 백성에게 이렇듯 모범을 보여 줄 수 있다면 그는 뛰어난 왕이다. 모든 사실이 증명
해 주듯 누마는 이 점을 꿰뚫어 볼 줄 아는 그야말로 비범한 왕이었다.

— 플루타르코스Plutarchos

시기 : 기원전 716~기원전 673년
인물 : 누마

왕위 계승자

로물루스가 갑자기 사라져 버린 후, 누가 그 뒤를 이어 왕이 될지를 두고
혼란이 일어났다. 귀족들은 자기 세력이 아닌 다른 부족을 경계하고 시기
하면서 왕위 계승 문제를 둘러싸고 여러 파로 나뉘었다. 원로원은 혼란을
막고자 의원들이 차례로 왕권을 잡고 제사와 국사를 담당하기로 결정했
다. 하지만 이러한 결정도 사람들의 비난과 불만을 쉽사리 잠재우지는 못
했다. 시민들은 국가가 자신들의 권익을 해치고 귀족들의 손에 놀아나며
독재 정치로 변질되는 것을 우려했다. 결국 로마 인과 사비니 인은 각자 상

한눈에 보는 세계사
기원전 770년 : 중국, 춘추 시대 시작

대방의 부족 내에서 왕을 선출하기로 뜻을 모았다. 그렇게 선출된 왕은 자기 편을 돌보는 동시에 자신을 왕으로 선택해 준 상대편까지 포용할 수 있기 때문이다.

이 같은 방법으로 선택된 로마의 왕이 바로 누마Numa Pompilius이다. 누마는 사비니의 도시인 쿠레스의 고관 폼포니우스의 막내아들이다. 플루타르코스는 그에 대해 이렇게 말한다. "그는 선천적으로 올바른 품성과 행동력을 타고났다. 특히 자제력이 뛰어나고 규율을 잘 지키며 어려움을 참고 학문에 정진할 줄 안다. …… 그는 영혼의 불결한 욕정을 다스릴 뿐 아니라 야만족이나 숭상하는 폭력과 약탈을 멀리하는 자이다."

로마군단의 백인대 대장(右)과 병사(左)

누마는 귀족 가문 출신이지만 사치를 멀리하고 신의 존재와 본성에 대해 사색하기를 즐겼다. 사람들은 그가 중재자로서 나무랄 데 없는 자라고 여겼다. 누마는 로물루스와 공동 통치자였던 티투스의 딸 타티아와 혼인을 한 뒤에도 변함없이 소박한 삶을 이어 갔다. 그로부터 13년 후, 아내가 죽자 누마는 도시를 떠나 세상을 피하며 조용히 지냈다. 로마의 사신이 그에게 왕이 되기를 청하러 왔을 때, 누마의 나이는 마흔이었다. 그가 흔쾌히 수락할 것이라는 사신들의 예상과 달리, 누마를 설득하는 데에는 꽤 오랜 시간이 걸렸다. 그의 아버지가 두 부족을 중재하여 로마에 내전이 일어나는 상황을 막아야 한다고 끈질기게 설득한 끝에 누마는 청을 수락했다. 누마는 사람들의 환대를 받으며 로마로 돌아왔고, 투표 결과 만장일치로 왕에 선출되었다.

전쟁에 능한 용사들이 세운 로마는 그 후로 수없이 많은 전쟁을 벌이며 몸집을 키우고 강성해졌다. 하지만 내부적으로 안정되지 않으면 광대한 제국도 하루아침에 무너져 내릴 수 있다. 거칠고 난폭한 로마 인에게 평화와 정의감을 심어 주는 것은 쉽지 않은 일이었다. 누마는 제사와 무도회, 종교 행사는 물론, 사리를 지키는 범위에서 백성의 오락 문화도 함께 즐겼다. 이런 노력으로 누마는 점차 민심을 이해하고, 난폭하고 싸우기 좋아하는 그들의 습성을 누그러뜨릴 수 있었다.

만세의 기초를 닦다

정권을 잡은 누마는 제일 먼저 로물루스가 곁에 두었던 시위대 300명을 해산했다. 그다음에 유피테르, 마르스와 더불어 퀴리누스의 신전에 제사장을 두었다. 그는 종교를 법과 교육의 근거로 삼고, 모든 시민이 경건하게 신을 섬기며 정의를 지키고 종교 의식과 법을 따르게 했다. 그가 시행한 종교 개혁은 다음과 같다.

⑴ 각 쿠리아에 장로(30인)를 정하여 쿠리아의 제사 의식을 주관하고 제물을 바치게 한다.

⑵ 제사를 담당하는 신관을 두어 제사에 관한 모든 일 처리를 전담한다.

⑶ 기병 사령관을 정하여 국왕 호위 부대와 기병들의 종교 의식을 담당하고 그에 관한 법도를 정한다.

⑷ 모든 신의 계시와 길흉을 점치는 일을 복점관ト占官이 전담하도록 한다.

⑸ 화덕과 가정의 여신 베스타의 신전을 세운다.

(6) 전쟁의 신 마르스를 칭송하기 위해 살리이^{Salii}라는 두 사제단을 조직한다.

(7) 평화사절단을 조직하여 전쟁을 선포하기 전에 적과 협상하는 임무를 맡긴다.

(8) 대제사장을 두어 사법적 책임과 더불어 모든 종교 활동과 중대 사건을 기록하게 한다.

8번 항목의 산물이 바로 최초의 연대기로, 이를 바탕으로 역법이 제정되었다.

누마는 로마 인에게 이렇게 말했다. "충성의 맹세야말로 가장 장엄한 맹세이다." 그는 말의 중요성을 강조하며 그 어떤 계약과 약속도 함부로 어기지 않도록 가르쳤다. 또 경계석으로 사유지와 공유지의 경계를 분명하게 하자 사람들 사이의 분쟁이 줄어들었다. 누마는 로물루스가 전리품으로 얻은 영토 대부분을 가난한 사람에게 나눠 주었다. 그는 사람들이 정의와 믿음, 신과 제사를 바로 알기 위해서는 의식주가 먼저 해결되어야 한다고 여기고 농업을 일으키는 데 힘썼다. 또 로마를 여러 지역으로 나누어 지역마다 감독관과 순찰관을 두었다. 그는 종종 농경지를 시찰하며 백성의 덕행을 살피고 지역 관리들에게 적절한 상벌을 내렸다.

누마의 정책 중에 가장 칭송을 받은 일은 사람들을 직업과 기술에 따라 나누어 각 조합에 소속시킨 것이다. 로마의 전 시민을 같은 직업끼리 하나의 조합으로 묶어 부족의 구분 없이 사이좋게 어울리도록 했다.

누마는 또 출입문의 수호신이자 전쟁의 신이기도 한 야누스의 신전을 지었다. 신전에는 두 개의 문이 있었는데 로마 사람들은 그것을 전쟁의 문이라 불렀다. 입구와 출구를 나타내는지는 알 수 없지만, 야누스 신은 머리가 두 개 달려서 서로 반대쪽을 바라본다. 신전에는 앞문과 뒷문이 있는데, 누마는 전쟁이 일어났을 때에만 그 문을 열어 두고 평화 시에는 닫아 둘 것이라고 선포했다. 누마가 통치한 시기는 전쟁과 내란, 정치적 분란의 기록이 없을 만큼 평화로웠다. 그래서 그가 왕위에 있는 동안 문은 단 하루도 열린 적이 없이 43년 동안 굳게 닫혀 있었다.

누마는 역법도 개혁했다. 로물루스 시절, 로마에서는 1년의 날수가 정해져 있지 않았다. 어느 달은 20일도 되지 않다가 어느 달은 35일, 그보다 날수가 많은 달도 있었다. 그도 그럴 것이, 당시 사람들은 태양과 달의 운행 주기가 다르다는 사실을 전혀 알지 못했다. 누마는 음력과 양력의 차이를 11일로 계산하여 2년에 한번씩 2월 말에 윤달 22일을 넣었다. 비록 누마의 역법도 완벽한 것은 아니었지만, 과거에 비하면 획기적인 발전이라고 볼 수 있다.

누마의 결혼에 대해서는 아직도 의견이 분분하다. 그에게 아내는 타티아뿐이며 딸 폼필리아 외에 다른 자녀가 없었다는 설도 있고, 아들이 네 명 있었고 즉위 후에 루크레티아를 아내로 맞아 폼필리아를 낳았다는 설도 있다. 하지만 딸 폼필리아가 마르키우스와 혼인하여 앙쿠스를 낳았고, 훗날 앙쿠스가 툴루스의 뒤를 이어 로마 왕정 시대에 제4대 왕에 오른 것은 분명한 사실이다.

누마의 뒤를 이은 후계자 중 로마에서 추방당한 자를 제외한 다른 네 명은 모두 불행한 죽음을 맞이했고 그중 세 명은 음모에 휘말려 암살당했다. 누마 다음으로 정권을 잡은 로마 제3대 왕 툴루스는 누마가 그토록 중요시한 종교와 신앙을 아무짝에도 쓸모없는 것이라고 비방하며 누마의 정책에 반기를 들었다. 그는 로마를 예전의 모습으로 되돌려 놓으려는 듯 다시금 전쟁의 의지를 불태웠다. 그러나 역병에 걸린 후 미신에 깊이 빠졌다. 나중에 그가 번개에 맞아 죽자 신하들은 더욱 미신에 의지했다.

군대의 수장이자 최고의 신관 렉스rex

렉스는 로마 왕정 시대 국왕을 일컫는 말로, 선거를 통해 선출되었다. 군대의 수장이자 최고 신관이며 동시에 최고 재판관이었다. 그러나 나라의 실질적인 권력과 민정을 다스릴 대권은 갖추지 못했다.

왕은 성대한 자리에서 금으로 된 관을 쓰고 자주색 망토를 둘렀다. 그리고 손에는 독수리 문양의 지팡이를 들고 상아로 만든 왕좌에 앉았다. 옆에는 시종 열두 명이 왕을 호위했다. 도끼에 막대기를 대고 둘러싸서 묶은 '파스케스Fasces'를 어깨에 맸다. 파스케스는 절대 권위의 상징물로 훗날 전제 정치, 독재의 대명사가 되었다.

동시대의 다른 이탈리아 도시국가들과 달리 로마의 군주제는 완전한 세습이 아니었다. 그래서 왕이 죽으면 왕위는 얼마 동안 빈자리였다. 그때는 임시 집정관이 대신 나라를 다스렸는데, 그에게는 다음 왕을 지명할 수 있는 권한이 부여되었다. 임시 집정관은 원로원에서 추천하며, 임기는 정해져 있지 않았다. 일단 임시 집정관이 다음 후계자를 지정하면 곧바로 쿠리아회에 넘겨졌다. 그리고 쿠리아회에서 후계자가 합격점을 받으면 마침내 원로원이 그를 새로운 왕으로 추대했다.

4 툴루스와 앙쿠스

ROME

로마 왕정 시대 일곱 명의 왕 중 제4대 왕까지는 라틴 인과 사비니 인으로, 모두 원로원과 민회를 통해 선출되었다. 그런데 제5대 왕부터는 에트루리아 인이 선출되었고, 그들이 왕위를 계승하는 과정에는 음모와 폭력이 개입되는 등 석연치 않은 구석이 있었다. 제3대 왕 툴루스와 제4대 왕 앙쿠스Ancus Marcius는 누마의 정치적 방침을 그대로 따르면서도 대외적으로는 세력을 더욱 확장하고자 하는 야망을 버리지 못했다.

시기 : 기원전 672~기원전 616년
인물 : 툴루스, 앙쿠스, 메티우스

툴루스의 무공

누마가 통치한 43년 동안 로마는 평화와 안정을 누리고 사람들은 풍족한 생활을 했다. 뒤이어 즉위한 툴루스Tullus Hostilius는 라틴 인이고 그의 할머니는 사비니 인이었다. 정치보다 전쟁터에서 공을 세우기를 좋아한 툴루스는 '전쟁을 즐기는' 황제로 이웃나라를 정복하는 것이 일생의 목표였다. 고대 로마 인은 하나같이 그것이 정의를 위한 전쟁이라고 생각했으며, 툴루스 자신도 선조의 땅을 되찾기 위한 길이라고 말했다. 사람들은 그가 즉위 후 처음 한 일이 토지법을 제정한 것으로 알고 있지만, 사실은 어디까지나

한눈에 보는 세계사
기원전 625년 : 신바빌로니아 왕국 성립

누마 시대에 정해진 토지 경계를 조금 더 세분화한 것에 불과했다. 그는 국왕 개인 소유의 땅을 가난한 평민에게 나눠 주었는데, 외적을 물리치려면 먼저 나라 안을 다스리려야 한다는 의도에서였다.

툴루스는 선조의 나라인 알바롱가를 정복할 전쟁의 명분을 찾으려고 일부러 꼬투리를 잡았다. 그에 따라 툴루스와 알바롱가의 독재자 메티우스 Metius는 합병 문제를 놓고 협상을 시작했다. 하지만 최고 통치자의 자리를 놓고 두 사람은 한 치도 양보하지 않았다. 두 나라 사이에 혈전이 벌어지면 그 틈을 이용해 에트루리아 인이 쳐들어올 위험이 있었다. 그래서 두 국왕은 군대를 동원하는 대신 각국의 대표를 뽑아 승패를 결정짓기로 했다.

양측을 대표하는 세 명의 전사들이 선발되었다. 이들의 결투에 두 나라의 승부가 걸려 있었다. 로마에서는 호라티우스 Horace 가문의 세쌍둥이가, 알바롱가에서는 쿠라티우스 Curiaces 가문의 세쌍둥이가 출전했다. 한바탕 격렬한 전투가 시작되고 호라티우스 형제 두 명이 한꺼번에 쓰러졌다. 홀로 남은 로마의 전사는 공포에 휩싸여 쏜살같이 달아났고, 알바롱가의 전사들은 그를 놓치지 않으려고 끝까지 쫓아갔다. 그러던 중 반격의 기회를 잡

로마 전차

전차 경주는 로마 인들이 특히 열광한 볼거리 중 하나였다. 이 전차 경주는 일찍이 로물루스 시대부터 있었다고 전해진다. 3세기 로마에는 경주장이 여덟 곳 있었다. 당시 로마에서 가장 규모가 컸던 경주장은 전차 12대가 달릴 수 있는 크기로, 들어갈 수 있는 관중의 수는 25만 명에 달했다.

은 로마의 전사가 알바롱가의 세 형제를 모조리 죽여 버렸다. 비극적인 사실은 죽은 쿠라티우스 가문의 한 아들이 호라티우스 가문의 딸과 약혼한 사이였다는 점이다. 혼자 살아남은 호라티우스 가문의 아들이 돌아오자 여동생은 약혼자를 죽인 오빠를 원망하며 눈물을 흘렸다. 이에 격분한 그는 여동생마저 죽이고 이렇게 외쳤다. "로마의 딸이 로마의 적을 위해 울다니, 죽어도 마땅하다!"

전투에서 승리한 로마는 전쟁 시에 알바롱가와 연합하여 적에 대응하기로 협정을 맺었다. 그리고 마침 에트루리아의 도시국가 베이이Veii, 피데나이Fidenae가 연합하여 로마로 쳐들어 왔다. 그런데 알바롱가의 독재자 메티우스는 나라를 빼앗긴 울분에 사로잡혀 로마와 맺은 협약을 깨고 로마를 배신해 위험에 빠뜨렸다. 고군분투 끝에 전쟁에서 승리한 툴루스는 메티우스를 온몸을 찢어 죽이는 최고 형벌에 처하고 알바롱가 인을 모두 로마로 이주시키라는 명령을 내렸다. 그런 다음 알바롱가를 완전히 무너뜨려 멸망시켰다.

알바롱가가 멸망한 후 로마 인구는 두 배로 늘어났다. 보병과 기병 역시 예전보다 증가했다. 전쟁을 좋아한 툴루스는 알바롱가를 정복한 후에도 계속해서 사비니와 에트루리아의 연합군을 격파했다. 로마의 전투력은 날로 강성해져 전쟁에서 지고 돌아오는 법이 없었다. 하지만 툴루스의 야심은 여기서 그치지 않았다. 그는 로마를 라틴 인의 본가로 삼아 그들의 주인이 되고자 했다. 하지만 라틴 국가가 쉽게 굴복하지 않자 전쟁은 5년이나 더 지속되었다. 그리고 마침내 라틴 국가와 평화협정을 맺었다.

툴루스는 왕위에 오른 32년 동안 뛰어난 무공으로 온 나라에 명성이 자자했다. 그는 칼리우스 산에 매우 호화로운 왕궁을 짓고 로마 광장에 웅대한 쿠리아 건물을 세웠다. 그 후로 이 건물은 오랫동안 원로원의 활동 중심지가 되었다. 툴루스의 죽음을 놓고 어떤 이는 역병에 걸려 불행하게 죽었다고 하고, 어떤 이는 누군가에 의해 피살되었다고 한다. 그러나 대부분의 역사서에는 그가 벼락에 맞아 죽은 것으로 기록되어 있다.

앙쿠스의 문치文治

툴루스가 죽고 원로원은 누마의 외손자인 앙쿠스Ancus Marcius를 왕으로 세웠다. 앙쿠스는 누마 시대의 안정과 평화를 회복하고자 백성에게 농업과 목축업을 권장하고, 전쟁 중단을 선언했다. 하지만 그의 결심은 끝까지 지켜지지 못했다. 라틴 인의 국가들이 예전의 평화 조약을 깨버려 앙쿠스도 대외 정벌에 나설 수밖에 없었다. 그는 독립을 꾀하는 옛 라틴의 도시국가들을 하나씩 굴복시켜 수많은 나라를 로마의 속국으로 만들었다. 그리고 속국의 백성을 로마로 강제 이주시켜 로마 시민과 동등한 시민권을 부여했다. 이로써 로마 인구는 또 한 번 급증했다. 앙쿠스 시대에 로마는 영토 확장에도 큰 성과를 올렸다. 베이이의 삼림 지대를 손에 넣고, 티베리스 강 하구에 로마 최초의 항구인 오스티아를 건설했다. 오스티아 주변에 소금을 생산하는 염전도 얻었다. 그는 또 로마에서 티베리스 강 하구 염전까지 소금 길을 열어서 더 이상 수입에 의존하지 않고 손쉽게 소금을 운반했다.

티베리스 강

로마를 관통해 흐르는 잔잔한 티베리스 강. 지난 수천 년 동안 로마의 흥망성쇠를 지켜보았다.

24년 동안 로마의 통치자였던 앙쿠스는 죽음을 앞두고 타르퀴니우스에게 자녀들을 부탁하는 유언을 남겼다. 하지만 타르퀴니우스는 곧 성년이 되는 앙쿠스의 두 아들을 멀리 보내 버리고, 원로원과 시민들을 상대로 연설하고 유세를 펼쳐 왕정 시대 제5대 왕으로 선출되었다.

5 세르비우스의 개혁

세르비우스Servius Tullius는 귀족과 평민의 경계를 완전히 허물고 개인이 가진 재산에 따라 계급을 나누었다. 이러한 개혁은 로마 왕국에 새 시대를 열어 준 매우 획기적인 사건이었다. 엥겔스Engels는 이렇게 말했다. "이리하여 로마는 왕정이 폐지되기 전, 개인의 혈연관계에 바탕을 둔 낡은 사회 제도가 먼저 파괴되었다. 그 자리에 재산과 지역적 차이에 근거한 새로운 국가 제도가 들어섰다."

시기 : 기원전 578~기원전 535년
인물 : 타르퀴니우스, 세르비우스

타르퀴니우스의 개혁

왕정 후기 세 명의 왕은 모두 에트루리아 왕조 출신이다. 제6대 왕 세르비우스Servius Tullius가 개혁하기 전, 그의 장인인 타르퀴니우스 프리티쿠스Tarquinius Priscus도 새로운 제도를 많이 도입했다. 그래서 에트루리아 왕조의 첫 번째 왕에 대해 간략하게 소개하고자 한다.

타르퀴니우스 프리티쿠스의 원래 이름은 루쿠모로, 로마 제7대 왕인 거만한 타르퀴니우스 수페르부스와 다른 인물이다. 그의 선조들은 그리스 코린토스Corinth에서 타르퀴니아Tarquinia로 이주하여 살았다. 그러나 폐쇄적

한눈에 보는 세계사
기원전 563년 : 석가모니 탄생　　　기원전 551년 : 공자 탄생

인 그곳에서 단지 이방인이라는 이유로 차별을 당하는 점이 억울해 전 재산을 가지고 차별 없는 나라 로마에 정착했다. 타르퀴니우스는 앙쿠스 왕에게 거액의 재산을 헌납하고 그의 신임과 호감을 얻었다. 이방인 타르퀴니우스의 재능을 눈여겨 본 앙쿠스는 그를 정치 고문으로 기용하고 모든 공사 업무를 그와 의논했다.

훗날 앙쿠스가 세상을 뜨자 타르퀴니우스는 앙쿠스의 아들을 따돌리고 자신이 왕위에 올랐다. 타르퀴니우스는 먼저 로마에 거주하는 에트루리아 인 중에서 의원 100명을 뽑아 그들을 신흥 귀족으로 삼았다. 이로써 원로원 의원의 수는 300명으로 늘어났다. 또 에트루리아식 의장儀仗으로 왕의 위엄을 높였다. 그는 신전과 대원형 극장, 상점과 도로를 건설하는 등 건축 사업에서도 공로를 세웠다. 그러면서 차츰 거칠고 정돈되지 않은 로마를 호화롭고 화려한 에트루리아식 도시로 바꿔 놓았다.

로마 가정의 제단

제단의 중앙은 가장을 지켜 주는 수호신, 양쪽은 가정의 신이다.

타르퀴니우스는 어른으로 성장한 앙쿠스의 아들에게 암살당하여 목숨을 잃었다. 왕후는 장례를 치르지 않고 사위인 세르비우스에게 모든 왕권을 위임했다. 그리고 민심이 안정된 후에야 타르퀴니우스의 죽음을 발표하고 세르비우스를 선왕의 후계자로 추대했다. 세르비우스의 부모는 라틴 도시의 귀족으로, 그의 어머니는 로마에 정복당할 때 임신 중이었다가 포로로 잡힌 뒤 왕후의 시종이 되었다. 세르비우스는 어릴 때 잠을 자다가 머리에 불이 붙는 꿈을 꾸었다고 한다. 왕후 타나퀼은 그가 장차 큰 인물이 될 것이라고 생각하여 노예 신분인 그에게 제왕 교육을 받게 하고 훗날 자신의 딸과 결혼시켰다.

군정(軍政) 개혁

세르비우스의 공적 중 후세 사람들에게 가장 칭송받는 점은 정치와 군사 개혁을 과감하면서도 결단력 있게 진행한 일이다. 왕정 시대 후기, 로마는 사회 내부 질서와 더불어 대외 정책에도 대대적인 조정이 필요했다. 그전까지만 해도 로마의 민회는 로마 주민의 행정 및 군사 구성 단위인 트리부스tribus에 따라 쿠리아별로 소집되었다. 그리고 사람들은 자신의 씨족과 동포, 부락에 따라 팀을 나눠 투표했다.

세르비우스는 우선 로마 전 시민의 재산을 조사한 뒤, 이를 바탕으로 다음과 같은 개혁을 시행했다.

⑴ 혈연관계로 이루어진 원래의 세 트리부스 대신 지역과 부락에 따라 신新트리부스를 조직했다. 파비우스Fabius Pictor에 따르면, 세르비우스는 로마를 지역별로 네 개의 트리부스로 나누고 도시 밖 향촌도 15~16개의 부락으로 나누었다. 그리고 새로 조직한 트리부스에 관할기구를 설치하여 행정, 징병, 징세, 노역을 관리하게 했다. 그 지역 주민으로 등록된 자유인은 누구나 시민권을 얻었다. 이렇게 해서 많은 평민과 이주민, 해방 노예 등은 자연스럽게 로마 사회 안으로 동화되어 갔다.

⑵ 재산의 많고 적음에 따라 시민들을 다섯 계급으로 나누어 그에 상응하는 권리와 의무를 규정했다. 재산 등급은 각각 10만, 7만 5천, 5만, 2만 5천, 1만 혹은 1만 2,500아스As에 따라 나누었다. 그리고 재산이 없어 다섯 계급에서 열외가 된 최하층 무산無産 시민을 프롤레타리우스prolerarius라고 했다. 각 계급은 백인대百人隊, 즉 켄투리아Centuria의 수가 달랐다. 그 중 17~46세의 젊은이와 47~60세 연장자들이 각각 켄투리아의 절반을 차

지했다. 제1계급은 80개, 제2계급에서 4계급은 각 20개, 제5계급은 30개의 켄투리아를 두었다. 제1계급 중에서도 가장 부유한 자들은 기병으로 구성된 18개 켄투리아를 더 조직했다. 이 밖에도 비非전투성을 띤 다섯 개 켄투리아가 있었다. 그중 공병 1개, 나팔수 2개, 보충병 1개, 무산 시민은 단 1개의 켄투리아가 있었다. 각 계급의 켄투리아는 모든 무기와 장비를 각자가 자체적으로 부담했다. 제1계급은 완벽한 무기로 중무장하는 반면 제2, 3계급부터는 장비도 가벼워졌다. 제4계급은 간편한 장비를 갖춘 보병들로 구성되었고, 제5계급의 무기는 새총과 같은 투석기投石器가 전부였다.

(3) 켄투리아 민회는 새로운 민회로 자리 잡았다. 켄투리아회가 창설되면서 쿠리아회는 정치적 기능을 잃었고, 쿠리아회의 권력도 점차 켄투리아회로 옮겨갔다. 이후에도 쿠리아회는 계속해서 존재했지만 그 기능은 각 씨족에 관련된 몇몇 역할을 수행하는 데 그쳤다. 마르스 광장에서 켄투리아회가 열리면 모든 성년이 각 계급의 백인대별로 줄을 지어 섰다. 의식 진행은 국왕과 최고 제사장이 맡았다. 이들은 돼지, 소, 양을 제물로 바친 후에 전쟁이나 화친, 국왕 선출 등 안건에 대한 투표를 진행했다. 로마에서는 한 사람이 한 표를 행사하지 않고, 백인대마다 각 한 표씩이 주어졌다. 서열에 따라 기병대와 제1계급부터 기회를 부여했다. 총 193표 중 과반수이면 안건이 통과되었다. 제1계급과 기병대의 투표 결과가 일치하면 아래 계급은 굳이 투표할 필요가 없었다. 만약 의견이 불일치하면 다시 서열대로 제2, 3계급 순으로 투표가 진행되었다. 하지만 사실상 제1계급의 투표가 결과를 좌지우지했으므로 하위 계급까지 기회가 오는 경우는 거의 없었다.

세르비우스가 왕위에 있는 동안 로마로 이주해 온 성인 남자의 수는 8만 명, 부녀자는 16만 명, 여기에 미성년인 아이들과 노예까지 더하면 로마의 총인구는 40만 명 이상에 달했다. 날로 늘어 가는 인구를 수용하기 위

에트루리아 벽화 〈표범들의 무덤(Tomb of the Leopards)(일부)〉

그림 속 인물은 쌍피리를 불며 봄철의 씨 뿌리는 즐거움과 수확에 대한 염원을 표현했다. 현실 속 만족감과 예술성이 이 벽화의 근원으로, 후에 로마 희극이 성장하는 밑거름이 되었다.

해 세르비우스는 비미날리스Viminalis, 퀴리날리스Quirinalis, 에스퀼리누스 Esquilinus 구릉 등 외부 지역까지 로마의 영토를 확장했다. 그리고 집이 없는 가난한 시민들에게 땅을 나눠 주어 그곳에서 살게 했다. 세르비우스 자신도 에스퀼리누스에 정착하는 일에 앞장섰다. 그 결과, 예전 로마의 언덕 다섯 곳과 팔라티움, 카피톨리움, 카밀리우스, 퀴리날리스, 아벤티누스, 에스퀼리누스와 비미날리스 등 일곱 구릉이 모두 로마의 소유가 되었다.

세르비우스는 수차례 에트루리아와 라틴 도시로 출병하여 대승을 거두었다. 그가 친화 정책을 펼쳐 라틴 인과 평화 조약을 맺자 여러 라틴 도시도 점차 로마의 통치를 인정했다. 그런데 세르비우스는 노예 해방과 귀족들의 공유지 문제를 놓고 평민과 노예에게 유리한 정책을 시행하여 대다수 귀족의 불만을 샀다. 이에 '거만한 타르퀴니우스'라고 불리는 타르퀴니우스 수페르부스는 세르비우스에게 반기를 든 귀족들을 등에 업고 세르비우스의 권위에 대항했다.

44년 동안 로마의 통치자로 위세를 떨친 세르비우스는 결국 자신의 사위이자 타르퀴니우스 프리스쿠스의 아들인 타르퀴니우스 수페르부스에게 암살당하고 말았다.

6 거만한 타르퀴니우스

옛 속담에 이런 말이 있다. "정의를 지키면 많은 지지를 받지만 정의를 저버리면 반드시 혼자가 된다.", "나쁜 짓을 많이 저지르면 끝내는 불행을 자초하게 된다." 거만한 타르퀴니우스와 그 가족의 도를 넘은 행위에 귀족과 평민들의 인내심은 한계에 이르렀다. 그는 자신을 향한 비난과 원망 속에서 로마 밖으로 추방되는 굴욕을 당했다.

시기 : 기원전 535~기원전 509년
인물 : 툴리아, 타르퀴니우스

왕위 찬탈자

로마 제7대 왕 타르퀴니우스^{Tarquinius Superbus}의 음모와 왕권 찬탈에 대해 살피려면 그의 결혼 내막부터 알아야 한다. 세르비우스에게는 성격이 전혀 다른 두 딸이 있었다. 한 명은 드세고 승부욕이 강했으며 다른 한 명은 온순하고 얌전했다. 선왕 타르퀴니우스에게도 아들이 두 명 있었다. 하나는 야심가요, 하나는 조용하고 신중한 자였다. 세르비우스는 드센 성격의 딸 툴리아^{Tullia}를 신중한 남자와, 온순한 딸을 야심가인 타르퀴니우스와 결혼시켰다. 결혼 생활을 통해 정반대의 성격이 중화되기를 기대했던 것이리라.

한눈에 보는 세계사
기원전 770년 : 중국, 춘추 시대 시작

하지만 뜻밖에도 두 부부의 결혼생활은 행복하지 못했다. 드센 툴리아는 순종적인 남편을 무시하다 못해 남편의 형인 타르퀴니우스를 유혹하기 시작했다. 그러던 중 툴리아의 남편과 타르퀴니우스의 아내가 쥐도 새도 모르게 죽고 툴리아와 타르퀴니우스는 떳떳하게 결혼을 했다. 결혼한 후에 툴리아는 타르퀴니우스에게 왕이 되기를 부추겼다. 타르퀴니우스는 먼저 로마에 거주하는 에트루리아 인을 자기편으로 끌어들이는 동시에 세르비우스로 인해 피해를 입은 원로원 의원들과 손을 잡았다.

타르퀴니우스는 무장한 호위대를 이끌고 원로원으로 향했다. 그곳에서 세르비우스처럼 출신도 확실치 않은 자가 로마의 왕인 것은 로마 인의 수치라고 연설했다. 원로원 의원들은 그의 연설에 찬성하지 않았지만 그렇다고 그를 원로원 밖으로 내쫓지도 않았다. 이 사실을 안 세르비우스는 곧장 원로원으로 달려갔다. 하지만 타르퀴니우스는 그에게 반박할 시간조차 주지 않았다. 그는 세르비우스를 번쩍 들어 옆구리에 끼고는 밖으로 나와 원로원 출입구 계단 위에서 그를 내동댕이쳐 버렸다. 그때 딸 툴리아가 모는 마차가 쓰러진 아버지를 덮쳤다. 이리하여 타르퀴니우스는 왕이 되었고 툴리아는 그토록 고대하던 왕비가 되었다. 원로원과 민회의 동의 없이 부정하게 왕위를 찬탈한 타르퀴니우스는 훗날 그들의 승인을 받아 냈다. 세르비우스도 제5대 왕 타르퀴니우스의 왕비 타나퀼이 강력하게 추천하여 민회의 승인을 얻어냈지만, 원로원의 추대를 받지는 못했다. 타르퀴니우스는 두 선왕과 달리 무자비한 폭정을 일삼으며 원로원과 민회에 자문하지 않고 독단적으로 행동했다.

고대 로마 인의 반지

왕이 된 타르퀴니우스는 선왕 세르비우스의 장례를 금지했다. 그리고 선왕의 측근인 원로원 의원들을 모조리 죽였다. 왕위에 있는 동안 그는 원로원에 조언을 청하지도, 민회를 소집하지도 않았다. 그는 또 로마 광장에서 사람을 죽여 쾌감을 느꼈다고 한다. 이에 로마 시민들은 그에게 '거만하다'는 의미의 '수페르부스superbus'를 붙여 '거만한 타르퀴니우스'라 불렀다. 그의 전제 정치는 날로 심각해졌다. 원로원과 민회의 승인 없이 모든 일을 독단적으로 혹은 가족과 결정했다. 그는 평민들에게도 잔혹하기 이를 데 없었다. 선왕의 세금 제도를 폐지하여 빈부의 차이 없이 일률적으로 세금을 걷었고, 세르비우스 왕이 세운 청동에 새긴 법을 없애고 평민들에게 온 갖 노역을 강요했다. 행여 평민들이 반란을 일으키지 못하도록 대규모 집회를 금지하고 호시탐탐 감시했다. 평소에는 궁 안에 틀어박혀 지내고, 무장한 호위병 없이는 나올 생각도 하지 않았다.

이런 타르퀴니우스도 군사적 재능만큼은 남달랐다. 그는 해마다 전쟁을 벌여 당시 문명이 발달한 에트루리아 남부 지역까지 정복했다. 비록 왕위를 빼앗았다는 오명은 씻을 수 없었지만, 집권자가 아닌 국민의 입장에서 세운 그의 대외적 전략은 항상 뛰어난 성과를 가져왔다. 그는 또 라틴 인을 견제하고자 로마 군단 및 백인대 내에 라틴 인과 로마 인을 함께 배치했다.

역사의 반전

타르퀴니우스에게는 세 아들이 있었다. 그중 하나인 섹스투스Sextus Tarquinius와 그의 사촌인 콜라티누스Coolatinus는 함께 전쟁에 출전했다. 하루는 둘이 술잔을 기울이다가 서로 자신의 아내가 더 현모양처라며 자랑을 했다. 한창 패기 왕성한 두 젊은이는 한 마디도 지지 않고 언성을 높였다. 결국 둘은 그 자리에서 누구의 아내가 더 정숙한지 내기를 했다. 집으로 돌아가 보니 콜라티누스의 아내 루크레티아Lucretia는 남편의 옷을 바느

질하고 있는 반면, 섹스투스의 아내는 외로움에 지쳐 집안에서 남자들과 어울려 술을 마시고 있었다. 내기에 진 섹스투스는 질투와 분노에 사로잡혔다. 그래서 콜라티누스가 집을 비운 사이 그의 집으로 찾아갔다. 콜라티누스의 가족들은 친척의 방문에 저녁식사를 준비하고 손님용 침실을 내주었다. 밤이 깊어 사람들이 잠에 들자 섹스투스는 몰래 루크레티아의 침실에 잠입해 그녀를 겁탈했다.

섹스투스가 돌아간 뒤 루크레티아는 아버지와 남편에게 집안에 변고가 생겼으니 믿을 만한 사람을 데리고 급히 돌아와 달라는 편지를 보냈다. 그러자 콜라티누스는 거만한 타르퀴니우스의 생질인 브루투스를, 그녀의 아버지는 또 다른 측근을 데리고 서둘러 돌아왔다. 루크레티아는 비탄에 잠긴 채 침대에 앉아 울면서 네 사람에게 사정을 설명했다. 그러고는 숨겨 놓은 단검을 꺼내 스스로 가슴을 찔러 자결했다. 네 사람은 그녀의 죽음 앞에서 복수를 맹세했다.

루크레티아의 유해는 로마 광장의 연설대 위로 옮겨졌다. 그녀의 처참한 모습에 시민들은 누구 하나 분개하지 않은 이가 없었다. 브루투스는 이 기회를 놓치지 않고 사람들 앞에서 연설했다. 그는 왕과 그의 일가를 로마에서 추방하자고 제안했다. 물론 본래 왕족 출신이자 선왕 세르비우스의 아들인 브루투스 자신은 예외였다. 이 사건으로 타르퀴니우스를 향한 시민들의 분노가 마침내 폭발했다. 사람들은 커다란 함성으로 브루투스의 뜻에 찬성하며 민병대를 결성하자는 그의 호소에 열렬한 지지를 보냈다.

전쟁터에 나가 있던 타르퀴니우스는 이 소식을 듣고 서둘러 로마로 돌아왔다. 하지만 성문은 굳게 닫힌 채 열리지 않았다. 루크레티아의 아버지는 타르퀴니우스에게 원로원에서 그를 추방하기로 했다는 사실을 통보했다. 타르퀴니우스는 하는 수 없이 가족을 데리고 에트루리아로 향했다. 때는 기원전 509년, 거만한 타르퀴니우스가 통치한 지 25년째 되던 해였다.

로마 왕정 시대

로마 왕정 시대는 기원전 753년부터 기원전 509년까지로, 로마 왕국과 에트루리아의 시대를 일컫는다.

왕정 시대는 역사적 발전에 따라 두 가지 시기로 구분된다. 첫 번째는 로마 일곱 왕 중 앞선 네 명의 왕이 통치한 시기로 로물루스, 누마 폼필리우스, 툴루스 호스틸리우스, 앙쿠스 마르키우스의 시대를 말한다. 두 번째는 에트루리아 인 출신의 타르퀴니우스 프리스쿠스, 세르비우스, 그리고 마지막으로 타르퀴니우스 수페르부스 세 왕의 시대이다. 그중 세르비우스의 통치기는 로마가 씨족사회에서 국가로 전환되는 매우 중요한 시기로, 로마 국가가 형성되는 역사적인 지표가 되었다. 마지막 왕인 타르퀴니우스 수페르부스는 폭정을 일삼고 극단적인 전제 정치를 펼쳤다. 결국 원로원은 타르퀴니우스의 폐단을 뜯어고치고자 '콘술'이라고 불린 두 명의 집정관을 세웠다. 집정관의 임기는 일 년이었다. 이로써 로마 왕정 시대는 끝이 나고 로마 공화정의 새 시대가 열리게 되었다.

맥을 잡아주는 세계사

The flow of The World History

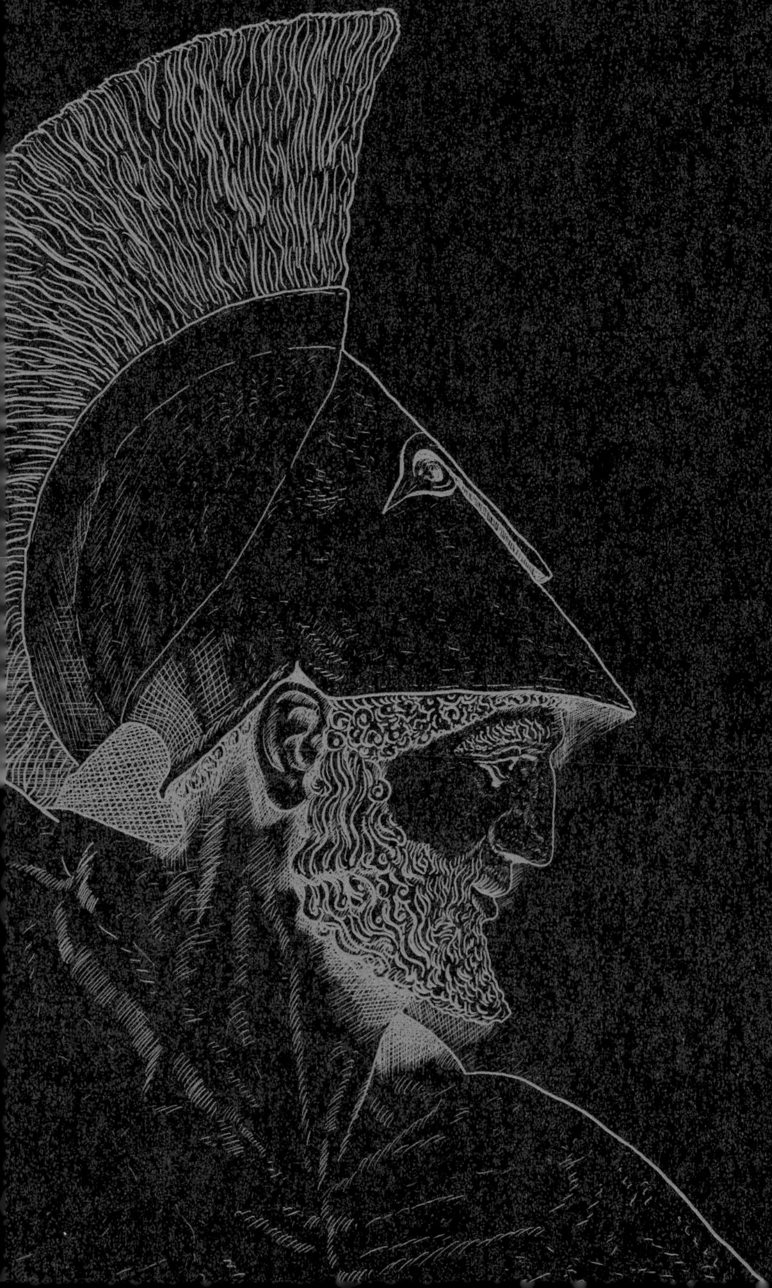

제 2 장 | 새로운 사회 질서로의 재편

1 귀족과 평민의 전쟁

ROME

"평민의 승리는 낡은 씨족 제도를 무너뜨리고 폐허가 된 그곳에 국가를 세우게 하였다. 귀족과 평민은 얼마 후 그 국가 속으로 완전히 융화되었다."

— 엥겔스

시기 : 기원전 494~기원전 287년
인물 : 세르비우스, 카시우스, 리키니우스, 섹스티우스

12표법(十二表法)

로마 귀족과 평민 간의 신분 갈등은 오래전부터 끊이지 않은 문제였다. 역사가들의 기록에 따르면, 평민과 귀족의 신분 차이로 인한 차별은 왕정이 폐지된 이후에도 여전히 존재하고 있었다. 평민과 귀족 간의 권리 투쟁은 그 후로 200년 동안이나 지속되었다. 이 투쟁은 로마 공화정 역사의 초반부를 장식한 주요 사건이기도 했다. 또 다른 기록에 따르면, 귀족과 평민의 구분은 왕정 시대부터 존재해 왔다. 하지만 그들의 경계가 엄격하지 않아 귀족이 아닌 자가 귀족으로 흡수되는 경우가 많았다. 다만, 로마 인구가

한눈에 보는 세계사
기원전 500년 : 인도, 불교 탄생   기원전 403년 : 중국, 전국 시대 시작
기원전 400년경 : 한반도, 철기 문화의 보급

증가하면서 로마로 이주해 온 외부인을 기존의 쿠리아와 트리부스에 편입시키는 데는 한계가 있었다. 그렇다 보니 이미 귀족과 평민으로 분류된 자들 외에 쿠리아에 속하지 않은 부류가 생겨났다. 아마도 에트루리아 왕조 때 새 이민자를 더 이상 쿠리아로 편입시키지 않은 영향도 컸으리라. 어쩌면 이들이야말로 훗날 로마를 이루는 평민의 근간이라고 할 수 있다. 하지만 예부터 평민이라고 하면 귀족들의 충성스러운 부하 혹은 그들과 특별히 관련 없는 거리가 먼 자들이 대부분이었다.

왕정 시대에 귀족과 평민의 경계는 불분명했지만 분명히 갈등은 존재했다. 다만, 서로 대립할 만큼 상황이 심각하지 않았을 뿐이다. 로마의 왕은 대부분 귀족을 억제하고 평민을 구슬리는 방식으로 자신의 통치 기반을 다졌다. 세르비우스Servius Tullius는 개혁을 통해 재산에 따라서 전 로마 인의 등급을 새로 나누었다. 그 결과, 재산이 많은 평민의 지위가 향상되었다. 하지만 공화정 체제로 넘어오면서 평민과 귀족의 갈등은 마침내 곪아 터져서 수면으로 떠올랐다. 귀족들은 대대적으로 자신의 특권과 지위를 강화하고 귀족 간의 혼인을 통해 점차 배타적인 신분으로 변해 갔다. 평민은 귀족의 정치적 압박 외에도 경제적인 빈곤에 시달려야 했다. 로마 일곱 왕 중 에트루리아 출신인 마지막 세 왕은 정복지를 가난한 평민에게 나눠 주었지만, 공화제가 시작되면서 이러한 전통은 바로 폐지되었다. 게다가 집정관의 임기가 일 년

고대 로마의 원로원 의원

원로원 회의를 막 끝낸 로마 귀족이 측근의 부축을 받는 모습

으로 제한되다 보니 옛날 국왕처럼 대규모의 공사나 사업을 벌이기에는 많은 어려움이 따랐다. 결국 로마 경제는 날로 악화하여 실업자가 급증했고 시민들의 불만도 날로 커져만 갔다.

그런데 로마의 문제는 내부에만 있지 않았다. 사면이 적으로 둘러싸인 로마의 변경은 바람 앞의 등불처럼 위태로웠다. 추방당한 타르퀴니우스가 에트루리아의 군사를 이끌고 호시탐탐 기회를 노리는가 하면, 동맹을 맺은 라틴 도시들이 로마의 공화제를 인정해 주지 않았다. 임기가 겨우 일 년뿐인 집정관을 위해 자신의 군대를 내줘야 한다는 사실에 불만이 컸다. 일찍이 타르퀴니우스의 대외 전쟁으로 피해를 본 클루시움Clusium의 국왕 포르세나조차 타르퀴니우스와 함께 로마 정벌에 동참했다. 그뿐만 아니라 로마의 지배 아래 있던 각 민족도 하나둘씩 로마에 반기를 들기 시작했다. 로마는 결국 울며 겨자 먹기로 에트루리아 땅을 되돌려 줄 수밖에 없었다. 포르세나는 타르퀴니우스를 지지하면서도 그가 다시 왕이 되는 것은 원치 않았다. 만약 그렇게 되면 다시 에트루리아와 전쟁을 벌여야 했기 때문이었다. 로마는 왕정 시대에 세운 위신을 잃어버리고 말았다. 라틴 도시들이 연합하는 바람에 우두머리로 절대적 권력을 행사하던 로마는 제 몸 하나 건사하기 바쁜 소국으로 전락해 버렸고, 예전의 지위를 회복하기까지는 무려 100년이라는 긴 시간이 걸렸다. 당시 라틴 도시의 배후에는 더 세력이 강한 에트루리아 인과 여러 산지 부족이 있었다. 위협적인 이들에 함께 대항하기 위해 훗날 라틴 도시들은 로마와 다시 동맹을 맺어 적의 침략을 막았다.

공화정 초기에 귀족과 평민의 싸움은 로마가 안팎으로 곤경에 처한 틈을 노려 평민의 권익에 유리한 방향으로 흘러갔다. 귀족을 상대로 한 평민의 투쟁이 처음 일어난 것은 기원전 494년으로, 부채가 원인이었다. 당시 로마는 아이퀴Aequi, 볼스키Volsci와 전쟁 중이었는데, 평민 대부분이 빚에

허덕이고 있었다. 심지어 갚지도 못할 거액의 빚더미에 앉은 군관도 있었다. 당시 관습법에 따르면 채무자는 돈을 빌릴 때 반드시 자신과 가족들을 저당 잡혀야 했다. 만약 기한 내에 갚지 못하면 채권자가 그를 가두거나 노예로 부릴 권한이 있었다. 심지어는 외국으로 팔아 버릴 수도 있었다. 이에 군대를 안정시키고자 집정관 세르빌리우스는 채권자가 군인의 재산과 자녀를 팔지 못하도록 법으로 금지했다. 그런데 전쟁에서 승리한 후 또 다른 집정관인 클라우디우스가 법을 어기고 사람들을 배신했다. 이에 분노한 평민들은 로마를 떠나 '신성한 산'이라 불리는 '몬스사케르Mons Sarcer'로 갔다. 로마에서 5km 떨어진 그곳에서 그들은 새로운 도시를 건설하려 했다.

평민들이 갑작스레 농성을 벌이자 귀족들은 불안감에 사로잡혔다. 로마 시민 대다수를 차지하는 평민들이 없으면 모든 생산 활동이 중지되고 군대 규모가 줄어들어 적의 침입을 막아내기가 불가능했다. 귀족들은 평민의 부채를 덜어 주기로 약속하고 호민관 제도를 새로 도입했다. 호민관은 평민회의 투표로 매년 두 명씩 선출되어 시민들의 권익을 위해 일하는 평민의 대표 관리였다. 호민관은 반드시 평민 출신이어야 하며, 처음 두 명으로 시작하여 후에는 다섯 명에서 열 명까지 늘어났다. 행정상 직권이 없는 호민관의 주요 임무는 평민이 귀족의 탄압을 받지 않도록 보호하는 일이었으나, 실제 그들의 임기 동안 그 같은 일은 일어나지 않았다. 후에 호민관의 역할은 집정관이나 원로원의 결정은 물론, 관련 법안에 대한 거부권을 행사하는 일로 확대되었다.

공화정 초기에 귀족과 평민의 싸움은 토지 문제로까지 번졌다. 기원전 486년, 집정관 카시우스는 빼앗은 토지의 절반을 평민에게 나눠 주고, 나아가 귀족의 공유지를 새로이 분배할 것을 건의했다. 그의 토지 법안은 귀족들의 거센 반발에 부딪혔다. 카시우스는 후에 왕이 되려는 역모를 계획했다는 이유로 처형당했다. 이후로 호민관이 원로원에 토지 법안을 제안했으나 한 번도 통과되지 못했다.

　공화정 초기, 로마에는 관습법만 있을 뿐 문서로 기록한 성문법成文法이 없었다. 관습법은 범위가 모호한 데다 법 해석의 권리와 사법권은 모두 귀족 관리에게 있었다. 그들은 걸핏하면 직권을 남용하며 자신의 사리사욕을 채우기에 급급했다. 이런 비합리적인 현실을 바꾸고자 평민들은 농성을 벌이며 성문법 제정을 주장했다.

　기원전 451년, 귀족으로 구성된 10인의 위원, 즉 '데켐비리decemviri'가 종래의 관습법을 정리하여 열 가지 새로운 법률인 '10조의 법'을 제정했다. 이듬해 또 다른 10인관이 선출되면서 2조의 법률이 추가되었다. 당시 이 법률 조항을 동판에 기록했다고 하여 '12동판법銅板法'이라고도 부른다. 12표

원로원 의원들

로마 인의 언론의 자유를 지키는 수호자들이다.

법의 원문은 전쟁 중에 소실되었지만, 후의 로마 법학자들의 저서를 통해 그 내용을 알 수 있다. 공법과 사법, 형법과 민법, 실체법과 절차법, 보복과 벌금 및 씨족의 계승과 상속법이 뒤섞여 있는 이 법률의 내용은 상당히 광범위하다. 12표법은 귀족이 관습법을 악용할 수 없도록 로마 시민의 권리와 의무를 규정해 놓은 것이었다. 그런데 부채노예제에는 지극히 엄격한 잣대를 적용했다. 채무자가 기한 내에 빚을 갚지 못할 경우 채권자는 채무자를 죽일 수도, 티베리스 강 외의 지역으로 팔아 버릴 수도 있었다. 12표법이 공표되고 5년 후, 평민들의 강력한 항의로 귀족과 평민 사이의 혼인을 인정하는 카눌레이아 법Lex Canuleia이 성립되었다.

투쟁 속 로마의 발전

공화정 이후 아이퀴 인, 볼스키 인, 갈리아 인들의 끊임없는 침략 속에서 로마의 귀족과 평민이 단결하여 적에 대항하자 전쟁은 한동안 잠잠해졌다. 하지만 갈리아와의 전쟁이 있은 후, 기원전 376년에서 기원전 367년에 평민과 귀족 사이에 또 한 번 격렬한 투쟁이 일어났다. 이때 귀족들이 다시 한발 물러나면서 기원전 367년에 리키니우스·섹스티우스 법안이 통과되었다. 이 법안의 내용은 다음과 같다.

⑴ 전 시민의 국유지 점유를 인정하되, 그 면적을 500유게라(약 38만 평)로 제한한다. 국유지에서의 방목 가축 수는 소 100마리, 양 500마리로 제한한다.

⑵ 평민의 부채는 일률적으로 이자를 따로 내지 않는다. 이미 낸 이자는 원금에서 공제하며 부채 상환은 3년으로 분할 지급한다.

⑶ 집정관 두 명 중 한 명은 반드시 평민 가운데서 선출한다.

이 법안이 제출되자 귀족들이 대거 일어나 반대 시위를 했다. 이에 평민들도 지지 않고 10년 동안 꿋꿋하게 맞서 싸웠다. 그 사이에 리키니우스와 섹스티우스가 호민관으로 선출되었다. 이들 역시 10년 동안 평민 출신의 집정관을 세우고자 노력했다. 그리고 10년째 되던 기원전 367년, 마침내 섹스티우스가 이듬해의 집정관으로 선출되었다. 로마 역사상 최초의 평민 출신 집정관은 이렇게 탄생했다.

섹스티우스가 취임한 후 평민은 귀족이 독점해 오던 다른 행정 관직에도 진출하게 되었다. 정무관, 독재관, 감찰관, 법무관과 새로운 관직에 평민들에게 기회의 문이 열린 것이다. 기원전 326년, 포이텔리우스 법이 통과되면서 사실상 부채노예제가 폐지되었다. 기원전 304년에는 정무관 플라비우스가 모든 소송 절차 및 법률 정보를 대중에게 공개했다.

그동안 귀족들이 독점하다시피 한 법률과 사법 지식이 평민에게 공개되면서 귀족과 평민은 법률 면에서도 실질적인 평등을 누리게 되었다. 기원전 300년에 발레리우스 법안이 통과되어 평민은 독재관을 비롯한 고위 관리의 판결에 대해 평민회에 소송할 수 있는 권리를 얻었다. 로마의 법 제정은 여기서 그치지 않았다. 같은 해에 호민관의 이름을 딴 오굴니우스 법Lex Ogulnia이 통과되면서 사제와 복점관의 수를 네 명에서 아홉 명으로 늘리고 늘어난 인원은 평민 중에서 선출했다. 예부터 로마에서는 종교적 직무를 신성한 것이라 여겨 줄곧 귀족들이 전담해 오다시피 했다. 그렇듯 중요한 자리가 이제는 평민에게도 개방된 것이다. 이로써 국가의 공직상 평민과 귀족은 더 이상 차별이 없게 되었다.

기원전 287년, 평민과 귀족 사이에 마지막으로 대규모 투쟁이 발생했다. 원인은 첫 번째 투쟁 때와 동일한 부채였다. 귀족 채권자들의 등쌀에 견디다 못한 평민들은 또다시 로마를 떠나 티베리스 강 우측 연안의 야니쿨룸 언덕에 모였다. 평민 출신으로 독재관에 오른 호르텐시우스는 이 위기를 해결하고자 일명 호르텐시우스 법Lex Hortensia을 공표했다. 트리부스 평민회의 결의가 원로원의 승인 없이도 법적 효력을 발휘하도록 한다는 내용이었다. 지역별로 구성된 지역회는 1인 한 표씩 표결을 거친 후에 35개 지역이 지역별로 한 표씩 투표하여 과반수의 득표로 결정했다. 지역 구성원이 대부분 평민이어서 트리부스회가 켄투리아회보다 민주적으로 이루어졌다. 이와 비슷한 법안은 예전에도 몇 번 제출된 적이 있었다. 하지만 귀족들이 거세게 반발하며 원로원의 승인을 얻으려면 켄투리아회에 넘겨 심사를 거치도록 규제했다.

호르텐시우스 법은 평민과 귀족이 법률상 평등한 지위를 확립하고 시민이면 누구나 공화정의 주인이 되는 데 의미를 두었다. 평민회는 마침내 로마 공화정의 최고 입법권을 가진 민회로 인정받았다. 유력한 평민들이 목적을 달성함으로써 공화정 초기 귀족에 대한 평민의 신분 투쟁은 비로소 마무리되었다.

이제 평민의 지위는 예전과 다르게 향상되었다. 특히 평민에게도 고위 관직의 길이 열리고 유력한 평민이 혼인을 통해 귀족과 융화된 이른바 평민 출신의 '신新귀족' 계층이 형성되었다. 일단 평민이 고위 관리로 선출되고 나면 자연히 원로원에 들어갈 기회가 생겼다. 그런 다음에는 최대한 세력가에게 빌붙어 그들 속으로 융화된 후, 대권을 잡고 직권을 이용해 대량의 국유지를 손에 넣었다. 리키니우스 섹스티우스 법이 통과되고 나서 얼마 후, 이들이 가장 먼저 '신귀족'의 대열로 들어섰다. 여기에 이방인 유력자들까지 더해지면서 신귀족의 수는 갈수록 증가했다.

유력 평민이 신귀족으로 흡수되면서 남은 평민이라고는 땅이 없는 빈곤층 농민들뿐이었다. 하지만 로마가 대외적인 확장 정책을 펼치면서 식민지를 건설하고 약간의 국유지를 분배하여 농민들의 빈곤이 어느 정도는 해결되었다. 당시 로마 군대의 구성원은 대다수가 평민들이었다. 그들은 로마의 대외 전쟁에 적극적으로 가담하여 전리품을 얻는 등 소기의 이득을 취했다. 그렇다 보니 대외 전쟁이 오히려 시민들의 '단결과 화합'을 가져오게 되었다. 이들의 단결력 덕분에 로마는 계속되는 전쟁에서 매번 승리하며 승승장구했다. 그렇게 잦은 전쟁으로 수많은 노예가 포로로 잡혔다. 이들에게 대규모의 노역과 공사를 시키면서 로마는 토지 사업이 발전하는 수확을 얻었다. 그 결과, 빈곤층 농민들은 점차 그들의 터전은 물론, 일할 기회마저 잃고 말았다. 그들은 도시로 유입되어 기존의 빈민층과 더불어 떠돌이 무산자로 전락해 버렸다.

유력 평민이 귀족과 결탁하여 신귀족으로 융화된 후 함께 정권을 잡으면서 로마는 씨족 귀족 독재에서 노예주 귀족 독재 국가의 길을 걷게 되었다. 평민의 개념도 예전과는 달리 떠돌이 무산자를 포함하여 도시와 농촌에 거주하는 하층민을 일컫는 말이 되었다. 또한 귀족과 평민의 투쟁 속에서 각 기관과 관직 및 법률 제도가 조금씩 다듬어져 로마의 국가 제도 역시 완벽한 면모를 갖춰 갔다.

2 베이이 전쟁

기원전 5세기 중후반부터 기원전 3세기 중반에 이르기까지 로마는 이탈리아 반도에서 세 차례나 대규모로 영토 확장 전쟁을 벌였다. 그 첫 번째 출발이 바로 기원전 5세기 중후반부터 기원전 4세기 초에 진행된 세 번의 베이이 전쟁이다. 베이이 전쟁 최후의 승리자인 로마는 이탈리아 통일을 향해 의미 깊은 첫걸음을 내디뎠다.

| **시기** : 기원전 5세기~기원전 4세기
| **인물** : 코수스, 카밀루스

로마 인의 호신부(護身符)

고대 로마 인은 목에 거는 노리개로 악한 기운을 쫓을 수 있다고 믿었다. 남자아이는 14살, 여자아이는 결혼할 때까지 몸에 지니고 다녔다. 이 금 노리개는 부잣집 아이의 것으로, 가난한 아이는 가죽으로 된 것을 착용했다.

세 번의 베이이 전쟁

베이이 전쟁은 고대 로마 인과 에트루리아 인 간의 전쟁으로 에트루리아의 도시국가인 베이이에서 일어난 전쟁이라 하여 붙여진 이름이다. 베이이는 로마의 동북부, 티베리스 강 북쪽 연안에 있다. 그리스 문화의 영향을 많이 받은 이곳은 로마보다 강성한 국력을 자랑하며 줄곧 로마의 강적이 되어 왔다. 일찍이 왕정 시대 때, 제3대 왕 툴루스와 제4대 왕 앙쿠스는 물론이고 제6대 왕 세르비우스와 마지막 왕 거만한 타르퀴니우스도 베이이와 전쟁을 치른

한눈에 보는 세계사

기원전 403년 : 중국, 전국 시대 시작   기원전 400년경 : 한반도, 철기 문화의 보급

전력이 있다.

기원전 5세기부터 베이이는 피데나이를 거점으로 걸핏 하면 로마 변두리의 농지와 목축지에서 소란을 피워 수차례 크고 작은 전투가 일어났다. 로마 대군이 출동하면 잠시 후퇴해 있다가 로마군이 철수하고 나면 기다렸다는 듯이 튀어나와 로마군의 약을 올렸다. 당시 로마의 외적은 베이이뿐만이 아니었다. 아이퀴 인과 볼스키 인, 사비니 인까지 상대하다 보니 베이이를 토벌할 여력이 남아 있지 않았다. 한때 혁혁한 전공을 자랑하던 파비우스가 모든 인력과 재정을 홀로 부담하는 조건으로 원로원에 출전을 자처했다. 초기 그는 베이이와의 전쟁에서 몇 번의 승리를 거두고 피데나이를 되찾았다. 그러나 얼마 후, 베이이의 매복 공격으로 전군이 몰살당하고 그의 집안에는 미처 전쟁에 참가하지 못한 어린 남자아이만 유일하게 살아남았다.

반세기가 지난 후, 로마 집정관 코수스가 직접 대군을 이끌고 피데나이로 쳐들어가 마침내 베이이 왕의 목숨을 끊어놓았다. 그 후로 두 나라는 20여 년간 전쟁 없는 평화의 시간을 보냈다. 기원전 405년, 로마는 오랜 숙적의 숨통을 철저히 끊어놓기 위한 제3차 베이이 전쟁을 개시했다. 이 전쟁은 세계 정복의 대업을 향한 로마의 결연한 첫걸음으로 역사에 남은 사건이다. 제3차 베이이 전쟁은 로마와 베이이 모두에게 힘겨운 싸움이었다. 로마 대군은 무려 기원전 405년부터 기원전 396년까지 10년 동안 베이이를 포위한 후에야 베이이를 정복할 수 있었다.

카밀루스의 승리

베이이 인은 성벽을 높이 쌓아 보루를 방어하고 무기와 탄약, 군량을 넉넉히 저장해 두어 전쟁 준비에 박차를 가했다. 물론 인고의 시간을 보낸 것은 베이이뿐만이 아니었다. 로마 군대는 보통 봄에 출정하고 겨울에 회군하여 휴식하는 습관이 있었다. 그런데 이번 전쟁은 황량한 들판에서 추운 겨울을 지내야 해 평민들의 불만이 최고조에 이르렀다. 십 년 동안 총사령관이 몇 번이나 바뀌었지만 하나같이 베이이의 방어벽을 뚫지 못했다. 원래부터 병역을 의무로 규정하여 군인에게 봉급을 주지 않던 로마도 이번 전쟁 중에는 봉급을 지급했다.

〈도마뱀 사냥꾼 아폴론〉

로마 인이 4세기 프락시텔레스의 원작을 본떠 만든 모각품. 현재 바티칸 박물관 안에 있는 피오클레멘티노 미술관에 소장 중이다.

전쟁이 시작된 지 10년째 되던 기원전 396년에, 원로원은 다른 정무관을 해임하고 카밀루스Marcus Furius Camillus를 독재관으로 임명했다. 카밀루스는 먼저 팔리스카 인을 정복한 후에 베이이 공격에 가담했다. 그는 정공법은 오히려 로마에도 손해일뿐더러 베이이가 지하 공격에 유리한 지형에 있다는 사실을 알아냈다. 그래서 베이이의 성벽 밑으로 땅굴을 파기 시작했다. 땅굴이 완성되자 카밀루스는 성 밖에서 공격해 들어가며 적군을 안으로 유인했다. 그때 로마군은 지하 땅굴을 따라 성 안으로 몰래 잠입했다. 그렇게 안팎으로 완벽한 군사작전에 휘말린 베이이는 결국 로마군에 함락되었다.

베이이가 함락되자 로마군은 민간인을 죽이고 닥치는 대로 약탈을 일삼았다. 그나마 다행히 목숨을 건진 이들은 노예로 팔렸다. 이 광경을 지켜보던 카밀루스는 눈물을 흘리며 두 손을 하늘 높이 치켜들고 이렇게 기도했다. "위대한 유피테르 신이시여! 그리고 선악을 판단하시는 다른 모든 신이시여! 로마군이 원수의 도시를 짓밟는 것은 욕심이 아닌 대의명분에 따른 것입니다. 이 승리의 대가를 원하신다면 로마와 로마 군대를 놔두시고 작은 벌이라도 오직 제게 내리소서!"

　세 번의 베이이 전쟁에서 로마는 시련을 이기고 최후의 값진 승리를 거두었다. 로마는 어마어마한 전리품과 비옥한 영토를 확보하여 전쟁으로 소모한 만큼 제때에 보상받았다. 전리품과 토지를 궁핍한 시민에게 나눠 주자 로마 공화정 내 평민과 귀족 사이의 갈등도 완화되었다. 그리고 로마의 영토는 두 배로 확장되었다. 또한 북방의 강적을 싹쓸이하고 에트루리아 인이 두 번 다시는 기를 펴지 못하도록 강력하게 제압했다. 로마에 적의를 품고 있던 라틴 도시에도 충분히 위협이 되었다. 장기간의 전쟁 덕분에 로마군은 실전에 단련되어 군사력 또한 예전과 다르게 향상되었다. 그 밖에도 로마는 라틴의 여러 나라와 동맹을 맺고 연합전을 펼쳐 동부 산지의 아이퀴 인, 헤르니키 인, 사비니 인, 볼스키 인과의 전쟁에서도 연이어 승리를 거두었다.

3 갈리아 인의 침입

용맹스럽고 싸움에 강한 갈리아 인은 패권을 향한 로마의 오랜 노력을 한순간에 물거품으로 만들었다. 그뿐만 아니라 로마는 건국 이래 처음으로 외족에 정복당하는 굴욕을 맛보았다. 후에 고트 족 알라리크에게 로마가 점령당할 때까지는 800년이 걸렸다.

시기 : 기원전 396~기원전 331년
인물 : 브렌누스, 폰티우스

'알리아의 날'의 유래

대략 기원전 7세기 중엽, 동유럽에는 보헤미아Bohemia와 바바리아Bavbaria 일대에 켈트 인이 살고 있었다. 후에 그들 가운데 일부가 남쪽으로 알프스 산을 넘어 북이탈리아로 진입했을 것으로 추정된다. 켈트 인은 계속해서 북이탈리아로 들어와 기원전 4세기 초 포Po 강 유역의 드넓은 옥토를 차지했다. 당시 이탈리아 북부에는 거주민이 거의 없었다. 그래서 에트루리아 인 식민지만으로는 용맹한 유목민족을 당해 낼 재간이 없어 점차 에트루리아 본토로 후퇴해 갔다. 그렇게 해서 북이탈리아는 켈트 인의 손아귀에

한눈에 보는 세계사
기원전 350년 : 중국, 제자백가 시대 전개

고대 로마 광장의 일부

로마 제국의 역사를 보여 주는 유적이 빽빽하게 들어서 있다.

들어갔다. 로마 인이 켈트 인을 갈리아 인이라고 부르면서 후에는 이 지역을 남쪽 갈리아 키살피나Cisalpina라 불렀다. 참고로, 로마 인들은 알프스 이남 포 강 유역을 갈리아 키살피나, 알프스 산맥 너머 북쪽을 갈리아 트란살피나Transalpina로 불렀다.

기원전 390년, 갈리아 인의 왕 브렌누스Brennus가 에트루리아를 지나 클루시움까지 쳐들어왔다. 갈리아 인의 갑작스런 공격에 클루시움은 로마에 도움을 요청했다. 이에 원로원은 귀족 파비우스 가문의 세 사람을 대사로 파견하여 중재를 맡겼다. 하지만 브렌누스 왕은 코웃음을 치며 비웃었다. "당신네 로마 인들도 일찍이 알바롱가, 피데나이와 아르데아, 최근에는 팔리스카까지 쳐들어가지 않았소. 그들이 가진 것을 내놓지 않으면 당신들도 닥치는 대로 재물을 약탈하고 포로를 잡아 적국을 폐허로 만들었소. 하지만 난 그것을 조금도 잔인하거나 부당하다 생각지 않소. 그러니까 우리가 포위하고 있는 클루시움 사람들을 동정할 생각일랑 마시오!"

로마 대사들은 더 이상 그를 설득할 수가 없었다. 그들은 오히려 클루시움으로 돌아와 사람들에게 반격할 것을 격려했다. 그런데 전투가 한참 진행되고 있을 때, 갈리아 인이 클루시움 사람들과 함께 싸우는 한 로마 대사를 발견하고는 그를 생포했다. 당시 나라의 대사가 참전하는 것은 관례에 어긋나는 일이었다. 이에 브렌누스 왕은 격분하여 당장 포위를 풀고 로마로 진군할 채비를 했다. 그리고 사람을 보내 대사의 잘못을 벌하라고 명령했다. 원로원은 사람들의 의견을 모아 의무를 저버린 대사를 고소하려 했다. 하지만 대중은 그를 영웅으로 치켜세우며 호민관으로 선출했다. 이 소식을 들은 브렌누스는 크게 화를 내며 로마 인에게 따끔한 맛을 보여 주겠노라 다짐했다.

갈리아 인은 매우 신속하게 움직여 로마에서 약 18㎞ 떨어진 알리아 강에 이르렀다. 이곳에서 로마군은 갈리아군에게 대패하는 굴욕을 당했다.

로마 인은 이날을 로마의 가장 수치스러운 날이라 여겨 '알리아의 날'로 정했다. 갈리아 인의 공격은 여기서 끝나지 않았다. 그들은 로마로 직진하여 카피톨리움 언덕을 제외한 나머지 모든 곳에서 약탈과 학살을 일삼았다. 전해지는 바로는 당시 브렌누스 군대가 로마에 도착했을 때, 성문을 활짝 열어놓은 채 누구 하나 저항하는 병사가 없었다고 한다. 로마의 신전에는 '성인'들만이 조용히 앉아 죽음을 기다리고 있었다. 그들 가운데 일부는 일찍이 전쟁을 승리로 이끌었던 집정관이며 일부는 제사장이었다. 그들은 차마 로마를 버릴 수가 없었다. 이에 화려한 두루마기를 입고 대제사장 파비우스의 주도 아래 함께 죽기로 맹세했다.

카피톨리움의 포위

카피톨리움 포위 공격은 7개월 동안 이어졌다. 갈리아 인은 군량이 다 떨어져 가자 군대를 여러 팀으로 나눠 로마 주위 지역까지 깡그리 약탈해 갔다. 그중 소수 정예 부대는 아르데아로 쳐들어갔다. 뒤에 나올 '로마 제2의 창건자'에서 그 이유를 알게 되겠지만, 마침 베이이 전투의 영웅 카밀루스가 로마에서 추방당해 아르데아에 머물고 있었다. 카밀루스는 아르데아 인을 설득하여 성인 남자를 모조리 무장시켜 전쟁할 준비를 했다. 당시 갈리아 인은 아르데아 외곽에 주둔했는데 하나같이 승리감에 젖어 취할 정도로 술을 퍼마시고 있었다. 정보를 입수한 카밀루스는 한밤중에 갈리아군 진영으로 쳐들어가 갈리아군을 닥치는 대로 죽였다. 갈리아군은 겨우 몇 명만이 목숨을 건져 달아났다. 소문은 금세 퍼져 나가 알리아 전투에서 살아남은 병사들은 카밀루스 군대에 합류하고 싶어 했다. 하지만 망명자 신분인 카밀루스는 먼저 원로원의 허락을 받길 원했다. 그래서 카피톨리움에서 산전수전 다 겪은 폰티우스Pontius가 로마 밖 아르데아의 상황을 원로원에 알렸다. 그는 지금 유일하게 병사들을 복종시킬 수 있는 사람은 카밀루스뿐이라고 말했다. 원로원은 의논 끝에 카밀루스를 독재관에 임명했다. 이로써 카밀루스는 두 번째로 독재관에 선출되었다. 그가 선두에 나서 군대를 이끌자 많은 동맹국 군사들이 그의 군대에 동참했다.

한편, 갈리아군은 폰티우스가 카피톨리움에 잠입한 흔적을 발견하고는 야간에 절벽을 타고 기습공격을 감행했다. 그런데 선발대가 오르자마자 유피테르 신전에 있던 거위들이 꽥꽥거리고 울면서 로마 수비대의 잠을 깨웠다. 거위가 기습공격을 알려준 덕분에 수비대는 큰 피해 없이 갈리아군을 내쫓을 수 있었다. 이후 갈리아군에는 계속해서 위기가 닥쳤다. 군수물자가 바닥났지만, 카밀루스가 두려워 약탈은 꿈도 꾸지 못했고 설상가상으로 전염병까지 돌았다.

로마 인의 상황도 열악한 갈리아군과 크게 다를 바 없었다. 갈리아군의 포위로 오래 굶주린 데다 사방이 외부와 단절되어 카밀루스의 소식조차 들을 길이 없었다. 결국 갈리아군은 로마에 황금 1,000로마 파운드를 받고 로마에서 떠나기로 합의했다. 그런데 저울에 금을 다는 동안 브렌누스가 몰래 저울판을 움직여 황금과 추의 균형을 일부러 깨뜨려 놓았다. 로마 인들이 브렌누스에게 항의하자 그는 비웃음을 띠며 보검과 허리띠를 저울에 올려놓았다. 당시 천부장인 술피키우스가 물었다. "무슨 뜻이오?" "패자에게는 재앙이 있으라." 브렌누스는 이렇게 말하며 로마 인을 비웃었다.

로마 인과 갈리아 인이 한창 금의 무게를

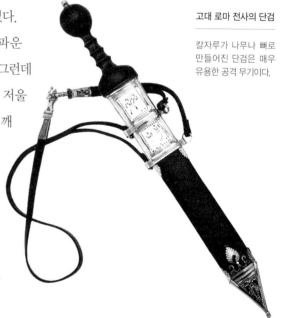

고대 로마 전사의 단검

칼자루가 나무나 뼈로 만들어진 단검은 매우 유용한 공격 무기이다.

달 때, 카밀루스의 군대가 카피톨리움에 나타났다. 카밀루스는 정예병과 함께 이미 폐허가 되어 버린 로마의 중심지, 신전으로 향했다. 그리고 저울 위에 놓인 황금을 가로채며 갈리아 인에게 이렇게 소리쳤다. "로마 인은 황금을 바치면서까지 목숨을 지킬 생각이 없다. 황금 대신 쇠를 가져가라. 이것이 로마의 풍속이다." 그의 말은 브렌누스의 심기를 건드렸고 두 나라는 바로 육박전을 벌였다. 하지만 사방이 폐허로 변해 전투 대형을 갖추기 어렵자 브렌누스는 군대를 철수시켰다. 다음날, 카밀루스가 갈리아군 진영을 공격하면서 두 나라의 전쟁에는 다시금 불이 붙었다. 결국에는 갈리아군이 로마군에 무참히 무너졌다.

갈리아 인은 첫 번째 로마 침입을 시도한 날로부터 13년 뒤 다시 로마를 공격했다. 그러나 이번에도 카밀루스가 이끄는 로마군에게 대패하고 말았다. 그 후로 갈리아 인은 몇 번 남이탈리아로 진입하면서 로마를 비켜 갔고, 로마는 철저하게 방어하여 더 이상의 전쟁은 발생하지 않았다. 갈리아 인은 후에 북이탈리아에 정착했다. 기원전 331년, 주요 부락인 제노니아가 로마 인과 평화협정을 맺었다. 갈리아 키살피나와 갈리아 나르보넨시스 Narbonensis가 로마의 속주가 될 때까지 두 나라는 충돌하지 않았다. 갈리아 나르보넨시스는 중심지인 나르보의 이름을 딴 것으로, 속주를 뜻하는 '프로빈키아'라고 불렸다. 지금의 프로방스란 이름은 바로 여기에서 유래했다.

4 로마 제2의 건국자

ROME

푸리우스 카밀루스Marcus Furius Camillus는 로마에 위기가 닥칠 때마다 혁혁한 공을 세웠다. 그는 독재
관에 다섯 번 선출되었고 승리를 기념하는 개선식도 네 번이나 거행되었다. '로마 제2의 건국자'라는
영광스런 훈장도 달았다. 그러나 그에게 집정관의 운명은 허락되지 않았다. …… 로마 백성의 생각은
원로원과 달랐다. 로마 인은 그가 집정관이 아닌 군정관이 되길 바랐다.

– 플루타르코스

시기 : 기원전 396~기원전 365년
인물 : 카밀루스, 루크레티우스, 루키우스

비난의 이유

카밀루스의 삶은 당시 로마의 정치적 상황과 밀접한 관련이 있다. 기원전
444~367년, 로마는 50여 년 동안 집정관을 선출하지 않았다. 대신 군단
사령관인 군정관 몇 명을 뽑아 집정관의 권한을 위임했다. 군정관의 수는
3명, 어느 때는 4명이나 6명이었고, 한 번에 8, 9명을 뽑은 적도 있었다. 푸
리우스 집안이 빛을 보기 전, 카밀루스는 오직 자신의 힘으로 최초의 성공
을 거두었다. 항상 최전방에서 용맹스럽게 싸운 그는 후에 그 공을 인정받
아 감찰관에 임명되었다. 그리고 감찰관 임기 동안, 설득과 반半강요로 미

한눈에 보는 세계사
기원전 350년 : 중국, 제자백가 시대 전개

혼 청년과 과부들을 맺어 주는 또 다른 성과를 거두었다.

카밀루스는 로마 역사상 10년 동안이나 함락하지 못한 베이이를 정복하는 빛나는 공을 세웠다. 베이이 전쟁에 대해서는 앞서 설명했으니 전쟁 후에 민심을 잃은 사건을 언급해 보고자 한다. 전쟁을 승리로 이끈 것까지는 좋았다. 그런데 너무 성대하게 치른 개선식이 오히려 독이 되고 말았다. 카밀루스는 네 필의 백마가 끄는 전차를 타고 로마 시내를 행진했다. 당시 로마 인은 이를 국왕이나 신들의 아버지인 유피테르만이 누릴 수 있는 신성한 것이라 여겼다. 그는 결국 이 일로 로마 인의 손가락질을 받아야 했다.

그와 로마 인 사이의 두 번째 충돌은 식민법 때문이었다. 호민관들은 로마 인과 원로원을 둘로 나누어 한쪽은 로마에 머무르게 하고, 다른 한쪽은 새 정복지인 베이이에 이주시키자고 제안했다. 그렇게 하면 영토도 넓어지고 국방에도 도움이 될 거라 여겼기 때문이다. 그런데 이 안건에 찬성한 로마 시민들과 달리, 원로원과 귀족들은 로마가 완전히 망하는 길이라며 오히려 카밀루스를 찾아와 이 안을 막아 달라고 부탁했다. 그는 후폭풍이 두려워 이러지도 저러지도 못한 채 일부러 다른 일을 만들어 사람들의 주의를 돌려 버렸다. 결국 이민은 없던 일이 되었고 그에 대한 로마 인의 불만은 더욱 깊어졌다.

그런데 사람들이 그를 미워하게 된 가장 큰 이유는 따로 있었다. 바로 전리품 때문이었다. 그는 베이이로 출전하기 전, 전쟁에서 승리하면 전리품의 1할을 아폴로 신에게 바치겠노라 맹세했다. 하지만 전쟁이 끝나고 가난한 병사들이 전리품을 마음대로 가져가도록 내버려두었다. 결국 원로원은 전리품을 다시 거두어들이는 일은 불가능하니 전리품을 가져간 사람들은 그 값의 1할을 갚도록 했다. 그러자 사람들은 적군의 재산을 바치겠다고 맹세할 때는 언제고 이제 와서 도리어 시민들의 재산을 빼앗아 가냐며 거세게 항의했다.

도덕과 정의의 힘

마침 팔리스카 인과 전쟁이 일어나자 카밀루스는 군대를 이끌고 팔레리 Falerii를 포위했다. 시민들은 늘 그랬듯 누가 나서서 등 떠밀기 전에 서둘러 출정 준비를 했다. 사람들의 관심은 자연히 전쟁으로 향했다. 팔레리는 매우 견고하여 팔리스카 인들은 수비대만 믿고 포위를 당한 뒤에도 크게 동요되지 않았다. 성벽을 지키는 병사를 제외하고는 으레 평상복을 입고 돌아다녔고 아이들도 여느 때처럼 학교에 다녔다.

팔레리 학교에서는 한 선생이 여러 명의 아이를 맡아서 가르쳤다. 그런데 학교 선생은 자신의 도덕적 책임을 저버린 채 아이들을 적국인 로마에 넘겨주려는 반역을 꾀하고 있었다. 이 사실을 알게 된 카밀루스는 적잖은 충격을 받았다. 그는 병사들에게 말했다. "전쟁은 참으로 가슴 아픈 일이며 폭력적이고 정의롭지 못한 것이구나. 하지만 전쟁 중이라도 어질고 용감한 자로서 지켜야 할 원칙은 있다. 아무리 승리가 탐이 난다고 해도 비굴하게 승리를 구걸하거나 비열한 수단으로 이겨서는 안 된다." 말을 마친 카밀루스는 병사를 시켜 학교 선생의 옷을 벗긴 다음 손을 묶었다. 그리고 아이들에게 방망이와 채찍을 주어 반역자인 선생을 벌하게 한 뒤 팔레리 시내 안으로 몰고 들어갔다.

아이들의 부모는 그제야 선생의 반역 행위를 알게 되었다. 그들은 카밀루스를 향해 자신들의 구세주라고 외치며 그의 정의로움에 큰 찬사를 보냈다. 그리고 곧 회의를 열어 카밀루스에게 사신을 보내 무조건 항복하겠노라고 약속했다. 카밀루스는 그 사신을 로마로 보냈다. 원로원에서 사신은 카밀루스가 전쟁에서 승리보다 정의를 택했으며,

창을 든 남자 조각상

이 로마 조각상은 승리의 여신상과 비슷한 상징적 의미가 있다.

그를 본받아 그들도 기꺼이 자유 대신 복종을 택할 것이라고 말했다. 그들은 로마의 무력이 아닌 카밀루스의 도덕심과 정의감 때문에 항복한 것이다. 로마는 그렇게 팔리스카 인과 평화 조약을 맺고 군대를 철수했다. 그런데 로마 병사들의 입장은 달랐다. 애초부터 약탈을 노리고 있던 병사들은 빈손으로 돌아오게 되자 카밀루스가 시민을 증오하여 일부러 전리품을 얻지 못하도록 방해했다고 주장했다. 이때 호민관들이 식민에 관한 안건을 다시 들고 나와 투표에 부치자고 했다. 카밀루스는 비난을 두려워하지 않고 당당히 사람들 앞에 나서서 안건에 반대했다. 사람들은 결국 카밀루스의 의견을 따랐다.

그사이 카밀루스를 미워하는 사람들은 그를 탄핵할 계획을 꾸몄다. 그중 아풀레이우스라는 자가 토스카나 전쟁 때 카밀루스가 전리품을 몰래 가로챘다며 그를 고발했다. 그러나 카밀루스가 전쟁 때 가져온 거라고는 청동으로 만든 문짝 하나가 전부였다. 더 이상의 치욕을 견디기 어려웠던 카밀루스는 이 사건 이후 로마를 떠나 망명 생활을 시작했다. 결석재판으로 그에게 1만 5,000아스의 벌금형이 떨어지자 그의 친구들이 대신 벌금을 내주었다. 하지만 시간이 흐른 후 로마 인은 자신들의 잘못을 뉘우치며 그가 하루빨리 돌아오기만을 절실히 기다리게 되었다. 처음으로 갈리아 인에게 나라를 짓밟히는 굴욕을 당했기 때문이다.

로마 재건

갈리아 인을 로마에서 완전히 밀어냈지만 카밀루스의 임무는 여기서 끝나지 않았다. 이미 폐허가 되어 버린 로마를 재건해야 하는 더 막중한 임무가 그를 기다리고 있었다. 하지만 '시민들을 선동하기 좋아하는' 정치가들은 이때를 놓치지 않고 또다시 카밀루스를 음해하려 들었다. "모든 게 다 갖춰진 베이이를 두고 로마를 재건하겠다는 것은 카밀루스 개인의 야망 때문이오. 결국은 사람들더러 잿더미 위에서 노숙이나 하라는 말이 아니오?"
카밀루스는 이 일을 공개적으로 논의하기로 하고 로마를 수호하자는 주제로 긴 연설을 했다. 제일 먼저 투표할 권한을 가진 루크레티우스Lucretius의 의견을 들어본 후에 다른 많은 의원도 뒤이어 연설했다. 그런데 그때, 백부장이 병사들과 함께 길을 지나가다 깃발을 드는 병사에게 이렇게 말하는 것이 들렸다. "기를 거기에 세워라. 이곳에 자리를 잡는 것이 제일 좋겠다." 마치 신의 계시처럼 들려온 이 말은 과연 효과가 있었다. 사람들은 모두 한 표씩 투표했고 어느새 사람들의 마음은 완전히 바뀌어 있었다.

로마 인들은 서로 힘을 북돋으며 로마 재건 작업에 온 열정을 기울였다. 하지만 로마를 일 년 안에 재건하기란 무리가 있었다. 일정한 계획도 없이 성급하게 진행한 탓에 로마 시내는 혼잡하고 어수선한 모습일 수밖에 없었다. 그래도 성벽과 민가 등 기본적인 건물은 새로 지어졌다.

그런데 로마 인들이 한숨 돌릴 틈도 없이 아이퀴 인, 볼스키 인, 라틴 인들이 동시에 로마로 쳐들어왔다. 토스카나 인도 로마의 동맹국을 포위했다. 로마에 다시 위기가 닥치자 사람들은 카밀루스를 세 번째로 독재관에 임명했다. 그를 시기한 사람들은 단지 운이 따랐을 뿐이라며 그의 공을 비하했다. 하지만 카밀루스가 또 한 번 기지와 용기를 발휘해 로마를 위기에서 구해내자 울며 겨자 먹기로 모든 공을 그에게 돌렸다. 어느덧 연로해진 카밀루스는 여섯 번째로 독재관에 임명되자 건강상의 이유로 정중히 거절했다. 그러나 사람들은 그를 쉬게 하지 않고 강제로 군정관의 직책을 맡겼다.

그 즈음에 볼스키 인이 로마의 동맹국으로 진을 치고 들어왔다. 카밀루스는 장기전을 바라보고 전쟁을 준비했다. 하지만 그의 동료인 루키우스Lucius는 빨리 공을 세우고 싶어 안달이 나서 부하 장병들을 선동하기 시작했다. 카밀루스는 괜히 말렸다가 자신이 젊은 병사들에게 공을 세울 기회를 주기 싫어하는 것으로 보일까 봐 하는 수 없이 출전을 허락했다. 그는 몸이 아프다고 말하고는 진영에 머물렀다. 그런데 곧 루키우스가 전쟁에서 패했다는 소식이 들려왔다. 카밀루스는 당장 침대에서 뛰쳐나와 쫓겨 오는 병사들을 헤치고 적군을 향해 달려들었다. 적군을 피해 줄행랑을 치던 로마군은 카밀루스의 대열에 합류해 다시 전투 태세를 갖추었다. 그들은 서로를 격려하며 카밀루스를 믿고 싸웠다. 로마군의 단합된 모습에 적군도 더 이상 추격해 오지 않았다. 다음날, 카밀루스는 다시 출전하여 적군을 섬멸시키고 돌아왔다.

영예로운 죽음

카밀루스 노년에 리키니우스가 집정관 2인 체제 법안을 제출했다. 그는 두 명의 집정관 중 반드시 한 명은 평민 출신자를 선출하자고 주장해 시민들과 원로원 사이에 큰 충돌이 일어났다. 시간이 지날수록 혼란이 심해지자 원로원은 카밀루스를 네 번째로 독재관에 임명했다. 하지만 민중의 뜻에 반기를 들고 싶지 않은 카밀루스에게 그리 달가운 자리는 아니었다. 결국 그는 혼란이 해결되기 전에 병을 핑계로 독재관을 사직했다. 원로원은 다른 사람을 독재관에 앉히고 리키니우스를 기마대장으로 임명하여 귀족들이 반대하는 그의 법안을 통과시켰다. 그의 법에 의하면, 누구든지 500에이커(acre, 1에이커는 1,200평) 이상의 공유지를 소유할 수 없었다. 이 일로 리키니우스는 제대로 민심을 잡았다. 하지만 본인이 오히려 토지에 욕심을 부리다가 자신이 만든 법에 따라 처벌되었다.

시간이 지나도 집정관 선출 문제는 여전히 해결되지 않았다. 이것이 평민과 귀족이 서로에게 등을 돌리게 된 가장 큰 이유였다. 그때 갈리아군이 급습해 온다는 소식이 들렸다. 갈리아 인에 대한 공포심은 한순간에 로마의 내분을 잠재웠다. 원로원과 인민이 만장일치로 카밀루스를 다섯 번째로 독재관에 선출했다. 그때 그는 이미 예순의 나이였다. 당시 갈리아군의 강점은 날카로운 칼을 자유자재로 휘두르는 데 있었다. 이를 아는 카밀루스는 로마 군인에게 반들거리는 철제 투구를 쓰게 하고 방패에도 청동으로 테를 두르게 했다. 그리고 적의 칼에 대비해 긴 창을 사용하도록 했다. 로마의 철저한 대비에 갈리아군은 힘 한 번 제대로 쓰지 못한 채 우르르 떨어져 나갔다. 로마가 함락당한 지 13년 만의 전쟁이었다. 이번 승리로 로마 인은 더 이상 야만족을 두려워하지 않았고 언제든지 갈리아를 이길 수 있다는 자신감을 얻었다.

하지만 전쟁 뒤에는 평민과 귀족 사이의 격렬한 갈등과 혼란이 기다리고 있었다. 평민들은 계속해서 평민 출신의 집정관 한 명을 선출하라고 주장했지만, 원로원은 끝내 이를 허락하지 않았다. 게다가 카밀루스의 힘에 기대 평민을 제압하려고 그를 독재관에서 물러날 수도 없게 만들었다. 사태가 점점 심각해지자 카밀루스는 신에게 이 사태를 원만히 해결시켜 주기를 기도하며, 혼란이 멈추면 '화합의 신전'을 짓겠노라 맹세했다.

마침내 원로원이 평민들의 의견을 수렴하여 평민 출신 집정관을 선출하기로 했다. 카밀루스의 활약으로 섹스티우스가 로마 역사상 최초의 평민 출신 집정관이 되었다. 이듬해 로마에는 갑작스런 역병이 돌아 많은 사람이 목숨을 잃었다. 로마의 영웅 카밀루스 역시 그중 한 사람이었다. 플루타르코스는 이렇게 말했다. "그는 충분히 영예로운 인생을 살았으며 천수를 누려 유종의 미를 거두었다. 로마 인은 역병으로 죽은 수많은 사람의 죽음보다 카밀루스 한 사람의 죽음을 더 애통해했다."

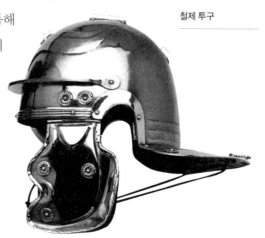

철제 투구

로마 장수의 개선식

개선식은 에트루리아 지역의 종교의식에서 시작되었다. 이는 로마 군대의 지휘자로서 누릴 수 있는 최고의 영광이었다. 로마 장수가 개선식을 치르려면 반드시 아래의 조건에 부합해야 한다.

1. 우선 명령권, 지휘권을 지녀야 한다. 훗날 이 조건의 제약은 점차 약화되었다.

2. 최소한 5,000명 이상의 사상자를 낸 전쟁에서 압승을 거두어야 한다.

3. 전쟁터에서 반드시 부하들이 그에게 '임페라토르(Imperator)'를 외치며 환호해 주어야 한다. 이것은 고대 로마의 '대장군', '개선장군', '황제', '원수'의 뜻으로, '만세'와 같은 의미이다.

4. 개선식을 치를 장수는 최소한 상징적 의미의 군대를 로마로 데려와야 한다.

5. 원로원의 투표를 거쳐 승인을 얻어야 한다. 개선식 당일, 그가 로마 내 모든 지휘권을 지니도록 허락하는 일이다.

개선식을 행하는 장수는 마르스 광장에서 출발해 로마 거리를 지나 카피톨리움 언덕의 유피테르 카피톨리누스 신전 앞까지 행진했다.

그날은 장수의 부하들도 개선 행렬에 동참했다. 카이사르의 개선식에서 그의 군대가 "왔노라, 보았노라, 이겼노라."라고 쓴 팻말을 들고 그를 환영했던 것처럼 개선장군의 부하들은 그를 기념하는 팻말을 들었다. 혹은 팻말 위에 장수가 정복한 지역의 지도를 그리기도 했다. 나머지 병사들은 전리품을 가득 실은 수레 뒤를 따라서 들어왔다. 개선 행렬에는 포박당한 죄인도 있었는데 대개 정복지의 우두머리나 왕, 때때로 그들의 자녀들을 포로로 잡아왔다. 전쟁을 승리로 이끈 신에게 바치는 제사동물도 포함되어 있었다.

개선장군은 적어도 포로 한 명을 그 자리에서 처형시킬 수 있었다. 그런 후에 자신의 아량을 과시하듯 나머지 포로들을 모조리 석방시킨 후 노예로 팔아 버렸다. 개선장군은 얼굴을 붉은색으로 칠하고 몸에는 종려나무 잎으로 만든 옷을 걸쳤으며 황금 전차를 타고 개선식을 치렀다. 또한 그의 전차 안에 노예 한 명을 함께 태웠다. 노예의 임무는 장군의 머리에 관을 씌어 주며 그의 귀에 대고 행진 내내 이렇게 속삭이는 것이었다. "잊지 마시오. 당신도 언젠가는 죽을 인간이니!" 개선행렬이 카피톨리움 언덕에 이르면 장군은 포로를 처형한 후 유피테르 신에게 제물을 바쳤다. 그런 후에 그의 군대는 해산되었다. 그날의 성대한 개선식은 온 도시가 연회를 즐기는 것으로 마무리되었고 비용은 대개 개선장군이 부담했다. 연회는 로마의 모든 시민이 다 함께 즐겼다.

5 민회와 공화정 제도

로마 인은 왕정을 뒤엎고 공화정을 선택했다. 500년에 이르는 입헌 정치를 거치며 로마 공화정은 권력 평형의 체제를 갖추게 되었다. 원로원, 집정관, 그리고 민회를 중심으로 한 '삼권 분립' 체제는 그 시대 로마의 각 이익 세력이 화합하여 공존하는 발판이자 나아가 대규모의 대외 확장 정책을 실현하는 원동력이 되었다.

> **시기** : 기원전 509~기원전 27년
> **인물** : 로마의 각 이익 세력

로마의 민회

로마의 민회는 형식상 네 가지로 나뉜다. 각 민회는 오랜 역사를 바탕으로 계속해서 발전하여 그들만의 직권과 입지를 굳혀 나갔다.

쿠리아 민회

쿠리아회는 로물루스 건국 이래 가장 오래된 민회이다. 공화제 초기만

한눈에 보는 세계사

기원전 500년 : 인도, 불교 탄생
기원전 400년경 : 한반도, 철기 문화의 보급
기원전 317년 : 인도, 마우리아 왕조 건국
기원전 202년 : 중국, 한 건국
기원전 108년 : 고조선 멸망, 한군현 설치
기원전 57년 : 신라 건국

기원전 403년 : 중국, 전국 시대 시작
기원전 350년 : 중국, 제자백가 시대 전개
기원전 221년 : 진시황, 중국 통일
기원전 195년 : 위만, 고조선의 왕이 됨
기원전 97년 : 사마천, 《사기》 완성
기원전 37년 : 고구려 건국

해도 집정관 선출에 큰 역할을 했지만 점차 그 직무가 켄투리아회로 옮겨
가면서 그 기능이 약해졌다. 공화정 말기에 쿠리아회는 유언 작성 및 상속
문제만을 다루는 데 그쳤다. 그래서 유일한 중책은 집정관과 정무관에 '강
제권'을 수여하는 의식뿐이었다. 기원전 1세기, 쿠리아회는 집정관 혹은 대
제사장이 주관했고 대표 30명을 둔 30개 쿠리아만이 출석했다.

켄투리아 민회

'백인대'라고도 불리는 켄투리아회는 세르비우스 개혁 때 처음 조직되어
공화정이 성립된 후 점차 중요한 민회로 자리 잡았다. 켄투리아회는 집정
관과 법무관, 감찰관 등 나라의 요직을 선출하며, 시민들의 소송을 담당하
는 최고 법정이자 대외적인 선전포고와 화친 등 중대 국사를 결정하는 민
회였다. 로마의 모든 계급 시민이 참가했으며 처벌이나 고발 등 권력의 제
약을 받지 않았다.

켄투리아회는 정해진 소집일 없이 집정관 혹은 호민관 중 한 사람을 임
명하여 회의를 열었다. 입법권 없이 정부의 안건에 대한 표결권만을 지녔
다. 투표 방식은 백인대 단위로 이루어졌다. 평민 중에서도 유산자有産者는
통치계급으로 흡수되어 켄투리아회는 부자인 사람들이 대다수였다. 따라
서 투표 방식은 유산자에게 유리했다. 그 외에 막강한 영향력을 행사한 이
는 연륜 있는 노인들이었다. 켄투리아회는 각 백인대 중 첫 투표에서 결과

로마 석관(사르코파구스)
조각

가 정해졌기에 누가 첫 번째로 투표하는지가 관건이었다. 최종적 결과를 미리 알려 준다는 점에서 첫 투표자가 그 뒤에 투표하는 백인대의 선택까지 좌지우지할 수 있는 영향력을 가졌다.

트리부스 민회

지역구민회에 속하는 트리부스회는 기원전 449년에 조직되었다. 회의 참가자는 켄투리아회와 기본적으로 동일하며, 다만 지역구별로 회의가 열리기 때문에 193개의 백인대가 모두 한자리에 모이지는 않았다. 트리부스회는 집정관과 부집정관이 주관했으며, 켄투리아회에서는 재산과 연륜 있는 자가 우대를 받은 반면에 트리부스회에서는 약간의 토지를 가진 자 모두가 영향력을 행사했다. 켄투리아회와 가장 큰 차이는 4개 지역구의 가난한 무산 시민에게도 투표권을 주었다는 점이다. 트리부스회는 켄투리아회보다 훨씬 더 민주적이었고 점차 켄투리아회의 직권을 분담했다. 재무관과 귀족 시정관 선출 및 소송 건 처리, 처벌 등에 관한 법안 처리가 여기서 이루어졌다. 이곳에서 통과된 결의는 제일 먼저 원로원의 승인을 얻어야 했다. 그러나 기원전 339년 이후, 입법권을 가지면서 트리부스회에서 통과된 결의는 더 이상 원로원의 승인 없이도 법적 효력을 발휘했다.

평민회

평민회도 트리부스회와 마찬가지로 지역구별로 소집되었으나 민회와 달리 호민관의 소집 아래 오직 평민들만 참여할 수 있었다. 기원전 471년, 조직 초기에는 별다른 권한이 없다가 후에 평민의 지위 향상과 호민관의 직권 강화로 점차 입법권이 생겼다. 평민들은 자신들의 권익 보호를 위해 힘써줄 호민관과 평민 안찰관을 선출했는데, 이들은 평민에게 불리한 법률이나 행정조치에 대해 거부권을 행사할 수 있었다. 기원전 287년 이후에 독립적인 입법권을 얻어 그 결의가 원로원의 동의 없이도 법적 효력을 발휘했다. 트리부스회에 귀족층이 참여했다고는 하나 참여율이 매우 낮아 입법권과 참가자 면에서 평민회는 트리부스회와 굉장히 비슷하다. 그래서 고전학자들도 두 민회의 직권을 잘 구분하지 못할 때가 많다. 역사학자들도 평민회와 트리부스회를 한데 묶어 시민총회로 여겼다. 시민총회는 발의권 없이 표결 시에 지역구마다 일인 한 표씩 투표했고 전 국가적으로는 집단 투표제를 채택하여 트리부스마다 한 표씩 투표했다.

로마 공화정의 관직

고대 로마에서 관직에 오르는 일은 매우 영예롭지만 따로 지급되는 급료는 없었다. 이는 재산이 많은 부자들만이 관리가 될 수 있다는 뜻이기도 하다. 기원전 4세기 말, 공화정 시기에 정형화되어 있던 로마의 관제가 말기에는 약간의 변화가 일어났다. 기원전 197년 이후, 로마 공화정은 엄격한 제도로 관직 승진을 제한하여 고위 관직자가 되려면 반드시 하급 관리직부터 시작하여 각 단계를 거치도록 규정했다. 청년들에게 정치의 시작은 곧 병역이었다. 만약 정계에 진출하고 싶다면 재무관 혹은 보좌관을 시작으로 안찰관, 법무관을 거친 후에야 집정관, 감찰관에 오를 수 있었다. 모든 공직자는 그 동료의 행위를 제약하는 거부권을 지녔다. 공공의 이익을 해치지 않기 위해 두 명의 집정관이 로마에 함께 머물 때나 둘 다 출정 중일 때는 월별로 돌아가며 지배권을 행사했다. 고위 관리는 하급 관리에게 반박할 권리가 있으며 오직 집정관과 독재관에게만 '강제권'이 주어졌다. 그들은 강제권으로 다른 모든 관리를 통제할 수 있었다.

그 외 로마 정부의 심장이라 할 수 있는 원로원에 대해 알아보자. 원로원의 지위는 공화정 초기에 유달리 두드러졌다. 초기 원로는 집정관이 임명했는데, 후에 고급관리가 사직한 후 감찰관이 그중 우수한 인재를 뽑아 원로원에 들이는 것이 관례가 되었다. 기원전 4세기에 통과된 오비니우스법이 이를 뒷받침하고 있다. 원로원은 거의 모든 사회 저명인사와 세력가를 입성시킴으로써 그들의 권위와 영향력을 높였다. 비록 명의상으로는 자문기구지만 재정과 군사, 외교 등 모든 방면에서 실권을 쥐었다. 일반 관리의 임기는 매우 짧은 반면에 원로원 의원은 최상급 신분에 임기 또한 종신이었다. 원로원은 집정관보다 정치 변화를 읽는 속도도 더 빨랐다. 원로원의 권력에 법률적 근거는 없지만, 모든 시민이 원로원의 결의를 존중했고 모든 관리가 사실상 원로원의 정책에 따랐다. 정책 공개 후에는 항상 '원로원과 로마 인민'이라는 낙관이 찍혔다. 물론 이런 원로원을 제약하는 시스템도 있었다. 민중에서 선출된 감찰관은 자격 미달의 원로원 의원을 파면시킬 권한이 있었고, 중대한 결의 또한 민회의 표결에 따라 그 효력 여부가 결정되었다. 원로원은 이러한 제약을 받는 동시에 집정관과 호민관을 감독, 제압하는 역할도 했다. 긴급 상황에서는 집정관이 위기를 잘 넘기도록 지원을 아끼지 않았다.

로마의 모든 관직이 공화정 초기에 이미 그 틀이 잡힌 것은 아니었다. 국가의 대외 확장 정책과 전반적인 업무의 세분화에 따라 로마의 관직도 점차 다양성을 띠었다. 대체로 집정관 2명, 법무관 2명, 감찰관 2명, 안찰관 4명, 재무관 4명에 필요에 따라 독재관 한 명을 세웠다. 호민관은 정식 관리에 속하지 않았다. 이 몇몇 요직 외에 하급 관리로는 시종이나 서기, 사절, 심부름꾼, 업무보조, 지방관리, 경관, 참모 등이 있다.

집정관은 공화정 내 최고 요직으로 정원은 2명이다. 켄투리아회에서 선출하여 원로원

로마 전사가 신던 가죽 샌들

신발 바닥에 쇠못을 박아 튼튼하고 보호성과 환기성이 우수하다.

의 승인을 거친 뒤에 임명되었다. 집정관의 임기는 단 일 년으로, 연임은 가능하나 최소 마흔 이상이라는 나이 제한이 있었다. 그리고 집정관은 보통 귀족 중에서 선출되었다. 집정관은 무엇보다 복잡한 정치와 전쟁에 대한 대처 능력이 중요한데, 그에 따른 교양과 장기간의 훈련 없이는 감당하기 어려운 자리였다. 다시 말해, 평민들의 성장 환경은 집정관으로서 요구되는 자격과 거리가 멀었다. 로마가 전쟁이 잦아지면서 집정관의 역할도 점차 군사 지휘관으로 바뀌어 갔다.

두 집정관은 동등한 지위로서 모든 정책은 둘의 공동 승인을 얻어야 했다. 손에 파스케스를 든 옛 국왕 호위대처럼 이들에게도 12명의 경호대가 있었다. 다만, 민회에 소송권을 지닌 시민들과의 혹시 모를 충돌에 대비해 로마 내에서는 반드시 도끼를 빼야 했다. 두 집정관은 로마 군대를 절반씩 나누어 이끌었다. 만약 한 집정관이 군대를 이끌고 출전 중일 때는 다른 집정관이 남은 절반의 병력으로 수도 방비 및 내정을 맡았다. 두 명이 모두 전쟁 중일 때 로마의 내정과 방비는 법무관이 대행했다.

그런데 민주 정치가 아닌 소수에 의한 과두 정치가 이루어지다 보니 두 집정관이 서로 견제하여 합의를 이끌어 내기 어려울 때가 많았다. 이러한 체제는 비상사태일수록 그 폐단이 드러나 오히려 국가의 위기를 심화시켰다. 그래서 직권 통일을 위해 선출한 사람이 바로 독재관이다. 독재관은 집단투표가 아닌 두 집정관 중 한 사람의 지명으로 선택되었다. 원로원의 승인을 얻어야 하며 임기는 6개월이다. 독재관은 자신의 부관副官인 기병대장을 임명할 권한이 있었고 당시 두 집정관을 포함한 모든 관리가 독재관의 통치 아래 있었다.

독재관은 집정관과 똑같이 호위대를 두었고 그 인원도 두 집정관의 호위대를 합한 24명이었다. 그들은 로마 내에서 도끼 달린 파스케스를 들었고 독재관은 과거 로마 왕들처럼 누구도 감히 대항할 수 없는 절대 권력을 누렸다. 하지만 로마는 아무 때나 독재관을 두지는 않았다. 공화정 설립부터 갈리아 인 침입 때까지 119년 동안 독재관을 선출한 적은 단 일곱 번뿐이었다. 카밀루스가 연이어 다섯 번이나 독재관을 지낸 것도 그때가 로마의 생사가 걸린 비상사태였기 때문이다.

독재관 밑으로는 강제 명령권을 지닌 정무관이 있는데 기원전 366년에 설립된 것으로 추정된다. 그는 민사재판 담당자로 소송이 진행되면 젊은 원로로 구성된 3인의 심사단이 증거와 사건 경위를 분석하여 마지막에 법무관이 판결을 내렸다. 법무관은 지방관리 선출과 법령 공표, 특히 법전상 규정이 명확하지 않은 안건에 대해 처벌 기준을 제시하는 역할을 했다. 또한 집정관 대신에 원로원 회의를 소집하고 때때로 집정관을 따라 출정했다.

기원전 443년에 설립된 로마 감찰관은 2명, 최초 임기는 5년이었다가 후에 일 년 반으로 바뀌었다. 감찰관의 주요 직무는 시민들의 인구와 재산을 조사하여 통계를 내고 등급을 나누어 징병과 징세의 기준을 정하는 일이다. 특히 자격 미달의 시민은 감찰관의 권한으로 강등시킬 수가 있었다. 재산 미달 외에도 공금 횡령, 사생활 문란, 전쟁 회피 등이 강등의 이유가 되었다. 감찰관의 말이 곧 법은 아니지만, 그가 강등시킨 시민은 정식 법률과 똑같은 제재를 받았다. 후에 감찰관은 원로원의 적임자 선출과 나아가 귀족들의 사생활에도 관여할 만큼 그 권한이 확대되었다.

감찰관에게 호위대는 따로 없었다. 또 감찰관은 관직자들이 입는 예복과 같은 색깔인 적자색의 가장자리 장식이 있는 토가를 걸쳤고, 로마 국내에서 상당한 권력을 누렸다. 국가의 재정 운영을 감찰하고 누구든 재산을 사실대로 보고하지 않는 자는 고소했다. 또한 공직 입후보자의 신변 조사와 부녀자의 정절, 자녀 교육 등 로마 시민의 일상생활 관여는 물론이고 자격 미달의 원로원 의원을 제명할 권한이 있었다. 이렇듯 감찰관의 역할이 중요하다 보니 엄격한 심사를 거쳐 경력이 많고 덕망이 높은 자가 감찰관으로 임명되었다.

호민관은 로마의 정식 관리는 아니지만 후대에 가장 많은 궁금증을 불러일으킨 자리이다. 집정관 등 고위직 관리처럼 적자색 토가를 걸치지도, 호위대를 두지도 않았으나 로마 정치에 미친 영향력은 절대 작지 않았다. 기원전 300년에 호민관은 이미 없어서는 안 될 중요한 관직으로 자리 잡았다. 다른 관리들이 내린 명령이나 지침, 원로원과 각 민회의 안건에 대

리비아 별장의 벽화

리비아의 별장에 있는 벽화. 1세기 후기에 그려진 고대 로마의 습벽화(濕壁畵)

해 거부권이 있었는데, 전쟁 시에만 사용할 수 없을 뿐 이것은 오직 호민관에게만 주어진 권한이었다. 호민관의 정원은 처음에 2명이었다가 후에 10명으로 늘어났다. 평민회에서 선출되며 임기는 일 년, 연령 제한이나 특별한 규정은 없었다. 다만, 그의 거부권이 절대적이지는 않아서 효력을 발휘하려면 귀족과의 타협이 필요했다. 그 밖에 호민관끼리도 부결권을 행사할 수 있었고 퇴임 후에는 원로원에 입성하여 평민과 귀족의 중재자 역할을 했다.

로마 재무관의 출현은 기원전 450~440년쯤으로 비교적 이른 편이다. 처음에는 집정관의 보조로 국가재정을 담당했다. 시민들의 투표로 선출되며 초기 정원은 2명이었다가 후에 4명으로 늘어나면서 2명은 재정 담당, 나머지 2명은 집정관의 보조를 맡았다. 로마의 영토 확장에 따라 카이사르 시대에는 40명까지 확대되었다. 공화정 초기에는 10년 이상 군 복무를 마친 사람만 자격을 부여했다. 술라 때 최저 연령이 30세로 제한되었다가 아우구스투스 때 25세로 낮춰졌다. 아우구스투스는 지역구민회에서 재무관을 선출하는 전통을 없애고 투표권을 원로원에 일임했다.

안찰관의 출현은 호민관 출현 시점과 비슷하거나 조금 늦다. 첫 시작은 단순한 평민 관리였으나 평민들이 두 안찰관을 호민관의 직무보조로 삼아 치안 유지와 시설물 관리를 맡겼다. 후에 귀족들이 관리 2명을 더 뽑아 같은 일을 맡기고 고위안찰관이라 불렀다. 기원전 364년, 안찰관의 수는 4명이 되었고 평민도 고위안찰관에 오를 수 있었다. 안찰관은 민중의 일상과 관련된 분야를 담당하는 데다 축제나 대중이 즐기는 경기를 관장하는 책임자여서 대중의 지지와 인기를 얻기에 더없이 좋은 자리였다. 어떤 안찰관은 환심을 사고자 자기 돈을 들여 시민들이 좋아할 만한 행사를 열기도 했다.

법무관은 두 명의 호위군과 동행하며 임기는 일 년, 나이는 마흔으로 제한을 두었다. 처음 정원은 한 명이었으나 다른 관직과 마찬가지로 로마가 영토를 확장하면서 그 수가 16명까지 증가했다. 법무관의 초기 직무는 전쟁터에 나간 집정관 대신 정사를 돌보는 것이었다. 하지만 나중에는 집정관의 업무 대행자 외에도 사법 책임자 역할을 했다.

　로마의 관직은 대부분 임기가 일 년으로 제한되어 있으며 일반적으로 연임이 불가했다. 기원전 342년에 10년이 지나야 다시 복직할 수 있다는 규정이 생겼다. 그런데 로마가 전쟁이 잦아지면서 집정관이 몇 년 동안 원정을 떠나는 경우가 많아졌다. 임기가 끝났다고 해도 전쟁터에서 갑작스레 지휘관을 바꾸는 일은 쉽지 않았다. 그렇게 해서 생겨난 것이 집정관 임기 연장책이다. 새 집정관을 선출하되 임기가 끝난 집정관은 군 지휘관으로서 계속해서 군대를 이끌도록 한 방안이다. 전투에 참가한 퇴직 집정관을 대행집정관이라 불렀다. 그 예로 기원전 326년, 네아폴리스^Neapolis(나폴리) 전투 때 원로원은 트리부스회에서 독재관의 임기 연장을 제안했다. 이러한 대행자를 세우는 방식은 후에 대행정무관 등 다른 관직으로까지 확대되었다.

고대 로마의 삼권 분립

기원전 510년 로마가 거만한 타르퀴니우스를 추방하면서 로마의 왕정 시대
는 끝이 났다. 그 뒤에 새로운 공화정이 세워지면서 원로원과 집정관, 민회
가 함께 국가권력을 지배했다. 국가의 실질적 권한을 쥔 원로원은 귀족들
로 구성되었다. 집정관은 켄투리아회의 귀족 중에서 선출하여 국가 최고행
정권을 행사했다. 그리고 민회는 평민과 귀족들로 구성되었다.

  삼권 분립은 고대 로마 공화정의 기본 정치 체제로 후대에 이르러서는
가장 이상적인 정치 체제로 평가받고 있다. 왕정, 민주정, 공화정, 이 세 가
지 기본정체의 특징을 결합하여 누구도 절대적인 권력을 행사할 수 없도
록 했다. 하지만 그에 따른 모순도 분명히 있었다. 예를 들어, 노예와 노예
주의 갈등, 영토 확장에 따른 정복자와 피정복자의 갈등, 보수파와 개화파
의 대립, 원로파와 기사파의 충돌 등이다. 그중에서도 가장 기본적인 평민
과 귀족 간의 대립은 처음부터 끝까지 공화정에 꼬리표처럼 따라붙어 훗
날 반드시 개혁해야 할 숙제와도 같은 문제였다.

6 카우디움 협곡의 굴욕

ROME

기원전 343~290년, 로마의 제2차 팽창 정책은 세 번의 삼니움 전쟁으로 이어졌다. 삼니움 족은 무력에서는 결코 로마 인에게 뒤지지 않았으나 세분화된 통치체제와 높은 외교 기술면에서는 결코 로마를 이기지 못했다. 세 차례의 전쟁으로 로마는 이탈리아 반도 중남부의 최강자인 삼니움 족을 물리치고 풍요의 땅 캄파니아 평원을 손에 넣었다.

시기 : 기원전 343~기원전 290년
인물 : 데키우스, 파비우스, 폰티우스

제1차 삼니움 전쟁

기원전 5세기부터 4세기에 로마가 한창 영토 확장의 단꿈에 젖어 있을 때, 아펜니누스 산맥의 부족도 이탈리아 중남부로 세력을 확장하던 중이었다. 이들은 사비니 인과 어느 정도 연관은 있지만 동족은 아니다. 그들은 로마처럼 독자적인 문명이나 사회적 체계를 지닌 부족이 아니었다. 그들은 고대 이탈리아의 관습에 따라 정해진 시기에 아이가 태어나면 다른 지역으로 이주시켰다. 그런데 식민자들과 모국 사이에 불협화음이 생겨나면서 이들 부족도 점차 여러 갈래로 나뉘게 되었다. 그들은 때때로 서로에게 아군

한눈에 보는 세계사

기원전 350년 : 중국, 제자백가 시대 전개　　　　　기원전 317년 : 인도, 마우리아 왕조 건국

이었다가 때로는 적이 되었다. 부족 중 가장 큰 세력을 지닌 것이 바로 삼니움 족Samites이었다. 삼니움 족은 초기 로마와 우호적인 관계를 유지하며 갈리아 인의 침입에 대비해 동맹을 맺었다.

캄파니아Campania는 토지가 비옥하고 자원이 풍부해 누구나 탐을 내는 곳이었다. 수많은 그리스 인과 에트루리아 인들의 도시국가가 밀집된 곳이기도 했다. 삼니움 족의 계속되는 침입을 막기 위해 캄파니아 도시국가는 서로 동맹을 맺었는데 그 맹주가 바로 카푸아Capua였다. 기원전 343년, 카푸아는 삼니움 족의 침입에 대비해 로마에 손을 잡을 것을 제안했다. 그런데 삼니움 족과 동맹을 맺은 로마가 동맹을 깨뜨리고 카푸아에 지원군을 보내면서 제1차 삼니움 전쟁이 일어났다. 이들의 첫 전투는 장기전으로 이어졌다. 이방인 때문에 전쟁이 길어지자 불만이 쌓인 로마 군사들은 곧 반란을 일으켰다. 원로원의 친親삼니움 세력은 화해를 구실삼아 반란을 평정하고 삼니움 전쟁의 종식을 선포했다. 기원전 341년, 제1차 삼니움 전쟁이 끝나고 로마와 삼니움 족은 다시 우호조약을 체결했다.

라틴 전쟁

로마의 영토가 날로 확장되자 라틴 국가들은 알게 모르게 신변에 위협을 느낄 수밖에 없었다. 이러한 찰나에 로마군의 반란은 라틴 국가에 오히려 적절한 반항의 기회가 되었다. 게다가 캄파니아와의 무역은 국가적으로도 굉장히 중요한 일이었기에 삼니움 족의 침입을 뒷짐 진 채 지켜보고만 있을 수는 없었다. 그래서 로마가 삼니움 족과 동맹을 맺어 잠시 캄파니아에서 한눈을 파는 사이 라틴 국가들은 캄파니아 인, 볼스키 인과 연합하여 전투를 개시했다. 이로써 라틴 전쟁의 서막이 올랐다.

라틴연합군은 로마로 사신 두 명을 보내 정치적 평등을 요구했다. 그들이 말하는 평등이란 두 집정관 중 한 명을 반드시 라틴 인에서 선출하고 라틴 인이 원로원 의원석의 절반을 점유하는 것이었다. 그 조건으로 라틴 인은 로마를 라틴 동맹국의 맹주로 인정하겠노라 약속했다. 하지만 라틴 국가의 요구는 오히려 자존심 센 로마 인의 비위를 건드리고 말았다. 전하는 한 이야기에 따르면, 사신 한 명이 이유 없이 갑자기 로마에서 죽었다고 한다. 로마 인의 해명에도 라틴 인은 끝까지 트집을 잡아 캄파니아, 그리고 과거의 숙적 볼스키와 연합하여 로마에 전쟁을 선포했다.

전쟁은 2년 가까이 계속되었다. 결전에는 중부 이탈리아의 거의 모든 군대가 참여하여 생사를 건 격렬한 전투가 벌어졌다. 그때 로마의 집정관 데키우스Decius가 대군을 이끌고 전방에서 필사적으로 싸우다 의롭게 전사했다. 이에 로마군은 사기충천하여 불리한 조건을 이겨내고 전승을 거두었다. 로마군은 승승장구로 추격하여 두 번의 전쟁을 연승한 뒤 라틴 인을 캄파니아에서 몰아냈다. 로마는 먼저 삼니움 족과 손을 잡았다. 그리고 라틴의 몇 안 되는 친로마 세력을 이용해 교묘하게 중립외교를 모색했다. 또한 캄파니아 인 절반에게 로마 시민권을 주는 등 그들이 혹할 만한 동맹조건을 내걸었다. 그러자 과연 라틴과 캄파니아 사이에 더 이상의 동맹은 맺어지지 않았다.

대라틴 전쟁이 끝나자 로마 인은 라틴동맹을 해체하고 로마의 절대권력 확립에 주력했다. 로마는 라틴 도시국가들이 임의로 동맹을 맺을 수 없도록 모든 국교에 관한 일을 로마에 보고토록 했다. 라틴의 다섯 개 도시는 로마에 완전히 합병되었고 열 개 도시는 상대적 독립을 유지했다. 대신 반드시 로마 군대에서 복무하고 로마 인과 혼인관계를 맺어야 했다. 라틴 전쟁의 승리로 로마는 마침내 라티움의 패권을 확립했다. 걱정을 한시름 내려놓은 로마는 슬슬 다시 삼니움 족에게로 눈길을 돌렸다.

제2차 삼니움 전쟁

기원전 327년, 네아폴리스의 그리스 인이 로마의 캄파니아 통치에 반발하고 일어났다. 로마 원로원은 즉시 사절을 보내 그리스 인에게 강력하게 대응했지만, 돌아오는 것은 그리스 인의 거센 반항과 모욕뿐이었다. 그런데 이때 삼니움이 네아폴리스로 지원군을 보낸 사실이 드러났다. 로마는 엄연한 동맹을 위반하는 행동이라며 항의했지만, 삼니움은 오히려 로마가 식민지를 세운 것이 먼저 동맹을 깬 것이라고 주장했다. 23년에 걸친 제2차 삼니움 전쟁은 이렇게 해서 시작되었다. 고대 로마 역사학자 리키니우스의 기록에 의하면, 로마는 일찍이 네아폴리스를 점령한 뒤 몇 번이나 삼니움 족을 물리쳤다. 삼니움 족이 사신을 보내 화해를 요청했으나 로마는 이를 받아들이지 않았다.

방패와 단검을 손에 든 전사

기원전 321년, 로마는 2만 대군을 카푸아에서 출병시켰다. 아펜니누스를 거쳐 풀리아Puglia로 들어가 삼니움 족에 포위당한 루카니아Lucania를 원조하기 위해서였다. 그런데 삼니움 족은 로마와는 전혀 다른, 산악 민족에게 유리한 게릴라 전술을 사용했다. 로마 대군이 카우디움 근처 좁은 산길을 지나가자 매복해 있던 삼니움 족 군대가 그들의 앞을 막아섰다. 카우디움 협곡은 출입구가 모두 좁고 험한 데다 사방이 모두 가파른 절벽으로 둘러싸여 있었다. 삼니움 족이 유리한 고지에서 로마군을 내려다보며 마구 화살을 쏘아 대는데, 로마군은 이 '화살비'를 피해 도망칠 길을 찾을 수가 없었다. 게다가 군량마저 떨어지자 로마 집정관은 결국 2만 명의 목숨을 살리기 위해 항복을 선언했다. 이렇게 많은 수의 대군을 이끌고 항복한 것은 로마에 처음 있는 일이었다.

　삼니움 족의 장수 폰티우스Helenius Pontius는 투항한 졸병들을 어떻게 처리할지 잠시 고민에 빠졌다. 평소 그의 부친은 그에게 두 가지 당부를 했다. 로마 인들은 굴욕 없이 관대하게 살려 주거나 아예 한 명도 남기지 말고 죽여 버려야지, 어중간한 조치를 취해선 안 된다는 것이었다. 하지만 폰티우스는 이 많은 포로를 차마 다 죽일 수도 없고 그렇다고 순순히 살려 줄 수도 없었다. 그동안 로마 인이 삼니움 인에 저지른 짓을 생각하면 마음 같아서는 그대로 복수하고 싶은 심정이었다. 폰티우스는 로마군에게 삼니

고대 도시 폼페이의 유적

움 침략을 포기하고 삼니움 땅으로 로마 인 식민을 금지한다는 협약을 강요했다. 그리고 협약의 조건으로 로마 기병 600명을 볼모로 삼았다. 협약을 맺은 이는 삼니움 족의 폰티우스와 로마 집정관 2명, 재무관 2명, 군 사령관 4명과 백부장 12명이었다. 이들이 당시 협곡에서 살아남은 로마 군관의 전부였다. 삼니움 족은 바리케이드 한쪽을 열어 양쪽에 긴 창을 꽂은 다음, 그 위에 창 하나를 가로로 놓아 일종의 형틀을 만들었다. 그리고 로마군에게 갑옷과 투구, 모든 무기를 버리고 한 명씩 머리를 숙여 그 아래를 지나게 했다.

이 소식이 로마에 전해지자 로마 인들은 너무나도 큰 충격에 휩싸였다. 전사로서 부끄럽기 짝이 없는 불명예스러운 굴욕에 원로원은 협약을 인정할 수 없다며 펄쩍 뛰었다. 그들은 로마군의 굴욕을 되갚아 주기까지 일 년 동안 로마 내 모든 축제와 행사, 결혼식을 금지했다. 카우디움 협곡 사건은 로마군의 무장 강화와 병력 확충, 전술 개선의 계기가 되었다. 로마는 두 개 군단을 네 개로 늘리고 각 군단에 4,200명을 배치했다. 또한 두 개 백인대를 하나의 중대로 합한 정예 부대를 조직하고 로마의 동맹국에도 이와 같은 수의 군대를 소집했다.

기원전 312년에 감찰관 아피우스 클라우디우스는 아피아 가도街道를 건설했다. 이 가도는 로마에서 라티움 연해의 타라키나로, 여기에서 해안을 따라 동남쪽 카푸아까지 곧게 뻗어 있다. 남이탈리아로 평탄하게 뚫린 도로가 건설되면서 로마군은 행군에 더욱 박차를 가할 수 있었다.

이후 삼니움 인은 캄파니아와 에트루리아의 도시들을 선동하여 로마에 대항했지만, 번번이 로마에 제압당했다. 로마는 그렇게 다시 캄파니아를 손에 넣고 북쪽과 아펜니누스 산맥 중부의 여러 도시와 동맹을 맺었다. 이로써 로마가 삼면으로 삼니움 족을 포위하는 형세가 되었다. 기원전 304년, 위기에 빠진 삼니움 족이 로마에 강화를 요청해 오자 전쟁에 지친 로마도 흔쾌히 수락했다. 그렇게 로마와 새로운 평화 조약을 맺으면서 삼니움 족은 계속해서 독립을 유지해 나갔다.

제3차 삼니움 전쟁

로마와 삼니움 족의 평화는 고작 6년밖에 가지 않았다. 이 기간에 로마는 캄파니아, 중아펜니누스, 풀리아 지역에 새로이 세력을 굳히느라 삼니움 족을 다스릴 겨를이 없었다. 삼니움 족은 로마와의 전쟁으로 손실된 전력을 충당하고자 계속해서 루카니아 인과 동맹을 시도했다. 하지만 루카니아가 계속해서 거부하자 삼니움 족은 결국 전쟁을 감행했다.

기원전 298년, 삼니움 족의 위협에 더 이상 버틸 힘이 없던 루카니아는 적군의 적인 로마에 손을 내밀었다. 로마가 기꺼이 루카니아의 손을 잡으면서 삼니움 족과의 전쟁은 다시 시작되었다. 이렇게 해서 제3차 삼니움 전쟁이 발발하게 되었다.

삼니움의 명장 에그나티우스는 과거의 게릴라 전술 대신 이번에는 로마가 아펜니누스 산맥에 세운 식민지를 지나 갈리아 인이 점거한 아드리아 해 연안에 이르렀다. 그는 인력과 말을 보충하고 각 부락을 선동하여 연합전을 준비했다. 그렇게 순식간에 이탈리아 중부와 북부의 여러 세력이 한데 모였다. 그중 에트루리아, 갈리아, 움브리아Umbria도 반란에 가담하면서 로마는 그야말로 사면초가에 처했다. 당시 로마의 집정관은 스키피오 바르바투스Scipio Barbatus였다. 스키피오 가문을 빛낸 바르바투스는 움브리아의 카메리움Camerium까지 에그나티우스를 추격하다가 매복해 있던 삼니움과 갈리아 연합군에게 잡혀 전군이 몰살당하는 비극을 맞이했다.

로마 원로원은 긴급 동원령을 발표했다. 16~45세까지의 시민병 외에 퇴역한 군인, 해방노예 등 4만 병력을 소집했다. 보통 비상사태에는 즉각 독재관 한 명을 세우게 마련이었다. 그런데 원로원은 독재관 대신 집정관 제도를 유지하기로 했다. 귀족 출신 독재관은 평민들의 견제가 심하고 평민 출신은 자격 미달이라는 이유에서였다. 그래서 투표에 부친 결과, 귀족 출신 파비우스Fabius와 평민 출신 데키우스가 집정관으로 선출되었다. 이때 선출된 데키우스는 라틴 전쟁 때 용감하게 목숨을 바친 데키우스의 아들이다.

그런데 결전을 앞두고 에트루리아군의 모든 전략과 전술이 로마군에게 새어 나갔다. 에트루리아 인 세 명이 몰래 빠져나와 로마군에 항복했기 때문이다. 노장 파비우스는 게릴라전을 펼치던 로마군에게 에트루리아 영토를 집중적으로 파괴하라는 명령을 내렸다. 이미 내부 분열이 시작된 에트루리아는 제대로 싸워 보지도 못한 채 전선을 이탈하여 도망쳤다.

기원전 295년, 로마의 4만 대군이 아펜니누스 산맥 동쪽과 북움브리아의 센티눔Sentinum에 집결하여 연합군과 대치했다. 연합군은 갈리아군을 좌익, 삼니움군을 우익 삼아 양쪽에서 로마군을 포위하는 전술을 구사했다. 당시 참전한 군대의 말에 따르면, 그때의 결전은 이탈리아 역사상 전례 없는 대규모 혈전이었다고 한다. 갈리아군의 전차는 로마 보병들에게 과연 위협적이었다. 게다가 갈리아 기병대의 맹공에 로마 군대는 조금씩 대열이 흐트러져 뒤로 밀려나기 시작했다.

아군의 힘이 눈에 띄게 약해지자 데키우스는 아버지의 이름을 크게 외치며 이렇게 기도했다. "로마에 승리를 안겨 주시면 기꺼이 제 목숨을 바치겠습니다!" 그는 한 치의 두려움도 없이 적진 속으로 뛰어들었다. 도망치던 병사들도 데키우스의 용기에 부끄러움을 느꼈다. 그들이 죽을 기세로 달려들자 전세는 기적처럼 역전되었다. 데키우스는 그렇게 장렬하게 전사했다. 노장 파비우스는 캄파니아 동맹군의 기병대와 함께 삼니움 대군을 포위하는 데 성공했다. 삼니움 족의 사령관은 전사했고 적군은 뒤도 돌아보지 않고 후퇴했다. 위기를 극복하고 얻어낸 로마의 값진 승리였다.

삼니움 연합군의 반反로마 동맹은 이번 패배로 완전히 깨져 버렸다. 움브리아 인은 투항했고 갈리아 인은 추방당했으며 에트루리아의 여러 도시는 로마와 손을 잡았다. 기원전 290년, 세력이 한풀 꺾인 삼니움 족도 마침내 로마에 무릎을 꿇었다. 일부 영토를 내놓고 먼저 동맹을 제안해 온 것이다. 로마는 이들을 감시하기 위해 산 한가운데 식민지를 건설했다. 로마가 삼니움과 합병하면서 영토는 아드리아 해까지 확대되었고 삼니움 족과 북방 민족의 연결 통로는 철저하게 차단되었다.

이탈리아를 제패하는 데 간섭하지 않는다는 내용이었다. 하지만 풀리아의 루카니아에 식민지를 건설한 후부터 로마는 조금씩 타렌툼에 눈엣가시가 되었다. 한번은 로마 함대가 앞바다에 나타나자 타렌툼은 이때다 싶어 로마측의 협약 위반이라며 보란 듯이 다섯 척을 공격하여 침몰시켰다. 그리고 투리이Thurii에 주둔하던 로마군을 쫓아냈다. 이렇게 해서 로마와 타렌툼 사이의 전쟁이 시작되었다.

타렌툼은 막강한 자금력으로 자신들을 위해 대신 싸워 줄 용병을 골랐다. 에피루스Epirus의 국왕 피로스Pyrrhos였다. 타렌툼이 보병 5만 명에 기병 2만 명을 내어 준다고 큰소리치자 피로스는 흔쾌히 전투에 응했다. 피로스는 지중해에 대제국을 건설하려는 야망을 품고 있었다. 그는 이번 기회에 이탈리아와 시칠리아를 정복할 계획을 세웠다. 기원전 280년, 피로스가 대군 2만 5,000명을 이끌고 아드리아 해를 질러 이탈리아로 출동했다. 중무장한 보병 2만 명에 기병 3,000명, 사수 2,000명, 투석수 500명, 코끼리 20마리로 구성된 군대였다. 그런데 도중에 폭풍을 만나 많은 군사를 잃었다. 피로스는 타렌툼에 도착하자마자 군사 훈련을 시작했다. 모든 공공장소를 폐쇄하고 파티도 금지했다. 돈을 주고 고용한 용병이 주인 행세를 하자 시민들은 하나같이 그를 아니꼽게 보았다.

피로스 군대가 이탈리아로 도착했다는 소식에 원로원은 서둘러 남쪽으로 이동하기로 했다. 로마군은 신속하게 움직여 이탈리아 남부 해안선에 이르렀다. 그들은 투리이와 타렌툼 사이의 헤라클레아Heraclea에서 먼저 도착한 피로스 군대와 마주쳤다. 양측의 전력은 군사 2만여 명으로 거의 대등했다. 다만, 피로스 군대에는 로마군이 듣도 보도 못한 코끼리가 18마리 더 있었다. 마침내 로마와 그리스 인의 첫 전쟁이 시작되었다. 피로스 군대는 넓은 평지의 지형적 이점을 이용해 천하에 적수가 없다는 알렉산드로스의 마케도니아식 팔랑크스 대형을 이루었다. 초반에는 노련한 기병대의 활약으로 로마군이 피로스를 제압하는 듯 보였다. 그런데 코끼리 부대의 진격과 동시에 전세는 역전되고 말았다. 로마 기병대의 말들은 코끼리에 겁을 먹고 달아나 버렸고 보병들도 일찌감치 전열이 흐트러져 혈전이 벌어졌다. 피로스의 군대는 어느새 로마군의 배후로 돌아가는 데 성공했다. 꼼짝없이 포위당한 로마군은 결국 전쟁에서 지고 말았다. 피로스는 이탈리아에서 첫 승리를 거두었지만, 그 역시 막대한 피해를 보았다. 전사자만 해도 4,000명에 이른 것이다. 이후부터 대가를 톡톡히 치른 상처뿐인 영광을 사람들은 '피로스의 승리'라 부르게 되었다.

아스쿨룸 전투

헤라클레아 전투가 끝난 후 피로스는 로마 인이 건설한 도로를 따라 로마로 북상했다. 하지만 그는 단번에 로마를 공격할 생각은 없었다. 비록 전쟁에서는 이겼지만, 로마는 결코 만만히 볼 적수가 아니었다. 그래서 로마로 진군하는 동안 로마의 동맹국이 로마에 등을 돌리도록 꾀어낼 심산이었다. 그러나 예상과 달리 로마 연합국은 문을 굳게 걸어 잠근 채 피로스를 반기지 않았다. 피로스는 아무 소득 없이 남이탈리아로 회군했다. 피로스는 사신을 파견해서 로마에 강화를 제안했다. 로마가 남부 이탈리아를 포기하고 서로 포로를 교환하자는 내용이었다. 그러나 로마는 그 제안을 거절하고, 도리어 특사를 파견해 포로의 몸값을 줄 테니 로마군 포로를 돌려달라고 요청했다. 어떻게든 강화 조약을 체결하길 바란 피로스는 협상을 위해 포로들이 고대 로마의 가장 큰 축제이자 농경신 사투르누스Saturnus를 숭배하는 사투르날리아Saturnalia를 가족과 보내도록 해 주었다. 하지만 강화를 맺지 않겠다면 포로를 다시 돌려보내라고 엄포를 놓았다. 결국 로마 원로원이 강화를 맺는 데 반대하면서 포로들은 다시 타렌툼으로 돌아가야 했다.

이후에도 피로스와 로마는 계속해서 특사를 보냈다. 비록 협상은 체결되지 않았지만 신사적으로 서로의 포로를 교환했다. 이듬해인 기원전 279년, 강화를 맺지 않은 양측은 다시 대규모 전쟁 준비에 돌입했다. 로마가 선택한 땅은 풀리아의 아스쿨룸Asculum이었다. 양면은 삼림지대이고 가운데로는 좁은 산기슭이 위치한 광활한 산지였다. 피로스의 기병대와 코끼리 부대의 발목을 잡기에 절묘한 지형이었다. 로마는 전 병력 4개 군단을 출동시켰다. 두 집정관이 이끄는 로마군은 동맹국 연합군과 기병대를 합해 4만 명쯤 되었다. 피로스 군대도 이탈리아 용병까지 합세해 4만 명에서 5만 명으로 로마와 막상막하였다. 그렇게 이틀 동안 치러진 전쟁은 또다시 '피로스의 승리'로 돌아갔다. 로마는 전사자 6,000명에 집정관 한 명을 잃는 치명타를 입었다. 피로스 쪽도 손실이 크기는 마찬가지였다. 전사자는 3,500명으로 로마보다 적었으나 우수한 장교들과 다수의 마케도니아 정예병을 잃은 데다 피로스 자신도 부상당했다. 그날 승전 축하연에서 부하 장교들이 피로스의 승리를 축하하자 그는 이렇게 탄식했다. "이런 승리가 계

폼페이 원형 극장

이 원형 극장은 관중 1,200명을 수용할 수 있다.

속되었다가는 우리도 패망해 버릴지 모른다."

떠오르는 신흥 대국

아스쿨룸 전투가 끝나고 피로스는 다시 강화를 제안했다. 지난번과 달리 그는 그리스의 독립과 동맹국에 대한 배상만을 원했다. 그러나 로마 원로 원은 이번에도 피로스의 제안을 거절했다. 카르타고 때문이었다. 타렌툼으로 돌아온 피로스에게 시라쿠사의 사절이 찾아와 도움을 요청했다. 카르타고의 공격으로부터 시칠리아를 지켜 달라는 것이었다. 한편, 시라쿠사가 피로스에게 와서 지원을 요청할 때 카르타고의 사절이 로마를 찾아가 평화 조약을 맺었다.

피로스는 시칠리아를 손에 넣고 카르타고를 정복할 생각에 가슴이 부풀었다. 기원전 278년, 피로스는 약간의 수비군만 남긴 채 시칠리아로 향했다. 그곳에서 3년 동안 그는 무서운 기세로 카르타고를 격파했다. 결국 카르타고가 협상을 제안해 오자 피로스는 시칠리아에서 먼저 철수하라고 요구했다. 그러나 카르타고가 그 요구에 응하지 않으면서 협상은 깨졌다.

전쟁에 막대한 돈이 지출되자 그리스 인들은 크게 부담을 느꼈다. 이미 원하는 바를 얻은 그들은 더 이상 전쟁을 바라지 않았다. 게다가 피로스가 각 도시국가의 내정에 관여하자 시칠리아에 사는 그리스 인들은 의분을 느끼고 더 이상 피로스에게 협조하지 않았다. 심지어 카르타고의 편을 드는 세력도 생겨났다. 이 사실을 안 카르타고는 은밀히 반격을 준비했다. 시칠리아를 빼앗긴 피로스에게 남은 것은 시라쿠사뿐이었다. 이때 마침 삼니움 족이 피로스에게 함께 로마에 대항하자고 요청해 왔다. 덕분에 간신히 체면을 유지한 피로스는 시칠리아를 떠나 이탈리아로 회군했다.

피로스가 시칠리아에서 허송세월한 3년 동안 로마는 반란군을 평정하는 데 주력했다. 그리고 한발 더 나아가 피로스 진영의 삼니움, 루카니아와 브루티움Bruttium에도 무차별적인 공격을 퍼부었다. 기원전 275년에 피로스의 군대가 이탈리아로 돌아왔는데 도중에 카르타고의 공격을 받아 적지 않은 피해를 보았다. 막상 돌아와 보니 분위기가 예전과는 사뭇 달랐다. 군기는 해이해졌고 동맹국들은 또다시 그에게 등을 돌렸다.

그해 여름, 피로스는 로마의 2개 군단이 베네벤툼Beneventum에 머무른다는 정보를 손에 넣었다. 그는 로마군을 기습하기로 마음먹었다. 그러나 이미 만반의 준비를 하고 있던 로마는 쉽게 물러서지 않았다. 이 전투에서 참패의 쓴맛을 본 피로스는 패잔병을 이끌고 에피루스로 철수했다. 그 후에도 그는 여전히 그리스를 통일하겠다는 꿈에 젖어 또다시 전쟁을 치르다가 아르고스Argos에서 전사했다.

피로스가 패주하면서 로마는 드디어 이탈리아 중·남부 정복의 위업을 달성했다. 로마는 각 나라의 실정에 맞게 분할 통치를 실시했다. 우선 그리스와는 함대를 제공받는 조건으로 동맹을 체결했다. 브루티Brutti는 약간의 토지를 얻는 대신 자치권을 주었다. 그중 타렌툼에 대한 통치가 가장 엄격했다. 타렌툼은 무조건 로마의 주둔군을 허락하고 인질로까지 잡혀 있어야 했다. 기원전 273년, 루카니아를 정복한 로마는 그곳에 라틴 식민지를 건설했다. 삼니움 족과도 각각 동맹을 맺고 그 중심지에 라틴 식민지를 세워 감시했다. 삼니움 족은 이제 로마에 가장 중요한 아군이 되었다. 기원전 268년에는 반시민권자인 그들을 온전한 로마의 시민으로 인정했다.

기원전 264년, 갈리아 인이 지배하는 북방의 포 강 유역을 제외하고 전 이탈리아 반도가 로마 인의 차지가 되었다. 로마의 승리는 지중해 전역으로 퍼져 나가 로마는 일약 신흥 대국으로 급부상했다. 작은 도시였던 로마는 이제 지중해 국가들이 주목하는 대국이 되었고 빠른 속도로 그 영향력을 행사해 나갔다. 로마는 카르타고 외에도 기원전 273년에 이집트 프톨레마이오스 2세와 우호 조약을 체결했다.

8 포에니 전쟁

기원전 3세기 초, 이탈리아 반도를 손에 넣은 로마는 이제 신흥대국으로 성장했다. 로마는 서지중해의 패권을 놓고 카르타고와 장기간에 걸친 전쟁을 시작했다. 무려 100여 년 동안 세 차례에 걸쳐 치러진 포에니 전쟁에서 로마는 마침내 최후의 승자가 되어 서지중해를 제패했다. 그 후 동쪽으로의 확장 정책이 빠르게 진행되었다.

시기 : 기원전 288~기원전 147년
인물 : 히에론, 레굴루스, 하밀카르, 한니발, 스키피오, 파비우스

마메르티니 사건

북아프리카 튀니지에 자리 잡은 카르타고는 원래 기원전 9세기에 티로스 Tyros의 고대 페니키아 인이 건설한 식민도시였다. 지리적 이점으로 인해 카르타고는 발전 속도도 빨랐다. 기원전 6세기, 페니키아의 티레와 시돈Sidon 등의 대도시가 연이어 바빌론과 페르시아에 점령되면서 카르타고는 독립 노선을 걷게 되었고, 서지중해의 상업 요충지로 부상했다. 또한 끊임없는 전쟁과 이민 정책으로 세력 확장에 힘쓴 결과, 아프리카와 지중해 대부분을 차지했다. 해상 무역을 위해 카르타고는 일찍부터 강대한 해군 육성에

한눈에 보는 세계사

기원전 221년 : 진시황, 중국 통일
기원전 195년 : 위만, 고조선의 왕이 됨

기원전 202년 : 중국, 한 건국

힘썼고, 기원전 4세기 후부터는 정복지에 용병을 모집하기 시작했다. 카르타고는 독재정치 아래 원로원과 집정관을 두었다는 점에서 로마와 정치제도가 비슷했다. 그러나 통치계급의 상업적 욕심 때문에 정복지에 대한 착취는 로마보다 더 가혹한 편이었다.

카르타고는 자신들의 상업적 이익 유지를 대외 정책의 우선순위에 두었다. 그리고 나라 간의 대립에도 평화적 외교와 비무력주의를 고수했다. 기원전 3세기 이전부터 로마와 우호관계를 유지하여 연합군이 함께 피로스에 대항한 적도 있었다. 대략 기원전 348년에는 로마와 다음과 같은 협정을 맺었다. "카르타고는 로마 속주에 관한 일에 간섭하지 않되, 이탈리아 연안에서 노예를 살 수 있다. 로마는 카르타고의 서지중해 무역 패권을 인정하고 시칠리아 동부와 카르타고 본토와의 무역만 행한다." 하지만 기원전 264년 이후에 로마가 이탈리아 반도의 통치권을 손에 넣으면서 양측은 서지중해 패권을 놓고 필연적인 충돌을 할 수밖에 없었다.

시라쿠사의 참주 아가토클레스Agathokles가 죽고, 한 용병이 기원전 288년에 메시나 Messina를 강제 점령하는 사건이 발생했다. 그는 자신을 군신軍神의 아들 '마메르티니

두일리우스 기념주(柱)

제1차 포에니 전쟁에서 공을 세운 로마 집정관 두일리우스를 기리고자 세운 기념주이다.

Mamertini'라 칭하며 시칠리아 각지에서 무자비한 약탈을 일삼았다. 시라쿠사의 히에론Hieron이 아무리 막아도 그의 도적질은 쉽게 멈추지 않았다. 기원전 264년, 히에론 대군이 메시나를 포위하자 마메르티니는 카르타고에 지원을 요청했다. 그는 카르타고 함대의 힘을 빌려 가볍게 히에론을 물리쳤다. 카르타고 함대가 떠나자 그는 이번에는 로마에 손을 내밀었다. 로마는 고심 끝에 카르타고와의 협약을 깨고 악명 높은 마메르티니의 요청에 응했다. 로마 인이 시칠리아 일에 관여했다는 소식에 카르타고는 당장 히에론과 연합하여 메시나를 포위했다. 로마 대군도 시칠리아에 도착했다. 결국 마메르티니 사건이 도화선이 되어 서지중해의 두 강국은 오래도록 끝나지 않을 대규모 전쟁에 휘말리게 되었다.

눈보라 속에서 알프스를 넘는 한니발과 그의 군대

영국 런던 테이트 모던 갤러리(Tate Moden Gallery) 소장. 거센 눈보라가 몰아치는 추운 겨울의 험준한 알프스를 넘는 한니발의 군대를 묘사한 그림

제1차 포에니 전쟁

로마군은 카르타고와 히에론의 보이지 않는 신경전을 이용해 이들을 차례대로 격파했다. 마메르티니도 결국 메시나의 포위망을 해제시켰다. 로마가 승리한 이듬해인 기원전 263년, 로마군은 히에론이 있는 시칠리아로 출병했다. 히에론과 동맹을 맺어 함께 카르타고를 몰아낼 계산된 행동이었다. 점차 해외 속주의 야망을 키운 로마는 이번 기회에 카르타고를 시칠리아에서 영영 쫓아낼 준비를 했다. 로마 인은 최강의 해군을 자랑하는 카르타고에 맞서 똑같이 군함을 제작했다.

기원전 260년, 남이탈리아 그리스 동맹국의 원조를 받아 로마는 140척의 5단 노선을 만들었다. 같은 해, 시칠리아 섬 동북부의 밀라초 앞바다에서 로마 해군은 카르타고의 함대와 맞붙었다. 당시 로마는 새로운 병기를 발명해 냈는데, 끝에 쇠갈고리가 달린 '코르부스'라는 장치였다. 이것을 적함에 갈고리처럼 박아 고정한 후 신속하게 돌격하면 배 위에서 로마의 장기인 백병전을 벌이는 데 유리했다. 이번 패배로 카르타고는 50척의 배가 파손되었고 시칠리아 서단의 몇몇 요충지만 남긴 채 시칠리아 수역에서 퇴출당하고 말았다. 시칠리아의 도시들이 하나둘씩 로마의 속주로 들어왔다.

카르타고의 근거지가 난공불락이 되자 로마군은 아프리카 본국으로 쳐들어갔다. 기원전 256년, 두 집정관이 이끄는 로마 대군은 곧장 카르타고로 향했다. 시칠리아 남부의 육지가 바다로 뿔처럼 뻗어 나온 부분인 해각海角에서 로마와 카르타고는 또 한 번 대규모의 해전을 펼쳤다. 로마의 신무기는 카르타고를 격파하는 데 그 역할을 톡톡히 했다. 로마는 카르타고를 무찌르고 북아프리카에 상륙했다. 연이은 전쟁에서 로마는 승전을 거두었으나 카르타고를 포위 공격하는 데는 성공하지 못했다. 후에 집정관 레굴루스Marcus Atilius Regulus가 성급하게 진격하다 크게 패하여 레굴루스는 포로로 잡히고 겨우 2,000명이 생존했다. 설상가상으로 이들을 구하러 간 지원군은 귀환길에 태풍을 만나 함대 300척이 침몰하고 병사 10만 명이 조난당했다.

이후에도 로마와 카르타고의 전쟁은 10여 년 동안 계속되었다. 로마는 다시 해군을 정비하여 카르타고를 공격했지만 이번에도 결과는 씁쓸했다. 카르타고는 로마의 맹공을 막아내는 한편, 명장 하밀카르Hamilcar Barca를 투입시켜 이탈리아 연안을 침략해 왔다. 로마도 서둘러 연안 식민지에 방어선을 구축했다. 결국 오랜 전쟁에 피로를 느낀 양측은 협상을 시도했지만 뜻대로 되지 않았다. 기원전 242년, 로마 대군이 다시 시칠리아로 쳐들어왔다. 양 거점을 철저히 봉쇄한 후에 로마군은 아에가테스Aegates 부근에서 카르타고 원군을 격파했다. 이때 카르타고 내부에 분열이 생기면서 더 이상의 전쟁이 힘들어졌다. 기원전 241년, 카르타고는 화의를 청해 로마에 유리한 협약을 체결하고 만다. 카르타고는 시칠리아를 빼앗긴 것으로 모자라 포로는 물론이고 배상금까지 치러야 했다. 20년 동안 양측을 괴롭힌 첫 번째 포에니 전쟁은 이로써 막을 내렸다.

제2차 포에니 전쟁

전쟁 후 카르타고에는 내란이 일어났다. 반란을 완전히 진압한 명장 하밀카르는 지금의 에스파냐인 히스파니아Hispania에 가서 재기의 기회를 노렸다. 하밀카르는 그곳에서 9년 동안 새로운 제국의 기반을 다져 놓았다. 하밀카르가 죽고 그의 사위 하스드루발Hasdrubal과 아들 한니발Hannibal이 그의 대업을 이어받아 마침내 신新카르타고를 세웠다. 옛 히스파니아 인의 용맹함에 하밀카르와 그 후계자의 기술이 더해져 카르타고는 예전보다 훨씬 더 강대한 병력을 갖추었다.

카르타고가 히스파니아에 본격적으로 식민지를 확대하는 동안, 로마는 갈리아와 일리리쿰을 상대하느라 바빠 히스파니아를 돌아볼 겨를이 없었다. 기원전 221년, 하스드루발이 세상을 떠나고 25살의 젊은 한니발이 대권을 이었다. 기원전 219년, 로마가 한창 일리리쿰과 전쟁 중일 때 한니발은 로마의 동맹국 사군툼Saguntum을 먼저 포위했다. 하지만 로마는 먼 히스파니아까지 지원군을 파병할 여력이 없었다. 기원전 218년, 한니발 군대는 전쟁 준비에 돌입했다. 일찍이 카르타고는 로마와 에브로 강 이북을 침범하지 않겠다는 협약을 맺었다. 하지만 한니발의 속셈이 불안한 로마는 당장 병력을 철수시키라고 카르타고 정부에 경고했으나 카르타고가 이를 무시하면서 양측은 다시 전쟁에 돌입했다.

이 전쟁에서 로마가 저지른 가장 큰 실수는 전략과 전술을 옛것 그대로 사용했다는 점이다. 로마는 카르타고 본토와 히스파니아로 군대를 나누어 공격했다. 하지만 로마의 모든 전술을 이미 꿰뚫은 천재 사령관 한니발은 북쪽 알프스 산맥을 넘어 로마의 몸통인 이탈리아로 우회했다. 로마로서는 한니발의 경로를 알아챌 길이 없었다. 대大스키피오Scipio Africanus의 아버지인 코르넬리우스 스키피오는 히스파니아의 마실리아에 다다른 후에야 이 모든 사실을 전해 들었다. 하지만 한니발의 발목을 잡기에 때는 이미 늦었다. 스키피오는 얼른 군대를 돌려 부랴부랴 이탈리아로 회군했다.

한니발은 알프스 산 이남에서 갈리아 인과 작은 충돌이 있었다. 하지만 로마의 통치에 불만을 품은 갈리아 부족의 환심을 사는 데 성공하여 군인과 말을 지원받았다. 이탈리아로 회군하던 스키피오는 포 강 유역에서 한니발과 마주쳤다. 한니발은 대승을 거두고 스키피오는 아펜니누스 산맥으로 잠시 후퇴했다. 아프리카로 향하던 셈프로니우스 군대는 긴급 소환되어 스키피오 군대에 합류했다. 하지만 두 집정관이 힘을 합쳐도 한니발을

카르타고의 화폐

포에니 전쟁 중에 카르타고 군대가 군량 보급을 위해 만든 은화. 동전에 새겨진 날개 달린 말은 카르타고의 휘장으로 페가수스(天馬)를 상징한다.

이기지는 못했다. 로마는 4만 대군 중 무려 3만 명을 잃었다. 이 전투로 로마는 북이탈리아의 세력을 회복하지 못했다. 게다가 수많은 갈리아 인이 한니발의 군대에 가세했다.

한니발에게 패배한 로마 인은 수비에 전력 집중했다. 새로 선출한 두 집정관은 두 길로 나누어 한니발의 남하를 막았다. 그러나 과연 한니발은 달랐다. 모두의 예상을 깨고 아펜니누스 산맥과 늪지대를 넘어 귀신처럼 로마 대군의 배후에 나타난 것이다. 한니발의 이번 상대는 트라시메누스 Trasimene 호반에서 이동해 오던 플라미니우스 Gaius Flaminius 대군이었다. 매복해 있던 한니발의 군사에 또다시 패한 로마군은 큰 타격을 입었다. 집정관 플라미니우스가 전사하고 1만 5,000명의 병력을 잃었다. 남은 패잔병들은 모조리 한니발의 포로 신세가 되었다. 다른 집정관의 군대가 미처 지원을 오지 못한 틈에 한니발은 계속해서 남하했다. 그는 로마로 직행하지 않았다. 남이탈리아 도시들에 반란을 부추겼으나 성공하지 못했다.

트라시메누스 호반 전투를 치른 후에 로마의 정세는 풍전등화처럼 위태위태했다. 이러한 비상사태에 파비우스 Quintus Fabius Maximus 가 독재관으로 선출된다. 노련한 파비우스는 한니발을 스스로 지치게 할 목적으로 일부러 시간을 끄는 전술을 택했다. 위험부담이 있는 정면대결을 피한 채 계속해서 한니발의 후방과 측면을 노린 우회전술을 구사하며 한니발을 곤경에 빠뜨렸다. 당시 이탈리아 지역을 항복시키지 못한 한니발은 마음이 다급해졌다. 하지만 아무리 싸움을 걸어도 로마군은 꿈쩍도 하지 않았다. 기원전 217년 말, 한니발은 이탈리아 전역을 휩쓸고 다니며 철저한 약탈을 자행하는 등 로마의 동맹국을 못살게 굴었다.

파비우스가 6개월 임기를 마치자 두 집정관은 파비우스 전술이 아닌 대규모의 결전을 준비했다. 누구보다 정면대결을 원한 것은 한니발이었다. 그는 자신들의 근거지인 풀리아로 로마군을 유인했다. 기원전 216년, 아우피두스 강 칸나이Cannae 부근에서 두 나라는 그 이름도 유명한 '칸나이 전투'를 치렀다. 당시 로마군의 병력은 한니발의 군대보다 월등히 우세했고 보병의 수도 두 배로 많았다. 보병 전력과 달리 기병 전력에서는 한니발이 앞서고 있었다. 한니발의 기병대는 로마군을 완벽하게 포위해 고작 6,000명으로 로마의 5만 대군을 섬멸하는 대승을 거두었다. 칸나이 전투는 세계 전쟁사에 수적으로 불리한 상황을 이겨 낸 전술적 승리의 전례로 남았다.

칸나이 전투를 치른 후, 로마는 잠시 민심을 잃고 침체기에 빠졌다. 수많은 동맹국이 로마에서 등을 돌리거나 로마의 좌절을 지켜보기만 했다. 그러나 로마에는 아직 이탈리아와 중·남부의 여러 도시가 남아 있었다. 로마는 전국의 자금을 끌어모아 군대를 확충하고 기원전 212년에 이르러 원래의 기세를 회복했다. 반면에 이 시기에 한니발은 위기에 처해 있었다. 병력은 계속 소모되어 수세에 몰렸고, 갈리아 인과도 의기투합이 되지 않았다. 카르타고 내부에서도 지원군 파견을 저지하는 반대파가 우세했다. 게다가 로마가 다시 파비우스의 지구전을 구사하면서 한니발은 속도전을 펼칠 수 없게 되었다. 전력을 회복한 로마는 점차 한니발을 남이탈리아의 한 귀퉁이로 몰아넣었다.

기원전 207년, 한니발은 히스파니아에 있는 하스드루발에게 지원을 받기로 했다. 하스드루발은 히스파니아에서 알프스 산을 넘어 이탈리아에 다다랐다. 그런데 움브리아를 지나던 중 로마와 전투가 벌어져서 하스드루발은 목숨을 잃고 말았다. 기원전 206년 말, 로마의 명장 대스키피오는 마침내 히스파니아에서 카르타고를 몰아내는 데 성공했다. 이번 사건은 히스파니아에 거점을 둔 한니발에게 하스드루발의 죽음보다 더 큰 충격이었다. 스키피오는 혁혁한 공을 인정받아 서른이라는 젊은 나이에 관례를 깨고 기원전 205년에 집정관으로 선출되었다. 그는 카르타고 본국을 공격하면 카르타고가 분명히 한니발을 불러들일 것으로 판단했다. 그래서 곧 원로원의 허락을 얻어 북아프리카로 원정을 떠났다. 기원전 203년, 스키피오의 기병대는 대평원에서 카르타고의 주력 부대를 모조리 섬멸했다. 얼마 후 카르타고는 로마에 화친을 요청했고, 로마를 공격하던 한니발이 서둘러 귀국했다.

한니발과 그의 동생 마고의 부대가 이탈리아에서 철수하자 카르타고 원로원은 설욕의 기회를 엿보았다. 기원전 202년에 카르타고 남부의 자마Zama에서 다시 대규모 혈전이 벌어졌다. 전력이 막상막하인 한니발과 스키피오는 치열하게 맞붙었다. 승리의 여신은 카르타고의 적 마시니사Masinissa의 기병을 이끈 스키피오의 손을 들어 주었다. 기원전 201년, 카르타고는 패배의 대가로 굴욕적인 협약을 맺었다. 카르타고는 아프리카를 제외한 모든 영토를 빼앗겼고 열 척의 순찰선을 제외하고는 두 번 다시 해군을 지휘할 수도, 로마의 개입 없이는 그 어떤 나라와도 전쟁을 치를 수 없었다. 게다가 1만 달란트라는 거액의 배상금도 치러야 했다.

제3차 포에니 전쟁

제2차 포에니 전쟁을 치른 후에 로마는 더 이상 보수 정책을 고집하지 않았다. 이후 50년 동안은 적극적으로 영역 확대에 주력했다. 갈리아, 히스파니아, 마케도니아와 전쟁을 치르면서도 카르타고에 대한 경계를 늦추지 않았다. 로마와의 협약으로 카르타고는 군사력과 일부 주권을 박탈당했다. 하지만 경제적 잠재력은 카르타고 재건의 힘이 되었다. 전쟁 이후에 한니발의 대대적인 개혁으로 카르타고의 농업과 상업은 빠른 속도로 부흥하기 시작했다. 그런데 이때 한니발의 정적이 로마 원로원에 한니발이 시리아 국왕 안티오코스 3세와 내통하고 있다는 정보를 흘렸다. 이에 한니발은 위협을 느끼고 로마에서 사람이 오기 전에 카르타고를 탈출했다.

두 번째 포에니 전쟁에서 누미디아의 장수 마시니사의 기병대는 로마의 승리에 결정적인 도움을 주었다. 로마 인은 그 공을 높이 사 마시니사를 전 누미디아의 국왕으로 추대했다. 기타 누미디아 부락을 통일한 마시니사는 슬슬 카르타고의 비옥한 농지를 탐내기 시작했다. 기원전 201년에 카르타 고가 강화협약으로 패권을 잃자 마시니사는 이때다 싶어 카르타고를 침략 했다. 카르타고는 즉각 이 사실을 로마 원로원에 알렸다. 하지만 마시니사 는 이미 로마에 뇌물을 바쳐 환심을 산 데다 카르타고를 모함해 로마의 의 심을 가중시켰다. 로마가 매번 누미디아를 눈감아 준 결과로 카르타고는

포에니 전쟁에서 사 용된 무기 조각

이탈리아 남부에서 발 견된 무기 조각은 카르 타고 원정군이 이곳에 서 로마군에 패했다는 역사적 증거물이다.

튀니스 해변을 제외한 나머지 영토를 죄다 강탈당하고 말았다.

카르타고를 놓고 로마 원로원은 두 파派로 나뉘었다. 하나는 한니발을 두둔하며 누미디아를 제재하려는 스키피오 세력이요, 다른 하나는 강경책으로 카르타고를 철저히 멸망시키려는 카토 세력이었다. 카토파는 카르타고와 누미디아의 전투가 곧 카르타고가 군사력을 회복한 증거이자 협약 위반이라고 주장했다. 기원전 149년, 로마는 정식으로 전쟁을 선포했다. 카르타고는 압박을 이기지 못하고 항복을 선언했다. 로마는 카르타고에 귀족 자제 300명을 볼모로 요구하고 무장 해제를 강요했다. 카르타고가 굴복한 후에도 로마의 욕심은 끝이 없었다. 카르타고 시민에게 수도를 불태우고 모두 내륙으로 이주하라는 명령을 내린 것이다.

청천벽력 같은 소리에 카르타고 시민들은 몹시 분노하며 죽어도 조국과 함께 죽겠다고 외쳤다. 로마 대군은 카르타고를 일 년 넘게 포위했지만, 카르타고 인들의 목숨을 건 철벽 수비를 뚫을 방법이 없었다. 게다가 로마군은 페니키아 인 유격대의 침략에도 시달렸다. 기원전 147년에 로마는 소소小 스키피오, 즉 스키피오 아이밀리아누스Scipio Aemilianus를 집정관으로 선출했다. 그는 대스키피오인 스키피오 아프리카누스의 손자로, 당시 나이와 이력만으로 보자면 굉장히 파격적인 대우였다. 하지만 로마 시민들은 원로원의 반대를 뒤로하고 그를 집정관에 앉혔다. 소스키피오는 막강한 병력으로 밀어붙여 카르타고의 방어선을 허물고, 일주일 동안 거리에서 전투를 벌였다. 결국 항복한 쪽은 굶주림과 피로에 지친 카르타고였다. 그 후 약 5만 명이 노예로 팔려갔고, 카르타고는 한순간에 폐허로 변해 버렸다. 이후 카르타고의 옛 땅은 아프리카라는 이름으로 로마의 속주가 되었다.

카르타고의 몰락

세 번에 걸친 포에니 전쟁으로 카르타고는 치명타를 입고 결국 소스키피오에 굴복당했다. 카르타고는 옛 영광이 무색하게 한순간에 폐허로 변해 버렸다.

기원전 122년, 로마는 카르타고 땅에 식민지를 건설했다. 카이사르 시대에 로마는 토지가 없는 시민들에게 이곳을 분배했다. 기원전 29년, 아우구스투스의 통치가 시작되면서 로마는 카르타고를 일부 아프리카 속주로 삼았다. 4세기에 로마 제국이 분열되면서 카르타고는 서로마 제국으로 종속되었다. 그리고 5세기에 서로마 제국의 붕괴와 함께 반달 족이 침략하여 아프리카 북부 해안의 여러 나라를 점령하고 '알 안달루스'를 세웠다. 7세기에는 아라비아 인이 아시아, 아프리카, 유럽, 세 대륙으로 진군해 카르타고 내 북아프리카 대부분을 정복했다. 1217~1221년, 제5차 십자군이 카르타고를 휩쓸고 간 뒤 온갖 풍파에 시달리던 옛 도시는 마침내 역사의 뒤안길로 사라졌다.

9 명장 한니발

한니발은 역사상 보기 드문 명장으로 이름이 나 있다. 그는 대담하고 지혜로우며 풍습과 문화가 제각 각인 여러 부족의 병사들을 단결시키는 데 탁월한 기지를 발휘했다. 비록 자마 전투에서 로마에 패했으나, 사람들은 그 모든 잘못을 나약하고 부패한 카르타고 정부 탓으로 돌리며 여전히 한니발을 때를 잘못 만난 비운의 천재로 기억한다.

| 시기 : 기원전 247~기원전 183년
| 인물 : 하밀카르, 하스드루발, 한니발, 스키피오

소년 한니발

희대의 군사 천재 한니발은 카르타고의 명장 하밀카르Hamilcar Barca의 맏아들로, 그가 아직 어릴 때 제1차 포에니 전쟁이 일어났다. 전쟁이 카르타고의 패배로 돌아가자 하밀카르는 기원전 237년 히스파니아로 건너갔다. 원래 히스파니아는 200여 년간 카르타고 인의 통치를 받았지만, 제1차 포에니 전쟁 때 대다수가 카르타고에서 이탈했다. 이에 하밀카르는 재정복의 기회를 노렸다. 기원전 228년, 그는 히스파니아 인과의 전투에서 불어난 강물에 빠져 익사했다. 하밀카르의 사위 하스드루발Hasdrubal이 그의 대업

한눈에 보는 세계사

기원전 221년 : 진시황, 중국 통일   기원전 202년 : 중국, 한 건국
기원전 195년 : 위만, 고조선의 왕이 됨

을 이어받아 히스파니아에 카르타고의 판도를 넓히고 전략적 요충지 신新
카르타고를 건설했다. 기원전 221년, 하스드루발이 사냥 중에 하인에게 살
해되자 그 뒤를 이어 스물다섯의 한니발이 카르타고 군대 총사령관에 올
랐다.

아버지와 매형의 각별한 교육 아래 한니발은 어려서부터 군사와 외교술
에 뛰어난 자질을 보였다. 그가 겨우 9살이었을 때 아버지 하밀카르는 한
니발을 신전으로 데리고 이렇게 말했다. "어른이 되어서도 평생 로마의 적
이 될 것을 맹세하거라." 한니발은 어려서부터 아버지 곁에서 군사 훈련을
지켜보며 견인불발의 의지와 강인한 정신력을 길렀다. 그는 평소 검소한
생활을 즐기고 병사들과 동고동락했다. 리더십도 뛰어나 전쟁터에서도 위
험 앞에 솔선수범하여 병사들의 존경을 받았다. 하스드루발이 죽고 전 군
대가 한니발을 장군으로 추대하자 카르타고 정부도 서둘러 그를 사령관으
로 임명했다.

한니발은 히스파니아 동부 연안을 정복한 후에 로마와의 전쟁 준비에
박차를 가했다. 그는 주도면밀하게 전략을 세우고 로마에 반감을
품은 그리스에 밀사를 보내는 일도 잊지 않았다. 한니발은 로
마가 선전포고하기만을 기다렸다가 곧장 히스파니아
의 로마 동맹국인 사군툼으로 쳐들어갔다. 갑작스
러운 기습에 사군툼은 손 쓸 여력도 없이 로마에
지원군을 요청했다. 로마 원로원은 한니발에게
철수를 명령했지만, 그는 도리어 사군툼의 내정
에 더 이상 간섭 말라며 큰소리를 쳤다. 기원전
218년 봄, 로마의 선전포고로 제2차 포에니 전쟁이
일어났다.

카르타고 인이 로마군
에게 반격할 때 입은 도
금 갑옷

이탈리아 원정

로마 인은 애초에 두 가지 전략을 세웠다. 하나는 시칠리아에서 카르타고 본국으로 공격하는 것이고, 다른 하나는 히스파니아에서 상륙해 한니발을 추격하는 것이었다. 그런데 한니발은 누구도 상상하지 못한 천재적 기지로 인적이 드문 알프스 산맥을 넘어 이탈리아 본토를 기습했다. 당시 로마의 해군은 바다에, 육군은 남이탈리아에 집결되어 있었다. 로마군의 상식으로는 불가능한 알프스 대장정을 한니발은 현실로 이루어 냈다. 뒤늦은 정보력으로 로마의 모든 전략은 허사가 됐다.

기원전 218년 4월, 한니발은 이탈리아 원정을 실천에 옮겼다. 그들이 가야 할 노정만 해도 900㎞에 달했다. 원정길에 오른 그는 중도에 작은 부락을 공격, 회유해 가며 마침내 험준한 지세에 얼음으로 뒤덮인 알프스 산을 넘는 데 성공했다. 고생이란 말로는 부족한 이 원정에 무려 5개월이란 시간이 걸렸다. 보병 9만 명과 기병 1만 2,000명, 코끼리 수십 마리로 출발한 군대는 서바이벌 게임이 끝난 후 보병 2,000명과 말을 잃은 기병 6,000명, 그리고 코끼리 단 한 마리만이 살아남았다. 당시 로마에 정복당한 갈리아 인은 로마에 극심한 원한을 품고 있었다. 그들에게 한니발은 결코 이길 수 없는 무적의 장수였다. 한니발 군대가 하산하자마자 그들은 알아서 무릎을 꿇었고 부족한 병력과 말을 지원해 주었다.

카르타고의 명장
한니발

트라시메누스 호반의 전투

한니발의 군대가 하늘에서 뚝 떨어지듯 나타나자 로마군은 혼비백산했다. 로마는 애초의 전략을 모두 포기한 채 모든 병력을 '이탈리아 수비'에 집중시켰다. 포 강 좌안에서 로마 집정관이자 명장 스키피오가 한니발 군대와 대결했다. 스키피오는 중상을 입고 전군이 몰살당할 위기에 처하자 패잔병을 이끌고 반대편에서 지원군을 기다렸다.

얼마 후, 아프리카로 향하던 또 다른 집정관 셈프로니우스 군대가 긴급 소환되어 스키피오 군대와 합류했다. 사실 한니발은 로마군이 연합할 때를 기다렸다가 적군을 한 번에 몰살시킬 작정이었다. 그런데도 고집 세고 호전적인 셈프로니우스는 스키피오의 만류를 무시하고 부랴부랴 한니발과 접전을 벌였다가 대패했다. 이 승리로 한니발은 관망하던 갈리아 인을 아군으로 끌어들였다. 하지만 한니발의 눈부신 승리는 이것이 마지막이 아니었다. 이후에 벌어진 트라시메누스 전투와 칸나이 전투에서도 빛을 발했다.

갈리아 인이 가세하면서 한니발 군대의 병력은 한층 강화되었다. 기원전 217년 봄, 카르타고군은 에트루리아, 피스토리아Pistoria, 현재의 피렌체를 지나 토스카나 소택지로 비밀리에 진군했다. 이들은 3박 4일을 쉬지 않고 높이가 허리까지 오는 물속을 행군했다. 열악한 늪지대를 행군하는 일은 알프스 산맥을 넘는 것만큼이나 고통스러웠다. 병사들과 말이 줄지어 쓰러지고 살아남은 코끼리도 한 마리뿐이었다. 한니발 자신도 한쪽 눈이 거의 실명될 위험을 겪었다. 하지만 이들은 오로지 정신력 하나로 이 모든 고통을 견뎌냈다. 그리고 마침내 로마군의 방어진을 멀리 돌고 돌아서 로마의 땅에 발을 내디뎠다.

한니발이 귀신처럼 로마군의 배후에 나타날 줄은 꿈에도 예상하지 못한 일이었다. 집정관 플라미니우스는 당장 진지를 바꿔 트라시메누스 호반으로 바싹 추격해 갔다. 그러나 안타깝게도 그는 한니발이 쳐 놓은 덫에 제대로 걸려들고 말았다. 트라시메누스 호반 북쪽은 삼면이 산으로 둘러싸여 있고 한쪽은 호수와 맞닿은 골짜기였다. 길이라고는 서쪽으로 이어진 험한 길 한곳뿐이었다. 한니발은 마치 거미가 줄을 치듯 이곳에 빈틈없이 경계망을 쳐 놓았다. 하지만 로마 인은 그가 어디에 숨었는지조차 알 길이 없었다. 자세히 정찰해 볼 틈도 없이 '아차' 하는 순간에 로마군은 짙은 안개가 자욱한 골짜기에 갇혀 버렸다.

한니발이 신호를 내림과 동시에 살육에 가까운 전쟁이 벌어졌다. 로마군에게는 저항할 기회조차 없었다. 그곳에서 집정관 플라미니우스가 죽고 1만 5,000명이 전사했으며 나머지는 포로로 잡혀갔다. 한니발은 포로에게도 차별 대우를 했다. 로마 병사는 족쇄를 채우고 로마 시민권이 없는 다른 이탈리아 인은 대가도 없이 풀어 주었다. 이탈리아와 로마 사이를 이간질해 로마를 철저히 고립시키려는 의도였다. 또한 한니발은 지중해 연안의 로마 주변국과 반反로마 동맹을 맺었는데, 마케도니아 국왕 필리포스 5세도 그중 하나였다.

칸나이 전투

트라시메누스 전투를 치른 이후 로마 인은 더 이상 한니발을 상대할 엄두를 내지 못했다. 이후 독재관으로 선출된 파비우스는 역사적으로 유명한 '지구전持久戰'을 펼쳤다. 지구전은 전쟁을 오래 끌어서 적을 지치게 하거나 아군 구원병의 지원을 받을 수 있도록 하는 방식이다. 이러한 그의 전술은 꼼짝없이 한니발의 발목을 잡았다.

풀리아로 행군하던 중에 한니발은 군대를 쉬게 하고 식량을 보충할 생각으로 카실리눔Casilinum에 들렀다. 이곳은 산악 지대로 사방이 산으로 둘러싸여 있고 골짜기는 온통 늪 지대였다. 파비우스는 이곳의 지형을 너무나 잘 알고 있었다. 한니발의 군대를 본 그는 지금이야말로 공격할 때라고 판단했다. 파비우스는 퇴로를 막고 한니발의 군대를 겹겹이 포위했다. 자신의 실수를 알아차린 한니발은 한 가지 묘안을 생각해 냈다. 그는 소 2,000마리의 뿔에 마른 나뭇가지를 매달았다. 그리고 밤이 되자 나뭇가지에 불을 붙이고 소들을 적의 진영으로 몰았다. 뜨거운 불기운이 뿔에 닿자 소들이 미친 듯이 날뛰며 사방으로 흩어졌다. 그 바람에 주위가 온통 불바다가 되자 로마군은 적에게 포위당한 것으로 착각하고 서둘러 진지를 버리고 골짜기로 달아났다. 이렇게 한니발이 기지를 발휘하여 카르타고군은 포위망을 뚫고 탈출했다.

한니발은 로마를 자극하려고 일부러 부유한 이탈리아 남부 지방을 휩쓸고 다니며 약탈했다. 이에 약이 오를 대로 오른 로마는 파비우스의 지구전 대신 '용맹하고 적극적인' 두 집정관 바로와 파울루스를 내세웠다. 기원전 216년, 바로는 보병 8만 명과 기병 6,000명을 이끌고 아우피두스 강 유역의 칸나이 지역에서 역사적인 전투를 시작했다.

로마의 강력한 보병에 비하면 한니발의 보병은 겨우 4만 명으로 수적으로 불리했다. 다행히 기병은 1만 4,000명으로 한니발이 앞섰다. 한니발은 중앙부가 앞으로 튀어나온 초승달 모양의 진형을 갖추었다. 그리고 중앙에 보병, 양 날개에 강력한 기병대를 배치했다. 후방에도 병력을 따로 대기시켰다. 로마의 선제공격이 시작되었다. 바로가 중앙 돌파를 노리자 한니발은 살짝 물러서는 척하며 정예 보병으로 양쪽에서 포위를 시도했다. 그와 동시에 발 빠른 기병대가 로마의 양 날개를 무너뜨리면서 로마군을 사방에서 포위했다. 반나절의 격전으로 로마 대군은 7만 병력을 잃었다. 반면에 한니발의 손실은 6,000명에 불과했다. 그는 수적으로 불리한 상황을 이겨 내고 승리를 쟁취한 위대한 전례를 남겼다.

때를 잘못 만난 비운의 천재

칸나이 전투를 치른 후에 로마는 일순간 사면초가에 빠졌다. 동맹국들은 연이어 로마에 창끝을 겨누었고 한니발은 로마에서 시선을 떼지 않았다. 하지만 패배의 쓴맛을 본 로마는 더는 쉽게 움직이지 않았다. 로마가 최대한 한니발과의 결전을 피하려고 하자 타향에 멀리 나와 있는 한니발 군대는 점차 군량을 보급하는 데 어려움을 겪기 시작했다. 로마는 다시 지구전을 구사하면서 점차 예전의 기세를 회복했다. 그때 한니발의 동생 하스드루발이 히스파니아에서 지원군을 데리고 왔다. 그런데 이탈리아에서 한니발에게 보내는 편지가 로마군에 발각되어 행군 경로를 다 들켜 버리고 말았다. 결국 하스드루발은 두 집정관에게 크게 패했다.

이 시기에 카르타고 정부에는 내분이 일어나 서로 파를 나눈 각축전이 벌어졌다. 한니발이 승승장구하니 혹시라도 그에게 카르타고 정권을 빼앗기진 않을까 염려하는 이도 있었다. 그래서 한니발의 지원 요청에도 나 몰라라 했다. 로마는 다시 파비우스를 선택했다. 그리고 젊은 군사 천재 스키피오에게 로마의 운명을 걸었다. 기원전 204년, 스키피오는 히스파니아를 공격한 후 2만 5,000명의 전사를 이끌고 튀니스 해협을 건너 카르타고로 향했다. 그리고 기원전 203년, 스키피오의 기병대는 대평원에서 카르타고의 주력 부대를 모조리 섬멸시켰다. 카르타고는 화친을 제안하는 동시에 서둘러 한니발을 불러들였다.

카르타고로부터 귀국 명령을 받은 한니발은 눈물을 흘리며 이렇게 탄식했다고 한다. "지난 몇 년 동안 그렇게 지원을 청할 때는 모른 척해 놓고서 이제 와서 강제귀환이라니! 나, 한니발을 정복한 것이 적군인 로마가 아니라 카르타고의 시기와 질투였구나!" 그렇게 16년 동안 전쟁터를 누빈 그는 최후에 이탈리아를 떠나 카르타고 본국으로 돌아갔다.

기원전 203년, 카르타고는 로마와 평화 조약을 맺었다. 하지만 한니발이 있는 한 원로원은 언제든 설욕의 기회가 있을 거라고 믿었다. 한니발과 스키피오는 대면 협상에서 원만한 협의를 보지 못했다. 군량이 바닥나 섣부른 결전은 무리였지만 카르타고 원로원은 한니발에게 지체하지 말라고 성화를 부렸다. 기원전 202년, 이미 실패를 예감한 한니발은 자마에서 스키피오와 다시 맞붙었다. 자마 전투에서 그는 스키피오의 우수한 기병대와 노련한 전술 앞에 패배를 인정했다.

카르타고가 굴욕적인 협약을 맺은 후, 기원전 196년에 한니발이 카르타고의 집정관인 수페테스Sufetes 가 되었다. 그는 대대적으로 개혁을 추진해서 부패한 카르타고가 다시 일어설 기반을 마련하고자 했다. 그러나 카르타고의 귀족들은 여전히 그를 시기하는 것으로 모자라 로마 원로원에 한니발이 시리아 국왕 안티오코스 3세와 내통하여 反로마 동맹을 맺었다고 일러바쳤다. 로마로서는 숙적을 제거할 좋은 기회였다. 한니발은 다행히 로마의 사절이 도착하기 전에 카르타고 원로원의 속셈을 알아차렸다. 그는 두

고대 로마 벽화

서로 물어뜯고 싸우는 짐승, 짐승과 싸우는 인간의 모습을 그린 벽화. 옛 로마 인이 즐기던 잔인한 놀이로 고대 로마 사회의 모습이 사실감 있게 표현되었다.

부하를 데리고 조국을 탈출했다. 티로스에서 소아시아 에페소스Ephesos를 지나 시리아로 망명하자 안티오코스 3세가 환대하며 맞아 주었다.

기원전 189년에 한니발은 안티오코스 3세와 함께 로마에 복수전을 펼쳤지만, 결국 시리아도 로마에 패했다. 이로써 도망자 신세가 된 한니발은 크레타 섬으로 갔다가 다시 비티니아Bithynia로 피신했다. 이곳에서 군사 고문으로 지낼 때 로마군이 들이닥쳐서 비티니아 국왕에게 한니발을 보내라고 요구했다. 기원전 183년의 어느 날, 결국 적에게 포위당한 한니발은 독약을 마시고 쓸쓸히 자살했다.

10 꾸물거리는 보수주의자 ROME

로마 역사상 영토를 개척한 다른 장수들과 비교하면 파비우스Quintus Fabius Maximus의 전공은 아주 뛰어났다고 말하기는 어렵다. 하지만 한니발이 이탈리아를 침략했을 때 그가 아니었다면 결과는 어땠을까? 그의 뚝심 있는 지구전이 없었다면 이탈리아는 군사 천재 한니발의 손에 넘어갔을지도 모른다. 이것만으로도 파비우스의 전공은 후대에 칭송받을 자격이 충분하다.

시기 : 기원전 288~기원전 147년
인물 : 파비우스, 미누키우스

위기 속의 리더

퀸투스 파비우스 막시무스Quintus Fabius Maximus는 로마의 이름난 귀족 가문 출신이다. 그는 어려서부터 천성이 온화하고 진중해서 사람들이 '어린 양'이라고 불렀다. 놀기도 좋아하지 않고, 배우는 것도 더뎠으며, 항상 친구들에게 휘둘려 다녀서 사람들은 그가 혹시 얼간이가 아닐까 생각하기도 했다. 그러나 훗날 파비우스가 세운 업적은 그들이 크게 잘못 생각했다는 것을 보여 주었다. 플루타르코스는 이렇게 말했다. "그에게 부족한 것은 의지가 아니라 열정이요, 조심스러움도 다 신중함에서 비롯된 것이다. 민첩하

한눈에 보는 세계사

기원전 221년 : 진시황, 중국 통일   기원전 202년 : 중국, 한 건국
기원전 195년 : 위만, 고조선의 왕이 됨

지 않고 굼뜬 성격이 오히려 그의 분별력을 키워 준 이유이다."

성인이 된 파비우스는 건장한 체격에 강인한 의지를 지녔다. 군사에 능통했고 연설에 남다른 자질을 보였으며 허튼 말을 하는 법이 없는 데다 그의 말에는 좌중을 압도하는 깊이가 있었다. 그는 평생 로마의 집정관을 5번 지냈다. 맨 처음 집정관이 되었을 때 그는 갈리아 남부의 리구리아 인을 알프스 산으로 몰아내 '개선식'의 영예를 누렸다. 기원전 230년에는 감찰관에 올랐고 2년 후에 다시 집정관에 선출되었다.

얼마 후에 한니발이 이탈리아를 침략해 왔으나 파비우스는 섣불리 전쟁에 뛰어드는 것을 피했다. 그가 생각하기에 한니발은 멀리 원정을 나왔으

옛 로마 개선문

므로 분명히 군량을 보급하는 데 어려움을 겪을 것이었다. 이럴수록 때를 기다리는 인내심이 필요하지만, 로마 인 누구도 그의 전략을 이해하지 못했다. 트라시메누스 호반 전투를 치른 이후 로마의 정세는 급격히 위태로워졌다. 이러한 비상사태에 로마 인은 누구보다 뛰어난 독재관을 원했고, 그 적임자가 바로 파비우스였다.

독재관은 원래 집정관의 지명을 받은 후 원로원의 승인을 거쳐야 했다. 하지만 당시 한 집정관은 전사하고 또 다른 집정관은 한니발을 방어하는 중이었다. 그래서 파비우스는 민중의 만장일치로 독재관으로 선출되었다. 그 후 파비우스는 모든 로마 인에게 자신의 전술과 명령에 따르라고 요구했다. 그리고 원로원에 말을 타고 지휘할 수 있는 권한을 요구했다. 당시 로마의 주력 부대는 보병으로써 장수가 말을 타는 것을 금했기 때문이다. 그는 전쟁 준비에 앞서 이렇듯 자신의 권위와 입지를 확고히 했다. 그리고 마침내 손에 몽둥이를 든 호위대 24명과 함께 수많은 사람 앞에 모습을 드러냈다.

명예보다 중요한 것

트라시메누스 전투에서 승리한 한니발은 로마로 쳐들어가지 않고 남이탈리아에서 반란을 선동했다. 파비우스도 4개 군단을 이끌고 남하했다. 그는 한니발의 뒤를 추격하지 않고 우회전술을 구사하며 결전까지 시간을 끌었다. 그는 충분한 시간과 돈, 병력으로서 기세등등한 적군의 코를 납작하게 만들어 줄 작정이었다. 그들의 아킬레스건인 군량 보급 상황이 나빠지는 것은 시간 문제였다. 그는 한니발 기병대의 칼끝을 피해 유리한 고지에 진영을 세운 뒤, 적의 동태를 살피며 기회를 엿보았다. 이것이 바로 유명한 파비우스 전술이다.

그가 마냥 시간을 끌며 전쟁을 미루자 로마 인 사이에서 불만이 터져 나오기 시작했다. 진영 내에서도 그를 의심하는 병사가 생겼다. 단 한 사람, 한니발만이 파비우스의 전략을 알아채고는 어떻게든 결전을 서두르려 애썼다. 하지만 아무리 싸움을 걸어도 로마군은 시종일관 전쟁을 피하기만 했다. 한니발이 전쟁을 노리고 마구 약탈하며 로마를 자극하자 로마 인들은 파비우스를 '쿤크타토르cunctator('꾸물거리는 사람'이라는 뜻)'라며 비웃었다. 로마군 내에서도 파비우스를 비난하는 목소리가 점점 커졌다. 그때 성격이 불 같은 기병대장(부독재관) 미누키우스Minucius Rufus는 한니발을 공격하면 당장 승리할 수 있다고 호언장담하고 다녔다. 그러자 병사들은 한니발의 뒤만 쫓아다니는 파비우스를 '한니발의 졸개'라고 손가락질하고 미누키우스를 진정한 장수라며 따랐다. 이렇게 미누키우스가 병사들을 선동하고 오만하게 굴자 파비우스는 단호하게 말했다. "사람들이 비웃는다고 내 결심을 바꾼다면 나는 그들이 생각하는 것보다 나약한 겁쟁이가 될 것이다. 나라를 위해 두려워하는 것은 수치가 아니나, 사람들의 비난이 두려워 내 본분을 잊는 것은 장수로서 할 일이 아니다. 내 사람들을 끝까지 책임지지 못한다면 나는 그들의 노예에 불과하다."

카실리눔에서 로마군이 한니발에게 패하자 사람들의 불만은 더욱 극에 달했다. 파비우스가 지나치게 꾸물거린 탓에 다 잡은 승리를 놓쳐 버렸다는 것이다. 사실 한니발이 '소뿔에 불을 붙여' 탈출을 감행했을 때는 한참 밤이 깊었던지라 누구라도 계략에 빠졌을 상황이었다. 한니발은 파비우스를 향한 로마 인들의 비난을 이용했다. 즉 그는 파비우스의 고향을 지날 때 일부러 그의 땅만 쏙 빼놓고 나머지는 모조리 불태워 버렸다. 그리고 정찰병을 보내 사람들이 그곳에서 풀 한 포기도 가져가지 못하게 했다. 이 소식이 로마에 전해지자 파비우스의 평판은 완전히 땅에 떨어졌다. 시끄럽기는 원로원도 마찬가지였다. 원로원은 특히 파비우스가 한니발과 맺은 포로 협정을 못마땅하게 여겼다. 파비우스는 한니발 군대와 포로를 한 명씩

맞교환하기로 했는데, 문제는 로마의 포로가 240명이나 더 많았다는 것이다. 그래서 로마는 한 사람당 250드라크마를 주고 그들을 데려와야 했다. 하지만 원로원은 돈을 내지 않기로 했다. 그러고는 오히려 이 일을 트집 잡아 파비우스가 용기가 없어 병사를 빼앗겨 놓고 이제 와서 나랏돈으로 포로를 사 온다며 책망했다. 그러자 파비우스는 그 모든 비난을 아무 말 없이 받아들이고, 아들을 로마로 보내 재산을 처분하게 해서 그 돈으로 포로들을 찾아 데려왔다.

파비우스의 진심

원로원은 독재관이 주재하는 종교 의식을 이유로 파비우스를 로마로 불러들였다. 그리고 파비우스는 이때 기병대장 미누키우스에게 자신의 지휘권

로마를 공격하는 한니발의 코끼리 부대

한니발은 뛰어난 지략과 전술, 용기로 전 로마 인을 공포에 떨게 했다.

을 넘겨주었다. 그런데 미누키우스는 절대 전쟁을 일으키지 말라는 파비우스의 당부를 무시한 채 잠시 방심한 한니발을 습격하여 승리를 거두었다. 이 승리로 미누키우스는 더욱 의기양양해졌고 로마 인들은 기쁨에 들떠 광장에 모여 승리를 축하했다. 호민관이자 미누키우스의 친족인 메틸리우스는 미누키우스를 칭찬하고 파비우스의 전략을 비난했다. "그는 겁쟁이일 뿐만 아니라 나라를 팔아먹는 반역자입니다!" 하지만 파비우스는 비난에 대해 그 어떤 변론도 하지 않고 이렇게 대답했다. "서둘러 제사부터 지내고 본대로 돌아가 명령을 어긴 미누키우스를 처벌할 것입니다." 그의 말에 광장이 잠시 술렁거렸다. 독재관에게는 누구라도 처벌할 수 있는 권한이 있었기 때문이다. 하지만 메틸리우스는 끝까지 사람들을 향해 호소했다. "미누키우스를 저버려서는 안 됩니다. 파비우스의 권한을 박탈하고 진정으로 나라를 구할 수 있는 지도자를 뽑아야 합니다!"

그의 연설은 많은 사람의 마음을 움직였다. 파비우스를 해임하는 대신 미누키우스에게도 독재관과 동등한 지휘권을 주어 군대를 이끌게 했다. 이는 로마 역사상 처음 있는 일이었다. 전쟁터로 돌아와 보니 미누키우스는 권력을 등에 업고 기고만장해 있었다. 그는 파비우스에게 지휘권을 돌아가면서 행사하라고 요구했다. 하지만 전체 기강이 흐트러질 것을 염려한 파비우스는 군대를 둘로 나누어 따로 지휘할 것을 제안했다. 미누키우스는 더 이상 파비우스에게 복종하지 않아도 된다는 생각에 기뻐했다. 이 사실은 적군인 한니발에게도 희소식이었다. 한니발은 몰래 군사를 매복시켜 미누키우스를 유인하고 그의 군대를 박살내 버렸다.

파비우스는 멀리서 이 모든 광경을 지켜보고 있었다. 그에게는 또 다른 결단이 필요했다. 그는 모든 병력을 이끌고 지체 없이 미누키우스를 구출하기 위한 작전을 펼쳤다. 파비우스가 등장하여 전세가 순식간에 뒤집힌 것을 알아차린 한니발은 서둘러 후퇴 명령을 내렸다. 이 전투가 끝난 후에도 파비우스는 미누키우스의 무모한 행동에 대해 일절 비난하지 않았다. 미누키우스는 자신의 병사들을 이끌고 파비우스를 찾아갔다. 그리고 파비우스를 향해 큰소리로 '아버지'라고 불렀다. 미누키우스의 부하들도 파비우스 군사들에게 경의를 표하며 '은인'이라고 칭했다. 이것은 자유를 얻은 노예가 자신을 해방시켜 준 이에게 바치는 최고의 찬사였다. 미누키우스가 말했다. "장군께서는 오늘 두 번의 승리를 거두셨습니다. 용맹함으로 한니발을 물리치시고 지혜와 관용으로 동료들을 정복하셨습니다. 장군의 결단력이 저희의 목숨을 살렸고, 장군의 침묵이 저희의 어리석음을 깨우쳐 주셨습니다. 한니발에게 패한 것은 수치스러운 일이나 장군께서 저희의 영예와 안전을 지켜 주셨습니다. 이보다 좋은 표현이 떠오르지 않아 '아버지'라고 불렀지만, 낳아 주신 아버지의 은혜를 어찌 장군의 은혜에 비할 수 있겠습니까. 아버지께 받은 것은 제 한 목숨이지만, 장군께 받은 것은 수많은 병사의 목숨입니다."

말을 마친 미누키우스는 앞으로 걸어가 파비우스에게 경의를 표하며 입을 맞추었다. 그러자 자리에 있던 모든 병사가 서로 끌어안고 입을 맞추며 기쁨과 감격의 눈물을 흘렸다.

방어 우선주의

얼마 후, 독재관 파비우스의 임기가 만료되자 로마는 파울루스와 바로를 두 집정관으로 선출했다. 파울루스는 한니발과 전면전을 피하고 동맹국을 지원, 구조하는 파비우스의 지구전을 따랐다. 반면에 평민 출신에 아첨하기 좋아하는 바로는 경험이 적은 데다 무모하여 지금껏 그 어떤 적군에게도 동원된 적 없는 거대한 규모의 군대를 조직했다. 파비우스는 바로의 무모함을 특히 경계했다. 만에 하나라도 전쟁에 져서 그 많은 젊은 병력을 잃게 된다면 로마가 다시 일어설 힘을 잃는 것과 같았다. 하지만 바로는 역시 칸나이 전투에서 패하며 오히려 한니발의 명성을 높여 준 꼴이 되었다. 게다가 그 결과 많은 부족이 한니발에게 굴복했고, 로마에 버금가는 카푸아마저 그에게 넘어갔다. 전쟁이 일어나기 전까지만 해도 사람들은 여전히 파비우스를 겁쟁이로 여겼다. 그런데 재난을 당하고 나서야 로마 인은 뒤늦게 파비우스의 지혜와 통찰력이 남다른 것을 깨달았다. 기원전 215년, 파비우스는 마르켈루스와 함께 다시 집정관으로 선출되었다. 그런데 두 사람의 전략은 확연히 달랐다. 파비우스가 방패라면 마르켈루스는 창에 가까웠다. 따라서 서로 부딪히지 않고 잘 보완한다면 완벽한 팀이 될 수 있었다.

스키피오가 히스파니아에서 개선하고 나서 앞으로 있을 전쟁에 대해 로마 내부에서 격렬한 논쟁이 벌어졌다. 젊은 스키피오는 카르타고 본국을 공격해서 한니발을 몰아내자고 했고, 파비우스는 아프리카 원정을 결사적으로 반대했다. 한니발이 이탈리아에 주둔하는 한, 파비우스의 주장대로 국내를 비우는 것은 어리석은 짓이었다. 파비우스는 아프리카 통치권을 행사하는 크라수스를 찾아가서 말했다. "절대로 지휘권을 그에게 넘기지 마시오. 만에 하나 아프리카 원정을 떠나게 되더라도, 직접 군대를 지휘하시오." 그리고 스키피오가 전쟁 비용을 지원받지 못하도록 방해했다. 이에 따라 스키피오는 에트루리아에서 자금을 지원받는 등 모든 비용을 혼자 힘으로 해결해야 했다. 또한 파비우스는 로마의 젊은이들이 원정하려는 스키피오의 군대에 징발되는 것을 막기 위해 원로원과 시민 앞에서 이렇게 외쳤다. "그 역시 한니발이 두려워 도망치는 것입니다. 젊은이들에게 헛된 희망을 심어 이탈리아의 후방 병력을 빼내려 하고 있습니다. 적군이 호시탐탐 기회를 엿보고 있는데도 스키피오는 부모와 가족, 나라를 버리라고 선동하고 있습니다." 파비우스의 끈질긴 설득으로, 결국 스키피오에게는 시칠리아와 히스파니아에서 전사 300명만 출정시키라는 결정이 떨어졌다.

그런데 스키피오의 승전보가 연이어 로마에 울려 퍼지고 한니발에게는 카르타고 본국으로 귀환하라는 명령이 떨어졌다. 스키피오의 전략이 보기 좋게 들어맞은 것이다. 그 후 스키피오가 자마에서 한니발을 격파하고 카르타고를 함락하여 제2차 포에니 전쟁은 로마의 대승으로 끝났다. 그러나 정작 파비우스는 이 기쁜 순간을 함께하지 못했다. 한니발이 이탈리아에서 철수할 무렵 병에 걸려 여든 남짓한 나이에 죽고 만 것이다. 그는 가난하지 않았지만, 그의 장례식에서 로마 시민은 동전을 하나씩 헌납했다고 한다. 플루타르코스는 이렇게 말했다. "사람들은 모두 그를 아버지처럼 여겼다. 일생을 나라에 공헌한 그의 죽음은 존경과 애도를 누림이 마땅하다."

대스키피오는 고대 로마의 유명한 장군이자 정치가이다. 제2차 포에니 전쟁 중 위기에 빠진 조국을 지켜낸 장수 중 한 명으로, 자마 전투에서 카르타고의 장수 한니발을 격파하여 역사에 이름을 빛냈다. 스키피오의 승리로 로마 인은 제2차 포에니 전쟁에서 결정적인 승리를 거두었고, 그는 아프리카 정복자라는 의미로 '아프리카누스'라는 칭호를 받았다.

시기 : 기원전 235~기원전 183년
인물 : 대스키피오

귀족 출신의 소년

푸블리우스 코르넬리우스 스키피오Publius Cornelius Scipio는 로마 최고 귀족인 코르넬리우스 가문에 속하는 스키피오 가문 출신이다. 코르넬리우스 가문은 고대 로마의 6대 명문 귀족 중 하나로, 그 외에 만리우스, 파비우스, 아밀리우스, 클라우디우스, 발라리우스 가문이 있었다. 스키피오가는 집정관과 감찰관을 여러 명 배출했다. 대스키피오 시대에는 그 명성이 정점을 찍어 코르넬리우스 가문 중에서도 유력 가문으로 떠올랐다. 스키피오는 집안의 맏아들로, 그와 이름이 같은 그의 아버지는 기원전 218년에

한눈에 보는 세계사

기원전 221년 : 진시황, 중국 통일 　　　　　　　기원전 202년 : 중국, 한 건국
기원전 195년 : 위만, 고조선의 왕이 됨

집정관을 지냈다. 어머니 폼포니아는 로마의 기사 신분에 속하는 부유층 평민 출신이다. 대스키피오의 동생 루키우스 코르넬리우스 스키피오Lucius Cornelius Scipio 역시 로마의 장수로 '아시아 정복자'가 되었다.

이러한 집안의 영향으로 스키피오는 일찍이 로마 군대에 들어갔다. 당시 제2차 포에니 전쟁이 일어나 한니발이 이탈리아 본국을 침입해서 로마는 나라의 존망을 다투는 비상사태에 빠졌다. 기원전 218년, 스키피오의 아버지가 포 강 유역의 티키누스 부근에서 한니발과 전쟁을 벌이다가 패하고 중상을 입었다. 하지만 용맹한 아들 덕분에 목숨을 건질 수 있었다. 같은 해에 벌어진 트레비아 전투에서도 로마군은 한니발을 이기지 못했다. 기원전 216년, 스키피오는 군대 내 제2군단의 지휘를 맡아 칸나이 전투에 뛰어들었다. 그러나 로마는 또다시 치명타를 입었고 집정관 파울루스가 전사했다. 스키피오는 훗날 파울루스의 딸 아이밀리아와 혼인했다.

칸나이 전투가 끝난 후, 루키우스 카이킬리우스 메텔루스Lucius Caecilius Metellus가 이끄는 젊은 귀족들이 이탈리아를 버리고 떠나려고 했다. 이에 대한 논란이 커지자 스키피오는 칼을 들고 청년들의 회의장을 찾았다. 그 자리에서 스키피오가 단호하게 설득한 끝에 그들은 로마를 저버리지 않겠다는 맹세를 하고, 스키피오에게 굴복하여 그의 휘하로 들어갔다. 기원전 212년에 스키피오는 주위의 권유로 안찰관 선거에 입후보했다. 그런데 당시 그가 입후보 법정 연령인 30세가 되지 않아 호민관들의 반대에 부딪혔다. 하지만 남다른 용맹함과 애국심으로 스키피오를 지지하는 사람들이 많자 호민관들은 곧 반대를 거두었다.

이렇게 해서 스키피오는 스물넷의 젊은 나이에 안찰관으로 당선되었다. 그리고 기원전 210년에 히스파니아 군 사령관으로 발탁되었다. 원래 외국에 주둔하는 군대의 사령관은 집정관이나 정무관이 임명하는 것이 관례였다. 안찰관의 신분으로 사령관에 오른 것은 처음 있는 일이었다. 집정관

아프리카 인의 가면

아프리카 몇몇 민족은 가면을 쓰고 춤을 추면 적의 침입에서 자신들의 마을을 지킬 수 있다고 믿었다.

선거를 앞두고 누구도 선뜻 나서는 이가 없자, 젊은 스키피오는 사람들 앞에 나서서 이렇게 연설했다. "아버지와 삼촌, 조국의 복수를 위해 히스파니아는 물론, 아프리카도 정복하고 돌아올 것을 맹세하겠습니다." 당시 히스파니아는 한니발의 두 동생인 하스드루발과 마고가 지키고 있었다. 그곳에서 스키피오는 아버지와 삼촌을 잃었다. 사람들이 그의 열정에 박수를 보내자 원로원도 이의를 제기하지 않았다.

히스파니아 정복

기원전 201년, 스키피오가 히스파니아에 도착했을 때는 에브로 강 이남이 이미 카르타고에 모두 점령당한 후였다. 스키피오는 히스파니아 군대가 흩

어진 틈을 타 지체 없이 기습했다. 그리고 카르타고 인의 히스파니아 주요 기지와 신新카르타고를 차지했다. 나라 밖의 거대한 은광을 포함해 대량의 전리품도 획득했다. 당시 신카르타고에는 히스파니아 부락민 수백 명이 볼모로 잡혀 있었다. 스키피오는 관용과 자비를 베풀어 그들을 모두 아무런 대가 없이 석방해 주었다. 이 일로 그 지방 사람들은 로마 인을 '해방자'로 생각했다. 하루는 병사들이 포로로 잡혀 있던 아름다운 미녀 한 명을 스키피오에게 데리고 왔다. 그녀에 대해 알아보던 중에 그녀가 이미 젊은 갈리아 귀족과 약혼했다는 사실을 알게 되었다. 스키피오는 이번에도 친절을 베풀어 그녀를 약혼자에게 돌려보내 주었다. 그러자 후에 그 여자의 약혼자가 자신의 부락민들을 모두 이끌고 와 로마군에 힘을 보태 주었다.

기원전 208년 봄, 스키피오가 여세를 몰아 바이쿨라를 공격하자 하스드루발은 얼른 북쪽으로 몸을 피했다. 하스드루발은 후에 용병들과 함께 비밀리에 피레네 산맥을 넘은 후 이탈리아의 한니발에게로 갔다. 한편, 히스파니아에 대한 스키피오의 압력은 멈출 줄을 몰랐다. 히스파니아 부락들이 순순히 굴복하지 않으면 무력 진압도 불사했다. 결국 기원전 206년에 스키피오는 일리파Ilipa에서 결정적 승리를 거두고 히스파니아에서 카르타고군을 완전히 몰아내는 데 성공했다. 이후 마고 역시 히스파니아를 탈출해 이탈리아의 한니발에게 합류했다.

히스파니아 정복 후 스키피오는 아프리카 진군을 준비했다. 우선 누미디아를 찾아가 로마와 동맹 맺을 것을 청했다. 누미디아가 로마와 손을 잡으면 가장 불리해지는 쪽은 카르타고였다. 용병 대부분을 누미디아에서 지원받았기 때문이다. 동누미디아의 왕자 마시니사는 로마의 편이 되어 준 반면 서누미디아의 국왕 시팍스Syphax는 카르타고와 의기투합했다. 아프리카에서 히스파니아로 회군하던 중에 스키피오의 군대 내에서 한 차례 작은 반란이 일었지만 별 타격 없이 진압되었다. 히스파니아를 정복하면서 스키피오는 특히 군사 개혁에 공을 들였다. 보병 군단의 독립성과 파괴력을 높이고 처음으로 히스파니아식 단검을 도입했다.

아프리카 정복

기원전 206년 로마로 복귀한 스키피오는 기원전 205년에 집정관으로 선출되었다. 당시 집정관의 법정 연령은 40세 이상이었으나 스키피오의 나이는 겨우 서른이었다. 젊은 스키피오는 본격적으로 아프리카를 침략해 카르타고 본부를 쳐야 한다고 주장했다. 그러나 파비우스와 카토를 포함한 여러 원로는 아프리카 원정을 결사적으로 반대했다. 한편으로 스키피오의 능력을 시기하는 마음도 있었겠지만 이탈리아 국경 내에 있는 한니발을 경계하기 위한 어쩔 수 없는 선택이었다. 원로원은 스키피오가 징병부터 전쟁 비용까지 혼자 해결하는 조건으로 아프리카 원정을 허락했다.

한니발이 이끄는 기병대의 위력을 맛본 스키피오는 로마군에도 기병대를 창설했다. 그는 시칠리아 주민들에게 반\#강요하다시피 하여 아프리카전을 위한 기병대를 조직했다. 기원전 204년, 스키피오는 2만 대군을 이끌고 아프리카에 상륙했다. 카르타고 서북부의 우티카Utica 부근에서 결전의 시간을 기다렸다. 그 사이에 동누미디아의 왕 마시니사의 지원군도 도착했다. 그러나 이때 카르타고 인과 혼인한 서누미디아 국왕 시팍스가 등장하면서 스키피오는 전력에서 밀려 후퇴했다. 이듬해에 스키피오는 다시 카르타고군을 향해 진격했다. 그의 기습과 화공火攻 전략에 카르타고와 누미디아 연합군은 속수무책으로 당했다. 이번 승리로 시팍스는 완전히 세력을 잃고 친로마파인 마시니사가 전 누미디아의 통치권을 얻어 왕이 되었다. 누미디아 기병대는 스키피오에게 든든한 조력자가 되어 주었다.

카르타고 정부가 먼저 강화를 제안해 오면서 둘은 평화 조약을 맺었다. 그런데 한니발의 귀환으로 점차 잃었던 세력을 되찾게 되자 카르타고는 협약을 깨고 다시 전쟁을 선포했다. 기원전 202년, 스키피오와 한니발은 카르타고 남부 자마에서 불꽃 튀는 접전을 벌였다. 한니발은 그곳에서 생애 첫 패배의 쓴맛을 보았고 제2차 포에니 전쟁은 그렇게 종결되었다. 승리의 주인공 스키피오는 '아프리카누스'의 영예를 얻었다. 로마의 강경파는 카르타고가 영영 재기할 수 없게 무참히 짓밟아야 속이 시원했으나 스키피오는 한 가지 조약만 제외하고는 최대한 온정을 베풀었다. 그런데 적군과 달리 유독 이탈리아 반역자에게만은 잔인하고 엄격하게 처벌 방식을 택했다. 라틴 도시에서 온 자들은 참수하고 로마 인은 십자가에 매달아 못을 박아 죽였다.

노장의 최후

기원전 199년 감찰관에 오른 스키피오는 기원전 194년에 두 번째로 집정관에 선출될 때까지 오랫동안 정치에 참여하지 않았다. 기원전 191년, 로마는 동방의 강적인 시리아와 전쟁을 벌였다. 마케도니아 전쟁에서 패한 시리아 국왕 안티오코스 3세는 발칸 반도에서 추방당했다. 기원전 190년, 스키피오의 동생 루키우스 코르넬리우스 스키피오가 대군을 이끌고 시리아를 공격했다. 시리아 전쟁 당시 스키피오는 연임이 불가했기에 원로원은 그의 동생을 집정관으로 삼고 스키피오를 보좌관으로 따라가도록 했다. 사실상 실질적 권한은 스키피오에게 있었다. 소아시아 마그네시아^{Magnesia} 부근에서 접전이 벌어졌고 안티오코스 3세가 패했다. 로마로 돌아온 스키피오의 동생 루키우스는 '아시아 정복자'의 영예를 얻었다.

스키피오는 문화적 소양을 갖춘 자로, 특히 그리스 문화에 심취했다. 학식이 풍부한 철학가나 문학가, 역사학자들과 어울리는 것을 즐겼다. 또한 전쟁터에서는 누구보다 용맹스러운 그도 유독 피정복지에는 온정주의를 베풀었다. 이러한 온정주의로 노예 거래를 하는 대상인과 지주들의 격한 반대를 사고, 더불어 그의 도덕성과 권위를 의심하는 무리가 생겼다. 한번은 그의 도덕적 이미지가 타격을 입은 사건이 발생했다. 스키피오 반대파의 대표인 카토는 스키피오가 로마 인의 존경을 한몸에 받는 사실을 몹시 질투했다. 스키피오 형제는 안티오코스 3세를 물리치고 돌아왔을 때 나쁜 소문에 휘말렸다. 안티오코스 3세가 로마에 준 배상금 일부를 횡령한 혐의로 기소된 것이다. 동생을 위해 직접 변호에 나선 스키피오는 고발자의 칼끝이 자신에게 향한 것을 잘 알고 있었다. 법정에 선 스키피오는 오히려 1만 5,000달란트가 국고로 들어갔는데도 단돈 3,000달란트의 행방을 꼬치꼬치 따져 묻는 이유를 되물었다. 그러자 배심원들은 몹시 당황하며 명확한 평결을 내리지 못했다.

스키피오의 탄핵 문제는 여기서 끝나지 않았다. 결과만 보자면, 대스키피오가 죽은 후에 루키우스는 벌금형과 징역형을 선고받았다. 스키피오 형제의 횡령 건은 수년 동안 그들의 앞길에 걸림돌이 되었다. 초기에 원로원에서 심사한 이 문제는 나중에 민회로 넘어갔다. 스키피오는 재판에 대해서는 한 마디도 꺼내지 않았다. 그저 사람들 앞에서 로마를 위해 전쟁에 뛰어들고 공을 세우며 살아온 자신의 삶에 대해 들려주었다. 마침 자마 전투의 기념일에 재판이 소집되자 그는 카피톨리움 신전의 신들에게 제물을 바쳐야 한다고 호소했다. 그러자 법무관을 비롯한 모든 사람이 열렬히 환호하며 그를 따라나섰다. 그 후에도 스키피오는 그라쿠스 형제의 아버지가 된 미래의 사위 티베리우스 셈프로니우스 그라쿠스Tiberius Sempronius Gracchus, 즉 대大그라쿠스의 도움으로 교묘하게 재판을 피해갔다.

하지만 시간이 흘러도 그의 혐의는 끝내 사라지지 않아 스키피오는 정신적으로 충격을 받았다. 결국 그는 로마 정치계를 떠나 생애의 마지막 시간을 캄파니아의 별장에서 은둔하며 보냈다. 그리고 기원전 183년에 조용히 눈을 감았다. 그가 평소 경탄해 마지않던 적장 한니발 역시 같은 해에 세상을 떠났다. "배은망덕한 조국이여, 그대는 영원히 나의 유골을 가질 수 없을 것이다!" 이것이 스키피오가 남긴 마지막 유언이었다.

12 지중해 쟁탈전

로마는 세 차례에 걸친 포에니 전쟁으로 카르타고를 철저히 멸망시켰다. 그 과정에서 로마는 점차 서부 지중해에서 패권을 장악해 가기 시작했다. 그 후 뛰어난 외교와 막강한 군사력으로 50년도 채 지나지 않아서 동부 지중해마저 손에 넣고 유럽과 아시아, 아프리카를 뛰어넘는 대국으로 성장했다.

시기 : 기원전 264~179년
인물 : 히에론, 한니발, 스키피오, 안티오코스 3세, 아르키메데스

서지중해 정복

첫 번째 포에니 전쟁을 끝내고 얼마 후, 로마는 사르디니아와 코르시카로 출정을 떠났다. 그곳에서 카르타고와 수차례 접전을 벌인 끝에 기원전 227년에 사르디니아와 코르시카를 점령했다. 시칠리아에 이은 로마 제2의 외국 속주였다. 로마는 이전까지 2명이던 정무관을 4명으로 늘리고 그중 2명을 각각 두 속주의 총독으로 임명했다. 이탈리아 도시들과 달리 속주는 반드시 로마에 공물을 바쳐야 했다.

기원전 225년, 알프스 밖 갈리아군과 연합한 갈리아 부락이 7만 군사를

한눈에 보는 세계사
기원전 221년 : 진시황, 중국 통일   기원전 202년 : 중국, 한 건국
기원전 195년 : 위만, 고조선의 왕이 됨

이끌고 로마를 공격해 왔다. 로마도 13만 대군으로 팽팽하게 대항했다. 이후 로마는 갈리아 정복의 의지를 불태우게 된다. 기원전 224년, 포 강 남쪽의 갈리아가 정복당하고 기원전 220년에는 알프스 남쪽의 갈리아 주요 부락마저 무릎을 꿇었다. 로마는 갈리아에 라틴식민지를 세우고 북쪽과 연결된 두 갈래의 대로와 해군을 위한 항구 두 곳도 건설했다.

이탈리아 정복 후, 아드리아 해가 로마의 주의를 끌기 시작했다. 아드리아 해 동쪽의 일리리아는 기원전 3세기 후반, 해적들의 본거지였다. 이들은 종종 이탈리아 상선을 약탈해 가고는 했다. 기원전 229년, 로마 함대가 해적들을 대거 토벌하고 일리리아 이남 그리스 연안에 사실상 로마 최초의 그리스 거점인 작은 우방국을 세웠다. 해적을 물리쳤다는 이유로 그리스는 두 팔 벌려 로마를 맞이했다.

아르키메데스 상(像)

두 번째 포에니 전쟁에서 시칠리아 섬 시라쿠사의 참주 히에론 Hieron은 한니발이 아닌 로마군을 지지함으로써 전란을 모면할 수 있었다. 그러나 그가 죽자 손자 히에로니무스Hieronymus는 카르타고와 손을 잡았다. 기원전 214년, 화가 난 로마는 집정관 마르켈루스와 정무관 클라우디우스에게 시라쿠사 공격을 명령했다. 그런데 이번 시라쿠사 공격은 로마에도 매우 힘겨운 싸움이 되었다. 천재 수학자이자 물리학자인 아르키메데스Archimedes가 마침 고향인 시라쿠사에 머물러 있었는데, 그가 희한한 무기를 발명해 로마군에게 본때를 보여 준 것이다. 기원전 211년, 지원병력과 군량이 끊긴 로마는 결국 야간기습을 감행했다. 로마군은 시라쿠사를 점령해 무자비한 약탈과 학살을 자행했고 아르키메데스는 혼란 중에 목숨을 잃었다. 그리고 얼마 후 카르타고의 근거지인 시칠리아 남부 해안의 아그리겐툼Agrigentum이 점령당하면서 기원전 210년, 전 시칠리아 섬이 로마의 속주가 되었다.

한니발이 이탈리아를 침입하는 사이, 로마는 그가 없는 틈을 노려 히스 파니아를 공격했다. 기원전 206년, 그 이름도 유명한 '아프리카누스' 스키 피오는 카르타고 인을 히스파니아 밖으로 쫓아 버렸다. 하지만 히스파니아 전 지역을 모두 손에 넣은 것은 아니었다. 로마의 점령지에서 먼 히스파니 아(히스파니아 울테리오르)와 가까운 히스파니아(히스파니아 키테리오르) 두 곳 에 속주를 세웠지만 그 세력도 히스파니아 동부와 남부에만 국한되어 있 었다. 로마의 강압정책에 못 이겨 히스파니아에서는 끊임없이 반란이 일어 났고 로마는 오랜 전쟁에 시달려야 했다. 기원전 134년에 이르러서야 로마 는 카르타고를 막 점령한 소스키피오를 히스파니아로 출정시켰고 그가 혼 란을 잠재우기까지는 일 년이라는 시간이 걸렸다.

동지중해 정복

기원전 323년, 알렉산드로스 대제가 죽자 그의 제국은 빠른 속도로 분열 되기 시작했다. 그중 마케도니아, 시리아, 이집트, 그리스 등의 작은 나라 들이 분쟁에 휘말려 대립하면서 때때로 전쟁이 발생했다. 로마는 이 틈을 놓치지 않고 서서히 동지중해의 패권을 장악해 나갔다.

제2차 포에니 전쟁을 치르는 동안 로마는 점차 그리스 세계로 침투해 들 어갔다. 당시 마케도니아가 확장 정책을 펴면서 종종 로마와 시비가 붙었 고 결국 1차 마케도니아 전쟁이 일어났다. 마케도니아는 일찍이 한니발과 동맹을 맺었으나 그와 연합하지는 않았다. 이 전쟁의 결과는 로마의 승리 였다. 마케도니아는 점차 세력이 약해져 예전의 권력을 잃었고, 로마는 그 리스 소국들의 지지를 얻었다. 그 후 마케도니아의 필리포스 5세가 주위 도시국가들에 압력을 가하면서 기원전 198~197년에 2차 마케도니아 전쟁이 일어났다. 하지만 마케도니아는 또다시 참패하면서 배상금을 물고 해군 및 그리스 여러 도시에 대한 패권을 포기해야 했다.

기원전 200년 이전만 해도 로마는 아시아와 교류가 거의 없었다. 그래서 시리아 국왕 안티오코스 3세^{Antiochos III}가 마케도니아와 동맹을 맺을 때도 로마는 별다른 행동을 하지 않았다. 그런데 기원전 195년에 시리아로 몸을 피한 한니발이 안티오코스 3세와 손을 잡자 로마도 더는 아시아를 그냥 보고 있을 수만은 없게 되었다. 기원전 193년에 그리스 서부의 아이톨리아^{Aetolia}가 마케도니아, 시리아와 연합하면서 안티오코스 3세가 트라키아^{Thracia}를 거쳐 유럽으로 진입했다. 기원전 191년에 로마는 그리스로 군대를 보냈다. 테르모필레^{Thermopylae}에서 페르시아가 스파르타의 왕 레오니다스를 격파했을 때처럼 로마는 후방 기습 공격으로 안티오코스 3세를 크게 물리쳐 아시아로 철수하게 했다. 그 후 에게 해와 아시아가 이들의 새로운 전쟁터가 되었다. 로마는 베르가마^{Bergama}와 로도스^{Rhodes} 해군의 도움으로 몇 번이나 시리아군을 격파했다. 기원전 188년, 안티오코스 3세가 로마와 강제 화친을 맺으면서 시리아는 철저히 몰락의 길을 걷게 되었다. 안티오코스 3세는 유럽과 소아시아의 영토를 포기하고 15만 달란트를 배상했으며 함대와 코끼리도 빼앗겼다. 이후 두 번 다시는 에게 해에 발을 들여놓지 못했다.

기원전 171년, 로마의 도발로 3차 마케도니아 전쟁이 터졌다. 기원전 168년에 필리포스 5세의 아들 페르세우스가 잃어버린 패권을 되찾으려 했으나, 파드나에서 로마군에 크게 패하여 항복을 선언했다. 페르세우스는 훗날 기원전 179년에 즉위했다. 기원전 167년, 로마군은 승리의 기세를 몰아 에피로스로 쳐들어갔다. 그곳에서 대거 약탈을 자행하고 약 15만 명을 노예로 팔아넘겼다. 마케도니아는 후에 4개 소국으로 분열되고 교역이 끊기면서 지중해에서 더 이상 별 볼 일 없는 나라로 전락했다. 로마는 그리스 여러 도시국가에서 강압 정책을 펼치며 로마에 반기를 드는 자는 누구라도 강제추방했다. 동맹국인 아카이아도 예외는 아니었다. 당시 명망 높은 수많은 그리스 인이 로마에 볼모로 잡혀갔는데, 역사학자 폴리비우스 Polybius 도 그중 한 사람이었다. 그는 로마에서 소스키피오와 친분을 쌓아 후한 대접을 받았다. 대부분의 인질은 15년 동안이나 갇혀 있다가 기원전 150년이 되어서야 풀려났다. 700명은 이미 로마에서 사망한 뒤였다. 이처럼 로마의 세력이 크게 확대되자 로마 상인들은 그리스의 상권을 넘보았다.

기원전 150년, 페르세우스의 아들이라고 주장하는 이가 나타나 마케도니아 왕국의 재건을 호소했다. 하지만 로마의 재빠른 대응으로 금세 진압당했다. 이후 자치권을 상실한 마케도니아는 로마의 속주가 되었다. 마케도니아를 점령한 후, 로마가 그리스 분열을 앞당기면서 아카이아 연맹을 제외한 그리스 인의 연맹이 해체되었다. 그런데 로마가 스파르타에 연맹 탈퇴를 제안하면서 결국 아카이아 인의 심기를 건드리고 말았다. 로마가 3차 포에니 전쟁에 휘말린 틈을 노려 코린토스에서 크리토라우스 Critolaus 장군의 지휘로 로마에 반격, '아카이아 전쟁'이 일어났다. 막강한 로마군은 로마에 반발하는 그리스 인의 마지막 세력까지 모조리 섬멸했다. 아카이아 전쟁에서 실패하면서 영광의 그리스 역사는 빛을 잃었고, 마지막까지 단결을 도모하던 그리스 인의 희망도 산산조각이 났다. 이때부터 그리스는 장기 '평화'의 시대로 접어들었다.

제도의 변화

기원전 130년대에 로마는 끊임없이 대외 확장정책을 펼치며 시칠리아, 코르시카, 사르디니아, 히스파니아, 마케도니아, 아프리카, 소아시아에 7개 속주를 건설했다. 초기에는 고위 관리가 속주 총독을 맡다가 로마가 급성장하며 속주가 늘어나자 법무관을 추가로 선출해서 속주의 총독으로 삼았다. 임기는 1년이고, 특수한 상황일 때에는 2~3년으로 연장되었다. 총독은 속주의 군사, 민정, 사법에 관한 모든 권한을 부여받았다. 또한 로마와 거리상의 차이로 다른 의원 및 호민관의 간섭이나 소송에 대한 구속에서도 자유로운 편이었다. 이렇다 보니 속주의 총독이 공금을 횡령하는 등 비리를 저지르는 경우가 많았다. 당시 로마는 속주에 조세 청부제를 실시했다. 즉, 세금을 로마 정부가 직접 걷지 않고 대신 세금을 징수하는 청부업자를 두었다. 모든 직접세와 간접세는 물론이고 공유지와 재산 및 공사에 관한 일도 모두 대행인이 처리했다. 문제는 이 과정에서 종종 편법과

시라쿠사의 아르키메데스

아르키메데스는 오목 거울의 원리를 이용, 태양 광선을 반사시켜서 로마의 함대를 불살라 버렸다.

불법 행위가 발생했다는 점이다. 청부업자는 로마 정부에 원래 약속된 금액만큼만 세금을 내고, 속주민들에게는 협박으로 그보다 많은 금액을 뜯어냈다.

기원전 3세기 이후 로마의 지배권이 확대되면서 민회에도 큰 변화가 일어났다. 기원전 241년, 트리부스가 35개로 고정되어 더는 새로운 트리부스가 생겨나지 않았고 로마의 신新시민은 거주지와 상관없이 구트리부스로 편입되었다. 트리부스가 점차 지역적 경계를 허물면서 하나의 행정 단위로 바뀌어 갔다. 재산에 따른 등급제는 큰 변화가 없었으나 제5계급의 기준이 낮아져서 정치 참여자가 점점 늘어났다. 기원전 312년에서 308년에는 감찰관 클라우디우스가 개혁을 시도했다. 더욱 민주적인 트리부스를 만들고자 프롤레타리아와 해방 노예들도 등록시켰지만, 그 효과는 오래가지 못했다. 이 지역구들의 투표권 가운데 도시 트리부스는 고작 4표에 불과했고 농촌 트리부스는 31표의 압도적인 비율로 트리부스회에서도 큰 영향력을 행사했다.

변화의 바람은 켄투리아회에도 불어왔다. 기병으로 구성된 18개 켄투리아와 공병, 군악병 각 2개, 프롤레타리아의 1개 켄투리아에 나머지 유산 계급을 포함한 다섯 계층이 각각 70백인대를 가졌다. 193개 백인대 가운데 기병대와 1계급이 반수를 넘으면서 백인대는 총 373개가 되었다. 이때 과반수 187표가 되려면 제1계급은 제2, 3계급의 동의를 얻어야 했다. 따라서 제2, 3계급의 표가 중요한 역할을 차지하게 되었다.

로마가 영토를 확장함에 따라 농촌 트리부스에 속하게 된 사람들은 몇몇 부자를 제외하고는 대개 투표하러 로마까지 가는 일이 쉽지 않았다. 그렇게 기권표가 생기면서 투표 결과는 부자와 귀족에게 유리하게 작용했다. 훗날 몰락한 농민들이 대거 로마로 몰려들었고, 그들에게도 투표권이 부여되었다. 하지만 일정한 직업도 없이 국가나 귀족들의 도움에 의지하다 보니, 그들은 권력과 돈에 통제당할 수밖에 없었다. 기원전 2세기에는 입후 보자가 이들의 표를 돈으로 매수하는 일이 이미 공공연한 사실이 되었다.

리키니우스 섹스티우스 법안이 통과된 후, 평민들은 귀족들과 어울리며 신귀족의 대열에 합류했다. 기원전 179년에 원로원 내 '평민'의 수는 4분의 3에 달했다. 비록 이론상으로는 시민도 누구나 집정관을 거쳐 원로원에 입성할 수 있었지만, 이미 자리를 꿰찬 신귀족은 그러한 기회조차 허용하지 않았다. 그렇다 보니 집정관의 자리는 이십여 개 가문의 귀족들끼리 사이 좋게 나눠 가졌다. 이들 신귀족은 구귀족들의 특권을 누리지 못하는 탓에 무슨 일이든 '로마 시민을 위한다.'는 주장을 앞세웠다. 뇌물과 인맥을 이용하는 것은 다반사에 '시민'의 비위를 맞춰가며 그렇게 실권을 장악했다.

아르키메데스와 시라쿠사

기원전 287년, 아르키메데스는 지금의 시칠리아 시라쿠사에서 태어났다. 귀족 출신인 그는 히에론 2세의 친척으로 부유한 환경에서 자랐다. 열한 살 때에는 왕실의 지원으로 고대 그리스의 문화와 학문의 중심지인 알렉산드리아 왕립학교에서 공부했다.

당시 재능 있는 젊은이라면 모두 알렉산드리아에서 공부했기 때문에 사람들은 이 도시를 '지혜의 도시'라고 불렀다. 아르키메데스 역시 그곳에서 여러 해 동안 공부하며 수많은 학자와 친분을 쌓았다. 그는 특히 수학과 역학, 천문학에 깊은 흥미를 느꼈다.

기원전 240년에 고향으로 돌아온 아르키메데스는 히에론 2세를 도와 군사 기술과 일상생활은 물론, 사회 전반에 관한 모든 과학적인 문제를 직접 해결했다.

기원전 211년에 로마가 시라쿠사를 점령하면서 아르키메데스는 불행히도 로마군의 손에 죽었다. 그때 그의 나이는 일흔다섯이었다. 시신은 시칠리아 섬에 안치되었고, 그의 묘에는 구(球)에 외접(外接)하는 원기둥의 도형을 새겨서 뛰어난 학문적 공로를 기념했다.

Ancient Rome

맥을 잡아주는 세계사

The flow of The World History

제3장 | 귀족과 평민 간의 갈등

1 칭찬과 비난의 중심, 카토

카토Marcus Porcius Cato는 비록 출신은 비천하나 오직 자신의 노력만으로 성공을 이루어 오랫동안 로마 정치계를 뒤흔든 인물이다. 다재다능하고 언변이 뛰어나 '로마의 데모스테네스'라고도 불린 그는 라틴 산문학의 창시자다. 외교에서는 철저한 보수파로 로마의 문화와 전통을 보존하는 데 많은 노력을 기울였고 근면과 절약으로 그리스의 사치 풍조를 근절시켰다.

| 시기 : 기원전 239~기원전 149년
| 인물 : 카토, 스키피오

검소한 위선자

대大카토, 혹은 감찰관 카토라고도 불리는 마르쿠스 카토Marcus Porcius Cato는 투스쿨룸Tusculum의 한 부유한 농민 집안에서 태어났다. 그의 선조는 용맹한 전쟁 영웅이었다. 그의 성씨는 원래 카토가 아니었으나 지혜롭고 재치가 있다고 하여 사람들이 별칭으로 부르던 것이 훗날 그의 이름이 되었다.

카토는 농촌에서 자라 검소하고 성실하며 건장한 체격과 왕성한 체력의 소유자였다. 한니발의 이탈리아 침입 시에는 일찌감치 전쟁터에 나가 무공

한눈에 보는 세계사

기원전 221년 : 진시황, 중국 통일   기원전 202년 : 중국, 한 건국
기원전 195년 : 위만, 고조선의 왕이 됨

을 세웠다. 뛰어난 연설가로서 이름을 알렸을 뿐 아니라 평소 소박하고 점 잖은 인품은 세간에 모범이 되었다. 발레리우스 플라쿠스Valerius Flaccus는 카토가 로마의 전통과 관습을 엄격히 따르고 하인들과 일도, 식사도 함께 한다는 이야기를 듣고 경탄을 금치 못했다. 카토의 수수함에 끌린 플라쿠 스는 그에게 로마 정치계에 입문하라고 권했다. 이후 카토는 군정관을 거 쳐 재무관에 올랐고 플라쿠스와 함께 집정관으로 선출되었다. 그리고 나 중에는 감찰관에도 임명되었다.

그는 연장자인 파비우스를 존경하여 삶의 모범으로 삼고 그와 정 치적 입장을 같이했다. 기원전 204년에 카토는 대스키피오가 이끄 는 아프리카 원정군에 재무관으로 참전했다. 그는 젊은 스키피 오가 낭비와 사치를 일삼는 것이 눈에 거슬려 원로원에 그의 행태를 고발했다. 하지만 스키피오도 만반의 준비를 하고 이에 맞대응했다. 그는 오히려 전쟁의 승리는 준비에 달렸 으며 병사들을 위해 쓰는 돈은 그들의 사기를 북돋아 준 다고 호민관을 설득하여 무죄 판결을 받았다. 카토는 탁월한 언변으로 '로마의 데모스테네스Demosthenes (고대 그리스의 웅변가)'라고도 불렸으나, 사실 그의 모든 명성은 달변이 아닌 평소 행실에서 비롯된 것이었다.

카토 조각상

로마 원로로 카르타고 를 매우 적대시했다. 그 는 연설할 기회가 있을 때마다 이 말로 끝을 맺 었다. "카르타고는 반드 시 멸망시켜야 한다!"

그는 100드라크마가 넘는 옷은 입지 않았고, 집정관 임기 때에나 그 후에도 노예들과 같은 술을 마셨다. 당장 쓸모가 없는 물건은 가격이 단돈 1아스라도 그에게는 낭비였다. 한편 으로는 노예들을 짐승 부리듯 혹사하다가 늙어서 병들면 곧 장 내다 팔았다. 플루타르코스는 카토의 이런 행실에 대해 이렇게 말했다. "사람과 사람을 오직 필요에 의해서만 만나는 관계로 여기는 비열한 성격, …… 법과 정의는 본질적으로 인류에게만 적용되나 선의와 자비는 어진 마음에서 흘러넘쳐 말 못하는 짐승들에게까지 미친다. 어진 사람이라면 자신의 말이 노쇠해도 끝까지 보살펴 줄 것이고…… 나라면 나 대신 궂은 일을 한 소가 늙었다고 팔아 버리지는 못할 것이다. …… 그는 집정관 시절에 타던 전투마도 로마에서 운송료를 낼까 봐 히스파니아에 두고 온 자이다. 이것이 그의 고결한 정신 탓인지 옹졸한 마음 탓인지는 여전히 풀리지 않는 문제이다."

빛나는 공로

집정관으로 취임한 후, 카토는 히스파니아 속주의 총독으로 파견되어 그곳에서 수많은 부족을 정복했다. 한번은 야만족과의 전쟁 중에 위기가 닥쳐 근처의 다른 부족에게 도움을 요청한 적이 있다. 그런데 그 부족은 카토의 군대를 도와주는 값으로 200달란트라는 거금을 요구했다. 이 사실을 안 그의 부하들은 돈을 주고 도움을 받는 것은 있을 수 없는 일이라며 결사반대했다. 그러자 카토가 의연하게 대답했다. "문제될 것 없소. 우리가 이기면 전리품으로 대가를 지급하면 그만이고, 지면 돈을 받는 쪽도 주는 쪽도 함께 사라져 버릴 것이오." 결국 카토는 히스파니아 전쟁에서 의기양양하게 승리를 거두었다. 승리한 후 그는 이렇게 자화자찬했다. "나는 히스파니아에서 머문 날보다 많은 수의 도시를 정복했다."

카토는 이 전투에서 많은 전리품을 얻었다. 그러나 그는 먹고 마실 것 외에는 한 푼도 취하지 않았다. 그리고 주변 사람들에게도 헛된 재물에는 욕심을 버리라고 충고했다. 한번은 그의 시종 한 명이 포로 경매에서 남자아이 셋을 사들였는데, 카토가 자신을 찾아오고 있다는 소식을 전해 듣고는 목을 매 자살했다고 한다. 후에 카토는 그 세 아이를 되팔고 그 돈을 나라에 헌납했다. 카토가 가까운 히스파니아를 통치한 지 1년쯤 되었을 때 스키피오가 그의 후임으로 오게 되었다. 카토는 로마로 돌아가는 길에 라케타니아 족을 정벌하고 도망친 병사 600명을 처형시켰다. 스키피오는 카토의 승리에 분노가 들끓었으나, 카토는 원로원에 공적을 인정받아 '개선식'을 올리며 로마로 돌아왔다.

기원전 191년, 카토는 집정관 글라블리오의 휘하에서 시리아 국왕 안티오코스 3세와의 전투에 참가했다. 테르모필레에서 그는 페르시아 왕이 그리스 인을 기습했던 것이 떠올라 한밤중에 안티오코스 3세의 후방에 포진했다. 그리고 날이 밝자마자 공격하여 큰 승리를 거두었다. 카토는 이 기쁜 사실을 직접 로마에 보고하고 스스로 이렇게 자랑했다. "사람들은 내가 로마에 신세진 것보다 로마가 내게 신세진 것이 더 크다고 느꼈을 것이다."

기원전 190년, 글라블리오가 감찰관 선거에 출마했을 때, 마침 카토는 공금을 횡령한 혐의로 스키피오를 고소했다. 그리고 스키피오와 한 파派인 그는 결국 이 사건으로 후보자에서 탈락했다. 기원전 184년에 카토는 감찰관 후보로 나섰다. 감찰관은 그의 명성과 더불어 정치 생애에 정점을 찍어 준 최고 지위였다. 감찰관이 된 그는 친구인 플라쿠스를 원로원 의장으로 임명하고 루키우스를 비롯한 여러 의원을 대거 제명했다. 집정관인 루키우스가 실제로 사람 죽이는 것을 가까이서 보려고 한 연회에서 사형수 한 명을 불러와 목을 쳤기 때문이다. 또 그는 집정관에 선출되기로 한 마닐리우스를 제명했다. 밝은 대낮에 딸이 보는 앞에서 아내를 껴안은 것이 그 이유였다.

카토는 로마의 부패를 막고 사치풍조를 근절시키기 위해 온갖 값비싼 사치품에 세금을 징수했다. 그러자 사치품을 살 수 없게 된 시민들의 원망이 높아졌다. 하지만 카토는 전혀 굴하지 않고 더욱 강경하게 정책을 시행했다. 공용의 물을 개인 주택이나 화원에 쓸 수 없게 하고 심지어 공공건물을 부수기까지 했다. 공공요금을 낮추고 토지세를 올려 부자들과 귀족의 극심한 반발에 부딪혔다. 반면 시민들에게는 긍정적인 호응을 얻었다. 사람들은 그에게 존경을 표하며 히기에이아Hygeia 여신의 신전에 그의 조각상을 세우고는 이렇게 새겨 넣었다. "위태로이 흔들리던 로마가 감찰관 카토의 훌륭한 지도력으로 마침내 다시 일어섰다."

'범법자'의 처벌은 카토가 감찰관으로서 매우 중요하게 생각한 일이다. 그 자신도 여러 사람을 고발했을 뿐 아니라 사람들에게 죄를 지은 자를 보면 즉시 고발하도록 권했다. 또 카토는 일찍이 페틸리우스를 부추겨서 스키피오를 고발했지만, 스키피오가 큰 공을 세우면서 그를 처벌하려는 의도가 수포로 돌아갔다. 그 후에도 카토는 사람을 끌어모아 스키피오 형제의 비리를 고발하며 끈질기게 물고 늘어진 끝에 결국에는 거액의 벌금을 물렸다. 그 자신도 무려 50번이나 고발당했는데, 마지막으로 고발당했을 때 그는 여든여섯이었다. 카토는 동시대의 유명 인물 가운데서도 가장 활력이 넘쳤다. 대스키피오를 견제하는 것으로 모자라 스키피오의 손자인

대카토와 포르키아의
반신상

소스키피오의 막강한 정적이기도 했다. 세르비우스를 고발했을 때 그의 나이는 아흔이었다.

기원전 150년에 카르타고를 침략한 누미디아 국왕 마시니사를 통해 카토는 적군의 상황을 전해 들었다. 카르타고는 이미 세력을 회복하여 언제 로마를 위협해 올지 모를 일이었다. 카토는 곧 로마로 돌아가 원로원에 이 사실을 알렸다. 적들이 전쟁에 대비해 만반의 준비를 하는 만큼, 더 큰 재앙이 닥치기 전에 어서 불씨를 꺼뜨려야 했다. 항상 그렇듯 그는 이 말로 끝을 맺었다. "내 생각에, 카르타고는 반드시 멸망시켜야 한다!" 하지만 스키피오 나시카 Scipio Nasica 의 의견은 달랐다. 대스키피오의 생질인 그는 "카르타고에 관용을 베푸는 것이 옳다."라고 주장했다. 마침내 로마는 전쟁을 선포하여 3차 포에니 전쟁이 일어났다. 그런데 정작 카토는 로마의 승리와 카르타고의 멸망을 지켜보지 못하고, 전쟁이 발발한 후 병으로 죽고 말았다.

남다른 재주

카토는 역사, 군사, 법률, 의학, 농업 등에 관한 책 7종을 썼지만 대부분 소실되었다. 기원전 168~기원전 149년에 걸쳐 쓴 7권짜리 《기원론起原論》은 로마에서 가장 오래된 역사서로, 초기 로마와 이탈리아의 각 도시, 포에니 전쟁의 역사를 상세히 설명한 책이다. 그는 자녀를 위해 가정교육에 관한 책도 썼는데, 마치 백과사전처럼 농업과 의학, 문학, 군사, 법학 등 다양한 방면의 지식을 전달하고자 했다. 기원전 160년에 쓰인 《농업론農業論》은 현재까지 잘 보존된 카토의 저서로, 그 제목이 내포하는 것보다 훨씬 광범위한 지식을 담고 있다. 그가 농부로서 땅을 경작하며 얻은 경험을 토대로 농장을 관리하는 법, 특히 노예 노동에 관한 내용을 총 정리한 실용적인 지침서이다.

《농업론》을 보면 그가 노예들을 얼마나 학대했는지 알 수 있다. 작은 실수도 그냥 넘어가는 법 없이 벌을 내리고 심지어는 죽이기도 했다. 자주 친구와 동료를 초대해서 식사를 했던 그는 식사 후에 음식 준비를 소홀히 한 노예를 가차없이 채찍으로 때렸다. 그리고 어떻게든 노예들끼리 서로 미워하도록 부추겼다. 혹시라도 사이가 좋아 보이면 의심하며 다른 노예들이 보는 앞에서 벌을 받게 했다.

카토는 직접 농사를 지으며 농업을 제창하는 한편, 돈을 버는 수완이 좋아서 많이 팔고 적게 사들이는 방식으로 이익을 늘렸다. 농업에 관심이 많았으나 이익이 적자 그는 가진 돈을 상업에 투자했다. 그리고 급히 돈이 필요한 노예에게 돈을 꿔 주거나 어린 노예를 사들여 교육하고 훈련시켜서 비싸게 내다 파는 등 고상하지 못한 돈놀이를 즐겼다. 카토는 이렇게 말했다. "한 사람의 최종 재산이 상속받은 것보다 늘어났다면 마땅히 신으로 받들만 하다."

만년에 절조를 잃다

말년에 아내를 잃은 카토는 나이를 거꾸로 먹는 듯 건강한 체력을 자랑했다. 그가 그렇게 나이가 들어서 사람들의 손가락질을 받은 가장 큰 이유도 노년에 자신보다 한참이나 어린 여종과 재혼을 했기 때문이다. 그의 아들은 젊은 계모를 데려온 아버지의 추태를 참다못해 하루는 아버지에게 불만을 토로했다. 그러자 카토는 이렇게 대답했다. "아들아, 네가 이러는 이유를 충분히 이해한단다. 하지만 나처럼 훌륭한 사람은 너 같은 아들을 많이 낳아서 로마를 지키게 할 의무가 있단다." 카토는 두 번째 부인에게서 아들 살로니우스를 얻었다. 후세에 유명한 철학자 카토가 바로 그의 증손자이다.

이러한 카토의 행동에 대해 플루타르코스는 다음과 같은 의문을 품었다. "…… 겨우 조금 쓰고도 만족할 것이면서 왜 그리 많이 가져서 자만에 빠지는 것인가. …… 값어치도 없는 동전 하나에 입씨름하고, 돈을 빨리 버는 직업에 대해 논하는 것은 카토와 같은 이에게는 분명히 어울리지 않는 일이다. …… 나는 그가 허풍을 떨거나 혼자 잘났다고 자만에 빠진 것을 탓하지는 않는다. 그가 자만한 것도, 스스로 폄하하는 것도 전부 터무니없는 일이다. 야심을 버리는 것은 정치가로서 반드시 갖춰야 할 덕목이지만 …… 카토의 머릿속은 온통 그것으로 가득하다. 그는 스키피오를 미워하다가 카르타고를 거의 다 점령할 뻔한 전쟁을 망쳐 놓았고 …… 결국에는 온갖 비방으로 스키피오를 로마에서 추방한 데다 그들 형제에게 굴욕적인 죄목을 뒤집어씌웠다. …… 그러면서 자신은 항상 절제에 강한 사람인 양 외치고 다녔다."

2 그라쿠스 형제의 개혁

티베리우스 그라쿠스Tiberius Sempronius Gracchus 이전에는 민회에 무기를 들고 난입하는 일도, 사람들을 무차별적으로 학살하는 일도 일어나지 않았다. 호민관이 된 그라쿠스가 새 법안을 제출하면서 카피톨리움 언덕을 둘러싼 그와 그의 개혁파들은 내란 속에 첫 번째 희생양이 되었다. 그러나 이 비열한 사태에도 혁신을 갈망하는 성난 군중의 여론은 점점 통제할 수 없게 되었다.

— 아피아노스 Appianos, 《로마사》

시기 : 기원전 163~기원전 121년
인물 : 티베리우스 그라쿠스, 가이우스 그라쿠스

티베리우스 그라쿠스의 개혁

티베리우스 그라쿠스와 가이우스 그라쿠스Gaius Sempronius Gracchus 형제는 당시 로마의 명문 귀족인 셈프로니우스 가문에서 태어났다. 아버지 그라쿠스는 집정관과 감찰관을 지낸 유력 인사로, 일 처리가 신중하고 지략이 뛰어나며 근검절약한 생활로 사람들 사이에 명망이 높았다. 그는 나이 들어 대스키피오의 딸 코르넬리아와 결혼하여 12명의 자녀를 낳았지만, 아들 둘과 딸 하나를 빼고는 모두 요절했다. 그라쿠스 형제는 어릴 때부터 엄격한 가정교육을 받은 덕에 뭇 사람보다 뛰어난 교양을 지녔다.

한눈에 보는 세계사
기원전 195년 : 위만, 고조선의 왕이 됨

동생 가이우스보다 열 살이 많은 형 티베리우스는 덕성과 재주를 겸비하여 세도가들의 관심을 한 몸에 받았다. 점복관으로 선출된 그는 수석원로 클라우디우스의 딸과 혼인했다. 기원전 146년, 티베리우스와 매부 소스키피오는 함께 전쟁에 뛰어들어 카르타고의 멸망을 앞당겨 군대 내에서 명성이 자자했다. 여기서 이야기하는 소스키피오는 대스키피오 맏아들의 양자로, 그라쿠스 형제의 누이와 혈연관계는 아니다.

기원전 137년, 재무관에 선출된 티베리우스는 만키누스를 따라 누만티아Numantia의 반란을 진압하러 히스파니아로 떠났다. 하지만 원정은 실패하고 오히려 적에게 포위되어 전멸당할 위기에 처했다. 티베리우스는 로마 병사들을 살리기 위해 어쩔 수 없이 적과 강화조약을 맺었다. 그 덕분에 2만여 병사의 목숨을 구할 수 있었다. 이때 원로원은 그가 굴욕적인 조약을 맺은 것에 불만을 품었다. 하지만 시민들이 강화조약에 찬성하면서 그는 처벌을 면했고 후에 시민으로부터 더 큰 지지를 얻었다.

그라쿠스 시대에 로마는 카르타고를 꺾고 지중해로 그 세력을 뻗쳐가고 있었다. 속주에 세금을 부과하면서 대량의 노예와 막대한 자금이 로마로 유입되었다. 하지만 전쟁이 계속되면서 군 복무 때문에 농사를 짓지 못한 자영농들은 큰 타격을 입을 수밖에 없었다. 노예주 귀족들은 국유지를 임대하는 방식으로 자영농들의 토지를 삼켰다. 이런 상황에서 노예 노동을

그라쿠스 형제의 동상

이용한 대농장 제도 라티푼디움은 나날이 발전해 가고 있었다. 그 결과, 로마가 강성해질수록 부자들만 더욱 부자가 되고 병력을 제공하는 농민들은 오히려 농지를 잃고 무산자가 되었다. 그렇다 보니 시민중심 징병제와 민회 제도는 당연히 흔들릴 수밖에 없었다. 그 밖에도 원로원 귀족들의 권세는 높아만 갔고 고리대금업자의 세력이 급부상했다. 기사 신분은 부를 누리면서도 통치계급에 속하지 못해 원로원과 충돌이 잦았다. 기원전 2세기 중엽, 로마의 병력 문제는 전쟁을 치르기도 어려울 만큼 심각한 지경에 이르렀다. 누만티아 인을 진압할 때도 지원병을 동원할 정도였다. 로마 신 귀족인 스키피오 아이밀리아누스 세력은 병력 부족의 심각성을 깨닫고 농민과 군대를 부흥시킬 방안을 제안했지만, 실행에 옮기지는 못했다.

고대 로마의 양각(陽刻)

로마군이 프로방스에서 켈트족을 격파하는 모습

기원전 134년, 로마 내에 토지 개혁을 주장하는 목소리가 높아졌다. 사람들은 티베리우스가 '몰락한 자영농의 토지 회복'을 위해 싸워 주기를 바랐다. 민중의 추대로 호민관에 선출된 티베리우스는 곧 토지 개혁 법안을 제출했다. 그 대표적 내용은 아래와 같다.

(1) 국유지 임차 상한선은 500유게라jugera로 제한하고 아들의 명의로는 한 명당 250유게라까지 인정한다. 한 가문이 1,000유게라를 넘길 수 없다.

(2) 1,000유게라 이상의 토지는 국가에 반환하고 몰수한 국유지는 무산 시민에게 30유게라씩 분배한다.

(3) 국유지 임차권은 상속 가능하나 양도할 수 없다.

티베리우스는 3인으로 구성된 토지위원회를 두어 토지법과 자영농 보호를 위한 모든 책임을 맡았다.

그의 토지법은 대다수 부자의 격렬한 반대에 부딪혔다. 부자들은 티베리우스가 로마를 혼란에 빠뜨린다며 헛소문을 내고, 동료 호민관인 마르쿠스 옥타비우스Marcus Octavius를 끌어들여 티베리우스가 제출한 법안에 거부권을 행사하게 했다. 옥타비우스 역시 대토지를 소유하고 사리를 따지는 자였다. 그는 티베리우스의 충고를 귀담아듣지 않고 귀족들의 강경책과 회유책에 휘말려 거부권을 행사했다. 호민관의 대립은 시민들에게까지 영향을 미쳐 곧 원로원에 회부되었고, 티베리우스는 부자들의 질타를 받았다. 그런데 그가 민회를 소집하여 '시민의 이익을 위반한 자가 호민관을 맡을 자격이 있는가'에 대한 안건을 제출한 결과, 옥타비우스는 파면당하고 토지법은 통과되었다.

토지위원회 위원으로 티베리우스와 그의 장인 클라우디우스, 동생 가이우스가 선출되었다. 법안이 통과되자 사람들은 마치 그가 이탈리아 전 민족의 창시자라도 되는 듯 그를 지지하며 집까지 호송했다. 토지위원회는 활동 초기부터 토지 조사와 분배 문제로 난관에 봉착했다. 원로원이 국고

지원을 거부하며 세 위원의 활동비를 하루에 9아스로 제한한 것이다. 자금 지원이 없으면 농민들은 토지가 생겨도 사실상 무용지물이나 마찬가지였다.

　기원전 133년 여름, 페르가몬의 아탈로스 3세Attalos Ⅲ가 죽으면서 그 왕국 전체를 로마에 양도하는 일이 일어났다. 자금이 필요했던 티베리우스는 아탈로스 3세의 유산을 자영농의 토지 재분배를 위해 쓰겠노라고 주장했다. 이에 원로원은 페르가몬의 사절단이 티베리우스에게 자색 망토와 왕관을 주었다며 그가 로마의 왕이 되려 한다고 유언비어를 퍼뜨렸다. 토지 개혁을 중도에 포기할 수 없었던 티베리우스는 관례상 연임이 불가한 호민관 선거에 다시 한 번 출마했다. 호민관 선거일이 되자 시민들은 모두 카피톨리움 언덕에 모여들었다. 티베리우스의 개혁파와 이를 반대하는 보수파의 대립은 이제 걷잡을 수 없는 상태에 놓였다. 호민관들은 일찌감치 줄행랑을 쳤고 사제들도 신전의 문을 굳게 닫았다. 호민관들이 보이지 않자 반대파는 티베리우스가 동료를 해고했다는 소문을 퍼뜨렸다.

　원로원도 카피톨리움 신전 앞에 모였다. 대제사장 스키피오 나시카는 집정관에게 티베리우스를 죽이자고 요구했으나 거절당했다. 그러자 스키피오 나시카는 '로마를 구하려면 나를 따르라.'고 외치며 원로와 시종 등 지지자들을 이끌고 민회가 열리는 카피톨리움 언덕으로 갔다. 티베리우스의 지지자들은 나시카와 반대파에게 곧 진압되었다. 곤봉으로 무장한 반대파는 티베리우스의 지지자들을 무차별적으로 학살하기 시작했다. 티베리우스는 신전 문 앞에서 피살당했고 3백여 명의 지지자들도 무참히 죽임을 당했다. 그들의 시체는 한밤중에 티베리스 강에 버려졌다.

가이우스 그라쿠스의 개혁

가이우스 역시 형 티베리우스처럼 사람들에게 존경받을 만한 품성을 지넜다. 단 차이가 있다면, 그는 성정이 조급하여 연설할 때 쉽게 흥분하고 화를 내는 탓에 이를 제지해 줄 시종을 뒤에 세워 두었다. 그의 형이 떠오르는 태양이었을 때, 나이 어린 그는 아직 정치판에 얼굴을 내밀지도 않았다. 최상의 군사 훈련을 받은 그는 열다섯 살부터 종군하여 여러 차례 전쟁에 참가했다. 기원전 134년, 티베리우스가 누만티아 인과 강화조약을 맺은 후 3년째 되던 해에 그는 소스키피오를 따라 누만티아 전쟁에 참가했다.

티베리우스가 살해당하고 나시카는 시민들의 미움과 원망에 시달렸다. 그는 후에 소아시아로 도망쳤다가 타지에서 객사했다. 원로원은 토지법을 즉각 폐지하는 경솔한 실수는 하지 않았다. 세 명의 위원들은 계속해서 활동했고 긍정적인 결과를 얻어 시민들의 반응도 뜨거웠다. 다만, 토지 분배 문제는 갈수록 어려움을 겪었다. 공유지는 바닥이 났는데 대지주들이 땅문서를 몰래 숨겨서 재산권 분쟁이 일어났다. 밀려드는 소송 건을 3인 위원회가 전부 처리하기란 불가능했다. 소스키피오는 집정관 클라우디우스에게 대신 심의를 건의했지만, 그는 자신이 없었는지 일리리아 전쟁을 핑계로 그의 부탁을 거절했다. 이 일로 스키피오는 반대파에게 그라쿠스 법안을 폐지하려는 수작이 아니냐는 질타를 받았다. 후에 그가 의문사를 당한 것을 보면 과거 그의 공로는 온데간데없이 사람들의 분노가 얼마나 컸는지 알 수 있다.

토지를 가진 자들은 무슨 수를 써서라도 빼앗기지 않으려 머리를 굴렸다. 이러한 때에 전 이탈리아 인에게 로마 시민권을 부여하자는 목소리가 나왔다. 그렇게 하면 토지분쟁은 물론이고 병력 부족으로 생기는 문제도 해결할 수 있었다. 하지만 원로원은 속주민이 자신들과 동등한 시민이 되는 것을 찬성할 리 없었다. 기원전 125년, 집정관 겸 토지위원회 위원인 플라쿠스가 이탈리아 인에게 시민권을 확대하는 법안을 제출했지만 통과되지 못했다. 이 일은 오히려 생각지도 못한 반란을 가져왔다.

　토지위원회 위원인 형 티베리우스가 보수파에 피살당할 때 가이우스는 히스파니아에서 군 복무 중이었다. 형이 죽은 뒤 로마로 돌아온 그는 한동안 은둔하며 와신상담했다. 기원전 126년, 사르디니아에서 재무관을 맡아 명성을 얻게 되자 원로원의 질투는 더 심해졌다. 원로원의 음모로 그는 고발을 당해 한동안 로마로 돌아올 수 없었다. 재무관의 법정 임기는 일 년이지만 이미 2년을 근무한 그는 임기가 끝나자마자 통보도 없이 로마로 귀국했다. 그리고 당당하게 승소한 뒤, 그 기세를 몰아 기원전 123년에 호민관으로 선출되었다. 호민관 취임 후에 그는 탁월한 능력과 재주를 발휘하여 빠른 속도로 시민들의 마음을 사로잡았다. 그는 시민들에게 매달 곡물을 무료로 배급하라는 전례 없는 안건으로 원로원에 반격을 가했다. 그리고 시민들의 폭발적인 지지를 얻어 민중의 대표자가 되었다.

　얼마 후, 두 번째로 호민관에 오른 가이우스는 원로원 배심원들이 공공연하게 뇌물을 주고받는 사실을 이용해 기사 신분에 유리한 법안을 제출했다. 원로원 배심원을 기사 신분에서 선출하자는 것이었다. 당시 원로원 의원은 대부분 대토지 소유자들로, 부유한 상류층인 기사들은 경제적으로 풍족한 반면, 정치적으로는 불리한 입장에 놓였다. 그는 또한 라틴 인과 이탈리아 속주민에게 완전한 시민권을 주고 식민지를 건설해 땅이 없는 빈민들을 정착시키자는 법안도 들고 나왔다. 그의 주장에 당황한 원로원은 동료 호민관 드루수스를 부추겨 더 급진적인 법안을 내놓아 가이우스의 인기를 떨어뜨리려 했다. 그들은 이탈리아 본국에 12개 식민지를 세우고 각 식민지에 빈민 3,000명을 이주시킨 뒤, 국유지 사용에 따른 임차료를 면제시켜 줄 것이라 했다. 과연 원로원의 예상대로 시민들은 지키지도 못할 허울뿐인 이 법안에 현혹되어 점차 가이우스에게 등을 돌렸다.

　이에 가이우스는 초조해졌다. 더욱이 그는 세 번째 호민관 선거에서 낙

선했고 그의 정적이자 반란을 진압한 루키우스 오피미우스가 기원전 121
년에 집정관으로 선출되었다. 오피미우스는 기다렸다는 듯이 가이우스의
개혁을 차례대로 무너뜨리며 물거품으로 만들려 했다. 당시 가이우스가
제출한 토지 법안은 형 티베리우스 농지법의 연장선에 있었다. 그는 17세
미만인 자의 징병을 금지하고 군 장비를 모두 국가에서 부담하도록 했다.
또 집정관 선거 전이라도 원로원이 그의 사직 후에 속주의 총독을 임명할
수 있도록 했다.

 가이우스의 반대파는 호민관인 루푸스를 앞세워 카르타고 식민 도시 건
설마저 무효화시키려 했다. 곧이어 카피톨리움 언덕에서 민회가 소집되었
다. 그런데 민회 당일, 집정관의 부하 한 명이 개혁파의 심기를 건드렸다가
사소한 다툼 끝에 살해당하는 사건이 벌어졌다. 다음날, 원로원은 오피미
우스를 선두로 하여 그라쿠스파를 진압한 후에 카피톨리움 언덕을 점령했
다. 가이우스는 아펜니누스 언덕에서 저항하며 화해를 요청했으나 보수파
의 무장공격을 당해내지 못하고 뿔뿔이 흩어졌다. 가이우스는 친구의 도
움으로 티베리스 강 맞은편으로 도주했다. 하지만 반대파가 끝까지 쫓아오
자 노예의 손을 빌려 자살하고 말았다. 혼란 중에 학살당한 그라쿠스파는
3,000여 명으로, 그들의 시체 또한 10년 전 티베리우스처럼 티베리스 강에
버려졌다. 반대파는 그들의 가산을 몰수하고 지인들을 모조리 연루시키는
등 티베리우스 때보다 더 가혹하게 대응했다. 그 일이 있은 후, 원로원이
광장에 화합의 신전을 세웠는데 누군가 신전에 이렇게 새겨 놓았다. "지극
히 평화롭지 못한 사건이 화합의 신전에서 일어났도다!"

3 마리우스의 군사 개혁

가이우스 마리우스Gaius Marius 시대는 공화정이 전환점을 맞이한 때로 그는 로마에 전환적 영향을 미친 인물이라 할 수 있다. 그의 군사 개혁으로 로마군은 예전의 강성함을 되찾았고 이탈리아의 야만족 침입을 막아 '제2의 로물루스'라는 칭호를 얻었다. 하지만 술라와 권력 쟁탈전을 벌이면서 1차 내전이 일어났다. 이는 로마 인이 군대를 이끌고 내전을 일으킨 최초의 사건이었다.

| 시기 : 기원전 288~기원전 147년
| 인물 : 유구르타, 가이우스 마리우스, 사투르니누스, 메텔루스

유구르타 전쟁

그라쿠스 형제가 죽은 뒤, 원로원은 민중의 압박으로 그라쿠스의 개혁법을 완전히 폐지하지는 못했다. 그중 곡물법과 식민지법, 군사법과 속주법은 약간의 수정을 거쳐 계속해서 시행되었다. 하지만 토지법은 그 초기의 목적과 달리 왜곡된 방향으로 흘러가 토지를 가진 자가 그 땅을 마음대로 팔 수 있도록 허락했다. 이로써 그라쿠스 형제가 목숨까지 바친 개혁의 성과는 물거품이 되고 토지분배위원회도 유명무실해졌다. 부자들은 빈민들의 농지를 사들이거나 무력으로 빼앗기 시작했다. 이때 한 호민관이 새로

한눈에 보는 세계사

기원전 221년 : 진시황, 중국 통일   기원전 202년 : 중국, 한 건국
기원전 195년 : 위만, 고조선의 왕이 됨

운 토지법을 제안했다. 국유지 분배를 중단하고 현재 소유자에게 토지를 넘기는 대신, 정부가 그들에게 토지세를 받아 시민들에게 분배하자는 것이었다. 또한 토지분배 위원회가 합법으로 정한 토지와 보상 및 분배받은 일부 토지를 사유재산으로 규정, 양도와 매매를 가능케 했다. 이때만 해도 토지사유제가 로마의 정식 법으로 자리를 잡는 듯했다.

그런데 또 다른 호민관의 제안으로 토지세마저 없어지면서 평민들은 다시 일할 곳을 잃고 빈곤에 빠졌다. 이 일로 시민과 병사들의 수가 대폭 감소했다. 로마 정부는 유력한 귀족 가문의 전유물로 전락하여 몇몇 세도가들이 돌아가며 집정관의 자리를 차지했다. 특히 메텔루스Quintus Caecilius Metellus 가문은 기원전 123~109년 사이에 집정관 6명을 배출했고 그중 5명이 개선의 영광을 누렸다. 이 같은 파벌 정치는 국가 기관의 부정부패를 조장하는 불씨가 되었지만 로마 인은 그 심각성을 유구르타Jugurtha 전쟁이 닥쳐서야 깨달았다.

유구르타 전쟁은 기원전 111년, 로마와 동맹국 누미디아의 국왕 유구르타 사이에 일어난 전쟁이다. 누미디아는 포에니 전쟁 때 로마를 지원한 대가로 줄곧 독립을 유지해 왔다. 기원전 118년, 누미디아의 국왕 미키프사Micipsa는 죽기 전 친아들인 아드헤르발Adherbal과 히엠프살Hiempsal, 양자인 유구르타Jugurtha에게 통치권을 공동으로 물려주었다. 미키프사가 죽고 유구르타는 히엠프살을 암살했다. 그리고 아드헤르발은 쫓기다시피 로마로 도망쳐 나왔다. 기원전 113년, 유구르타는 아드헤르발의 영토를 침략하여 그를 살해했다. 그런데 그 과정에서 수많은 로마 상인과 이탈리아 인이 죽임을 당했다.

이에 격분한 로마는 유구르타에 전쟁을 선포하고는 4개 군단을 이끌고 정벌에 나섰다. 하지만 유구르타는 도리어 로마 지휘관에게 뇌물을 주어 휴전을 요구했다. 유구르타의 위력을 아는 로마로서는 평화 조약을 맺지 않을 수 없었고 유구르타는 적은 돈으로 쉽게 목적을 달성했다. 그가 로마로 불려가 민회에서 한 호민관의 문책을 받게 되자 유구르타가 뇌물로 매수한 다른 호민관이 거부권을 행사하여 그를 보호했다. 그는 또 로마 정부를 믿고 누미디아의 왕위를 노리는 자를 살해했다. 그는 로마를 떠나며 멸시의 어조로 이렇게 말했다고 한다. "사겠다는 사람만 있으면 당장 이 도시를 팔아버리겠다!"

기원전 110년, 로마는 다시 유구르타와 전쟁을 치렀다. 하지만 군대가 정치적으로 부패한 데다 원래의 역할을 상실한 탓에 로마는 수차례 후퇴 위기에 처했다. 그러다 기원전 109년, 집정관 퀸투스 카이킬리우스 메텔루스Quintus Caecilius Metellus가 로마군을 정비하고 출신은 미천하더라도 뛰어난 지략을 지닌 자들을 부사령관으로 발탁했다. 가이우스 마리우스Gaius Marius도 그중 하나였다. 그의 등장으로 아프리카 전쟁의 형세가 뒤바뀌기 시작했다. 기원전 107년에 마리우스는 절대적인 득표로 집정관에 선출되었다. 그는 기사 신분과 평민의 지지 아래 유구르타 전쟁을 지휘했고, 그 후에도 몇 년간 집정관을 연임하며 전쟁을 이끌었다. 이 기간에 마리우스는 로마의 군사력 증강을 위해 대대적인 군사 개혁을 주도했다.

마리우스의 군사 개혁

가이우스 마리우스는 아르피눔 근처 케레아타이의 지극히 평범한 농민 가정에서 태어났다. 유소년 시절을 농촌에서 보낸 탓에 특별한 교육을 받지는 못했다. 후에 군에 들어간 그는 스키피오 아이밀리아누스를 따라 누만티아 전쟁에 참가했다. 그곳에서 타고난 용맹함으로 훌륭한 인상을 심어주어 군대 재무관에 임명되었다. 다년간에 걸쳐 군공을 세운 마리우스는 기원전 119년에 호민관으로 선출되면서 정치계로 뛰어들었다. 매사에 공평무사함으로 귀족에 맞서 사람들에게 투사로 불렸다.

마리우스의 정치 인생은 그리 순탄치만은 않았다. 그에게도 여러 차례 실패는 있었다. 기원전 115년, 가까스로 법무관에 선출된 그는 임기 만료 후에 히스파니아 속주의 총독을 지냈다. 내세울 만한 경력도 배경도 없던 그는 여러 관직을 거치며 실력을 키우고 조금씩 부를 축적하여 기사 신분에 올랐다. 그는 또 카이사르의 고모인 율리아와 결혼하여 명문 혈통 출신이 아닌 로마 시민, 즉 '신인(新人, novus homo)'의 대열에 합류했다. 당시 로마에서는 출신은 미천하나 오직 자신의 노력과 출세로 요직에 오른 자들을 신인 또는 졸부라 칭했다.

마리우스 부대가 전쟁에서 승리한 뒤 환호하는 모습

기원전 107년, 로마 장군 마리우스는 새로운 군제 개편으로 노동계층의 로마 인도 군사 훈련에 참가시켰다. 그림은 마리우스 군대가 승리하자 그의 부하들이 그를 높이 세워 들고 환호하는 장면이다.

집정관 취임 후, 원로원의 동의하에 마리우스는 새 병력을 모집하기 시작했다. 다만 인원은 5,000~6,000명으로 한정되었다. 이전까지만 해도 로마 군대는 시민 스스로 장비를 마련하는 구조였기 때문에 일정 규모 이상의 재산을 갖춘 자만이 병역 의무를 이행했다. 그런데 마리우스는 이 오랜 전통을 깨고 징병제에서 지원제로 전환했다. 자유인 중에서 지원자를 받아 군단을 편성하고, 모든 무기는 국가에서 지원했다. 북아프리카로 건너간 그는 덥고 건조한 열악한 환경을 딛고 대폭 증원된 로마군단으로 유구르타를 궁지에 몰아넣었다. 하지만 그의 휘하에서 복무하던 부사령관 술라가 유구르타를 생포하면서 기원전 105년 전쟁의 종식과 함께 모든 공로를 독차지했다. 이 일로 마리우스는 자존심에 큰 타격을 입었고 두 사람의 관계는 삐걱대기 시작했다. 로마의 첫 번째 내전의 그림자는 그렇게 서서히 드리워지고 있었다.

기원전 2세기 말, 발트 해 연안에 거주하던 킴브리 족과 엘베 강 하류 일대의 테우토니 족이 해상 민족의 침입을 피해 점차 서남쪽으로 이동해 왔다. 기원전 105년, 이 게르만 부족들이 알프스 산 근처에서 로마군 8만여 명을 몰살시키는 사건이 발생했다. 충격에 휩싸인 로마는 관례를 깨고 마리우스가 로마로 돌아오기도 전에 기원전 104년, 그를 집정관으로 임명했다. 그리고 갈리아 속주의 통치권을 주어 게르만 족의 침입을 막도록 했다. 그 후로 3년 동안 마리우스는 계속해서 집정관으로 선출되었다. 그는 결국 게르만 족을 물리쳐 북방의 위협을 해소하고 이탈리아를 지켜내는 데 성공했다. 그는 '로마의 구원자', '제2의 로물루스'라 불리며 로마 내 최고의 명성을 누렸다. 대대적인 개혁을 거친 마리우스의 군대는 당시 로마에서 최고의 전투력을 자랑했다. 로마는 그의 군대에 힘입어 두 번째 시칠리아 노예 반란을 진압했다.

마리우스 군대의 강한 군사력은 그의 뛰어난 전술과 지휘가 있었기에 가능한 일이었다. 그는 상벌을 구분하고 특히 규율을 중시했으며 매사에 솔선수범했다. 지휘관이란 직책을 떠나 병사들과 함께 수로를 파고 진영을 세우는 등 힘든 일을 마다하지 않았다. 병사들은 그를 깊이 존경하며 누구 하나 그의 명령에 불복하는 이가 없었다. 원래는 성정이 급한 그도 전쟁터에서만은 신중하고 침착하여 적을 만나도 섣불리 공격하는 법이 없었다. 반드시 병사들의 사기가 충천해 있을 때 최대한 유리한 기회를 잡아 결전을 벌였다.

게르만 족과 전쟁을 치르는 동안 마리우스는 대대적인 군제 개혁을 단행했다. 우선, 징병제에서 지원제로 바꾸었다. 세르비우스 개혁 이래로 줄곧 시행되어 오던 등급에 따른 시민 징병과 강제 징병을 폐지하는 대신, 로마 시민과 이탈리아 인 중에서 지원자를 받아 군단을 편성했다. 시민들이 부담하던 무기도 국가에서 보급하고 직업군인으로서 고정적인 급여를 받게 했다. 복무 기간은 16년으로 한정하되 기간 만료 후에는 나라에서 일정한 퇴직연금을 지급받게 했다.

두 번째로 시민 징병제 대신 지원제를 시행하면서 예전에 등급별로 병과를 나누던 전술과 편제도 새로이 개혁했다. 마리우스는 전술을 펼칠 단위를 확대해 군단 내 중대를 대체한 대대를 조직했다. 각 군단을 10개의 대대로 편성하고 무기와 연령 및 복무 연한에 따라 제1전선 4개 대대, 제2, 3전선 각 3개 대대, 이렇게 세 팀으로 나누어 전쟁 시 대대의 투입과 퇴각이 용이하도록 했다.

세 번째, 군대의 무기 및 장비를 통일했다. 중장보병重裝步兵에게 일률적으로 투창과 단검을 공급하고 투창의 구조와 운송수단을 개선시켰다. 혹시 모를 상황에 대비해 공병工兵과 기계병을 두었고 기존의 경장보병輕裝步兵을 대신하여 궁병을 따로 모집했다. 또 행군할 때 전쟁에 필요한 무기와 필수품을 병사들이 직접 짊어지고 가게 하여 '마리우스의 노새'라는 별명이 붙여졌다.

네 번째, 공동체 의식을 강화하고자 등급별 부대의 깃발을 없애고 로마를 상징하는 '독수리'로 통일했다. 마리우스는 제각각 단결되지 않은 프롤레타리아와 신시민이 주체가 된 로마 군대를 용맹한 전투력과 결속력을 지닌 집단으로 완전히 바꾸어놓았다.

마리우스의 군제 개혁은 로마의 군 역사에 한 획을 긋는 중대한 의미를 지니고 있다. 실업자들을 대거 흡수하여 장기적인 훈련을 받게 함으로써 군사 효율을 높이고 파산한 농민들의 생계를 부분적으로 해결했다. 로마의 국가기구를 강화하고 사회적 안정을 누리는 것은 물론, 시민과 국가 간의 충돌을 완화하는 데에도 크게 기여했다. 하지만 대다수 프롤레타리아를 마리우스의 군대로 편입시켜 먹고 살길을 마련해 주면서 군 사병화가 가속화되었다. 국가에 징집된 군대가 아닌 한 장군에게 속한 군대가 됨으로써 병사들이 눈앞의 이익을 위해 움

가르교(橋)

화려한 기교나 장식이 없는 가르교는 지금의 님(nimes) 동북쪽의 가르 강에 있다. 2000여 년 동안 비바람의 침식을 견디어 낸 꿋꿋한 기상에 옛 로마의 뛰어난 건축술을 엿볼 수 있다.

직이는 하나의 정치적 세력으로 변한 것이다. 이제 병사들은 전쟁 시에 자신들에게 더 많은 승리와 전리품을 안겨 줄 사령관을 원했다. 전쟁이 끝난 후에도 그가 새로운 전쟁의 지휘권을 따내 자신들의 재산을 지켜 주길 바랐다. 이때부터 로마의 정치 투쟁에서 군대는 승리와 직결되는 가장 강력한 집단으로 자리 잡았다.

사투르니누스의 선동 정치

귀족 출신인 사투르니누스Saturninus는 일찍이 재무관을 지냈으나 원로원의 견제로 교체되는 수모를 당했다. 그는 원로원에 대한 반발심으로 민중의 대변인이 되었다. 그는 호민관에 당선되자 광장에서 귀족들의 부패와 비리를 공개 비난하여 평민들의 지지를 얻었다. 기원전 101년, 마리우스와 손을 잡은 그는 마리우스 군대에 힘입어 두 번째 호민관에, 마리우스는 여섯 번째 집정관에 당선되었다. 사투르니누스는 퇴역 병사를 위한 식민 도시를 건설하여 7년 동안 군 복무한 노병에게 100유게라의 토지를 지원하자는 새로운 토지 개혁을 추진했다. 마리우스 군대의 대다수가 이탈리아 인이었기에 이들에게까지 시민권을 확대하려는 의도였다. 사투르니누스 일파는 더 나아가 민회에서 가결된 법안에 대하여 원로원 의원은 5일 이내에 법을 준수하겠다는 선서를 해야 한다고 덧붙였다. 이를 거절하는 자는 원로원에서 추방당하고 20달란트의 벌금을 물어야 했다.

국유지 분배는 기사 신분과 더불어 국유지에서 얻는 소득과 값싼 양식에 의지해서 살아가는 평민들의 이익을 해치는 일이었다. 그렇기에 평민들도 이탈리아 인이 자신들과 평등한 권리를 누리는 것에 반발했다. 이 일로 민회에서 반대파가 소동을 일으키자 사투르니누스는 그들을 연단에서 끌어내렸다. 그때 시민들이 회의 중 천둥 치는 소리를 들었다며 반드시 일을 그르치게 될 것이라 소리쳤다. 사투르니누스가 뜻을 굽히지 않자 시민들은 몽둥이를 들고 농민들을 몰아냈다. 그는 다시 농민들을 불러 모아 도시 시민들과 싸운 끝에 결국 법안을 통과시켰다. 마리우스는 중재하는 입장이지만 먼저 나서서 그 선서를 하고 말았다. 이후 마리우스는 집정관의 자격으로 원로원을 설득하며 자신은 결코 자발적으로 선서한 것이 아니라고 여러 번 주장했다. 메텔루스와 다른 원로원 의원들은 모두 회의가 끝날 때까지 선서에 동의하지 않았다.

제정 선포 마지막 날, 마리우스가 황급히 원로원 의원들을 소집하여 말했다. "이 법안을 저토록 열렬히 지지하는 저 시민들이 무섭지 않으십니까? 지금의 위기를 벗어날 방법은 오지 의원들의 선서뿐입니다." 지금이야 어떻게든 선서를 했다가 후에 폭력 사태를 빌미로 법안을 무효화시키면 그뿐이었다. 게다가 천둥소리가 난 후에 통과된 것이 아닌가. 더 이상 지체할 시간이 없자 원로원 의원들은 자신의 안위를 위해 결국 법안을 인정하는 선서를 했다. 끝까지 선서에 반대한 이는 메텔루스 한 명뿐이었다.

사투르니누스는 일찍이 메텔루스와 적대 관계에 있었다. 메텔루스가 감찰관으로 있을 때 수치스러운 생활을 이유로 사투르니누스 일파인 글라우키아를 원로원에서 내쫓으려 한 일이 있었다. 하지만 동료의 반대로 성공하지 못했다. 사투르니누스는 농민들을 선동하여 메텔루스를 로마에서 추방하려고 했다. 그런데 시민들이 메텔루스를 감싸고 들자 국가의 위기를 직감한 메텔루스는 스스로 로마를 떠났다.

기원전 99년, 사투르니누스는 세 번째로 호민관에 출마하여 당선되었다. 글라우키아가 집정관 선거에 출마를 강행하자 사투르니누스는 그의 당선을 위해 폭도들을 이용했다. 그러다 선거 진행 도중에 한 집정관 후보가 사투르니누스의 지지자에게 살해되는 사건이 벌어지고 말았다. 다음날, 격분한 시민들은 사투르니누스를 처단해야 한다고 일심으로 단결했지만 그와 그의 일파가 이미 카피톨리움 언덕을 점령한 후였다. 원로원은 사투르니누스와 글라우키아를 국가의 적으로 규정하고 이들과 사이가 멀어진 집정관 마리우스에게 '선량한 시민들'을 무장시켜 국가의 안위를 지키도록 명령했다. 마리우스는 원로원의 명을 받아 사투르니누스파에 대한 무력 진압에 나섰다. 사투르니누스 일파는 결국 마리우스에게 항복했고 마리우스는 그들을 감옥이 아닌 원로원 의사당에 감금시켰다. 그러나 보수파가 건물 지붕을 뚫고 들어가 사투르니누스와 지지자들을 돌로 쳐 죽였다. 이번 폭동으로 수많은 희생자가 나왔고 신성불가침의 호민관이 살해당하면서 그의 개혁도 모두 허사로 돌아갔다. 호민관 푸리우스가 끝까지 메텔루스의 귀환을 반대하자 사람들은 그가 변명할 새도 없이 그를 갈가리 찢어 죽였다고 한다. 이후 메텔루스는 로마로 다시 돌아왔다.

사투르니누스가 선동 정치를 펼친 후에 마리우스는 평민파의 신뢰를 잃고 실각했다. 그의 인기가 급속히 추락하자 감찰관에 출마할 용기마저 잃어버린 그는 재기를 다짐하며 소아시아로 건너갔다. 로마로 돌아온 그는 정치계를 떠나 사실상 은퇴에 들어갔다. 그러다 기원전 90년에 동맹국 전쟁이 폭발하면서 환갑의 마리우스는 로마의 정치 무대에 다시 얼굴을 내밀었다.

누미디아 왕국

누미디아는 북아프리카의 옛 지명으로, 누미디아 인은 지금의 알제리 북부에 거주했다. '누미디아'는 당시 로마가 누미디아 인이 거주하던 곳을 일컫던 이름이다. 말을 타고 사냥과 유목을 하는 누미디아 인의 활동 영역은 동쪽으로 지금의 리비아에 이른다.

기원전 3세기 말, 마시니사가 부족을 통일하여 국왕에 오른 무렵부터 이들은 정착 및 농경생활을 시작했다. 점차 상업이 발전하면서 유럽 국가와의 교역이 강화되고 그리스 문화를 접하고 문자를 창조하면서 지중해의 강국으로 성장했다. 마시니사는 로마와 연합하여 카르타고에 대항했다. 제2차 포에니 전쟁 때 로마는 마시니사의 지원 덕분에 카르타고를 격파할 수 있었다.

기원전 146년, 카르타고를 점령한 로마가 다시 누미디아 왕국을 침입해왔다. 기원전 118년에 마시니사의 손자 유구르타가 누미디아 인을 이끌고 로마의 침략에 대항했지만 결국 실패했다. 기원전 46년에 누미디아 왕국은 로마에 의해 멸망하고 그 관할지는 아프리카 속주로 일부 편입되었다.

4 동맹국 전쟁

이탈리아가 로마에 시민권을 요구하면서 동맹국 전쟁이 발발했다. 비록 최후의 승자는 로마였으나 이탈리아는 이번 전쟁으로 그토록 갈망하던 시민권을 획득했다. 이후 이탈리아의 상위층이 로마 귀족으로 흡수되고 대부분 중하위층이 로마의 시민권을 얻으면서 국가의 사회적 기반이 확대되었고, 이탈리아 각지가 로마화되면서 점차 통일된 이탈리아 문화를 형성하게 되었다.

시기 : 기원전 91~기원전 88년
인물 : 드루수스, 루키우스 카이사르, 루푸스, 폼페이우스 스트라보

드루수스 법안

사투르니누스의 선동 정치 이후에도 빈민들의 토지 문제 및 이탈리아 인의 시민권 문제는 여전히 로마의 발목을 잡았다. 기원전 91년, 귀족 출신으로 호민관에 당선된 드루수스Marcus Livius Drusus(가이우스 그라쿠스의 개혁을 반대한 드루수스의 아들)는 각 세력을 중재하여 이탈리아 인의 시민권 문제를 해결하고자 했다. 당시 로마의 배심원은 원로원이 독점하다시피했는데 원로원과 기사 신분의 충돌이 심화되자 드루수스는 그들의 분쟁을 우선 완화했다. 그런데 원로원 의원들의 사법권을 대놓고 부활시키기가 어려워지자,

한눈에 보는 세계사
기원전 97년 : 사마천, 《사기》 완성

로마 광장

원로원 의원을 300명에서 600명으로 늘린 후 나머지 300명을 기사 신분에서 뽑아 배심원을 전부 원로원 의원으로 구성했다. 그리고 뇌물 사건 심사와 더불어 이탈리아와 시칠리아 식민시를 빈민들에게 최대한 나눠 줄 것을 요구했다. 또한 식량법을 실시하여 시민들의 식량 가격을 최대한 낮추고 마지막으로 이탈리아 인에게 시민권을 확대하는 방안을 제안했다. 그리하면 로마 시민의 인원수가 대폭 증가되어 공화정의 기반을 확대시킬 수 있었다.

하지만 드루수스의 법안은 원로원과 기사 신분의 격렬한 반대에 부딪히고 말았다. 당시 원로원은 기사 신분의 원로원 입성에 심한 위협을 느끼고 있었고, 기사들 역시 사법권이 다시 원로원 의원들의 손에 넘어갈까 노심초사하고 있었다. 그의 법안에 찬성하는 이는 식민지 분배를 원하는 평민들뿐이었다. 이탈리아 인, 특히 에트루리아 인과 움브리아 인은 시민권 부여를 환영하면서도 이미 그들이 알게 모르게 경작 중인 농경지를 빼앗기는 것에 대해서는 불만을 품었다. 로마 집정관의 부름을 받은 이탈리아 인이 로마로 향했다. 드루수스를 고발하려는 듯 보였으나 이들 마음속에는 그를 처치하려는 꿍꿍이가 도사리고 있었다.

결국 드루수스가 암살당하자 기사 신분은 호민관 푸리우스를 꼬드겨 어떤 방법으로든 이탈리아 인의 시민권 획득을 돕는 자는 모조리 고발한다는 새 법안을 제출했다. 이번 기회에 원로원에 단단히 압력을 행사하겠다는 의도였다. 다른 호민관이 이 법안에 거부권을 행사하자 기사들은 무력을 동원해 강제로 법안을 통과시켰다. 이 일로 수많은 귀족파 의원들이 스스로 망명을 하거나 강제추방을 당했다. 기사 신분의 만행에 합법적 수단으로는 도저히 시민권을 얻기 어려워지자 이탈리아는 결국 동맹부족끼리 비밀리에 반란을 계획했다.

동맹국 전쟁

로마가 한창 폭동을 다스리고 있을 무렵, 이탈리아 각지에서 심상치 않은 소문이 들려오자 로마는 급히 밀사를 보내 정황 파악에 나섰다. 곧 아스쿨룸과 이웃 도시가 서로 볼모를 교환하여 동맹을 맺은 사실이 드러났다. 로마대법관이 즉시 달려가 이들에게 경고를 주자 격분한 아스쿨룸 시민들이 현장에서 그를 죽여 버렸다. 이것이 반란의 신호탄이 되어 그곳에 거주하는 로마 인들이 모두 살해당하고 말았다. 기원전 91년 말, 아스쿨룸 사건을 계기로 각 부족이 연합하기 시작했다. 그 와중에도 계속해서 로마에 사신을 보내 시민권을 달라고 호소했다. 하지만 돌아온 것은 로마 원로원의 냉랭한 대답뿐이었다. "지금껏 저지른 짓을 뉘우치는 거라면 사신을 보내도 좋으나 그게 아니라면 사신 따윈 필요 없소." 결국 이탈리아 인의 마지막 희망이 꺾이면서 '동맹국同盟國 전쟁'이 일어났다. 베노치아를 제외한 라틴 식민 도시가 이 동맹국 전쟁에 참여하지 않은 것은 그들이 이미 시민권을 누리고 있었기 때문이다.

이탈리아 반란군은 그 수가 로마에 맞먹을 만큼 대군이었다. 그들의 전술과 무기 또한 결코 로마에 뒤처지지 않았다. 동맹시들은 자체 연방을 조직해 코르피니움을 수도로 정하고 국명을 이탈리아로 바꿨다. 또한 각 조직에서 원로원 의원 500명 및 집정관 2명, 관리 12명을 선출했다. 이와 함께 독자적인 화폐도 주조하고 오스키 어와 라틴 어를 주 언어로 삼았다.

이탈리아의 대대적인 반란에 로마는 두 명의 집정관을 동시에 출정시켰다. 카이사르Lucius Caesar가 남부 전선을 맡고 루푸스Publius Sulpicius Rufus

가 북부 전선을 맡았다. 그런데 전쟁이 시작되자마자 반란군이 남부의 카이사르 군대를 격파하고 캄파니아로 물밀듯이 쳐들어갔다. 고전을 면치 못하는 것은 북부도 마찬가지였다. 반란군은 위대한 폼페이우스의 아버지인 폼페이우스 스트라보Pompeius Strabo의 군단을 격파한 뒤 루푸스와 그의 부하 8,000여 명을 모조리 죽여 버렸다. 후에 마리우스가 나서서 이 사태를 겨우 진정시켰다. 그런데 당시 로마군이 불리할 수밖에 없는 가장 큰 이유가 있었으니 바로 내부 분열이었다. 드루수스가 죽은 뒤, 로마는 이탈리아인의 시민권을 놓고 찬성파와 반대파로 확연히 나뉘었다. 반란이 시작되자 이들은 반란을 진압하느냐, 정치적 양보를 하느냐를 놓고 더욱 격렬하게 대립했다. 마리우스는 후자의 대표로서 전쟁을 치르는 중에도 중재와 협상 기회를 엿보았다. 전쟁 초반에 로마군이 패배를 당한 것은 결국 로마 장군의 입장 차이 때문이었다.

전쟁에서 로마군이 불리해지자 원로원은 이윽고 비상사태를 선포했다. 로마는 마리우스의 개혁에 따라 용병과 지원병을 대거 모집하고, 심지어 상례를 깨고 해방 노예들까지 참전시켰다. 하지만 로마로서는 정치적 양보밖에 이 반란을 저지할 방법이 없었다. 결국 기원전 90년 말에 반란에 가담하지 않은 자를 비롯해 반란에 가담했더라도 로마에 충성을 맹세한 자에게는 시민권을 준다는 율리우스 법을 발표했다. 기원전 89년에는 호민관인 플라우티우스 파피리우스 법을 제정하여 60일 내에 무기를 내려놓고 로마에 항복하는 모든 자유인에게 로마 시민권을 허용했다. 그리고 같은 해, 폼페이우스 스트라보는 알프스 이남의 갈리아 키살피나에 로마 시민권을, 포 강 맞은편 갈리아 부족에게 시민권을 부여했다. 시민권이란 일찍이 로마가 일부 라틴 식민지 시민에게 부여한 로마 시민권을 가리킨다. 로마 시민권의 확대로 반란군이 명분을 잃게 되자 전쟁은 점차 로마에 유리한 방향으로 흘러갔다.

기원전 89년에 로마군은 남·북 각 전선에서 완강히 저항하는 반란군에 대해 전면적인 반격을 시작했다. 그 결과, 폼페이우스 스트라보가 반란의 시발점인 아스쿨룸 및 이들의 연방인 이탈리아를 연이어 점령했다. 기원전 88년 초에는 북부와 중부 이탈리아의 반란군이 대부분 진압되었다. 북부에서 로마군이 승전보를 울리는 동안 남부군도 술라의 지휘로 맹렬한 공세를 퍼부었다. 북부 전쟁이 승리로 끝나고 얼마 후에 남부 전쟁도 로마의 승리로 끝이 났다. 로마 인에게 가장 위협적이던 3년간의 동맹국 전쟁은 이렇게 끝을 맺었다.

로마 인에게 동맹국 전쟁은 사실상 생존을 건 전쟁이었다고 말할 수 있다. 제아무리 동맹자인들 잔혹한 전쟁에서 승리하고 난 후 안면 몰수하는 경우가 얼마나 많았던가. 다시 말해 로마군의 승리는 로마와 더불어 지중해 국가를 혼란 속에서 구원한 중대한 의미를 지니고 있다. 이탈리아 인의

폼페이 옛 유적지

시민권 확대는 로마 인과 이탈리아 인의 화합을 가져왔다. 또한 로마 시민의 범주를 확대하고 로마의 새로운 관리자를 탄생시켰다. 하지만 전쟁은 로마와 이탈리아 모두에게 크나큰 손실을 주었다. 이번 전쟁에서 혁혁한 공을 세운 로마 군대는 킴브리 전쟁 이후의 마리우스 군대보다 충분히 더 위협적으로 변했다. 동맹국 전쟁으로 로마는 민정과 군권이 분리된 새로운 전환점을 맞이하게 되었다.

5 행운아 '술라'

무수한 땅을 점령하여 로마에 큰 공을 세운 술라는 결코 씻을 수 없는 죄를 지었으니 로마 장수로서 군대를 선동하여 로마를 점령한 최초의 사례를 남긴 것이다. 용맹하면서도 교활한 그를 두고 사람들은 '반은 사자, 반은 여우'라 불렸다. 격렬한 전쟁에서 매번 운 좋게 승리를 거두자 그는 스스로 행운아라는 의미의 '펠릭스'라고 칭했다.

시기 : 기원전 138~기원전 78년
인물 : 술라, 마리우스, 미트라다테스 6세, 킨나

술라, 세력을 얻다

루키우스 코르넬리우스 술라Lucius Cornelius Sulla는 로마의 몰락한 귀족 가문에서 태어났다. 그의 6대 조상은 두 번의 집정관을 지냈지만, 10아스가 넘는 고가의 식기를 소유한 죄로 원로원에서 쫓겨나 지난날의 영광을 한순간에 잃고 말았다. 술라의 가문이 몰락의 길을 걸어 가세가 기울게 된 것도 이때부터였다. 집안이 어렵다 보니 그는 어린 시절에 하층민들이 사는 싸고 허름한 지역에서 자랐다. 남달리 문학과 예술에 관심이 깊고 사람 사귀기를 좋아하여 종일 배우와 광대, 창녀들과 어울려 지냈다. 한 부유한

한눈에 보는 세계사

기원전 108년 : 고조선 멸망, 한군현 설치   기원전 97년 : 사마천, 《사기》 완성

창녀는 나중에 자기가 죽으면 재산 전부를 그에게 물려준다는 유언장을 남겼다. 이후 술라의 계모도 죽으면서 유산을 전부 그에게 물려주었다. 가난하던 그가 한순간에 부자가 되자 사람들은 조금씩 그를 지켜보기 시작했다.

기원전 107년, 마리우스Gaius Marius가 집정관에 오르자 술라는 재무관에 임명되어 그를 따라 아프리카에서 유구르타 전쟁에 참가했다. 행운의 사나이 술라가 마우레타니아Mauretania의 국왕 보쿠스와 손을 잡자 때마침 보쿠스의 사위인 유구르타가 그에게 투항해 왔다. 평소 유구르타가 눈엣가시였던 보쿠스는 아예 그를 술라에게 넘겨 버렸다. 술라가 유구르타를 생포하면서 기원전 105년에 전쟁은 끝이 났고 술라는 영예의 주인공이 되었다. 이후 마리우스는 게르만 족과의 전쟁에서도 여전히 술라를 중용했다. 그는 두 번째 집정관에 선출되자 술라를 부사령관으로, 세 번째 집정관 당선 때는 술라를 호민관으로 추천했다. 관직에 오른 뒤 술라의 군사적 재능은 점점 두각을 나타냈다. 그는 부사령관일 때 적의 우두머리를 포로로 잡았고 호민관일 때는 마르시 족을 설득하여 로마의 동맹으로 끌어들이는 데 성공했다.

하지만 마리우스는 이런 술라의 성공에 마음이 불안해져 더 이상 그에게 공을 세울 기회를 주려고 하지 않았다. 술라는 마리우스를 떠나 카툴루스의 휘하로 들어갔다. 유약하고 무능한 카툴루스는 군사 업무 대부분을 술라에게 의지했다. 술라는 알프스 산맥의 대다수 야만족을 정복하여 북이탈리아 지역을 평정시켰다. 기원전 94년 술라는 스스로 행정장관에 입후보했으나 민중의 지지를 얻는 데 실패했다. 그 대신, 시 법무관에 선출되었다. 그런데 여기에는 그가 엄청난 뇌물을 뿌려 출세했다는 소문도 뒤따랐다. 행정장관 임기 후에 술라는 킬리키아의 총독으로 부임했다. 그는 별 무리 없이 카파도키아Cappadocia를 로마로 복속시키고 폐위된 왕을 복위시켰으며 파르티아 왕국의 대사를 만나 외교 협상을 벌였다.

　명예롭게 로마로 돌아온 술라는 동맹국을 협박, 약탈했다는 혐의로 고발을 당했다. 다행히 고발자가 고소를 취하하면서 난처한 상황을 면할 수 있었다. 이후 신전에 술라의 조각상을 세운 일로 술라와 마리우스 사이에는 일촉즉발의 긴장감이 감돌았다. 하지만 갑자기 동맹국 전쟁이 일어나면서 내분은 잠시 잠잠해졌다. 동맹국 전쟁 중에 수많은 로마 장수들이 차례대로 패했다. 마리우스 역시도 루푸스의 방해와 고령의 나이로 별다른 활약을 보이지 못했다. 하지만 승세를 타는 술라는 마르시 족과 삼니움 족을 정복하여 연이은 승전보를 울리며 명실상부한 사령관으로 입지를 굳혔다.

루푸스 법안

기원전 88년, 동맹국 전쟁이 거의 끝이 날 무렵, 쉰 살의 술라는 혁혁한 전공을 무기로 집정관에 선출되었다. 이와 함께 술라는 대제사의 딸이자 유력 가문의 미망인 메텔라와 네 번째 결혼을 하여 막강한 귀족 세력의 후원을 얻게 되었다. 그런데 이 시기에 동쪽의 형세가 급변하고 있었다. 로마 인이 이탈리아 전쟁으로 잠시 한눈을 파는 사이, 폰토스 국왕이 세력 확장을 위해 주변국을 흡수하면서 소아시아와 발칸 반도를 통치하던 로마에 위협을 가한 것이다. 로마도 곧 전쟁 준비에 나섰으나 사령관의 선택을 두고 한바탕 논쟁이 벌어졌다.

술라의 두상

　원로원의 지지로 술라가 집정관에 선출되었다. 그가 놀라Nola로 떠날 준비를 하고 있을 때, 마리우스의 선동 아래 호민관인 루푸스가 사전에 보고도 없이 민회에 아래와 같은 네 가지 법안을 제출했다.

　⑴ 이탈리아 출신의 신시민과 해방노예를 모두 종전의 35개 트리부스 내에 편입시킨다.

동맹국 전쟁 후, 로마의 시민권을 얻은 이탈리아 인들을 기존의 시민과 따로 분류시켜 놓았기 때문에 이들은 선거 시에 구 시민에 대한 거부권을 사용할 수 없었다.

⑵ 원로원 의원의 부채가 2,000데나리우스보다 많으면 그 관직을 박탈한다.

⑶ 로마에서 추방령을 받은 모든 시민을 다시 본국으로 불러들인다.

⑷ 술라의 지휘권을 박탈하고 마리우스를 폰토스 전쟁의 총사령관으로 임명한다.

이 법안으로 신·구 시민 사이에 분쟁이 일어났고 돌멩이와 몽둥이를 들고 패싸움을 하기에 이르렀다. 집정관 술라와 폼페이우스는 관례대로 모든 공무를 중단하고 며칠 휴직을 선포하여 표결을 보류했다. 하지만 마냥 기다릴 수 없었던 루푸스와 그의 일파는 단검을 숨겨 광장에 모였다. 그리고 집정관의 휴직 제도를 폐지하고 서둘러 법률을 제정할 것을 주장했다. 그의 무리가 단검을 꺼내 불복하는 자를 죽이겠노라고 협박하자 폼페이우스는 가까스로 도망을 쳤고 술라도 지휘권을 빼앗긴 채 피신했다. 하지만 술라의 사위이기도 한 폼페이우스의 아들은 바른말을 하다가 결국 루푸스 무리의 손에 목숨을 잃었다.

마리우스와 타협을 마친 술라는 로마를 떠나 서둘러 그의 군대가 주둔해 있는 카푸아로 향했다. 민회에서 법안이 통과되자 루푸스는 곧 호민관 두 명을 놀라로 파견해 술라보다 먼저 그의 부대를 장악하려고 했다. 하지만 여전히 술라가 한발 앞섰다. 상황을 전해 들은 병사들은 더 이상 마리우스의 휘하에서 전리품을 얻을 수 없게 되자 하나둘씩 술라의 편으로 돌아섰다. 그들은 당장에라도 로마로 쳐들어가겠노라고 외쳤다. 하지만 재무관 한 명을 제외한 관리들은 로마군을 이끌고 로마로 쳐들어가는 것에 양심의 가책을 느껴 술라를 떠나 로마로 도주했다.

술라는 폰토스 정벌을 위해 준비된 6개 군단을 이끌고 로마로 진군했다. 로마의 군대가 로마를 공격하는 일은 로마 역사상 처음 있는 사건이었다. 혼란에 빠진 로마는 연이어 사신을 보내 그에게 이렇게까지 하는 이유를 따졌다. 그러자 술라는 이렇게 대답했다. "폭군의 통치에서 내 조국을 구해 내기 위해서이다!" 술라의 군대가 무력으로 로마를 점령하자 마리우스와 루푸스는 패주했다. 술라는 상위 귀족들의 열렬한 환대 속에 마리우스 일파에 대한 숙청을 감행했다. 술라는 마리우스와 그의 무리를 로마의 적으로 선포하고 재산을 모조리 몰수했다. 또한 루푸스 법령을 무효화하고 원로원은 심사를 거치지 않은 안건을 민회에 제출할 수 없으며 국가의 모든 법률은 켄투리아회에서 표결을 통과해야만 효력을 발휘한다는 새로

가르교

가르교는 가르 강에 있으며, 그 물줄기는 님까지 이어져 있다. 가르교는 로마 인의 문명 발전과 위생적인 생활에 중대한 역할을 했다.

운 법안을 통과시켰다. 이로써 민주적인 트리부스회는 있으나 마나 한 장식품으로 전락해 버렸다. 호민관의 권리에도 제약이 따랐고 거부권 또한 박탈당했다. 그 밖에 술라를 지지한 300명은 새 원로원 의원으로 임명되었다.

1차 내전

기원전 87년 봄, 정적을 말끔히 제거했다고 여긴 술라는 폰토스 국왕 미트라다테스 6세Mithradates VI를 토벌하러 나섰다. 일찍이 기원전 88년에 미트라다테스 6세가 군대를 이끌고 로마의 아시아 속주를 침략하여 전쟁을 도발했는데, 이것이 '1차 미트라다테스 전쟁'이다. 전쟁 초기, 미트라다테스 6세는 소아시아를 로마 총독과 과다하게 세금을 징수하는 청부업자의 고통 속에서 순조롭게 해방시켜 주었다. 뒤이어 트라키아와 마케도니아를 점령한 후 에피루스 외의 그리스 전역을 점거했다. 로마는 아시아의 거의 모든 속주를 그에게 빼앗기고 말았다.

그리스에 도착한 술라의 군대는 몇 번의 격전 끝에 미트라다테스 6세의 그리스 세력을 거의 숙청했다. 원래 미트라다테스 6세를 지지하던 소아시아 인은 전쟁의 중압감에 못 이겨 로마로 배를 갈아탔다. 더 이상 전쟁할 여력이 남아 있지 않은 미트라다테스 6세는 폰토스 통치권을 지키기 위해 술라에게 화친을 제안했다. 술라가 로마 밖에서 전쟁을 벌이는 사이 마리우스와 킨나Lucius Cornelius Cinna가 로마를 점령하자, 술라는 내란에 대비하여 기원전 85년에 그와 평화 조약을 맺었다. 대신 미트라다테스 6세는 소아시아 땅에서 물러나 배상금 2,000달란트와 더불어 청동 함대 70척을 무상으로 바쳐야 했다. 제1차 미트라다테스 전쟁은 이렇게 마무리되었다.

로마 밖으로 도주한 마리우스 일파의 대부분이 결국 붙잡혀 살해되었지만 마리우스는 다행히도 목숨을 건졌다. 그가 숨어 지낼 때 그곳 행정장관이 갈리아 인을 보내 그를 죽이려 했다. 갈리아 인이 마리우스의 은신처로 달려와 그를 죽이려고 하자 마리우스가 자리에서 벌떡 일어나며 소리쳤다. "네가 감히 이 가이우스 마리우스를 죽이려 드느냐?" 그러자 갈리아 인은 정신 나간 사람처럼 줄행랑을 쳤다. 그 후로도 고비를 몇 번 넘긴 마리우스는 아프리카 대륙 인근의 한 작은 섬에서 1,000명도 안 되는 병사들을 모아 놓고 다시 일어설 기회를 노렸다.

술라가 원정을 떠나자 로마의 대권은 새 집정관인 옥타비우스Gnaeus Octavius와 킨나의 손에 들어갔다. 마리우스와 그 일파를 불러들이기 위한 준비로 새로 시민권을 얻은 자들을 선동해 투표권을 얻으려는 움직임이 일었다. 킨나는 뇌물 300달란트를 받고 신시민들 편에 섰지만 구시민들은 옥타비우스를 지지했다. 킨나는 수적으로 우세한 신시민들의 승리를 확신했지만 옥타비우스의 전사들에게 참패하고 말았다. 대략 신시민 1만여 명이 살해당하자 킨나는 로마 밖으로 도주했다. 그는 이탈리아 각지에서 군대를 모집해 술라와의 전쟁을 준비했다. 이 소식을 들은 마리우스는 즉시 무리를 이끌고 에트루리아로 향했다. 그곳에서 6,000명의 사병을 소집한 후 킨나와 연합하여 로마로 진군했다.

마리우스와 킨나는 로마를 포위 공격하여 후방에서 군수품을 보급받을 수 없도록 보급로를 차단했다. 킨나가 자신에게 항복하는 노예들은 누구든 자유를 주겠노라고 선포하자 그의 군대는 인원이 대폭 증가했다. 이대로 도망갈 것이냐, 타협할 것이냐를 두고 원로원은 쉽게 결정을 내리지 못하고 있었다. 결국 사람들을 죽이지 않는다는 조건을 내걸고 킨나에게 화해를 요청했다. 킨나는 이를 거절하면서도 결코 무차별적인 학살은 더 이상 없을 거라고 약속했다. 원로원은 마리우스와 킨나에게 로마로 돌아올 것을 청했지만 마리우스는 경멸의 미소를 지으며 말했다. "추방당한 자를 다시 불러들이는 건 법에 어긋나는 일이오." 이에 호민관은 당장 표결에 부쳐 마리우스에 대한 추방령을 무효로 하고 술라가 집정관으로 있을 때 시행된 다른 추방법도 폐지했다.

로마로 돌아온 킨나와 마리우스는 정적들의 재산을 약탈하기 시작했다. 이들은 집정관 옥타비우스에게 신변의 안전을 약속했지만, 결국 킨나의 부하들은 그를 죽이고 그의 머리를 광장 연단 앞에 내걸었다. 로마 집정관의 머리가 대중 앞에 전시된 것은 이번이 처음이었는데, 이를 시작으로 후에 학살이 일어날 때마다 꼭 거쳐야 하는 습관처럼 굳어졌다. 그런데 이와 동시에 수많은 사람이 재판도 없이 처형당하는 공포스러운 사건이 일어났다. 사회 저명인사들은 물론이고 무고한 자들이 처참하게 살육되었다. 술라도 꼼짝없이 로마의 공적으로 숙청 대상에 올랐다. 가택이 부서지고 그가 제정한 법률도 모두 무효화되었으며 그의 지지자들까지 죽고 재산을 몰수당했다.

기원전 88년, 마리우스는 일곱 번째, 킨나는 두 번째 집정관에 당선되었는데, 얼마 후 마리우스가 병으로 사망하면서 킨나가 로마의 실질적 주인이 되었다. 하지만 부유한 아시아 속주를 술라가 장악하고 있어 킨나의 통치 체제에 제약이 따른 데다 로마 내 화폐 문제도 날로 심각해지고 있었다. 이를 해결하기 위해 킨나는 가치가 낮은 구리동전을 없애고 예전의 은화를 다시 발행했으며, 4분의 3에 달하는 채무자의 부채를 탕감해 주었다. 또 로마의 시민권을 얻은 이탈리아 인을 기존의 35개 트리부스에 편입시켜 투표권을 확보했다. 킨나는 급히 마리우스의 후임 집정관 플라쿠스를 아시아 지휘관으로 파견하여 미트라다테스 6세 정벌을 명령했으나 실은 술라를 겨냥한 전쟁이었다. 그러나 그리스에 도착하자마자 군대의 폭동으로 플라쿠스는 살해당하고 후임 집정관이 소아시아로 진입하여 전쟁에서 승리했다. 술라는 자신을 정벌하러 온 로마 정부의 군대를 베르가마 부근에서 식은 죽 먹기로 포위했다. 동시에 소아시아에 있는 미트라다테스 6세의 도시와 시민들을 징벌하고 배신자들을 잔인하게 학살했다. 그는 군심을 얻기 위해 여러 도시를 약탈하여 전리품을 챙기고 성벽을 무너뜨렸으며 주민들을 노예로 팔아넘겼다. 또한 각 도시에 5년간 세금과 거액의 군비를 징수했다.

1차 미트라다테스 전쟁이 끝나고 술라는 원로원에 서신을 보내 자신의 뛰어난 공을 과시하고는 '죄지은 자'들에 대한 처절한 복수를 예고했다. 원로원은 두려움에 떨며 곧장 사신을 보내 강화를 요청하는 동시에, 집정관 킨나에게 병사 모집을 잠시 멈추고 술라의 대답을 기다리도록 했다. 한창 이탈리아 각지에서 병사 모집과 군수품 조달에 바쁜 이들은

곧 이듬해 집정관이 될 것을 선포하여 로마로 돌아와 선거를 치를 필요가 없게 되었다. 킨나는 이탈리아 본토에서의 전쟁이 승산이 없다고 판단하여 일리리쿰 북부 해안 근처로 군대를 이동시켰다.

그런데 이동하는 도중에 동란이 일어나 일부 바다를 건넌 병사들이 고향으로 도망을 쳤고 아직 건너지 못한 일부 병사들은 같은 로마 인끼리 전쟁을 해야 한다는 사실에 좌절하여 반감을 품었다. 킨나가 병사들을 불러모아 명령에 복종할 것을 위협하자 곧 분노와 동요가 가라앉았다. 그러던 중 킨나의 시종이 한 병사와 치고받고 싸우는 사건이 일어났는데, 킨나는

시종을 나무라기는커녕 당장 그 병사를 잡아들이라고 명령했다. 이 일로 민심이 격앙되어 사방팔방에서 민중이 들고일어났다. 사람들은 킨나를 향해 돌을 던졌고 킨나는 결국 누군가의 단검에 목숨을 잃었다. 킨나가 죽고 다른 이가 유일한 집정관으로 등극했으나 킨나의 일파를 자기편으로 끌어들이지 못한 채 술라에게 맞서다 전쟁에서 패하고 말았다.

기원전 83년 봄, 술라가 이탈리아 남단의 브룬디시움Brundisium에 상륙하면서 1차 내전이 전개되었다. 수많은 귀족이 그와 규합했는데 젊은 그나이우스 폼페이우스가 3개 군단을 이끌고 오면서 술라의 군대는 더욱 막강해졌다. 하지만 마리우스의 세력도 절대 만만하지 않았다. 마리우스의 조카는 이탈리아 본토와 서부에서 용맹스럽게 저항했고 그의 여당들은 오랜 시간 투쟁한 끝에 술라가 죽은 뒤에도 히스파니아에서 위세를 떨쳤다. 이 잔혹한 전쟁은 이탈리아에서 무려 3년 동안이나 계속되었고 셀 수도 없이 많은 사람이 전쟁터에서 목숨을 잃었다. 반대파인 마리우스 세력을 처절하게 응징하면서 술라는 로마의 최고 통치자로 우뚝 섰다.

술라의 독재

술라는 정복자의 위세를 마음껏 과시하며 로마로 돌아왔다. 그는 곧 '살생부'를 발표하여 대대적이고 철저한 마리우스파 학살에 착수했다. 그 첫 번째 명단에 오른 자만 해도 원로원 의원 40명과 기사 1,600명에 달했다. 누구든 이들을 죽여도 처벌하지 않고 몰래 신고하는 자는 상을 내리며, 숨겨 주는 자는 철저히 응징할 것이라고 선포했다. 얼마 후, 술라의 살생부에는 또 다른 이름들이 올랐다. 통계를 보면, 그의 정적 숙청으로 총 의원 90명과 집정관의 지위에 맞먹는 고위 관리 15명, 그리고 기사 신분 2,600명이 비명횡사했다. 그 외 목숨을 잃은 자들까지 합하면 그 수는 일일이 셀 수도 없을 정도였다. 술라의 부하들은 물 만난 고기처럼 약탈을 일삼으며 재산을 불리고 병사들은 대량의 전리품 외에도 '국가의 적'으로부터 몰수한 토지 중 일부를 분배받았다. 술라는 반대파의 노예 중 장정 1만 명을 해방시키고 시민권을 주어 언제든 그의 명령에 복종할 수 있는 근위대로 삼았다. 이들의 폭력 앞에서 로마 인은 누구도 반항할 수 없었다. 그는 또 이탈리아 각지의 효율적인 통제를 위해 이탈리아 전역에 군사 식민지를 건설했다. 성대한 개선식을 마친 술라는 스스로 행운아라는 의미의 '펠릭스Felix'라고 불렀다.

기원전 82년에 두 집정관이 연이어 세상을 뜨자 원로원은 수석의원인 발레리우스 플라쿠스를 로마의 임시 섭정관으로 세웠다. 술라는 그에게 편지를 보내 자신의 확고한 의지를 드러냈다. 그는 우선 120년 전에 폐지된 독재관을 부활시킬 것을 주장했다. 일반적으로 독재관의 임기는 6개월이나 술라는 비상사태라는 이유로 로마와 이탈리아 통치권을 회복할 때까지 종신 독재관을 요청했다. 당시 이탈리아는 당파 싸움과 오랜 전쟁으로 무질서하고 혼란스러운 상태였기 때문이다. 술라는 독재관으로서 로마의 발전에 크게 이바지할 것이라고 다짐했다.

로마 인은 그에게 불만을 품었으나 무력한 현실 앞에서 민회의 승인을 지켜볼 수밖에 없었다. 그렇게 술라는 로마 역사상 첫 번째 종신 독재관으로 취임했다. 어찌 보면 공화정의 기본 원칙을 무너뜨린 처사라 할 수 있지만 그는 줄곧 공화정의 형식을 지키려고 애썼다. 그는 모든 관직과 명예를 민회라는 합법적 절차를 거쳐 부여하고 계속해서 집정관과 관리들을 선출하여 기존의 공무를 이어 가도록 했다. 모든 안건은 반드시 민회의 승인을 거친 후에야 법률로 제정했다.

'로마의 새 질서 확립'을 위해 술라는 대대적인 국정 개혁에 나섰는데 주요 내용은 아래와 같다.

⑴ 그에게 충성을 바친 기사와 이탈리아 자치도시의 귀족 중 300명을 추

가로 선출하여 원로원 의원의 수를 600명으로 늘렸다. 그리고 훗날 원로원 의원이 되려면 반드시 재무관을 거치도록 규정했다. 원로원의 권력을 회복 시켜 원로원의 심의 없이는 민회에 안건을 제출할 수 없으며, 법정에서도 기사 신분이 아닌 원로원 의원만 배심원이 될 수 있도록 바꾸었다.

(2) 호민관은 권력을 박탈당하여 민회에 법안을 제출할 수도, 사법 절차 에 관여할 수도 없게 되었다. 탄핵권은 원로원이 대체하고 거부권 또한 엄 격한 제재가 따랐다. 또한 호민관직에 있는 자는 다른 관직에 오를 수 없게 했다.

(3) 민회는 그 기능이 유명무실해져 술라의 권력 집행 수단으로 전락했 다. 특히 켄투리아회는 영영 제 역할을 되찾지 못했다. 안찰관은 12명에서 20명, 행정장관은 4명에서 8명, 법무관은 6명에서 8명으로 늘어났다. 2명 의 집정관과 8명의 법무관은 임기가 끝난 후에 10개 속주의 총독으로 파견 되었는데, 각각의 파견지는 원로원에서 결정했다.

(4) 고위 관직의 승진 제도를 새로이 정립하고 기원전 180년에 공포되었 던 과거의 법안을 부활시켰다. 각 관직의 자격 요건을 안찰관은 30세 이상, 재무관은 39세 이상, 집정관은 43세 이상으로 규정하고 모든 공직자는 10 년 이내에 같은 관직을 연임할 수 없게 했다. 국정의 안정을 위해 집정관을 원로원 수석 고문으로 삼았고 재무관 이상의 관직부터는 원로원 의석이 자동으로 확보되었다.

(5) 통치 기반을 강화하고자 술라는 사회질서 정립에 관한 여러 법률을 제정했다. 7곳의 상설 형사법정을 설치하고 구체적인 심리 절차를 마련했 으며 빈민들에게 밀을 저렴한 가격에 파는 소맥법을 폐지했다. 이탈리아 시민의 투표권을 인정하여 35개의 트리부스로 편입시키고 이탈리아에 자 치구를 지정하여 정세를 안정시켰다.

기원전 79년, 술라가 갑자기 사퇴를 선언했다. 그는 종신 독재관에서 물러나 캄파니아의 바닷가 별장에서 전원생활을 누리며 살았다. 그의 갑작스런 은퇴를 두고 귀족공화제의 입헌정치를 위해 독재의 수단을 이용했다는 설부터 자신의 개혁이 효과가 없자 갑자기 은퇴했다는 설, 권력욕이 채워지자 싫증이 나서 고향으로 내려갔거나 더 이상 정치를 할 수 없을 만큼 심각한 피부병을 앓았다는 설 등 사람들은 다양한 의견을 내놓았다. 술라가 은퇴하자 로마에는 새로운 폭동의 불길이 타올랐다. 술라파의 카툴루스Lutatius Catulus와 반대파의 레피두스Aemilius Lepidus가 공동으로 집정관에 오르면서 정적 간의 분쟁이 또다시 시작되고 만 것이다.

술라는 은퇴 후에도 여전히 사치와 주색에 빠져 방탕한 생활을 즐겼다. 그런 중에 시문을 섭렵하여 세상에 알려지지는 않았지만 22권의 회고록을 집필하기도 했다. 기원전 78년, 아내 발레리아를 남겨둔 채 그는 바닷가 별장에서 향년 60세의 나이로 조용히 눈을 감았다. 레피두스 일파의 반발에도 카툴루스는 술라의 장례를 국장으로 치렀다. 술라의 시신을 금수레에 태워 이탈리아에서 성대한 장례 행진을 시작하자 그의 휘하에서 종군한 병사들도 무기를 든 채 달려와

장례 행렬에 참여했다. 그의 시신이 로마에 이르자 장례 행렬의 위세에 겁을 먹은 전 원로원 의원과 관리들은 모두 장중한 복장을 갖춰 엄숙하게 장례를 지켜보았다. 살아 있을 때도, 죽은 뒤에도 술라는 그들에게 가장 두려운 존재였던 것이다. 술라의 시신을 광장 연단 위에 올려놓고 언변이 뛰어난 로마 인이 장례 연설을 시작했다. 마지막으로 장성한 남자들이 시신이 든 관을 들어 마르스 광장으로 옮겼다. 과거 국왕들의 시신이 모셔진 곳이었다. 그의 묘비에는 이런 비문이 쓰였다고 한다. "동지에게는 술라보다 더 좋은 일을 한 사람이 없고 적에게는 술라보다 더 나쁜 일을 한 사람도 없다."

6 스파르타쿠스의 반란

ROME

스파르타쿠스는 고대 역사를 통틀어 가장 걸출한 인물이다. 위대한 장군이자 고결한 인간이며 고대 프롤레타리아의 진정한 대표이다.

– 카를 마르크스

스파르타쿠스는 약 2000년 전에 가장 큰 규모의 노예 투쟁을 이끈 가장 걸출한 영웅이다.

– 블라디미르 레닌

시기 : 기원전 73~기원전 71년
인물 : 스파르타쿠스, 크릭수스, 클라우디우스

베수비우스 산의 의거

스파르타쿠스Spartacus는 그리스 북방의 트라키아 출신으로, 그곳 부족은 원래부터 용맹하고 호전적이며 자유분방하기로 이름나 있었다. 미트라다테스 6세가 소아시아와 그리스에서 로마군에 대항할 때, 스파르타쿠스도 그리스군으로 전쟁에 참가했다가 기원전 80년에 포로로 잡혔다. 이후 로마군에 소속된 그는 여러 번 도망치려고 시도한 탓에 결국 노예 신분이 되었다. 그러나 뛰어난 무예를 인정받아 카푸아의 검투사 양성소로 팔려갔다. 검투 경기는 자유인들이 즐기는 잔인하고 야만적인 놀이로, 에트루리아에

한눈에 보는 세계사

기원전 97년 : 사마천, 《사기》 완성   기원전 57년 : 신라 건국

서 건너와 모든 로마 인을 사로잡은 국민 오락이었다. 정치가들이 민심을 이용하는 데에도 검투 경기만한 것이 없었다. 카푸아의 검투사 양성소는 검투사를 훈련해서 로마의 각 대도시로 조달하는 주요 훈련소로, 검투사는 대다수가 외국 국적의 노예였다. 워낙 경계가 삼엄해서 노예들은 일거수일투족을 감시당했고 심지어 족쇄와 수갑을 차기도 했다. 잔혹하고 비인간적인 대우와 언제 죽을지 모르는 비참한 운명 앞에 놓인 노예 검투사는 일반 노예보다 자유를 갈망할 수밖에 없었다.

기원전 2세기 후반에 시칠리아에서 대규모 노예 반란이 두 번이나 일어났으나, 모두 처참하게 진압되었다. 그리고 기원전 70년대에 들어와 로마는 동과 서, 양 노선으로 전쟁을 치렀다. 히스파니아에서는 마리우스 일파를 제압하고, 소아시아에서는 3차 미트라다테스 전쟁이 일어났다. 기원전 73년에 카푸아 검투사 양성소에서 검투사 200여 명이 은밀히 탈출을 계획하다 그만 발각되었다. 이때 스파르타쿠스가 앞에 나서서 동료들에게 이렇게 호소했다. "자유인으로 싸우다 전쟁터에서 죽는 것이 낫지, 한낱 귀족들의 장난감으로 경기장에서 죽지는 않겠소!" 그가 선동하자 노예 78명이 무기가 될 만한 것들을 챙겨 지옥 같은 검투사 양성소를 함께 탈출했다. 마침 길에서 무기와 갑옷을 싣고 가는 마차 여러 대를 발견한 그들은 무력으로 빼앗고 재빨리 베수비우스 산으로 도망쳤다. 이곳에 진을 친 노예들은 스파르타쿠스를 지도자로 선출했고, 갈리아 인 크릭수스Crixus와 게르만 인 오이노마우스가 그의 양팔이 되었다. 초기만 해도 당시는 워낙 노예들의 탈출이 흔했던 터라 로마 정부는 이 사태를 대수롭지 않게 여

고대 로마 검투사의 투구

202

겼다. 그런데 베수비우스 산 부근의 도망노예와 빈농들까지 스파르타쿠스와 의기투합하면서 반란군의 수는 1만 명 가까이 늘어났다. 스파르타쿠스 봉기군이 노예주들의 농장을 여러 차례 기습하자 온 캄파니아가 충격에 휩싸였다. 뒤늦게 봉기군의 위력을 실감한 로마 정부는 서둘러 정규군을 파병했다. 기원전 72년에 클라우디우스Claudius가 병력 3,000명을 이끌고 반란을 진압하러 나섰다. 그는 베수비우스 산의 유일한 길목을 막아서 봉기군이 굶주림을 견디지 못하고 항복하기를 노렸다. 그러나 스파르타쿠스의 봉기군은 그리 호락호락하지 않았다. 그들은 야생 덩굴로 밧줄을 만들어서 반대편 절벽을 타고 내려가는 기지를 발휘했다. 그리고 불시에 후방을 기습해서 로마군을 격파했다. 이때부터 노예 봉기군의 명성은 하늘을 찔렀고, 이들의 승리를 보고 더 많은 노예가 반란에 참여했다. 스파르타쿠스는 로마 군대의 체계를 따라 반란군을 보병과 투창병, 기병, 정찰병, 통신병, 수송병으로 편성하고 엄격하게 훈련했다. 오합지졸로 시작한 반란군은 어느덧 그 이름만 들어도 두려운 존재가 되었다.

클라우디우스가 반란을 진압하는 데 패하자 원로원은 법무관 바르니우스에게 지휘를 맡겨 정규 2개 군단을 베수비우스 산으로 파견했다. 이때 바르니우스는 군단을 나누어 포위 전술을 펼쳤다. 그러나 스파르타쿠스는 로마군의 약점을 간파하고 보란 듯이 차례로 로마군을 격파했다. 전쟁이 시작되자마자 스파르타쿠스는 바르니우스의 부관으로 병력 2,000명을 이끄는 푸리우스를 물리치고, 그 여세를 몰아 또 다른 부관인 코시니우스의 지원군마저 격파했다. 이에 바르니우스는 부대 배치를 새로이 하고 보루를 세워 노예 봉기군을 험난한 산속에 가둬 놓았다.

병력의 재정비가 시급한데 군량마저 바닥나자 스파르타쿠스는 또 한 번 기지를 발휘했다. 늦은 밤, 스파르타쿠스는 적군의 시체를 묶어두고 그 위에 불을 지폈다. 노예들이 아직 그 자리에 있는 것처럼 눈속임을 하고 교묘하게 로마군의 포위망을 빠져나온 것이다. 날이 밝고 나서야 속은 것을 안 바르니우스는 서둘러 봉기군의 뒤를 쫓았다가 매복한 봉기군에게 하마터면 포로로 잡힐 뻔했다. 연이은 승리에 노예들이 계속 몰려들어 7만여 명으로 세력이 확대된 봉기군은 이탈리아 남부로 향했다. 이에 원로원은 반란을 진압하기 위해 신속하게 집정관 2명을 파견했다.

반란군의 활약

세력이 커지는 만큼 봉기군 내부에 분열이 생기기 시작했다. 스파르타쿠스를 중심으로 한 노예들은 알프스 산을 넘어 고향으로 돌아가길 바란 한편, 크릭수스파는 강하게 반발했다. 크릭수스를 따르는 노예들은 약탈과 부를 목적으로 계속 이탈리아에 남으려 했다. 결국 크릭수스는 절반에 가까운 3만 병력을 이끌고 봉기군의 대열에서 이탈했다. 그러나 얼마 후 풀리아 북부의 가르가누스 산에서 포위당해 이들은 대부분 전사하고 크릭수스도 목숨을 잃었다. 스파르타쿠스는 진로를 북으로 바꾸어서 알프스 산을 향해 나아갔다. 그는 적군의 병력이 분산되었다는 약점을 이용해 두 집정관의 군대를 격파했고, 알프스 남쪽의 갈리아 총독 카시우스를 물리치고 무사히 알프스 산에 도착했다. 알프스의 험난한 지형과 북이탈리아 지역 부농들의 반발로 진군하기 어려울 것이라는 예상을 보기 좋게 깨고, 스파르타쿠스는 막강한 12만 병력을 이끌고 다시 남쪽으로 향하며 시칠리아 섬으로 건너갈 준비를 했다.

봉기군의 세력이 걷잡을 수 없이 커지자 원로원은 비상사태를 선언했다. 두 집정관의 지휘권은 이제 크라수스에게 넘어갔다. 봉기군은 로마의 주력 부대를 피해서 루카니아로 향했다. 이 소식을 들은 크라수스는 부관 무미우스Mummius에게 2개 군단을 주어 스파르타쿠스를 계속 포위하고 절대 전투를 벌이지 말라고 당부했다. 하지만 무미우스는 명령을 어기고 전투를 벌였다가 대패하고 말았다. 첫 번째 전쟁에서 패배한 대가로 크라수스는 오랫동안 시행되지 않았던 고대의 잔인한 형벌인 '10분의 1형'을 부활시켰다. 10명이 1조인 각 부대에서 한 명씩 제비를 뽑아 나머지 부대원이 그들을 죽이는 방식의 형벌이었다. 당시 이 형벌로 목숨을 잃은 자가 4,000명에 달했다고 한다. 크라수스는 봉기군의 뒤를 바짝 추격하며 어떻게든 전멸시킬 기회를 노렸다.

장렬한 희생

기원전 72년 말, 남이탈리아에서 시칠리아 섬으로 건너가려던 스파르타쿠스는 해적이 시칠리아 총독에게 뇌물을 받고서 배신하는 바람에 예상치

검투 경기장

검투 경기는 로마 인이 즐긴 잔인하고 야만적인 오락으로, 엄격한 훈련을 거친 노예만이 검투사로 나섰다. 피 튀기는 경기장에서 5년을 버티면 완전한 자유를 얻었으나, 패배한 검투사의 생사는 경기를 관람하는 군중의 마음에 달렸다. 그들의 엄지손가락이 위로 향하면 패자를 살려 주고, 엄지손가락이 아래로 향하면 그 자리에서 비참한 최후를 맞아야 했다.

스파르타쿠스

못한 난관에 부딪혔다. 직접 배를 만들어서 건너가 보려고도 했지만, 풍랑이 거센 데다 크라수스의 철통같은 방어에 막혀서 계획이 무산되었다. 봉기군은 다른 출로를 찾아 어쩔 수 없이 다시 북상했다. 그런데 교활한 크라수스가 이미 봉기군의 배후에 길이 55km에 너비가 4.5m에 달하는 커다란 참호를 파 놓아 봉기군을 꼼짝 못하게 만들어 버렸다. 크라수스는 이대로 봉기군을 가두고 그들의 군량이 다 떨어지기를 기다릴 셈이었다.

원로원은 히스파니아에 있는 폼페이우스를 불러들여서 크라수스의 지원군으로 파견했다. 그러자 승리를 코앞에 두고 반란 진압의 공로를 폼페이우스에게 빼앗길까 봐 불안해진 크라수스는 지체 없이 스파르타쿠스를 공격했다. 눈보라가 휘몰아치는 어느 늦은 밤, 스파르타쿠스는 로마군이 수비에 소홀한 틈을 타 탈출했다. 긴 참호 중 일부 좁은 구간을 나뭇가지와 진흙 등으로 메우고 기병을 앞세워서 로마군의 포위망을 뚫었다. 그들은 곧장 브룬디시움에서 그리스로 건너가려고 했다. 그런데 마침 미트라다테스 6세를 물리친 루쿨루스Lucius Licinius Lucullus가 진군해 오는 데다 폼페이우스와 크라수스도 봉기군을 바짝 포위해 오고 있었다. 봉기군이 브룬디시움에 이를 무렵에는 루쿨루스가 이미 동쪽 길목을 막아 놓은 뒤였다. 폼페이우스는 북쪽에서 압박해 왔고 크라수스는 후방에서 추격해 오고 있었다. 생과 사의 갈림길에서 봉기군은 또다시 내부 분열이 일어나 크라수스에게 병력 1만 2,000명을 잃고 말았다. 절망적인 상황에 놓인 스파르타쿠스는 결국 가까운 크라수스 군대와 최후의 일전을 벌였다.

기원전 71년 봄, 스파르타쿠스는 풀리아 국경 내에서 크라수스와 격전을 벌였고 이 싸움을 끝으로 용맹스러운 봉기군은 결국 로마군에 패배하고 말았다. 이 전쟁에서 봉기군 6만 명이 전사했고 스파르타쿠스도 장렬한 최후를 맞이했다. 그중 포로로 잡힌 6,000명은 카푸아와 로마 사이의 아피아 가도에서 모두 십자가형을 당했다. 기세등등하던 스파르타쿠스의 반란은 로마 정부의 진압으로 끝내는 실패로 돌아갔다. 그러나 봉기군에서 흩어진 일부 노예들이 이탈리아 각지에서 십여 년 동안 계속해서 항쟁을 이어갔다.

스파르타쿠스의 반란은 이탈리아 노예제를 한 걸음 더 개선시켰고, 노

검투 경기장의 사자와 기독교도

기독교가 로마에서 막 전파될 무렵, 로마 통치자의 핍박과 박해로 기독교도들은 맹수의 우리에 던져져 사자의 먹이가 되었다.

예에 대한 노예주의 태도에도 변화를 일으켰다. 노예주가 노예들에게 제공하는 먹을거리와 머물 곳을 개선하여 노예들은 조금이나마 인간적인 대우를 받게 되었다. 어떤 이는 노예에게 독립적으로 토지 경영을 맡기기도 했는데, 일반 노예와 달리 비교적 자립적인 농업 경영이 허용되는 예농의 성격을 띠었다. 그리고 강력한 통치권이 필요해진 로마가 군사 독재 정권을 수립하면서 스파르타쿠스의 반란은 로마 공화정을 끝내고 로마 제국의 길을 여는 중요한 계기가 되었다.

7 폼페이우스의 등장

ROME

로마의 장군 폼페이우스는 어려서부터 평생에 걸쳐 전쟁터를 누비며 혁혁한 공을 세운 인물로, 누구나 감탄해 마지않는 뛰어난 전술로 최고의 명성을 누렸다. 또한 평소 예의가 바르고 언변이 뛰어나서 젊어서부터 로마 시민의 사랑과 존경을 한몸에 받았다.

시기 : 기원전 106~기원전 48년
인물 : 폼페이우스, 크라수스, 가비니우스

'위대한' 폼페이우스

그나이우스 폼페이우스 마그누스Gnaeus Pompeius Magnus는 로마의 부유한 귀족 가문 출신이다. 아버지 폼페이우스 스트라보는 로마의 이름난 용장으로, 기원전 89년에 집정관을 지냈고 이탈리아 반란군을 진압하는 공을 세웠다. 마리우스와 킨나가 로마를 포위 공격했을 때 그의 아버지는 그나이우스 옥타비우스와 함께 로마를 호위하며 마리우스의 기습을 성공적으로 막아낸 후 벼락에 맞아 사망했다.

폼페이우스는 어릴 때 그리스 문화의 영향을 깊이 받아 문화에 대한 조

한눈에 보는 세계사

기원전 108년 : 고조선 멸망, 한군현 설치
기원전 57년 : 신라 건국

기원전 97년 : 사마천, 《사기》 완성

예와 애정이 남달랐다. 특히 부모님의 영향으로 일찍 군사 방면에 자질을 보여 열일곱 살 때 동맹국 전쟁에 참전했다. 아버지가 죽고 모든 유산을 물려받은 그는 마리우스파의 숙청을 피해 피케눔에서 6년 동안 살았다. 마리우스와 술라의 내전 때 로마의 명문 귀족들이 잇달아 술라의 편에 서자, 폼페이우스도 3개 군단을 모아서 술라의 휘하로 들어갔다. 겨우 스물셋의 어린 나이로 뛰어난 군사적 재능을 발휘하니 폼페이우스에 대한 술라의 총애가 남달랐다. 술라는 오직 폼페이우스의 앞에서만 몸을 일으켜 예를 갖추었다고 한다.

기원전 82년, 폼페이우스는 완전히 술라의 사람이 되기 위해 아내를 버리고 술라의 딸과 혼인했다. 그리고 얼마 후 술라의 명령을 받들어 마리우스파의 손에서 시칠리아를 되찾아 왔다. 곧이어 아프리카로 파견된 그는 도미티우스Gnaeus Domitius Calvinus와 전투를 벌여 열악한 기상과 적군의 퇴각을 이용한 속공 전술로 도미티우스의 군대를 크게 이겼다. 그러자 여러 도시가 그의 위세에 눌려 전쟁을 포기하고 투항한 덕분에 그는 단 40일 만에 누미디아를 손에 넣고 아프리카를 정복했다.

아프리카 전쟁에서 승리하여 로마 내에서 폼페이우스의 명성은 더없이 높아만 갔다. 그런데 전쟁이 끝나자 술라는 폼페이우스 군단을 해산시키라고 명령하고 우티카Utica로 돌아가서 후임을 기다리라고 했다. 그러나 폼페이우스는 술라의 명령을 거부하고 곧장 로마로 들어가서 개선식을 열어 달라고 요구했다. 개선식은 전쟁터에서 공을 세운 집정관이나 행정장관만이 누릴 수 있는 영광이기에 술라는 법을 위반할 수 없다고 경고했다. 그러자 폼페이우스는 한 치의 양보도 없이 이렇게 대꾸했다. "떠오르는 해를 두고 지는 해를 숭배할 자가 몇이나 되겠습니까?" 결국 술라는 관례를 깨고 개선식을 허락했다. 이때 그는 폼페이우스에게 '위대하다'는 뜻의 '마그누스Magnus'라는 별명을 붙여 주었다.

승리의 기회

기원전 78년, 술라가 병으로 사망하자 그동안 그의 독재 체제에 억눌렸던 로마 인의 불만이 마침내 폭발하고 말았다. 집정관 레피두스는 술라의 법안을 폐지하여 호민관의 권리와 권한을 회복시키고, 국가에 몰수된 토지를 원래의 주인인 이탈리아 인에게 반환한다는 법안을 제출했다. 또다시 내전이 일어날까 봐 염려한 원로원은 그가 더 이상 분쟁을 일으키지 않도록 비상사태를 선언했다. 그러나 술라파派와 전쟁하지 않겠다는 레피두스의 선언도 집정관의 임기 동안에만 유효했다. 그는 갈리아의 나르본에서 이듬해에 전쟁을 치르려고 준비하고 있었다. 이를 알아챈 원로원이 급히 그에게 로마로 귀환하라고 명령하자 레피두스는 군대를 이끌고 로마로 쳐들어왔다. 이에 폼페이우스가 속공전술로 레피두스의 반란을 진압했고 패

로마 나브나 광장

배한 레피두스는 사르디니아로 도망쳤다. 얼마 후 폐병을 앓기 시작한 그는 결국 그곳에서 사망했다. 이로써 레피두스의 군대는 해체되었고, 잔당은 대부분 페르페르나를 따라 히스파니아에 가서 마리우스파派의 부장인 세르토리우스와 합류했다.

세르토리우스는 오랫동안 히스파니아에서 복무하며 줄곧 술라 체제에 대항해 왔다. 그는 토착민들을 끌어모아 군대를 조직하고, 자체적으로 원로원 등 독립 정부를 수립했다. 술라가 죽기 전까지 세르토리우스는 히스파니아에서 가장 강한 세력을 갖춘 인물이었다.

기원전 77년, 히스파니아 정벌에 나선 폼페이우스는 전쟁 초기에 고전을 면치 못하다가 하마터면 포로로 잡힐 뻔했다. 후에 세르토리우스가 점점 성질이 포악해지고 주색에 빠지자 페르페르나 등의 레피두스파派는 음모를 꾸며 세르토리우스를 암살하고 최고 사령부를 장악했다. 그러나 세르토리우스가 없는 반란군은 로마의 적수가 될 수 없었다. 페르페르나는 곧 폼페이우스에게 패하여 포로로 사로잡히는 굴욕을 맛보았다. 페르페르나는 자신이 아는 바를 밀고하여 그 대가로 목숨을 부지하려고 했다. 그러나 더 이상의 내전을 원치 않은 폼페이우스는 단호하게 그 제안을 거절하고 그를 처형했다. 유혹 앞에서도 굴하지 않는 폼페이우스의 신중한 결단은 그의 명성에 날개를 달아 주었다.

히스파니아 전쟁 이후 폼페이우스는 원로원의 명에 따라 이탈리아로 돌아가서 크라수스Marcus Licinius Crassus와 함께 스파르타쿠스 전쟁에 투입되었다. 스파르타쿠스의 반란을 성공적으로 진압한 폼페이우스와 크라수스는 이듬해에 집정관에 출마하겠다고 선언했다. 하지만 술라가 제정한 법에 근거하면 두 사람은 모두 집정관의 자격을 갖추지 못했다. 집정관이 되려면 선거 전에 반드시 군대를 해산시켜야 한다는 법 조항에 위배될뿐더러, 특히 폼페이우스는 재무관과 행정장관을 맡은 적도 없는 데다 나이 또한 기준보다 한참 어렸던 것이다. 결국 폼페이우스와 크라수스는 무력으로 원로원과 민회를 압박하여 강제 승인을 받아 내고 기원전 70년 집정관에 당선되었다.

역사에 빛나는 공로

기원전 69년, 집정관 임기가 끝나고 크라수스는 카틸리나 모반의 공모자라는 혐의를 받아 잠시 정계에서 물러났다. 폼페이우스는 해적을 소탕하는 임무를 맡았다. 기원전 67년에 호민관 가비니우스Gabinius가 민회에 새로운 법안을 제출했다. 집정관과 지휘관을 겸한 해적토벌대의 사령관을 뽑아 지중해와 해안에서 80km 안쪽의 내륙까지 다스리는 통치권을 주자는 내용이었다. 그런데 문제는 이렇게 막강한 권력을 3년씩이나 그것도 오직 폼페이우스에게 일임한다는 것이었다. 보수파 원로원 의원들의 반대는 불을 보듯 뻔했으나 기사 신분과 평민들의 열렬한 지지로 폼페이우스는 또다시 권력의 중심에 서게 되었다.

폼페이우스는 지중해 전역을 12개 해역으로 나누고 해역마다 부사령관을 한 명씩 배치했다. 그리고 직접 해역을 돌며 부사령관의 부대를 감독했다. 그는 무력으로 해적을 압박하면서도 무기를 버리고 항복하는 자는 죽이지 않고 풀어 주었다. 그러자 몇몇 소수 세력만 제외하고 모두 폼페이우스에게 항복했다. 폼페이우스는 40일도 채 되지 않아 서지중해의 전 해적을 소탕하고 49일 만에 해적들의 본거지인 킬리키아Cilicia를 점령했다. 그는 무자비한 학살 대신 해적들에게 소아시아와 그리스의 땅을 주어 정착할 수 있도록 도왔다. 채찍과 당근을 적절히 이용한 책략으로 폼페이우스는 3개월 만에 해상을 주름답던 해적들을 철저하게 소탕했다. 오랫동안 끊겼던 해상무역이 다시 진행되면서 상업이 회복되었고 곡물의 물가도 점차 안정을 되찾았다. 이제 폼페이우스는 로마에서 가장 막강한 영향력을 지닌 최고의 영웅으로 떠올랐다.

이후 폼페이우스의 승리로 3차 미트라다테스 전쟁이 종식되었다. 일찍이 기원전 83년, 미트라다테스 6세와 협정을 체결한 술라는 마리우스와 킨나를 제압하기 위해 부관 무레나를 소아시아에 남겨두고 로마로 회군했다. 야심가 무레나는 협정을 깨고 폰토스로 진격하여 두 번째 미트라다테스 전쟁을 일으켰지만 결과는 대참패였다. 이후 술라의 중재로 양측은 다르다노스 조약을 맺었다. 기원전 75년, 비티니아의 국왕 니코메데스 3세가 왕국을 로마에 넘긴다는 유언을 남기고 죽었다. 이에 미트라다테스 6세는 로마의 흑해 진입을 막기 위해 비티니아가 로마로 넘어가기 전에 이곳을 점령했다. 기원전 74년, 집정관 루쿨루스가 출정하여 이듬해 폰토스 군대를 격파한 후 비티니아를 다시 손에 넣었다.

기원전 66년, 호민관 마닐리우스의 제안으로 폰토스의 왕 미트라다테스 6세와의 전쟁에서 폼페이우스를 사령관으로 임명하고 그에게 이탈리아 전 군대의 지휘권을 일임하는 법안이 통과되었다. 이는 과거의 어느 뛰어난 장군도 누려 보지 못한 최고의 권력이었다. 폼페이우스는 먼저 미트라다테스 6세에게 폰토스의 대가 없는 항복을 요구했다. 하지만 미트라다테스 6세가 이를 거절하자 폼페이우스는 곧장 포위 공격을 펼쳤다. 그는 군량이 보급되는 길목을 막고 압박을 가했다. 미트라다테스 6세는 포위망을 뚫고 도망쳤지만 폼페이우스의 맹렬한 추격으로 유프라테스 강 상류에서 격파되고 말았다. 그는 기병 800명을 이끌고 보스포로스 왕국으로 퇴각했으나, 기원전 63년에 아들의 배신으로 결국 독약을 먹고 자살했다. 10년이 넘도록 이어진 미트라다테스 전쟁은 폼페이우스의 승리로 끝이 났다.

이후 폼페이우스는 비티니아와 폰토스를 로마의 속주로 삼고 뒤이어 시리아와 예루살렘까지 로마에 굴복시켰다. 또 소아시아와 팔레스타인 각지를 누비며 갈라티아와 카파도키아, 유대 등지에 새 국왕을 세웠다. 그는 동방의 여러 국가를 로마의 패권 아래 두어 '왕 중의 왕'으로 군림했다. 그는 동방의 전리품을 가득 싣고 로마로 돌아왔다. 당시 원로원은 그가 속주의 조세 청부권을 기사에게 준 것도 불만이지만 지금의 기세를 독재정치에 이용할까 봐 걱정이 이만저만이 아니었다. 폼페이우스의 개선식을 일 년 가까이 미룬 것도 바로 이 때문이었다. 폼페이우스는 동방 정책을 시행하고 퇴역한 병사에게 토지를 분할하려 했으나 원로원의 반발로 난관에 부딪혔다. 결국 이 일로 폼페이우스는 원로원과 대립 구도에 놓이게 되었다.

피비린내 나는
검투 경기장

고대 문명국가 중에서 로마 인은 여가를 가장 즐길 줄 아는 민족이었다. 무예를 숭상하는 로마에서 가장 인기 있는 스포츠는 단연 검투사 시합이었다. 이는 생사를 건 혈투이자 피비린내가 진동하는 하나의 놀이 문화였다.

검투사

검투사는 대부분 노예나 포로, 죄수 중에서 선발되었다. 로마에는 전문적인 검투사 양성소가 있어 이곳에서 각종 무기 사용 등 엄격한 훈련을 거친 후에야 경기장에 설 수 있었다. 실전 경기에서 검투사가 사용할 수 있는 무기는 그물과 삼지창뿐이었다. 경기에서 승리한 자는 상을 받거나 때때로 거액의 상금을 챙겼다.

경기장 내 암석에는 당시의 경기 규칙이 쓰여 있었다. 한쪽이 부상을 당해 쓰러지면 승부는 결정된다. 만일 그날의 경기가 만족스럽지 못했다면 관중은 엄지손가락을 아래로 내려 그를 당장 죽여 버릴 수 있었다. 비록 부상을 당했더라도 만족스러운 경기를 펼쳤거나 인기 있는 검투사는 죽음을 면했다.

피 튀기는 경기장에는 검투사들의 경기 외에 사형선고를 받은 죄수와 포로의 혈전도 있었다. 말 그대로 어느 한 쪽이 죽어 나갈 때까지 목숨을 걸고 싸우는 것이다. 또 다른 구경거리로는 검투사와 맹수의 혈투, 맹수끼리의 싸움이 있었다. 이 중에는 맹수를 상대로 한 검투사의 싸움과 맹수에 의한 공개 처형이 있었다.

사자와 표범, 코뿔소와 곰 등 맹수들 간에 싸움을 붙이는 것도 인기가 있었다. 잔인하고 호전적인 로마 인들은 격렬한 혈투 속에 맹수들의 포효 소리를 들으며 짜릿한 즐거움과 쾌감을 느꼈다.

로마 대 경기장

검투 시합이 벌어지는 로마의 대형 경기장은 플라비우스 왕조 때 세워진 것으로, 정식 명칭은 '플라비우스 원형 극장', 통상적으로 '콜로세움'이라 부른다. 콜로세움은 가운데가 움푹 들어간 형태로, 당시 최대 규모를 자랑하는 건축물이었다.

경기장 내 관람석은 계단형으로 설치되어 있다. 기록에 따르면, 관람석은 당시 관람자의 계급에 따라 크게 세 구역으로 나뉜다. 제일 아래층인 1구역은 황실과 귀족, 기사 신분의 자리이고 2층과 그 위층은 평민석이었다고 한다. 3구역 위로 한 층이 더 있었는데, 부녀자들만 따로 앉는 자리이다. 그 위 큰 테라스가 있는 구역은 관람객이 일어나서 경기를 구경할 수 있다. 황제와 그 수행인들의 전용석인 1구역은 대리석으로 조각되었다. 경기장에는 관람객이 출입하는 4개의 커다란 아치형 문이 있었는데, 황제의 출입문은 당연히 따로 있었다. 경기장 동북쪽 38번 문과 39번 문 사이에 있는 황제의 전용문은 그 폭이 넓고 테두리가 둘러 있다.

그러나 로마를 대표하는 콜로세움도 2천여 년이라는 역사의 비바람과 침식을 비켜가지는 못했다. 웅장함을 자랑하던 외벽도, 검투사와 맹수들이 얽혀 싸우던 무대와 관중석도 수차례 천재지변을 겪으면서 오래전에 손상을 입었다. 하지만 그 장엄한 기세는 여전히 찬란하던 옛 시대의 로마를 말해 주고 있다.

피비린내 나는 결투

손에 단검 하나 든 채 죽음의 신과 마주한 노예 검투사, 으르렁거리는 사자와 미친 듯이 날뛰는 황소, 피 흘리며 죽어가는 암사슴, 이 무고한 생명들이 서로 죽이기 위해 달려드는 곳이 바로 검투 경기장이다. 내가 살기 위해서는 상대를 죽일 수밖에 없지만 결국에는 하나의 볼거리를 위해 희생양이 되는 공통된 운명을 향해 가고 있을 뿐이다. 붉은 선혈을 보며 쾌감에 사로잡힌 교만하고 사치스러운 왕공대인과 화려하게 단장한 귀족 부인들의 열광적인 환호 속에 피 흘리는 노예의 고통스러운 신음은 저 멀리서 메아리치듯 희미하게 사라져 갔다.

중국의 만리장성이 그러하듯, 2000여 년의 유구한 역사를 지닌 콜로세움은 로마를 대표하는 하나의 상징적인 건축물이다. 오래전부터 로마 인은 이렇게 말했다. "콜로세움이 있는 한 로마는 존재하고 이것이 무너지면 로마도 멸망하며 로마가 멸망할 때 세계에 종말이 오리라." 물론 이 예언은 적중하지 않았다. 시대를 불문하고 현명한 로마 인들의 노력과 보호 아래 콜로세움은 다행히 무너지지 않았지만, 과거 로마의 영광을 기념하는 상징물이자 잔인하고 치욕스러운 역사의 흔적으로 남아 있다.

고대 로마 경기장

역사의 흐름 속에 이제는 먼지 앉은 폐허가 되어 버렸지만 그 웅장한 기세는 지금도 그 시대의 피비린내 나는 치열한 혈투를 떠올리게 해 준다.

8 카틸리나의 모반

카틸리나의 모반은 원로원 의원과 귀족들에 대한 정치적 불만과 빈부 격차에 대한 경제적 불만이 하나로 집결되어 나타난 사건이다. 그러나 정권을 쟁취한다면서 힘없고 조직력이 약한 소수의 평민들에게 기댄 것 자체가 무리였다. 이 시기에 로마에서 쿠데타를 성공시키는 방법이라고는 오직 막강한 군대의 지지를 얻는 길뿐이었다.

시기 : 기원전 68~기원전 62년
인물 : 카틸리나, 렌툴루스, 키케로

룰루스의 경지법

루키우스 카틸리나Lucius Sergius Catilina는 귀족 출신으로 술라 휘하의 부장이자 그의 조력자였다. 사람들 사이에서는 그가 아들을 살해한 미치광이라는 소문이 돌았다. 그의 애인이 애 딸린 남자와의 결혼을 원하지 않는다는 이유에서였다. 기원전 68년, 법무관이 되었고 이듬해 아프리카 속주의 총독으로 있었다. 기원전 66년에는 로마로 돌아와 크라수스, 카이사르 등과 원로원으로 쳐들어가 정적을 살해하는 이른바 '1차 카틸리나 음모 사건'을 계획했다. 크라수스 자택에 모인 이들 카틸리나 일파는 집정관과 몇몇

한눈에 보는 세계사
기원전 57년 : 신라 건국

원로원 의원을 죽이고 크라수스를 독재관에, 그리고 카이사르를 기병 사령관 자리에 앉히려 했다. 하지만 계획이 실행되기도 전에 크라수스로 인해 모든 것이 발각되고 말았다.

카틸리나는 기원전 65년, 집정관직에 출마하려 했으나 속주민이 뇌물 수수로 그를 고소하여 재판에 넘기는 바람에 입후보 자격을 상실했다. 기원전 64년, 호민관 룰루스가 전체 호민관들과 신중하게 협의하여 경지법안을 제출했다. 국가에 몰수된 전리품과 속주의 토지, 광산을 팔아서 얻은 돈으로 경작지가 없는 시민들을 위한 땅을 사자는 법안이었다. 속주의 조세와 노역에 대한 대책도 상세하게 규정해 놓았다. 그는 법안 실행을 위해 민회에서 10인 위원단을 선출하여 모든 재정과 토지 사업을 맡겼다. 이것은 농민들에게 유리한 만큼 원로원 의원과 기사 신분에는 오히려 손해를 끼치는 법안이었다. 원로원 의원은 관할 속주의 재정과 공공재산에 관한 권한을 잃고 기사들도 조세 청부로 얻은 이익을 빼앗기는 꼴이 된 것이다. 원로원과 기사들의 격렬한 반대는 당연한 결과였다. 특히 키케로Marcus Tullius Cicero는 시민들이 이 법안에 반대하도록 연설로 현혹하고 당장 법안을 취소하라고 룰루스를 협박했다.

그러나 카틸리나는 이에 굴하지 않고 부채 탕감과 토지 분배를 공약으로 내걸고 귀족들에게 반기를 들었다. 그의 급진적인 공약은 금세 이탈리아 평민들과 심지어 부채가 있는 몰락한 귀족 및 기사들의 전폭적인 지지를 얻었다. 카틸리나는 다시 집정관 선거에 도전했지만 원로원을 등에 업은 달변가 키케로에게 패했다. 기원전 63년에 또다시 집정관을 노리고 출마한 그는 이번에도 좌절을 쓴맛을 보았다. 더 이상의 정치로는 정권을 잡기가 어려워지자 카틸리나는 세 번의 낙선 끝에 정치에서 손을 뗐다. 결국 그가 선택한 것은 무력과 모반이었다.

은으로 된 머리꽂이

로마의 부녀자들은 이렇듯 세련되고 정교한 머리 장식을 사용해서 꾸몄다.

비밀 모략

카틸리나는 소수 원로원 의원, 기사들과 손을 잡고 이방인과 노예를 포함한 평민들과 대거 규합한 뒤, 이탈리아 각지에서 술라의 퇴역병을 선동했다. 전리품과 약탈로 얻은 재산을 모조리 탕진해 버린 이들은 순순히 카틸리나의 음모에 동참했다. 카틸리나는 반란군이 로마에 다다를 때 로마 내 평민 조직이 함께 폭동을 일으키도록 예정했다. 그런데 이 모든 계획이 비밀리에 진행되고 있을 때, 명문 귀족 집안의 한 여자가 자신의 정부를 통해 모든 사실을 알게 되었다. 그는 몰염치한 행실로 원로원에서 쫓겨나자 카틸리나의 모반을 도왔는데, 실수로 그녀에게 하지 말아야 할 말을 해 버리고 만 것이다. 그녀는 곧장 이 사실을 키케로에게 알렸다. 원로원은 당장 비상회의를 소집하여 키케로에게 책임을 맡겼으나 확실한 증거가 없어 카틸리나를 잡아들이지 못했다.

카라칼라 욕장

로마 남부에 있는 고대 로마 시대 최대 규모의 욕장 중 하나이다.

원로원에서는 다시 음모에 관한 토론이 벌어졌다. 이미 정보망을 통해 모반을 확신한 키케로는 이를 주동한 혐의로 카틸리나 탄핵을 발표했다. 카틸리나는 원로원의 반대로 변호할 기회조차 얻지 못했다. 다음날 밤, 카틸리나는 로마를 떠나 에트루리아로 가서 다시 세력을 모았다. 국내 반란 조직은 또 다른 주동자인 렌툴루스Lentulus가 이끌었다. 이들은 로마 12곳에 불을 질러 약탈을 하고 키케로를 비롯한 정적을 암살할 계획을 세웠다.

그런데 거사를 앞두고 렌툴루스는 너무도 어리석은 실수를 저지르고 말았다. 당시 갈리아의 알로브로게스Allobroges 족 사절이 그들의 법무관을 고발하는 일로 로마에 머무르고 있었다. 렌툴루스는 그들을 카틸리나의 음모에 가담시켜 반란을 일으키기로 했다. 하지만 카틸리나의 서명이 없는 문서를 수상하게 여긴 알로브로게스 족은 그들 속주의 후견인인 파비우스 산가Fabius Sanga를 찾아가 조언을 구했다. 산가는 이 모든 일을 키케로에게 그대로 보고했다. 키케로는 렌툴루스와 카틸리나 사이에서 편지를 전달한 심부름꾼과 대리인을 붙잡아 그들로부터 렌툴루스가 음모에 가담했다는 자백을 받아 냈다.

완벽한 증인을 찾아낸 원로원은 당시 법무관이었던 렌툴루스를 해고하고, 키케로는 주모자들을 대법관의 관저에 가두었다. 그런데 노예를 비롯하여 렌툴루스의 해방노예와 장인들이 관저를 에워싼 채 그들의 주인을 구출하려다 실패하는 소동이 일어났다. 원로원에서는 반란군의 처벌을 두고 토론이 벌어졌다. 새로 임명된 집정관 실라누스는 극단적 처벌을 요구했고 그것은 곧 사형을 의미했다. 반면 카틸리나의 공모자로 의심받는 카이사르는 비교적 가벼운 처벌을 주장했다. 죄수들을 이탈리아로 보내 감금하고 카틸리나는 전쟁에서 패하면 그때 정식으로 재판을 열자는 것이었다. 카이사르의 공정한 판단에 원로원 의원들의 마음이 완전히 돌아서는 듯 보였다. 그러나 감찰관 카토의 증손인 소카토가 공개적으로 카이사르를 의심했고, 키케로는 반란을 진압할 방법은 현행범을 잡아 즉시 처형시키는 것뿐이라고 말했다. 그날 밤, 렌툴루스를 포함한 주모자 5명은 키케로의 집행 아래 모두 처형당했다.

이 시기에 카틸리나의 2만 대군이 에트루리아 북부에 집결해 있었다. 그들은 갈리아로 진격했으나 알프스 산 부근에서 곧 로마군에게 추격당했다. 기원전 62년, 카틸리나의 군대는 피스토리아에서 로마군과 접전을 벌였다. 카틸리나와 그의 추종자들은 후퇴하지 않고 꿋꿋하게 대항했지만 결국 전쟁에서 패해 대부분 전사하고 말았다.

사브라타(Sabratha) **원형 극장**

기원전 46년에 사브라타가 로마의 영토로 편입되면서 2세기에 로마의 속주가 되었다. 이 원형 극장은 다른 지역의 로마 극장과 그 외형이 상당히 흡사하다.

9 탐욕에 눈이 먼 크라수스 ROME

로마 인들은 종종 크라수스의 장점들이 그의 유일한 단점인 탐욕에 가려 빛을 잃었다고 말한다. 그는 다른 악행은 눈에 띄지도 않을 만큼 강한 탐욕에 사로잡힌 자였다.

– 플루타르코스

시기 : 기원전 115~기원전 53년
인물 : 크라수스, 술라, 폼페이우스, 키케로

크라수스의 전성기

마르쿠스 리키니우스 크라수스Marcus Licinius Crassus는 로마의 오랜 평민 가문인 리키니우스가家 출신으로, 그의 아버지 푸블리우스 크라수스는 집정관과 감찰관을 지냈다. 기원전 87년, 마리우스와 킨나가 이끄는 민주파가 전쟁에서 승리하여 로마를 점령하고 정적들을 대거 숙청하는 사건이 있었다. 그 사건으로 크라수스의 아버지는 로마에서 추방당한 후 스스로 목숨을 끊었다.

당시 스무 살도 채 안 된 어린 나이라 정치에 참여하지 않았던 크라수스

한눈에 보는 세계사
기원전 108년 : 고조선 멸망, 한군현 설치   기원전 97년 : 사마천, 《사기》 완성
기원전 57년 : 신라 건국

는 대신 킨나의 엄격한 감시를 받았다. 그러던 중 친구와 추종자들을 데리고 로마를 탈출했다. 크라수스는 히스파니아 해변의 한 동굴 속에서 8개월 동안 숨어 살았다. 이듬해 킨나가 반란 중에 살해당하자 크라수스는 즉시 2,000여 명을 이끌고 군선 한 척을 만들어 북아프리카의 명장 피우스 Metellus Pius 휘하로 들어갔다. 하지만 그곳에서 피우스와 충돌이 생기자 크라수스는 홧김에 술라 Lucius Cornelius Sulla의 편에 서서 내전 때 든든한 조력자 역할을 했다. 젊은 폼페이우스 Gnaeus Pompeius Magnus에 대한 술라의 총애는 남달랐는데, 똑같은 전공을 세우고도 그와 같은 대우를 해 주지 않자 이때부터 폼페이우스와 크라수스 사이에 악감정이 생겨나기 시작했다.

크라수스의 탐욕스러운 성정은 그의 남다른 업적과 명예를 오히려 반감시켰다. 전리품을 혼자 독식하다 고소를 당하는 등 그의 죄상들이 끊임없이 술라의 귀에 들어갔다. 로마 내전 때 술라가 이끄는 좌익의 전열이 흐트러진 사이 크라수스의 우익이 승리를 거두면서 패국을 만회했다. 그런데 살생부에 오른 이들의 재산이 몰수당할 때 크라수스는 저가로 귀중품을 사들이고 헌납금을 강탈하여 또 한 번 이름에 먹칠을 했다. 심지어 다른 이의 재산이 탐이 나서 술라의 허락도 없이 사람들을 강제 추방한 적도 있었다. 이런 크라수스에게 크게 실망을 느낀 술라는 더 이상 그에게 공직을 맡기지 않으려 했다. 크라수스는 사람의 비위를 맞춰 자기편으로 만드는 데 남다른 재주가 있었다. 또 자신도 욕심이 많고 교활하면서 다른 사람이 이 같은 짓을 하면 몹시 불쾌해하고 혐오스러워 했다.

당시 폼페이우스가 위대하다는 뜻의 '폼페이우스 마그누스'라 불리자 크라수스는 심기가 매우 불편

은잔

했다. 한번은 누가 "위대한 폼페이우스님이 오셨군요."라고 하자 그는 크게 비웃으며 이렇게 소리쳤다. "뭐가 대체 얼마나 위대하다고 그러는가?" 그는 군사적 업적으로는 폼페이우스를 이길 자신이 없자 정치를 하기로 마음을 굳혔다. 그는 정치판에서 최선을 다한 끝에 날고 기는 사람들을 제치고 로마 최고의 명망 높은 연설가로 인정받았다. 이렇게 되기까지는 그의 남다른 노력이 숨어 있었다. 아무리 작은 일이라도 준비를 게을리하지 않았고 폼페이우스와 카이사르, 키케로Marcus Tullius Cicero가 피하는 사건도 그가 직접 나서서 변호를 맡았다. 성격이 소탈하여 시민들과 다정하게 악수하며 인사를 건네자 사람들도 점차 그를 이타적이고 친근한 사람으로 여기게 되었다. 그는 또 변호인이자 채권자로서 사람들에게 인정을 베풀어 공직을 꾀하는 사람들이 심사에 통과할 수 있도록 도와주기도 했다. 이때 크라수스가 얻은 명성과 권세는 폼페이우스가 여러 번의 원정으로 얻은 명성에 충분히 맞먹을 만한 것이었다.

화합의 길

크라수스는 막대한 재산을 모았지만 그가 소유한 자택은 한 채뿐이었다. 그는 붙임성이 좋고 언제든 남을 도와주기를 즐거워하며 정치 활동에도 항상 적극적이었다. 반면에 폼페이우스는 호화롭고 부유한 생활을 누리며 때때로 사람들을 도와주어 로마를 떠나 있을 때조차 상당한 명성을 누렸으나, 로마로 돌아왔을 때 그의 명성은 오히려 크라수스에 미치지 못했다.

크라수스는 승부욕이 굉장히 강한 사람이었지만, 단 한 번도 폼페이우스와 카이사르 앞에서 경솔하게 이기려 들지 않았다. 카이사르가 많은 빚을 지는 바람에 빚쟁이에 시달려 히스파니아로 갈 수 없게 되자 크라수스는 기꺼이 그를 위해 그의 빚 800달란트에 대한 보증을 서 주어 그를 곤경에서 구해 주었다. 당시 크라수스는 폼페이우스, 카이사르와 더불어 로마

3대 세력 중 하나였다. 진중한 보수파가 폼페이우스를 따르고 적극적인 개혁파가 카이사르를 옹호하는 중에도 크라수스는 홀로 중용의 입장을 고수했다. 그에게는 영원한 친구도, 적도 없었다. 자기에게 이익이 되는 일이라면 철저히 개인적인 감정을 떠나 오직 실리만을 따졌다. 그렇다 보니 같은 사람이라도 때에 따라 그의 친구가 되기도 하고 적이 되기도 했다.

그가 스파르타쿠스의 노예 반란을 진압하고도 개선의 영광을 누리지 못한 반면에 폼페이우스는 히스파니아에서 세운 공을 인정받아 매우 성대한 개선식을 치르자 그는 폼페이우스에게 자신의 공을 빼앗겼다고 여겼다. 이후 폼페이우스는 집정관 선거에 출마했다. 역시 집정관 선거에 뜻을 두었던 크라수스는 폼페이우스에게 먼저 손을 내밀었다. 그러자 폼페이우스도 흔쾌히 그와 손을 잡았다. 그렇게 둘은 서로 협력하여 기원전 70년에 함께 집정관으로 선출되었다. 하지만 이들의 우정은 취임 직후부터 삐걱거리기 시작하여 결국 서로 다른 목적을 위해 싸우게 되었다. 크라수스는 임기 동안 민심을 얻기 위해 자신의 재산 중 10분의 1을 내놓아 연회를 베풀고 3개월치 양식을 제공했다.

기원전 65년, 크라수스는 감찰관에 올랐으나 별다른 성과를 거두지는 못했다. 원로원의 안건을 수정하지도, 기사들의 명단을 심사하지도 않았고 감찰관의 직무인 인구 조사도 시행하지 않았다. 한때 운 좋게 '가장 점잖고 기품 있는 로마 인'으로 불리는 카툴루스와 협력했으나 크라수스가 다소 무모하게 이집트를 로마에 귀속시키려는 정책을 펴자 카툴루스는 이에 강하게 반발했다. 이 같은 정치적 의견 충돌은 서로의 직무에까지 영향을 미쳤다.

카틸리나 모반 사건 때도 크라수스는 주모자로 의심을 받았지만 반대파는 그에 대한 확실한 증거를 찾지 못했다. 하지만 키케로는 일찌감치 크라수스와 카이사르를 모반의 주모자로 점찍어 두었고 집정관 연설 중에도 크라수스가 카틸리나 모반과 깊이 관련되어 있음을 언급했다. 이 일로 크라수스는 키케로와 거의 원수지간이 되다시피 했지만 유독 키케로를 존경하는 그의 아들 때문에 더 이상 키케로와 싸우지 못하고 그와 협력하는 길을 걷게 되었다.

로마 제일의 부자

크라수스가 부를 축적한 과정은 그의 탐욕스러운 성정을 가장 확실하게 드러내 주는 증거이다. 초기만 해도 그의 재산은 300달란트를 넘지 않았다. 그런데 집정관 임기 동안 재산의 10분의 1을 신에게 바치고 성대한 연회를 열어 사람들을 대접한 일이 있었다. 게다가 자기 호주머니를 털어 전로마 인에게 3개월치 양식을 나눠 주었다. 후에 원정을 앞두고 그의 재산 목록을 확인한 결과 총 재산이 7,100달란트에 달했다. 그가 이렇게 거액의 재산을 모을 수 있었던 것은 전쟁과 화재를 교묘히 이용했기 때문이다.

　일찍이 술라가 이탈리아로 쳐들어갔을 때 크라수스는 전리품을 대량 횡

게라사(Gerasa) **극장**

지금의 시리아에 있는 게라사는 당시 로마의 속주였다. 게라사 극장은 거대한 부채꼴 모양으로 당시의 공연이 얼마나 성황을 이루었을지 짐작하게 한다.

령하고 토지를 저가에 사들여서 재산을 모았다. 당시 빈번했던 로마의 화재도 그가 부를 축적한 데 중요한 수단이었다. 당시 로마는 도시가 급하게 팽창하며 집들이 굉장히 빽빽하게 지어진 탓에 화재가 자주 발생했다. 그는 화재로 집을 잃을까 봐 마음이 초조해진 집주인들이 아주 싼 값에 집을 내놓게 유도하고, 또 불이 난 집과 그 이웃집까지 다 사들여서 새로 손 본 후에 세를 놓았다. 이런 방법으로 로마 대부분이 그의 소유가 되었다.

그는 소탈하고 관대한 성격으로 낯선 사람에게도 금방 호감을 심어 주었다. 아무에게나 거리낌 없이 집을 개방했고 친구들에게 돈을 빌려 주면서 이자를 면제해 줄 때도 많았다. 하지만 대출 기한이 만료될 때쯤이 되면 그는 딴 사람으로 돌변하여 무정한 얼굴로 빚 독촉을 해 댔다. 처음과 끝이 다른 그의 양면성은 채무자들에게 고리대금보다 더 무거운 부담을 안겨 주었다. 그는 자주 손님을 초대해 접대하기를 좋아했는데 초청되는 이는 대부분 평민이었다. 까다롭거나 엄격하지 않은 분위기 속에서 맛있는 음식을 대접해 주니 사람들은 호화로운 만찬보다 더 즐거워했다.

주위에 많은 사람을 거느린 그에게는 특히나 유능한 노예가 많았다. 책을 읽어 주는 시종에서부터 은세공 기술자, 가계관리자와 노역자들까지 그는 직접 그들의 교육을 담당했다. 그는 노예들을 관리하는 것이 주인의 역할이며 노예는 어디까지나 가사를 돌보는 수단이라고 여겼다. 그는 종종 이런 말을 했다. "모든 일은 노예한테 맡겨 놓고 주인은 그저 이들을 관리하면 그뿐일세."

로마의 고리대금

고리대금은 인류 사회의 시작과 더불어 탄생했다.

고리대금은 짧은 시간에 큰돈을 벌 수 있다는 점에서 로마 귀족들에게는 매우 흥미로운 수단이었다. 비록 겉으로는 돈놀이를 경멸하고 혐오하는 척했으나 실은 너나 할 것 없이 자신의 노예와 해방노예들이 적극적으로 이를 이용하도록 부추겼다. 우리가 알고 있는 카토와 키케로 등도 모두 드러나지 않는 고리대금업자였다.

기원전 1세기 이전의 고리대금업에는 두 가지 특징이 있다. 첫째, 고리대금업자는 대부분이 토지를 소유한 귀족이었으며 돈을 빌리는 자는 자영농과 같은 평민들이 많았다. 수세기에 걸친 귀족에 대한 평민들의 투쟁은 토지 문제뿐만 아니라 평민들의 부채 문제를 해결하는 것이 더 큰 목적이었다고 볼 수 있다. 둘째, 고리대금의 이자는 비교적 안정적이었다. 12동판법에 따르면 개인 대출이자는 최고 1퍼센트를 넘길 수 없으며 일반 대출도 대략 4퍼센트에서 6퍼센트 사이였다.

Ancient Rome

맥을 잡아주는 세계사

The flow of The World History

제4장 | 로마의 전설, 카이사르의 등장

1 로마의 전설, 카이사르

가이우스 율리우스 카이사르, 혹은 카이사르 대제로 불리는 그는 고대 로마의 뛰어난 정치가요, 장군이며 문학가이자 공화정 말기의 이름난 독재자였다. 또한 공화정을 뒤로하고 로마 제국의 시대를 앞당기는 데 결정적인 역할을 한 인물이다.

시기 : 기원전 100~기원전 44년
인물 : 카이사르, 마리우스, 아우렐리우스 코타, 클라우디우스

고귀한 귀족 출신

율리우스 카이사르Gaius Julius Caesar는 일찍이 집정관과 대법관을 수차례 배출한 로마의 유서 깊은 귀족, 율리우스 가문 출신이다. 그의 고모 율리아는 위대한 가이우스 마리우스Gaius Marius와 결혼했으며, 그의 아버지는 기원전 100년 전후로 재무관과 대법관, 그리고 소아시아의 총독을 지냈다. 카이사르의 어머니 아우렐리아는 세도가인 아우렐리우스 코타Aurelius Cotta 가문 출신으로, 외조부 루키우스 아우렐리우스 코타Lucius Aurelius Cotta는 기원전 119년에 집정관을 지냈다. 그는 카이사르의 성공에 기반을 닦아 준

한눈에 보는 세계사

기원전 108년 : 고조선 멸망, 한군현 설치
기원전 57년 : 신라 건국

기원전 97년 : 사마천, 《사기》 완성
기원전 37년 : 고구려 건국

인물이자 한결같은 조력자였다. 위대한 인물의 탄생에는 항상 위대한 전설이 따라다니듯 그 역시도 자신의 배경을 빛내 줄 전설을 지어냈다. 전설에 따르면, 로마의 창건자인 로물루스의 조상은 트로이의 영웅 안키세스와 비너스 사이에서 태어난 트로이 왕자 아이네아스이다. 이 아이네아스의 아들인 아스카니우스의 또 다른 이름이 율루스이고 자신의 율리우스 일족이 바로 그의 후손이므로 자연히 자신들에게도 비너스의 피가 흐른다는 것이다.

비범한 포부와 이상을 지닌 카이사르는 어린 시절부터 남달랐다. 훌륭한 교육을 받으며 다양한 분야의 책을 섭렵하고 수사학과 연설을 배웠으며 그리스 문화에 심취했다. 문화적 소양과 더불어 각종 운동에도 뛰어난 건장한 체력의 소유자였다. 그가 가장 존경하는 이가 바로 고모부인 마리우스로, 그는 카이사르가 군사에 관심을 보이게 된 이유이자 어린 카이사르의 정치적 멘토였다.

마리우스의 도움으로 카이사르는 열세 살 때 유피테르 신전의 제사장에 선출되었다. 그리고 열일곱 살 때 킨나의 딸 코르넬리아와 혼인했다. 후에 술라가 득세하면서 카이사르에게 킨나의 딸과 이혼하라고 요구했으나 카이사르는 딱 잘라서 거절했다. 그 결과, 제사장직을 박탈당했고 아내의 재산과 집안 유산까지 모조리 몰수당했다. 카이사르는 술라의 악랄한 독수에서 벗어나기 위해 술라의 스파이에게 뇌물을 주어 숨어 지냈는데, 그의 외조부가 술라파 원로원 의원들에게 끊임없이 간청한 끝에 겨우 위험은 면했다. 결국 로마에서 도망쳐 나온 카이사르는 곳곳을 유랑하며 죽음의 위협으로부터 스스로를 지킬 수밖에 없었다.

카이사르 조각상

율리우스 카이사르, 즉 카이사르 대제는 로마 제국의 창시자 중 하나로, 로마 공화정 말기의 뛰어난 군사령관이자 정치가였다.

정치적 전략

기원전 82년부터 기원전 79년까지 카이사르는 동방에 머무르다가 기원전 81년에 아시아 속주의 총독 미누키우스 휘하로 들어갔다. 그의 명령 아래 카이사르는 레스보스 섬을 공략하기 위해 비티니아Bithynia에서 군선을 모으는 임무를 맡았다. 이때 그는 비티니아의 왕 니코메데스의 궁정에서 오랫동안 머물렀는데, 왕의 동성애 상대라는 소문에 휩싸이기도 했다. 기원전 80년에 카이사르는 레스보스 공방전에서 뛰어난 지휘와 외교술로 활약하여 큰 공을 세우고, 시민관을 수여받았다. 기원전 79년부터 78년에는 실리시아 해적 소탕전에 참가했다. 얼마 후 술라의 사망 소식이 전해지면서 로마로 돌아왔다. 그는 원래 레피두스 세력에 가담하려 했으나 지도자적 자질과 불투명한 미래에 회의를 느껴 그만두었다.

기원전 77년, 카이사르는 전직 마케도니아 총독인 그나이우스 코르넬리우스 돌라벨라를 뇌물 수수 혐의로 고발했다. 비록 재판에서 돌라벨라는 무죄 판결을 받았으나 카이사르는 열정적인 변론으로 이름을 알리게 되었다. 이후 반대파의 보복으로 신변에 위협을 느낀 카이사르는 유명한 웅변가인 아폴로니우스Apollonios 밑에서 공부할 겸 다시 로마를 떠나 로도스 섬으로 향했다. 그런데 여기서 재미있는 일화가 하나 있다. 그가 로도스로 가는 도중에 파르마쿠사 섬 근처에서 해적에게 붙잡혀 인질이 되고 말았다. 해적이 몸값으로 20달란트를 요구하자 이에 카이사르가 자신을 무시하는 것에 화가 나 오히려 몸값을 50달란트로 올렸다고 한다. 그 몸값을 치르고 해적에게 풀려난 카이사르는 군대를 이끌고 당장 해적들을 소탕하

카이사르의 개선

르네상스 시대 안드레아 만테냐(Andrea Mantegna)의 그림으로, 이탈리아 브레라 미술관에 소장되어 있다. 아시아와 아프리카, 유럽 세 대륙을 정복한 로마의 제왕 카이사르 대제의 개선 행렬을 그린 것이다.

여 대량의 전리품을 획득했다. 당시 미트라다테스 6세가 인근 지역을 침범하자 그는 곧장 아시아 속주로 달려가 미트라다테스 6세가 보낸 관리를 속주에서 쫓아내고 동요한 소아시아를 잠재웠다.

기원전 74년에 로마로 돌아온 카이사르는 외삼촌 아우렐리우스 코타의 뒤를 이어 제사장에 임명되었다. 그리고 기원전 70년에는 군정관에 당선되어 호민관의 권위를 회복하는 데 힘썼다. 또 처형인 루키우스 킨나와 그 밖에 반란에 가담했다가 주동자가 죽은 후 세르토리우스에게 가 있던 그 부하들을 로마로 불러들였다.

기원전 67년, 카이사르는 재무관에 당선되면서 원로원 의원의 자격을 얻었다. 고모이자 마리우스의 아내인 율리아가 죽자 카이사르는 추도사에서 율리아와 마리우스를 높이 찬양하고 장례식에서는 마리우스의 초상을 등장시켜 민중의 결속을 도모함으로써 자신의 정치적 입장을 공개적으로 선언했다. 그의 이 같은 행위는 반대파의 적대감은 물론이고 로마 사회 전체에 엄청난 반향을 불러일으킬 만한 것이었다. 그 후 카이사르는 총독 보좌의 임무를 맡고 히스파니아에서 복무했다. 하루는 헤라클레스 신전에서 알렉산드로스 대제의 초상을 보게 된 카이사르가 이렇게 자신의 신세를 한탄했다고 한다. "알렉산드로스는 이 나이에 벌써 세계를 제패했는데 지금 내 꼴은 무엇이란 말인가." 후에 그는 직무 해제를 요청하고 조국에 위대한 공을 세울 그날만 손꼽아 기다렸다.

삼두三頭의 시대

로마로 돌아온 카이사르는 기원전 65년에 안찰관에 당선되었고, 대략 이 시기에 카탈리나 모반 사건에 연루된 혐의를 받았다. 로마 시민들에게 호감을 사고 싶었던 카이사르는 이제껏 보지 못했던 가장 멋지고 볼거리 가득한 검투 경기를 열고 사람들을 위한 화려한 공공시설을 짓는 데 재산을 아끼지 않았다. 명예와 민심, 두 마리 토끼를 모두 잡은 카이사르는 안찰관 임기가 끝날 때쯤에 이미 파산하여 수백 달란트에 달하는 거액의 빚을 지게 되었다.

로마의 대제사장 메텔루스 피우스가 죽자 이를 기회로 카이사르는 대제사장 선거에 출마했다. 그가 막 퍼 주듯이 뇌물을 돌리는 바람에 어마어마한 빚을 떠안게 되자, 선거 당일 아침에 당선되지 않으면 돌아가지 않겠다고 큰소리를 쳤다고 한다. 결국 그는 절대적 우세로 두 명의 강력한 적수들을 물리치고 당선되었다. 같은 해, 그는 집정관 바로 아래 관직인 법무관에도 선출되었다. 기원전 63년, 카틸리나 일파의 모반이 탄로 나자 원로원 의원들은 혐의자들을 즉각 처형할 것을 주장했지만, 오직 카이사르만 그들의 재산을 몰수하고 감옥에 가두어야 한다고 주장했다. 그런데 원로원 의원들의 마음이 카이사르 쪽으로 기우는 듯하더니 소카토의 연설로 다시 돌아서고 말았다. 카이사르는 이에 굴하지 않고 오히려 그에게 죽여 버리겠다고 위협하여 사태를 마무리 지었다. 그 후 카이사르는 오랫동안 원로원 회의에 나가지 않았다.

전 아내 코르넬리아가 죽고 카이사르는 술라의 외손녀인 폼페이아와 재혼했다. 그러나 기원전 62년에 결국 폼페이아와도 이혼했다. 그녀가 푸블리우스 클라우디우스Publius Clodius와 불륜을 저지른 혐의를 받았기 때문이다. 당시 불륜을 증명할 증거는 충분했다. 그런데 클라우디우스가 간통죄로 고발당하자 카이사르는 자비를 베풀어 법정에서 자신은 증거를 찾지 못했노라고 증언했다. 그는 폼페이아와 이혼하면서 이렇게 말했다. "카이사르의 아내는 어떠한 의심도 받아서는 안 된다."

기원전 61년에 카이사르는 히스파니아 총독으로 임명되었지만 막대한 부채로 빚쟁이에게 시달려서 로마를 떠날 수 없는 상황에 처하고 말았다. 그때 다행히도 로마 제일의 부자인 크라수스가 보증을 서 주어 겨우 히스파니아로 떠날 수 있었다. 그런데 전리품에만 관심이 있는 카이사르는 히스파니아 총독의 일에 크게 흥미를 느끼지 못했다. 그는 결국 강력한 군대를 조직하여 침략과 약탈을 일삼아 독립 국가들이 전부 로마에 공물을 바치게 했다. 전쟁에서 승리하여 자신의 배를 불린 카이사르는 '넘쳐나는 전리품'을 부하들에게도 후하게 나눠 주었다. 그러자 병사들은 기뻐하며 장군, 승리자를 뜻하는 라틴어인 '임페라토르'라고 외쳤다. 그가 전리품으로 로마의 국고를 채워 주자 원로원은 그에게 개선식을 열도록 허락했다. 전공을 세운 카이사르는 정치적 입지를 더욱 확고히 하며 폼페이우스, 크라수스와 더불어 삼두三頭의 시대를 걷게 되었다.

티베리스 강의 천사의 성(산탄젤로 성)과 천사의 다리(산탄젤로 다리)는 로마에서도 뛰어난 경치를 자랑한다. 다리의 양쪽 끝에는 천사의 조각상들이 늘어서 있다. 원탑(圓塔) 모양의 장엄하고 거대한 석제 성곽은 현재 군사박물관으로 사용되고 있다.

2 1차 삼두 정치

플루타르코스의 말에 따르면, 제1차 삼두 동맹은 '귀족 정권을 무너뜨린 진정한 쿠데타'였다. 크라수스와 폼페이우스, 카이사르 이 세 거인의 비밀 동맹은 공화제에서 독재 체제로 넘어가는 로마의 과도기를 완화시켜 준 중요한 협약이었다.

시기 : 기원전 60~기원전 54년
인물 : 크라수스, 폼페이우스, 카이사르

집정관 카이사르

기원전 60년, 속주의 질서를 바로잡은 카이사르 Gaius Julius Caesar 는 후임자도 기다리지 않고 급히 로마로 복귀했다. 그는 이때 원로원에 두 가지를 요구했다. 바로 개선식과 집정관의 자리였다. 당시 규정대로라면 집정관에 선출되려면 즉시 군대를 버리고 로마로 들어와 입후보 의사를 직접 밝혀야 했는데, 카이사르와 같은 장수는 개선식 이전에는 로마 시내에 들어오는 것이 허용되지 않았다. 두 가지를 다 얻으려면 엄연한 법률 위반이기는 하나 이런 전례가 전혀 없었던 것은 아니었다. 하지만 마르쿠스 포르키우스

한눈에 보는 세계사
기원전 57년 : 신라 건국

카토는 그의 집정관 선출을 방해하기 위해 그의 요구에 강하게 반발하며 일부러 입후보자를 소개하는 마지막 하루를 연설하는 데 써 버렸다. 결국 양자택일을 강요받은 카이사르는 개선식을 포기하고 선거에 입후보할 수밖에 없었다.

이때 폼페이우스Gnaeus Pompeius Magnus는 해적 소탕전과 3차 미트라다테스 전쟁을 승리로 이끌어 그 권세와 명예가 정점에 달해 있었다. 하지만 원로원은 성대한 개선식을 열어 주는 대신, 그가 원정 기간에 공포한 온갖 법령들을 무효로 하고 퇴역한 병사에게 영토를 배분하겠다는 그의 요구에 반대했다. 퇴역한 병사에게 지급할 영토는 로마의 국유지였는데, 그 국유지 대부분을 원로원 의원들이 제멋대로 사유화하고 있었기 때문이다. 이 일로 폼페이우스는 원로원과 심각한 마찰을 빚었다.

폼페이우스가 전쟁에서 세운 공을 시기한 크라수스Marcus Licinius Crassus는 이집트 정복의 야망을 키웠다. 그러나 그 역시 원로원의 반대에 부딪히고 말았다. 카이사르와 우호 관계인 크라수스는 그의 선거를 적극적으로 지지하며 거액의 빚보증까지 서 주었다. 폼페이우스의 법령 문제를 놓고 크라수스는 일찍이 루쿨루스와 손을 잡았다. 당시 루쿨루스는 미트라다테스 6세를 거의 괴멸시킬 뻔했으나 병권 문제로 곤란을 겪는 중에 미트라다테스가 조금씩 세력을 회복했다. 그 사이 지휘권을 넘겨받은 폼페이우스가 미트라다테스 6세를 완전히 격파했는데, 루쿨루스는 자신이 적군의 세력을 약화시켰기 때문에 그의 승리가 가능했다고 여겼다. 폼페이우스는 이에 분노하여 이참에 카이사르가 집정관이 되도록 열렬한 지지를 보냈다.

카이사르의 적절한 조정으로 대립 구도에 있던 크라수스와 폼페이우스의 관계도 점차 우호적으로 바뀌었다. 로마 내 최고 세력을 자랑하는 세 사람은 마침내 서로 비밀스런 동맹을 맺는 데 성공했다. 국가의 모든 정책은 반드시 세 사람 모두의 동의를 얻어야만 했다. 후대 학자들은 이를 '1차 삼두 정치'라 불렀다.

　기원전 60년, 폼페이우스와 크라수스의 전폭적인 도움 아래 카이사르
는 집정관에 당선되었다. 또 한 명의 공동 집정관은 원로원이 카이사르를
견제하기 위해 선출한 마르쿠스 비불루스Marcus Bibulus였다. 당선 초기, 카
이사르는 두 사람의 갈등으로 국가에 손해를 끼치지 않도록 비불루스와
상호 협력할 것이라 연설했다. 하지만 그의 연설에는 비불루스가 경계를
늦추는 사이 비밀리에 '민중을 선동'하려는 의도가 숨어 있었다.

　카이사르는 곧바로 토지 분배와 빈민 구제 법안을 제출하여 삼두 정치
의 시작을 알렸다. 특히 이탈리아 일대의 국유지를 폼페이우스의 병사들
과 자녀가 셋 이상인 가장에게 나눠 주라고 요구해 대중의 인기를 한 몸
에 받았다. 그러나 카이사르가 원로원 회의도 소집하지 않고 직접 대중에
게 의견을 주장하는 상황에서 원로원이 이 법안을 순순히 통과시켜 줄 리
없었다. 한번은 회의 중에 카이사르가 폼페이우스와 크라수스에게 법안에
대한 생각을 물었다. 그런데 두 사람 모두 찬성표를 던지자 갑자기 칼을 숨
긴 시민들이 우르르 회의장으로 쳐들어왔다. 비불루스는 하늘에서 불길
한 조짐이 보였다며 투표가 연기될 것이라고 말했다. 그러자 카이사르 일
파는 무력으로 소란을 잠재우고 강제로 법안을 통과시켰다.

　카이사르는 곧 원로원에 법률을 준수하겠다는 맹세를 요청했지만 카토
를 비롯한 여러 의원이 거절했다. 이에 카이사르는 통과된 법안에 불복종
하는 자는 처형시킬 것이라고 으름장을 놓았다. 그의 말에 호민관들도 원
로원 의원들도 감히 반기를 들지 못했다. 그런데 이때 한 남자가 광장으로
뛰어들어 왔다. 비불루스와 키케로, 카토가 카이사르를 죽이라고 보냈다
는 그의 말에 시민들의 분노가 폭발하고 말았다. 시민들은 카이사르에게
호위대를 붙여 그를 안전하게 보호했다. 그 후 낙담하여 무력해진 비불루
스는 집정관 임기가 끝날 때까지 징조가 불길하다는 말만 해 댈 뿐 집밖을

벗어나지 않았다. '비불루스와 카이사르 공동 집정의 해'에 카이사르는 사실상 대권을 홀로 독점했는데 로마 인은 이를 두고 '율리우스와 카이사르가 집정관을 지냈다.'고 표현할 정도였다.

카이사르는 폼페이우스의 동방 법령을 다시 회복시켰고 세금을 걷는 청부업자의 상납금을 3분의 1로 줄여 기사들의 호응을 얻었다. 또 101가지에 달하는 약탈 반대법을 반포하여 속주 총독의 직권과 태도에 관하여 명확하게 규정해 놓았다. 이 법은 이후 500여 년 동안 로마 속주 고위 관리들의 정치 지침으로 사용되었다. 이 밖에도 카이사르는 원로원 및 민회에서 논의되는 모든 사항을 매일 기록하여 시민들에게 공시하도록 지시했는데, 이렇게 하여 세계 최초의 일간지인 '악타 디우르나Acta Diurna'가 탄생하게 되었다.

기원전 59년, 카이사르는 집정관 루키우스 피소의 딸 칼푸르니아와 결혼했고 그의 딸 율리아는 폼페이우스와 결혼시켰다. 기반을 다진 카이사르는 퇴임 전 충실한 호민관 바티니우스를 통해 '속주 통치권에 관한 바티니우스 법'을 민회에 제출했다. 이 법은 퇴임 후 카이사르의 임지任地를 알프스 남쪽의 갈리아 키살피나와 일리리쿰, 두 속주로 정하고 임기를 5년으로 규정하며, 그에게 군단 3개를 모집할 수 있는 권한과 임의로 부사령관을 선출하는 권한을 부여했다. 원로원은 반대는커녕 갈리아 트란살피나와 더불어 한 개의 군단을 더 추가할 수 있도록 허락해 주고 말았다. 어차피 기를 쓰고 반대해 봤자 민회에서 통과될 것이 뻔했기 때문이다.

자살하는 갈리아 인

전쟁에서 패한 한 갈리아 인이 포로가 되는 것에 반발하여 아내를 먼저 죽이고 자살하는 모습을 표현한 조각상이다.

카이사르의 갈리아 원정

집정관 임기가 끝난 직후 야심만만한 카이사르는 갈리아의 총독이 되었다. 그는 부임하자마자 속주 밖 알프스 북쪽의 갈리아 트란살피나로 정복 전쟁에 나섰다. 갈리아 트란살피나는 알프스 산맥에서 지중해 북안을 지나 피레네 산맥 북쪽까지 이어지는 곳으로 지금의 프랑스와 벨기에, 룩셈부르크, 스위스, 독일 및 네덜란드를 포함한 광활한 땅이었다. 아직 씨족 공동체인 부족부터 이미 국가로 도약하는 과도기를 겪는 이들까지 다양한 원시 부족들이 살고 있었다.

갈리아 일대는 통일된 국가의 형태를 갖추지 못해 각 부족 사이에 종종 땅과 목장을 다투는 전쟁이 일어나고는 했다. 카이사르는 이간질로 적을 분열시키고 무력 정복의 전략으로 갈리아 전역을 장악하기 시작했다. 기원전 58년, 카이사르가 갈리아의 강족強族인 헬베티Helvetii 족을 격파하자 큰 타격을 입은 헬베티 족은 어쩔 수 없이 로마와 협약을 맺었다. 이들의 패배는 갈리아에까지 영향을 미쳐 거의 모든 부족의 족장들이 카이사르를 찾아와 게르만 족의 침입을 막아 달라고 요청했다. 카이사르는 이들의 요청을 받아들여 게르만 족에 혼쭐을 내 주었고 게르만 족은 겨우 소수만 라인 강 우안으로 도주했다.

카이사르는 로마 군대를 이끌고 처음으로 라인 강 일대를 밟으면서 로마 북부의 국경을 라인 강까지 확대했다. 라인 강 좌안을 지키기 위해 카이사르는 일부 게르만 족에게 변경 수비를 맡겼는데, 오랑캐로 다른 오랑캐를 막는 '이이제이以夷制夷' 정책은 이후에도 로마 통치자들의 주요 통치 전략으로 활용되었다. 기원전 57년에 카이사르는 갈리아 북부에서 벨가이Belgae 족의 30만 대군을 물리쳤다. 갈리아 북부를 점령한 카이사르는 갈리아 서부로 눈을 돌렸다. 동시에 크라수스의 아들에게 한 개 군단을 주어 남쪽 갈리아의 아퀴타니아Aquitania 인을 평정했다. 아퀴타니아 인도 처음에는 완강하게 저항했으나 전세가 밀리자 로마 인의 압박으로 항복을 선언했다. 이렇게 해서 전 갈리아가 로마의 손아귀에 들어오게 되었다.

3년간의 갈리아 전쟁으로 카이사르는 대량의 전리품과 거액의 재산을 축적했다. 그는 이렇게 얻은 재물을 또다시 관리와 장병, 평민들에게 아낌없이 뇌물로 퍼 주었다. 혁혁한 전공을 세워 로마 최고의 명성을 얻은 카이사르는 15일간의 감사제 행사를 허가받았다. 지금껏 누구도 누리지 못했던 감사제를 허락받은 것만 봐도 당시 그의 권세와 명성을 알 수 있다.

루카 회담

갈리아 총독으로 부임하기 전, 카이사르는 쓸 만한 인물을 하나 골라 기원전 58년 호민관에 앉혔는데, 그가 바로 로마의 유명한 푸블리우스 클로디우스Publius Clodius였다. 그는 소문난 방탕아로 어디를 가든 스캔들이 끊이지 않는 인물이었다. 클로디우스는 호민관에 당선되자마자 매달 빈민층에게 밀을 공짜로 배급하는 법안을 민회에서 통과시켰다. 키케로의 말에 의하면 클로디우스의 곡물법 시행으로 국고의 5분의 1을 탕진했다.

또 클로디우스는 정식 재판도 없이 카틸리나 모반의 주모자 렌툴루스 등을 처형한 사실을 꼬투리 잡아 키케로를 고소했다. 아무리 변명해도 소용이 없자 키케로는 로마를 탈출하여 피신했다. 클로디우스는 그의 재산을 몰수하고 그의 가택까지 부숴 버렸다. 이 일로 어깨에 힘이 들어간 클로디우스는 스스로를 폼페이우스와 견주었다. 키케로는 폼페이우스와 호민관 밀로의 도움으로 추방에서 풀려나 겨우 로마로 돌아올 수 있었다. 카이사르가 갈리아 정벌을 위해 로마를 떠난 사이 그와 폼페이우스의 관계가 약화되어 폼페이우스는 계속해서 승전보를 올리는 카이사르를 조금씩 못마땅하게 여기기 시작했다.

클로디우스는 곡물법 외에도 몇 가지 법안을 제출하여 모두 법률로 제정했다.

⑴ 기원전 64년에 원로원이 폐지한 도시의 거리 집회를 허락한다.

⑵ 특정 기념일이 아닌 날에도 집회를 열 수 있다.

⑶ 원로원 의원을 추방할 수 있는 감찰관의 권한에 제약을 두어 이들에게 고소당하지 않는 한 원로원 의원은 원로원에서 제명되지 않는다.

클로디우스는 퇴임 후에 개인 재산을 털어 자신의 앞잡이 노릇을 할 노예와 빈민 조직을 만들었다. 그는 정적에게 계속해서 정치적 위협을 가하는 동시에 민중을 선동하는 정책을 펼쳤다.

폼페이우스와의 관계가 삐걱거리자 카이사르는 이대로는 안 된다는 판단을 내렸다. 아직 3인 체제의 기반이 확고하지 않았기에 카이사르는 삼두동맹을 공고히 하기로 했다. 기원전 56년, 카이사르는 에트루리아 북부 루에서 로마의 승리를 축하하는 연회를 열었다. 연회에 초대된 로마 인은 총 1,000여 명으로 그중 원로원 의원이 200여 명이었다. 이곳에서 카이사르는 폼페이우스, 크라수스와 결속을 다지며 비밀협약을 맺었는데 이를 루카 회담이라고 한다. 이번 협의에서 이들은 폼페이우스와 크라수스를 집정관으로 밀어 카이사르의 숙적인 도미티우스를 견제하기로 했다. 폼페이우스와 크라수스는 집정관 임기 만료 후, 제비를 뽑아 각각 시리아와 히스파니아 속주에서 5년간 총독으로 머물렀다. 그리고 카이사르도 바티니우스 법안에 따라 5년 동안 갈리아의 총독으로 파견되었다.

3 2차 내전

서로 티격태격하며 10년 동안 유지해 온 삼두 동맹에도 마침내 최후의 순간이 찾아왔다. 예전에 술라가 그랬듯 카이사르도 군대를 이끌고 조국으로 쳐들어가 로마 역사상 두 번째 내전의 서막을 알렸다.

시기 : 기원전 49~기원전 45년
인물 : 카이사르, 폼페이우스, 크라수스

삼두 동맹의 종결

루카회담 이후, 폼페이우스Gnaeus Pompeius Magnus와 크라수스Marcus Licinius Crassus는 카이사르 및 그 일파의 지지로 나란히 집정관으로 선출되었다. 둘은 카이사르에게 5년의 갈리아 속주 통치권을 허락했고 각자 제비를 뽑아 크라수스는 시리아 및 그 인근 지역, 폼페이우스는 히스파니아와 아프리카 속주의 통치를 맡았다. 루카회담을 통해 세 사람은 서로 간의 이익을 균형 있게 조율하는 데 성공했으나 이러한 균형도 두 사람의 갑작스런 죽음으로 깨지고 말았다.

한눈에 보는 세계사
기원전 57년 : 신라 건국   기원전 37년 : 고구려 건국

카이사르 두상

크라수스는 두 경쟁자인 폼페이우스와 카이사르를 능가하는 군사적 업적을 이루길 원했고 그 수단으로 파르티아Parthia 전쟁을 택했다. 기원전 54년, 크라수스는 유프라테스 강을 건너 메소포타미아의 요새를 함락했다. 하지만 파르티아와의 전쟁을 너무 쉽게 생각했던 것일까. 그는 적군의 꼬임에 넘어가 메소포타미아의 서부 사막 지대로 너무 깊숙이 쳐들어갔다. 그는 카르하이Carrhae 부근에서 결전을 벌였으나 파르티아군에 유리한 사막지대에서 강력한 기병대의 활약에 밀려 완패하고 말았다. 크라수스의 주력 부대가 퇴로가 끊겨 사면초가에 처하자 크라수스는 아들에게 엄호를 부탁했지만 적군의 계획된 매복으로 전군이 몰살당했다. 크라수스는 결국 4,000여 명의 부상자를 버려둔 채 카르하이로 피신했다. 그 후로는 언덕에 진을 쳐 수비에 주력했다. 파르티아군은 끈질기게 그의 뒤를 따라붙었다. 파르티아의 지휘관 수레나스Surenas는 크라수스에게 교섭을 요청했고 더 이상 투지도 대책도 없어진 로마군은 요청에 응할 수밖에 없었다. 그러나 교섭 장소에 나간 크라수스는 떼를 지어 몰려온 파르티아군에게 목숨을 잃었다. 이 파르티아 전쟁으로 로마군은 2만 명이 전사하고 1만 명이 포로가 되었다. 재무관 카시우스Cassius Longinus 휘하의 한 개 기병대만 가까스로 시리아로 탈출했다.

대략 이 시기에 폼페이우스와 결혼한 카이사르의 딸 율리아가 난산으로 세상을 떠났다. 동맹의 일각이 무너진 데다 율리아의 죽음으로 둘의 인척 관계마저 깨져 버리면서 카이사르와 폼페이우스는 서로 정적이 되어 칼을 겨누었다. 이렇듯 혼란스러운 정국에 누구도 유명무실해진 집정관에 오르려고 하지 않았다. 공화정의 집정관이 8개월 동안이나 공석이 되자 폼페이우스는 기세를 올려 남몰래 독재관이 될 계획을 세웠다. 그리고 한때나마 폼페이우스 편에 서서 키케로를 로마로 불러들인 밀로는 집정관 당선을 노렸다. 하지만 밀로의 당선이 반갑지 않은 폼페이우스는 그가 모든 것을 포기하고 로마를 떠날 때까지 일부러 켄투리아회, 즉 민회를 열지 못하도록 방해했다.

그런데 우연한 기회에 밀로는 천적인 클로디우스와 정면으로 마주쳤다. 서로 언쟁이 오가다가 밀로의 검투사가 클로디우스를 죽이고 말았다. 밀로는 결코 사전에 모의한 것이 아니라고 주장했다. 클로디우스의 추종자들은 그의 시신을 들고 원로원으로 향했다. 원로원 의원들의 냉담한 반응에 분노한 이들은 의사당의 의자와 탁자로 화장 제단을 쌓았다. 그 위에 클로디우스의 시신을 누이고 불태우자 불길이 옆 건물까지 번졌다. 밀로는 노예와 농민들을 동원하고 호민관을 매수한 뒤 대담하게 다시 모습을 드러냈다. 둘은 매수된 시민들을 광장으로 불러 모아 재판을 열었다. 그런데 이때 또 다른 호민관이 무장한 무리를 이끌고 광장으로 난입하자 밀로는 노예로 변장하여 빠져나가고 다른 이들은 모두 학살당했다. 무장한 이들은 정부의 권위가 땅에 떨어지고 밀로 일파 때문에 로마 사회가 무질서해진 틈을 타 강제 약탈을 일삼으며 혼란을 가중시켰다.

카이사르의 갈리아 정복

루카회담 이후에도 카이사르의 갈리아 정복 전쟁은 멈출 줄을 몰랐다. 로마 정부군 외에도 그는 자비로 군단을 더 충당했다. 그중에는 알프스 산 밖의 갈리아 인을 모아서 편성한 '종달새'라는 뜻의 '알라우다' 군단이 있었다. 카이사르는 로마군과 똑같은 방식으로 이들을 훈련하고 로마군과 똑같은 무기로 무장시켰으며 후에 모든 병사에게 로마 시민권을 주었다. 기원전 55년, 카이사르는 라인 강을 건너 단번에 게르만 족의 땅으로 침입해 들어갔다. 같은 해에 브리타니아도 공격했으나 토착민들의 완강한 저항으로 군대를 철수시켜야 했다. 이듬해 봄, 다시 만반의 준비를 한 카이사르는 다시 브리타니아로 침입해 브리타니아 인을 정복하는 데 성공했다. 그는 인질을 넘겨받고 로마에 공물을 바칠 것을 명령했다. 플루타르코스의 기록에 따르면, 당시 카이사르는 갈리아의 800여 개 도시에서 3백여 부족을 정복했다고 전해진다. 카이사르와 그의 군대는 로마의 영역을 대폭 확대했을 뿐만 아니라 대량의 전리품을 손에 넣었다. 카이사르가 갈리아에서 연전연승하자 키케로를 비롯한 수많은 과거의 정적들이 그의 편으로 돌아섰다.

전쟁에서 카이사르는 가장 뛰어난 영웅과도 어깨를 견줄 만한 탁월한 전술을 발휘했다. 온갖 무기와 기마술에 정통하고 믿기 어려울 만큼 끈질긴 지구력의 소유자였다. 행군 시에는 항상 최전방에 섰으며 때때로 말을 탔으나 대부분은 일반 병사들과 같이 보행했다. 지형을 완벽하게 파악하지 못했을 때는 매복한 적군을 피하기 위해 성급하게 전진하지 않았다. 좀처럼 승부가 나지 않는 힘든 전쟁에서는 기병대를 활용하고 직접 전방에 서서 보병들의 사기를 높였다. 누구도 차별대우하지 않았고 상벌을 구분하여 엄격하면서도 자상한 사령관의 면모를 동시에 보여 주었다. 병사들의 작은 실수에는 관대한 반면, 탈영병이나 반란을 일으킨 자는 절대 용서하지 않았다. 10년간의 갈리아 전쟁 중에 그는 평생 자신에게 충성을 맹세할 수 있는 군대를 양성하여 갈리아에서 단 한 번도 반란이 일어난 적이 없었다. 내전 기간에는 몇 번의 소동이 있었으나 수습하는 데는 그리 오래 걸리지 않았다.

기원전 58년부터 기원전 49년까지 10년 동안 갈리아에서 전쟁을 치르면서 카이사르는 로마의 동맹국과 지원국을 제외한 피레네 산맥, 알프스 산맥, 세벤느 산맥, 그리고 라인 강, 론 강을 경계로 1,600㎞ 내 갈리아를 하나의 속주로 통합한 뒤 매년 그에게 400만 세스테르티이를 내도록 했다.

카이사르 vs 폼페이우스

카이사르의 혁혁한 전공은 과거 폼페이우스가 누렸던 최고의 영예조차 무색하게 만들어 버렸다. 그는 카이사르에 필적하기 위해 점차 원로원파로 돌아섰고 자신의 군대와 히스파니아 속주 통치권을 그의 부사령관 세 명에게 넘겨주었다. 클로디우스의 죽음으로 로마 사회에 혼란이 닥치자 원로원은 급히 회의를 열어 폼페이우스의 독재관 임명에 대해 논의했다. 결국 카토의 제안으로 독재관의 지위 대신 공동 집정관이 없는 단독 집정관직을 부여했다. 기원전 52년, 폼페이우스가 임기 2개월의 단독 집정관으로 독재관에 맞먹는 권력을 소유하게 되면서 카이사르와의 관계는 더욱 악화되었다.

폼페이우스는 신속하게 이탈리아 각지의 군대를 집결시켜 클로디우스 일파의 반발을 잠재웠다. 그런 후에 두 가지 법안을 민회에 통과시켰다. 집정관이나 법무관의 임기가 다하면 반드시 5년 동안 속주의 총독으로 파견할 것과 로마에 부재중인 자는 선거에 출마할 수 없다는 내용이었다. 내용

카이사르에게 항복하는 베르킨게토릭스
(Vercingetorix)

1899년, 리오넬 노엘 로이어의 작품. 기원전 52년, 갈리아 인의 수장 베르킨게토릭스가 카이사르의 로마군과 알레시아에서 공방전을 펼쳤으나 결국 카이사르에게 패하여 항복했다.

만 봐도 알 수 있듯 두 법안은 카이사르를 겨냥한 것이었다. 하지만 이 시기에 카이사르는 갈리아에서 반란을 진압하느라 폼페이우스에 대항할 여력이 없었다. 기원전 51년, 갈리아 전쟁이 마무리되자 카이사르는 원로원에 기원전 48년의 집정관 겸 갈리아 총독을 요구했다. 원로원은 격렬한 논쟁 끝에 그의 요구를 묵살하고 포 강 유역 상류층에 로마 시민권을 주려는 그의 법령까지 무효로 했다. 기원전 50년, 원로원은 파르티아 인의 시리아 침입을 막기 위해 폼페이우스와 카이사르 모두에게 시리아로 군단을 하나씩 보내라고 요구했다. 폼페이우스는 앞서 카이사르에게 1개 군단을 빌려 주었기 때문에 카이사르는 총 2개의 군단을 지원해야 했는데, 그럴 경우 그가 전쟁에서 불리해질 수도 있었다. 카이사르는 불평하지 않고 두 군단을 보냈다. 그러나 그의 예상대로 카이사르의 군단은 시리아로 보내지지 않고 이탈리아에 억류되어 있었다. 누가 보아도 이는 분명 카이사르를 경계하려는 것이었다.

원로원에서 집정관 마르켈루스는 카이사르의 군대가 로마로 진격해 오고 있다고 선동하며 카이사르를 국가의 적으로 내몰았다. 카이사르의 측근인 쿠리오 Gaius Scribonius Curio 가 이에 반박하자 마르켈루스가 큰 소리로 외쳤다. "공공의 안전을 위하는 데 원로원이 반대한 이상, 난 집정관의 자격으로 내 뜻을 밀어붙이겠소." 말을 마친 그는 사람들과 함께 폼페이우스를 찾아가 칼과 군 지휘권을 넘겨주며 말했다. "조국을 대표하여 카이사르의 군대와 대적할 것을 명한다." 폼페이우스는 두말없이 그러겠노라고 답했다. 그리고 이렇게 덧붙였다. "이보다 더 나은 선택이 없다면 그리하겠습니다." 호민관은 직책상 로마를 떠나는 것이 불법이었기 때문에 호민관 쿠리오는 로마 밖에서 그 어떤 권한도 행사할 수 없었다. 그는 집정관에게 폼페이우스의 신병 모집에 불복할 수 있는 거부권을 요구했지만 이미 호민관의 임기가 끝나가는 처지다 보니 별 효력이 없었다. 결국 쿠리오는 로마를 떠나 카이사르에게로 붙었다.

　그때 카이사르는 이미 보병 5,000명과 기병 300명을 데리고 알프스 산을 넘어 당시 이탈리아의 국경이자 그가 다스리는 이탈리아에서 제일 가까운 도시 라벤나Ravenna에 도착했다. 카이사르가 쿠리오를 환영하자 쿠리오는 그에게 전 군대로 진격할 것을 제안했다. 정황상 원로원과 협상을 벌이는 것이 낫다고 판단한 카이사르는 사람을 보내 로마에 그의 의견을 전달했다. 그는 갈리아 트란살피나와 8개 군단을 포기하는 대신 2개 군단과 일리리아 및 갈리아 키살피나를 남기고 집정관의 자리를 요구했다. 폼페이우스는 그의 요구에 내심 만족하면서도 부재자 선거 출마는 끝까지 거절했다. 이에 카이사르는 원로원에 편지를 써 쿠리오에게 전달을 부탁했다. 기원전 49년 1월 1일, 새로 선출된 집정관 두 명이 원로원 의사당에서 카이사르의 편지를 낭독했다. 그는 자신이 이루어 낸 수많은 업적을 길게 나열한 뒤, 그와 폼페이우스 두 명이 동시에 지휘권을 내놓자고 제안했다. 그러나 만일 폼페이우스가 지휘권을 포기하지 않을 경우에는 그 역시 군대를 해산하지 않을 것이며 즉각 로마로 쳐들어와서 그간의 일을 복수하겠노라고 말했다.

　원로원은 카이사르가 그들에게 도전장을 내민 것이라 생각했다. 호민관 안토니우스와 카시우스 두 명만이 카이사르에게 찬성표를 던졌다. 결국 원로원은 폼페이우스 군대에 로마 수호의 임무를 일임하고 카이사르를 공화정의 적으로 간주했다. 당시 원로원 의결에 거부권을 행사했던 호민관 안토니우스와 카시우스는 생명의 위협을 받기 전에 로마와 원로원을 떠나 카이사르에게로 도망쳤다. 카이사르는 병사들이 먼지투성이, 흙투성이가 된 이들의 모습을 똑똑히 보게 했다. 그러자 병사들은 조국을 위해 공을 세우고도 결국 국가의 적이라는 오명을 쓰게 된 것에 분노하여 카이사르를 따라 로마 침입을 서둘렀다.

2차 내전

기원전 49년 1월 8일과 9일, 마침내 비상사태가 선언되었다. 원로원은 정식으로 카이사르를 국가의 적으로 발표하고 속주 통치권을 박탈했으며 폼페이우스에게 지휘권을 주어 이탈리아군 지휘를 명령했다. 한편, 갈리아 키살피나에 있던 카이사르는 그의 주특기인 속전속결로 갈리아 트란살피나의 군대가 도착하기도 전에 5,000명을 데리고 신속하게 움직였다.

평소 속전속결로 전투를 치르는 그도 루비콘 강 앞에서만큼은 한참 동안 고민했다. 루비콘 강은 로마와 갈리아의 국경으로, 당시 로마는 군대를 이끌고 루비콘 강을 건너는 것을 국가에 대한 반역으로 규정하고 있었다. 강을 앞에 두고 카이사르는 이렇게 말했다. "이 강을 건너면 세상이 망하고 이 강을 건너지 않으면 내가 망한다!" 그리고 무언가에 홀린 듯 강으로 뛰어들며 역사상 유명한 말을 남겼다. "병사들이여! 주사위는 던져졌다!"

카이사르는 북이탈리아의 여러 도시를 신속하게 점령해 나갔다. 그의 속공 앞에 아직 준비가 되지 않은 원로원과 폼페이우스는 속수무책으로 당할 수밖에 없었다. 사람들은 카이사르의 제안에 찬성하지 않은 것을 뒤늦게 후회했지만 소용이 없었다. 이들은 카이사르의 군대에 맞서지 않고 서둘러 로마를 벗어났다. 카이사르 군대의 추격으로 브룬디시움까지 도망쳤다가 발칸 반도의 그리스로 건너갔다. 이렇게 하여 내전이 폭발한 지 두 달 만에 카이사르는 큰 손실 없이 전 이탈리아를 손에 넣게 되었다.

비록 카이사르가 이탈리아의 주인이 되었으나 폼페이우스가 살아 있는 한 섣불리 안심할 수 없었다. 그는 히스파니아에서 7개 군단을 모으는 한편, 동방의 속주 및 공화정의 모든 해군을 장악했다. 로마로 들어온 카이사르는 학살이나 정적 숙청도 하지 않고 오히려 빈민 구제에 힘썼다. 이 일로 일부 원로원 의원과 기사들이 그의 편으로 돌아섰고 시민도 더 이상 두려움에 떨지 않았다. 카이사르는 자신의 부장에게 시칠리아와 사르디니아 속주를 통치하게 하고 친 카이사르파인 안토니우스와 레피두스에게 이탈리아와 로마를 맡겼다. 그는 군대를 이끌고 히스파니아에서 폼페이우스의 부장과 전쟁을 준비했다.

그러나 강물이 갑자기 불어나 곤경에 빠지는 등 히스파니아 전쟁은 시작부터 순탄치 않았다. 그러던 중 기습해 오던 적군이 카이사르에게 포로로 잡혔다. 그는 특유의 유연함으로 적군의 호감을 얻고 투항병들을 원래의 군대로 돌려보내 주었다. 진영으로 무사히 돌아온 이들이 카이사르의 관대함을 알리자 병사들 사이에는 히스파니아를 카이사르에게 넘겨 주고 폼페이우스에게 무사 귀환하자는 의견이 나왔다. 당시 히스파니아에는 폼

클레오파트라에게 왕좌를 내주는 카이사르

머리에 월계관을 쓴 카이사르(中)가 클레오파트라를 왕좌로 이끌자 아르시노에(右)가 화난 눈빛으로 쳐다보고 있다. 클레오파트라의 뒤로 충직한 시녀 이라스와 샤르미온이 서 있다.

페이우스의 세 장수 아프라니우스Afranius와 페트레이우스Petreius, 바로가 머물고 있었다. 페트레이우스는 병사들의 배반에 분노하여 카이사르를 지지하는 이들을 모조리 죽이라고 명령했다. 하지만 그의 무자비한 폭행으로 병사들은 더더욱 카이사르를 추종하게 되었다. 결국 폼페이우스의 세 장수는 항복을 선언하고 카이사르와 협상을 벌였다. 카이사르는 이번에도 그들을 용서하고 순순히 귀환하도록 도와준 뒤 카시우스를 히스파니아 총독으로 임명했다.

기원전 49년, 히스파니아 정복에 성공한 카이사르는 로마로 돌아오는 중 레피두스에 의해 독재관으로 선포되었다. 그는 민회에 포 강 이북 주민들에게 로마 시민권을 부여하는 법안을 통과시켰는데, 이는 전 속주에 로마 시민권을 부여한 최초의 일이었다. 그리고 카디스Cadiz에 자치권을 부여했는데, 이 역시 로마가 속주를 자치도시로 인정한 최초의 경우였다. 그런 후에 전쟁으로 진 부채 문제를 해결하기 위해 법관을 임명하여 전쟁 이전의 시세에 맞추어 부채를 갚도록 했다. 그는 독재관을 사임하고 폼페이우스와 대결하기 위해 그리스로 건너갔다.

폼페이우스는 그리스에서 로마의 9개 정예군단과 기병 7,000명, 그리고 거대한 함대를 소유하고 있었다. 반면 카이사르의 군대는 오랜 전쟁으로 극심한 피로에 시달리고 있었고 무엇보다 그에게는 강력한 해군이 없었다. 전쟁 초기, 디라키움 부근에서 폼페이우스는 수적으로 열세한 카이사르를 두 번이나 대파했으나 그를 완전히 괴멸시키지는 못했다. 오히려 그가 소모전을 택한 것이 카이사르에게는 재기의 기회를 준 셈이 되었다.

그 사이 안토니우스가 원군을 이끌고 카이사르군에 합류했다. 자만한 폼페이우스는 자신이 승리를 확신하며 카이

포틀랜드 화병

양쪽에 손잡이가 달린 유리병은 당시 공예품을 보는 로마 인의 뛰어난 예술적 조예를 말해주고 있다.

사르가 곧 항복해 올 것이라고 예상했다. 그도 그럴 것이 카이사르 군대는 해상 보급이 끊겨버린 데다 디라키움 공방전의 패배로 군사들의 사기가 저하되어 있었다. 이런 상황에서도 카이사르가 전쟁터에서 달아난 병사들을 관대하게 용서하자 병사들은 오히려 자신의 잘못을 뉘우치며 10분의 1형을 내려 달라고 청했다. 카이사르가 이를 받아들이지 않자 병사들은 더욱 죄책감에 빠져 최소한 기수들이라도 벌을 받겠노라고 외쳤다. 카이사르는 먼저 도망친 기수들을 처형한 후 넓은 아량으로 병사들을 일일이 격려하고 보듬었다. 그러자 병사들은 그에게 오직 승리가 아니면 전쟁터를 떠나지 않겠다고 맹세했다. 카이사르는 테살리아Thessalia로 퇴각 명령을 내렸다. 폼페이우스가 군수물자를 지원하는 요충지에서 멀어지도록 유인하여 원군과 군수물자를 얻을 심산이었다. 이미 승리감에 젖어 카이사르가 후퇴하는 줄로만 안 폼페이우스는 긴장을 풀지 않고 그들을 바싹 뒤쫓았다. 두 사람은 테살리아의 파르살루스Pharusalus에서 다시 한 번 격전을 벌였다. 카이사르는 뛰어난 용병술로 4만여 명이나 더 많은 폼페이우스 군대를 보란 듯이 격파했다.

기원전 48년 6월, 파르살루스 전투에서 철저히 괴멸당한 폼페이우스는 생존한 소수의 병사를 이끌고 이집트로 달아났다. 당시 이집트의 국왕인 프톨레마이오스 13세는 나이가 어려 중신들이 섭정하고 있었다. 폼페이우스는 프톨레마이오스 13세의 도움을 받으려 했으나 프톨레마이오스 13세의 부하에게 암살당했다.

이집트의 수도인 알렉산드리아에 도착한 카이사르는 곧 폼페이우스의 암살 주모자를 징벌했고, 이로 말미암아 알렉산드리아에는 폭동이 일어났다. 9개월에 걸쳐 폭동을 진압한 카이사르는 프톨레마이오스 13세의 배다른 누나인 클레오파트라 7세Cleopatra VII를 이집트의 왕좌에 앉혔다. 일설에 따르면, 클레오파트라 7세가 권력 싸움에 밀려 알렉산드리아에서 추방당한 적이 있었는데, 그녀는 뛰어난 미모로 카이사르의 정부가 되었다고 한다. 프톨레마이오스 13세가 카이사르와의 전투 중에 나일 강에서 익사하자 그녀는 이집트의 전통에 따라 배다른 동생 프톨레마이오스 14세와 공동통치에 나섰다. 카이사르와 클레오파트라 7세 사이에 아들이 한 명 있었는데, 이름은 카이사리온, 즉 프톨레마이오스 15세였다.

기원전 47년, 폰토스의 국왕 파르나케스 2세Pharnaces II가 군대를 이끌고 로마의 동방 속주를 침입했다. 그는 미트라다테스 6세의 아들로 일찍이 아버지를 배신하고 반란을 주도하여 아버지를 자살에 이르게 한 장본인이었다. 카이사르는 즉각 시리아와 소아시아로 건너가 젤라 부근에서 파르나케스 2세의 군대를 격파했다. 그가 원로원에 전한 승전 보고서에는 "왔노라, 보았노라, 이겼노라." 단 세 마디가 적혀 있을 뿐이었다. 판티카파이움으로 도주한 파르나케스 2세는 부하가 반란을 일으켜 목숨을 잃었다.

기원전 46년, 카이사르는 다시 아프리카로 돌아가 남은 폼페이우스의 잔당과 누미디아 동맹군을 소탕했다. 기원전 45년에는 히스파니아에서 저항하던 폼페이우스의 두 아들까지 평정했다. 5년 동안 이어진 2차 내전은 이렇듯 카이사르의 압도적인 승리로 끝이 났다.

폼페이우스

폼페이우스는 귀족 가문 출신으로 고대 로마의 장수이자 정치가이다. 그는 열일곱 살 나이에 아버지를 따라 동맹국 전쟁에 참전했다.

기원전 83년, 귀족파 술라의 휘하로 들어가 시칠리아와 북아프리카 전쟁에서 마리우스 일파를 토벌했다.

기원전 71년, 마리우스파의 부장인 세르토리우스의 반란을 진압하고 술라와 함께 스파르타쿠스 전쟁에 투입되었다.

기원전 70년, 집정관에 선출되었다.

기원전 67년, 지중해 해적 토벌의 임무를 맡았다. 무력 압박과 동시에 항복한 자에게는 관용을 베풀어 서지중해의 전 해적을 소탕했다.

기원전 66~65년, 이탈리아 본토를 정복하여 미트라다테스 전쟁을 승리로 이끌었다.

기원전 60년, 크라수스, 카이사르와 '삼두 동맹'을 맺으면서 로마의 정세를 좌지우지하게 되었다.

기원전 53년, 크라수스의 죽음으로 세 사람의 동맹이 해체되었다.

기원전 50년, 원로원파로 전향하여 카이사르에 대항했다.

기원전 49년, 1월에 카이사르가 로마로 진격하자 그리스로 후퇴하여 방어 태세를 갖추었다.

기원전 48년, 파르살루스 전투에서 카이사르에게 패하여 이집트로 도망쳤으나 이집트 국왕 프톨레마이오스 13세의 부하에게 암살당했다.

4 무관의 제왕 카이사르

일부 역사학자들은 카이사르를 일컬어 '무관의 제왕', '카이사르 대제'라고 칭한다. 심지어 그를 로마 제국의 1대 황제로 부르며 그가 종신독재관으로 취임한 날이 로마 제국이 탄생한 날이라고 말한다. 카이사르는 후대의 로마 군주들에게도 상당한 영향을 미쳐 '카이사르'가 곧 로마 황제의 칭호가 되었다.

시기 : 기원전 100~기원전 44년
인물 : 카이사르, 안토니우스, 레피두스

카이사르의 1인 독재

아프리카 전쟁을 끝내고 로마로 돌아온 카이사르를 위해 원로원은 갈리아와 알렉산드리아, 폰토스, 아프리카에서 한 달 안에 4번에 걸쳐 성대한 개선식을 열어 주었다. 또한 그가 히스파니아의 폼페이우스 잔당을 소탕한 뒤에 마지막으로 한 번 더 개선식을 거행했다. 그는 퇴역군단과 모든 보병을 위해 내전 초기에 지급한 2,000세스테르티이와 별도로 2만 4,000세스테르티이를 지출하고 토지를 나눠 주었다. 모든 로마 인에게 양식 10말과 기름 10파운드를 제공했으며 임차인의 임대료를 낮춰 주고 각종 연회와 축

한눈에 보는 세계사
기원전 108년 : 고조선 멸망, 한군현 설치
기원전 57년 : 신라 건국

기원전 97년 : 사마천, 《사기》 완성
기원전 37년 : 고구려 건국

하경기를 열어 주었다. 한번은 테이블 2만 2,000개가 놓인 성대한 축하연을 연 적도 있었다.

내전의 종식과 함께 로마는 카이사르의 1인 천하가 되었다. 기원전 46년, 그는 임기 10년의 독재관에 임명되어 시종 72명을 거느리게 되었다. 당시 집정관의 시종은 12명, 독재관은 24명이었으나 그가 이미 독재관에 세번 오른 것을 고려하여 처음으로 시종 72명을 허락해 준 것이다. 기원전 44년, 카이사르는 원로원의 결의를 통해 마침내 종신독재관이 되었다. 당시 그에게는 종신호민관, 감찰관, 대제사장의 직함과 더불어 '국가 원수', 조국의 아버지라는 뜻의 '파테르 파트리아이' 등 여러 훌륭한 칭호가 따라붙었다. 그는 민회와 원로원 회의를 예전대로 소집하고 각 관직의 선거도 예정대로 진행하는 등 형식면에서 공화 체제를 충실히 이행했으나 사실상 로마의 실권은 이미 카이사르의 수중에 있었다.

내전과 독재의 시기에 그는 아래와 같은 다양한 개혁 정책을 주도했다.

⑴ 원로원 의원 수를 900명으로 증원하여 퇴역 장교 및 소수의 속주 출신 등 자신의 사람들로 의석을 채우고 각 관직의 정원을 늘렸다. 집정관을 제외하고 선거권을 공유하여 관리의 절반은 민중의 뜻에 따라 선출하고 나머지 절반은 그가 직접 지명하여 뽑았다. 심지어 시민권을 박탈당한 자의 아들이 관직에 오르는 것도 허가했다. 또 배심원을 기사와 원로원 의원으로만 구성하고 3신분인 국고관리인의 재판 권한을 취소시켰다.

⑵ 복지 정책 개혁으로는 세대주의 소득과 가족 수 등을 엄밀히 조사하여 반드시 보조받아야 하는 사람만 추려내 공짜로 밀을 공급받는 사람의 수를 32만 명에서 15만 명으로 축소했다. 그리고 잦은 회의 소집의 번거로움을 덜기 위해 대법관이 매년 사망자로 발생한 결원을 미등록된 자들로 충당하게 했다.

⑶ 속주 행정을 개선하여 약탈과 부정부패를 금지하는 법령을 반포하고

아시아 속주에서 수입의 10분의 1을 바치던 속주세를 폐지했다. 로마 시민의 자격을 광범위하게 확대해 갈리아 키살피나와 히스파니아 속주민들에게는 로마 시민권을 부여하고 그 밖의 여러 도시에는 라틴 시민권을 부여했다. 그리고 자치도시에 관한 법을 만들어 그 권리를 확대함으로써 로마는 한 제국의 수도에서 다른 자치도시들과 대등한 위치에 놓이게 되었다.

(4) 퇴역한 병사 10만 명에게 토지와 농기구를 지급하고 유랑자를 속주 식민지로 이주시켜 농사를 짓게 했다. 로마에 거주하는 의사와 문학, 예술 종사자들에게도 로마 시민권을 허가했다. 그리고 클로디우스의 민회 공개 법안을 무효로 하고 채무자가 빚을 갚을 때 그 이자와 담보물을 공제하여 채무의 4분의 1을 덜어 주었다. 또 죄를 지은 부자들은 유배만 보낼 뿐 재산을 빼앗지 않은 반면에 시민을 살해한 자는 전 재산을 몰수하고 그 밖의 범죄자들은 재산의 절반을 몰수했다.

그는 사법을 엄격히 관리하여 횡령죄를 선고받은 자를 원로원에서 제명했다. 특히 사치를 제한하여 값비싼 음식을 팔지 못하도록 시장에 감독관을 두었고 도시 환경 미화에도 적극적으로 힘썼다. 또 기존의 로마 달력을 개정하여 '율리우스력'을 제정했다. 이집트 원정을 할 당시 알게 된 간편한 역법을 규범으로 로마력을 개정한 것이었다. 카이사르는 1년을 365.25일로 산정하고 365일을 12개월로 나눈 다음, 4년마다 2월에 윤일閏日을 하루씩 넣었다. 기원전 45년 1월 1일부터 시행된 태양력은 서유럽에서 16세기 말까지, 러시아에서는 1918년 초까지 사용했고 지금도 동방정교회東方正敎會에서 사용되고 있다.

카이사르의 죽음

중앙집권제를 강화하고 통치 기반을 견고히 하기 위해 카이사르는 여러 가지 개혁을 시행했다. 그러나 실제 목적은 원로원과 귀족의 권력을 약화시키는 것이었다. 그의 개혁은 원로원 귀족들의 강한 반발에 부딪혔다. 그중 대표적인 인물이 브루투스와 카시우스였는데, 아이러니하게도 둘은 일찍이 카이사르 휘하에서 목숨을 걸고 싸웠던 젊은 장교들이고 카이사르에게 신뢰를 얻어 중용되었다. 특히 마르쿠스 브루투스Marcus Junius Brutus는 카이사르에게 특별히 총애를 받아 그가 카이사르의 사생아라는 소문까지 나돌 정도였다. 그도 그럴 것이, 마르쿠스 브루투스는 바로 카이사르의 애인인 세르빌리아의 아들이었다. 카이사르는 파르살루스 전투에서 승리한 후 장수들에게 무슨 방법을 써서라도 브루투스를 안전하게 구해 내라고 명령했었다.

기원전 509년, 타르퀴니우스 수페르부스를 끝으로 로마의 왕정 시대가

살해당하는 카이사르

율리우스 카이사르는 군사와 행정, 사법, 종교 등 다방면에 걸쳐 1인 독재를 시행한 무관의 제왕이었으나, 원로원 귀족의 질투와 반발에 부딪혀 기원전 44년에 그들의 음모로 살해당했다. 그는 모두 23군데를 칼에 찔려 사망했다.

막을 내리면서 로마 인은 왕과 군주제에 반감을 품게 되었다. 한번은 축제 날 공식 석상에서 집정관 안토니우스Marcus Antonius가 갑작스럽게 카이사르에게 왕관을 씌운 일이 있었다. 몇몇 사람들만 박수를 보낼 뿐 대다수가 그 광경을 보며 탄식했다. 카이사르가 왕관을 물리치자 안토니우스는 다시 그에게 왕관을 씌웠고, 카이사르는 또다시 이를 물리쳤다. 그가 왕의 권위를 상징하는 왕관을 거절하여 로마 공화정을 깨뜨리려고 하지 않는다는 의사를 보이자 사람들은 그제야 안도하며 카이사르에게 경의를 표했다.

사람들이 카이사르의 독재를 불안하게 여긴 것도 어쩌면 그가 과분한 존귀와 영예를 누리고 있기 때문이 아니었을까? 그의 조각상은 로마의 왕들과 나란히 놓였고, 극장에서도 최고 권력자의 자리에 앉았으며, 마땅히 신이 누릴 만하다고 여겨지는 것들도 그에게는 허락되었다. 전체 원로원 의원들이 결의된 사항을 보고할 때도 카이사르는 베누스 신전 앞에 앉은 채로 그들을 맞았다. 그의 이런 행동은 '공화를 주장하는' 귀족들에게 그가 왕이 될지도 모른다는 불안감을 안겨 결국 암살을 계획하기에 이르렀다.

기원전 44년 3월 15일, 운명의 날이 다가왔다. 그의 죽음이 예언된 이 날 카이사르는 원로원 회의장으로 향하고 있었다. 데키무스 브루투스가 유인하여 그는 호위병 한 명 없이 무방비 상태였다. 회의장으로 들어선 카이사르는 단검을 숨긴 귀족들에게 둘러싸였다. 그들은 곧 칼을 꺼내 들어 무차별적으로 카이사르의 온몸을 찔렀다. 원로원에 출석하기 하루 전날, 카이사르는 그의 기병대장인 레피두스Marcus Aemilius Lepidus와 점심을 함께했다. 그때 대화의 주제가 '어떻게 죽는 것이 제일 나은가.'로 이어지자 카이사르는 '예고 없이 오는 죽음'이라고 답했다. 공교롭게도 그의 이 예언은 다음날 적중했다. 암살자들은 카이사르의 시신을 티베리스 강에 버린 뒤 그의 재산을 몰수하고 그의 모든 법령을 폐지하려 했으나 집정관 안토니우스와 기병대장 레피두스의 반대로 이루어지지 못했다.

카이사르의 장인 피소의 요구로 안토니우스의 집에서 그의 유언장이 공개되었다. 기원전 45년 9월 13일에 작성된 그의 유언장은 베스타 신전의 여사제가 보관하고 있었다. 그는 유언장에서 누나 율리아의 외손자 3명을 상속인으로 정했다. 그가 소유한 재산의 4분의 3은 옥타비우스에게 남기고 나머지 4분의 1은 루키우스 피나리우스와 퀸투스 페디우스Quintus Pedius에게 절반씩 나누어 주도록 했다. 그리고 제1의 후계자인 옥타비우스를 자신의 양자로 입적하여 그에게 율리우스 카이사르라는 성을 주도록 했다. 그가 죽은 뒤에 아내가 아이를 낳을 경우를 대비해 후견인을 지명했는데, 그

위에서 내려다본 로마의 옛 시가지

중 몇몇은 훗날 그를 암살하는 계획에 가담했다. 옥타비우스에 이어 데키무스 브루투스가 제2의 후계자로 지정되었다. 이 외에도 그의 소유인 티베리스 강의 정원을 시민들에게 기증하고 로마 시민들에게 1인당 300세스테르티이를 지급하게 했다.

카이사르가 암살당하자 이에 대한 민중의 분노도 만만치 않았다. 암살자들의 회유와 설득에도 사람들은 여전히 카이사르와 그의 일파 안토니우스와 레피두스를 지지했다. 그러나 원로원 분위기는 달랐다. 그의 죽음에

동정하거나 분노하는 이는 소수일 뿐, 대부분 어떻게든 암살자들을 도와주려는 분위기가 우세했다. 원로원에서는 결국 한바탕 격렬한 논쟁이 벌어졌다. 안토니우스와 레피두스가 원로원 의사당을 벗어나자 "암살자들에 복수하라!"라는 군중의 외침이 들려왔고, 반대파 세력은 "공화정의 평화를 지켜라!"라고 소리쳤다. 이들은 마침내 최종 타협점을 찾았다. 암살 사건을 더 이상 추궁하지 않고 암살자들의 목숨을 살려 주는 대신 카이사르의 유언과 개혁 법안은 그대로 따르기로 했다.

그런데 카이사르의 장례를 국장으로 치를 것인지, 그의 유언을 대중에게 공개하고 재산을 국고로 환원할 것인지를 두고 또다시 의견이 엇갈렸다. 원로원은 그의 유언을 공개하고 장례를 국장으로 치르기로 했다.

카이사르의 유언이 공개되자 사람들은 평소 자비와 관용을 베풀던 그의 모습을 회상하며 슬픔에 빠졌다. 그가 1인 독재로 비난을 받기는 했지만 두 번째의 후계자인 데키무스 브루투스가 암살 사건에 가담한 것은 시민들로서도 굉장히 충격적이며 신을 모독하는 행위였다. 피소가 카이사르의 시신을 들고 광장에 들어서자 군중은 무기를 들고 달려와 관을 호위하며 통한의 눈물을 흘렸다. 그런데 누군가가 관 위로 카이사르의 밀랍인형을 들어 올리자 그의 시신에 난 23군데의 상처가 보였다. 차마 눈 뜨고 볼 수 없을 만큼 처참한 광경이었다. 폭도들은 미쳐 날뛰며 재건한 지 얼마 안 되는 원로원 의사당을 다시 불태우고 암살자들을 찾아다니기 시작했다. 이미 이성을 잃은 그들은 호민관 킨나를 보자마자 카이사르를 괴롭히던 법무관 킨나와 이름이 똑같다는 이유만으로 그에게 달려들어 온몸을 찢어 죽였다.

카이사르는 사후에 정식으로 신격화되어 '신성한 율리우스'로 불리게 되었다. 그를 암살한 이들은 그 누구도 3년을 넘기지 못하고 이런저런 사건으로 목숨을 잃었다. 배에서 사고를 당하거나 전쟁터에서 전사했으며 어떤 이들은 카이사르를 암살할 때 사용한 그 칼로 스스로 목숨을 끊었다.

5 2차 삼두 정치

카이사르가 죽은 뒤, 로마에는 일시적으로 불안과 혼란이 찾아왔고 곳곳에서는 반발 세력들이 들고 일어났다. 각 이익 세력이 뒤엉킨 혼란 속에서 안토니우스Marcus Antonius와 레피두스Marcus Aemilius Lepidus, 옥타비아누스Gaius Octavianus는 협약을 맺어 두 번째 삼두 동맹을 맺었다. 1차 삼두 동맹이 사적인 비밀협약이었다면 2차 삼두 동맹은 합법적이고 공인된 협약이었다.

시기 : 기원전 44~기원전 32년
인물 : 안토니우스, 옥타비아누스, 레피두스

세 명의 신흥세력

카이사르가 죽고 로마는 곧 일대 파란에 휩싸였고 각 세력은 옥신각신 암투를 벌이기에 바빴다. 원로원은 안토니우스가 군중을 선동하여 혼란을 일으켜 카이사르의 후계 권력을 노린다고 비난했다. 그런데 어느 날, 마리우스의 손자이자 카이사르의 친척이라고 사칭하는 자가 나타나 무뢰한들과 작당하는 사건이 일어났다. 안토니우스가 재판에 넘기지도 않고 그를 즉결 처형하자 그의 추종자들과 평민들은 극심한 분노를 느꼈다. 이들이 광장에 모여 소란을 피우자 안토니우스는 군대를 보내 강제해산시키고 저

한눈에 보는 세계사
기원전 37년 : 고구려 건국

항하는 자들을 죽였다. 이 사건으로 평민들의 눈 밖에 난 안토니우스는 원로원과 결탁했다.

이때 카이사르의 후계자로 지명된 옥타비우스가 로마로 돌아왔다. 그는 회고록에서 자신이 유서 깊은 부유한 기사 가문 출신이라고만 썼는데, 안토니우스는 그의 증조부가 해방노예였으며 조부가 화폐환전상이었다고 비아냥거렸다. 옥타비우스의 아버지는 가족 중 첫 번째로 원로원 의원이 된 인물로 일찍이 법무관과 마케도니아 속주의 총독을 지내며 전쟁터에서 수많은 공을 세웠다.

옥타비우스가 4살 때, 아버지가 죽고 어머니 아티아Attia는 마르키우스 필리푸스와 재혼했다. 아티아는 카이사르의 누나인 율리아의 딸이다. 합법적인 결혼으로 얻은 자녀가 없던 카이사르는 일찍부터 누나의 외손자인 옥타비우스를 눈여겨보고 있었다. 일각에는 클레오파트라 사이에서 낳은 카이사리온이 그의 친아들이 아니라고 의심하는 의견도 있다. 옥타비우스는 열다섯 살에 국가 사제단으로 발탁되었고 일 년간 카이사르의 기병대장을 맡았다.

기원전 45년 가을, 파르티아 원정을 준비하던 카이사르는 그를 원정에 참가시킬 마음으로 일리리아의 아폴로니아Apolonia에서 공부와 군사 훈련을 병행하도록 지시했다. 당시 마케도니아 기병대도 종종 돌아가며 그곳에서 훈련을 받았는데, 이를 계기로 옥타비우스는 그들의 호감을 얻었다.

아폴로니아에서 6개월 머물렀을 때, 그는 카이사르의 사망과 더불어 자신이 후계자로 지명된 소식을 전해 들었다. 일순간 가까운 군단에 도움을 청할까 고민했으나 시간이 너무도 촉박하여 어머니와 새아버지의 만류에도 홀로 로마로 돌아왔다. 안토니우스는 나이 어린 옥타비우스를 견제하며 그에게 상속된 카이사르의 재산까지 움켜쥐고 돌려주지 않았다. 옥타비우스는 카이사르와 친아버지, 어머니, 새아버지, 그리고 나머지 두 상속

인의 유산을 저가 경매에 부치고 그렇게 마련한 돈을 시민들과 각 지역 수장들에게 나눠 주었다.

안토니우스는 잠시 원로원의 견제에서 벗어나 마케도니아군 지휘권을 손에 넣었다. 그는 마케도니아 군대를 움직여 데키무스 브루투스에게 편입된 속주를 얻으려 했다. 당시 브루투스가 총독으로 있던 갈리아 키살피나는 이탈리아와 매우 근접한 곳으로 일찍이 카이사르는 이곳에서 로마로 진군한 바 있다. 원로원이 그의 계획을 반대하자 안토니우스는 갈리아 키살피나를 통제할 모든 권한을 자신에게 일임하는 법안을 민회에 통과시키려 했다. 그의 계속된 탄압으로 옥타비우스와의 대립은 날로 심각해졌다. 옥타비우스는 카이사르의 전임 병사들로 군대를 조직하며 점차 카이사르의 퇴역병과 평민들의 지지를 얻었다. 그는 안토니우스의 군대에 상인으로 위장시킨 스파이까지 투입했다. 안토니우스와 옥타비우스의 부관들은 예전 카이사르의 휘하에서 함께 복무한 자들로 서로에게 칼을 겨누기를 원치 않았기에 둘을 카피톨리움에서 화해시키려 했다. 하지만 얼마 후, 안토니우스는 옥타비우스가 암암리에 암살 계획을 주도하여 자신의 호위대에 사람을 심어 두었다고 주장했다. 옥타비우스는 이에 거세게 반발했고 안토니우스 역시 확실한 증거를 찾지 못했지만, 이 일로 카이사르파에는 커다란 분열이 일어나고 말았다.

옥타비우스 두상

옥타비우스는 안토니우스의 휘하의 5개 마케도니아 군단 중 2개 군단을 자신의 편으로 끌어들였다. 안토니우스를 제지하기 위해 원로원도 옥타비우스를 지지하고 나섰다. 기원전 43년, 데키무스 브루투스가 갈리아 키살피나를 포기하지 않자 안토니우스는 당장 전쟁을 일으켰다. 그가 무티나^{Mutina}로 후퇴한 브루투스를 완전히 포위하면서 '무티나 전쟁'이 일어났다. 원로원은 결국 키케로의 제안에 따라 안토니우스를 '국가의 적'으로 선포하고 브루투스에게 집정관을 선두로 한 지원군을 보냈다. 옥타비우스는 대리법무관으로 집정관 두 명과 함께 군대를 지휘했다. 집정관보다 낮은 서열을 주어 그의 실질적 지휘권을 박탈하려는 의도였다. 두 번의 격전에서 패배한 안토니우스는 갈리아 트란살피나로 퇴각했다. 로마 정부군도 두 집정관이 사망하는 등 심각한 타격을 입었다.

옥타비우스의 출병은 단지 원로원이 안토니우스를 제지하려는 수단에 불과했다. 전쟁이 끝난 후 그에게는 표창이나 조촐한 개선식조차 주어지지 않았다. 심지어 원로원은 그의 군단 사령권을 데키무스 브루투스에게 주려고 했다. 사태가 불리하게 돌아가자 옥타비우스는 안토니우스에게 섣불리 맞서기보다 일단 그와 손을 잡고 후일을 도모하기로 했다. 그는 지휘권에서 벗어나 뿔뿔이 흩어져 있던 병사들을 그와 안토니우스 둘 중 원하는 쪽으로 편입시켰다. 그런 후에 레피두스와 기타 카이사르 일파에 편지를 써 안토니우스와의 연합을 제안했다.

전쟁에서 패배한 안토니우스는 알프스 산을 지나 레피두스의 관할지로 들어갔다. 마르쿠스 아이밀리우스 레피두스Marcus Aemilius Lepidus는 아버지가 술라의 사후에 반란을 일으키다 사망하자, 카이사르 휘하로 들어가서 그의 가장 든든한 조력자가 된 인물이다. 독재관 카이사르의 기병대장으로 임명된 그는 카이사르파 중 안토니우스와 어깨를 나란히 할 만한 유력자였다. 카이사르가 살해당한 때에 그는 갈리아 트란살피나에 주둔하며 7개 군단과 여러 보조군을 거느리고 있었다. 레피두스는 곧 안토니우스와 연합하여 그에게 전 군대의 지휘를 맡겼다.

이 소식을 접한 원로원은 두려움에 휩싸였다. 어떻게든 옥타비우스와 안토니우스의 연합을 막아야겠기에 옥타비우스를 사령관으로 임명하여 브루투스와 함께 출정시키려 했다. 이를 기회로 옥타비우스가 집정관을 요구했지만, 원로원은 그가 어리다는 이유로 단호하게 거절했다. 집정관의 법정 연령은 42세로 규정되어 있었고, 당시 옥타비우스는 스무 살도 채 되지 않은 나이였다. 결국 옥타비우스의 군대는 그가 카이사르의 아들이자 후계자라는 명분을 앞세워 그를 집정관으로 선출했다. 옥타비우스는 민회에서 카이사르의 양자임을 공식적으로 인정받아 가이우스 율리우스 카이사르 옥타비아누스로 개명했다.

볼로냐 회담

옥타비아누스는 그해 카이사르가 움직인 노선을 따라 신속하게 로마로 향했다. 아무런 대책도 없던 원로원은 병사들이 전쟁 상금을 받지 못해 불만이 쌓인 것을 알고 사신을 보내 상금을 두 배로 갚겠노라고 약속했다. 하지만 아프리카에서 출발한 2개 군단이 이미 항구에 다다른 것을 확인하고 곧 옥타비아누스와의 약속을 없던 일로 해 버렸다.

　원로원의 변덕에 병사들이 격분하자 옥타비아누스는 혹시라도 가족들이 화를 당할까 염려되어 급히 로마로 진군했다. 그가 로마를 행진하자 평민과 귀족 모두 경의를 표하며 그를 맞이했고 3개 군단이 그들의 장군을 버리고 옥타비아누스 휘하로 들어왔다. 희망이 짓밟힌 키케로는 정복자를 환영하러 나와 필사적으로 변명을 늘어놓았다. 그러자 옥타비아누스는 자신을 맞으러 나온 친구 중 키케로가 제일 늦게 왔다며 그를 조롱했다. 옥타비아누스는 순조롭게 집정관으로 임명되었고 그의 친척인 퀸투스 페디우스는 공동 집정관이 되었다. 임기 동안 그가 중요하게 다룬 사안은 두 가지였다. 첫째는 카이사르 암살에 동조한 귀족들을 국가의 적으로 선포한 것이고, 둘째는 원로원을 압박하여 안토니우스와 레피두스를 탄압하는 모든 법령을 폐지한 것이다. 당시 가장 막강한 세력을 자랑한 세 사람이 연합하자 브루투스는 더 이상 버티지 못하고 도망치다 죽었다. 이들은 서둘러 정식 회담을 통해 후일의 승리를 도모했다.

기원전 43년 11월, 옥타비아누스와 안토니우스, 레피두스는 북이탈리아의 볼로냐 근처에서 이틀에 걸친 공식 회담을 통해 최종 협약을 맺었다. 1차 삼두 동맹이 사적인 비밀 협약이었다면 이들의 2차 삼두 동맹은 공인된 협약이었다.

이 협약을 통해 옥타비아누스는 집정관을 사임하고 남은 임기를 안토니우스의 부관인 벤티디우스에게 맡겼다. 또 '국가재건 3인 위원'에 정식으로 취임하여 3인 체제에 합법적 지위를 얻음으로써 내부 분열을 평정하고 5년간의 독재적 권력을 손에 넣었다. 아울러 임기 5년 동안 법률 제정과 관리 임명에 관한 권한을 부여받는 한편, 속주의 분할 통치를 시행했다. 안토니우스는 갈리아 트란살피나를 제외한 전 갈리아 지역을, 레피두스는 갈리아 트란살피나와 히스파니아를, 옥타비아누스는 아프리카와 사르디니아, 시칠리아 및 인근의 섬을 통치하기로 했다. 세 사람에 의해 로마의 영토도 분할되었는데, 브루투스와 카시우스의 통제 아래 있던 아드리아 해 동쪽은 제외되었다.

안토니우스와 옥타비아누스가 동방 원정을 계획하는 사이 레피두스는 집정관으

로서 본국에 남았다. 세 사람의 살생부에는 개인적 원한을 가진 이들과 더불어 그들의 세력을 위협하는 반대파의 이름이 올랐다. 전쟁 시 필요한 물자를 조달받으려면 부자들도 숙청 대상에서 예외일 수 없었다. 이들의 살생부로 로마에는 한바탕 피바람이 불어 닥쳤다. 300명의 원로원 의원과 2,000명의 기사를 살해하고 그들의 재산을 몰수했다.

세 집정관이 이탈리아에서 통치 기반을 닦고 있는 사이 공화파 세력도 급속도로 성장했다. 히스파니아 문다 전투에서 카이사르에게 패하고도 용케 살아남은 위대한 폼페이우스의 아들 섹스투스 폼페이우스는 해적질을 그만두고 지중해의 해적들을 모아 강력한 세력을 형성하고 있었다. 그는 각지에서 약탈을 일삼아 히스파니아에서도 명성이 자자했는데, 히스파니아 총독과의 전쟁을 피하기 위해 동에 번쩍, 서에 번쩍하며 크고 작은 마을을 점령해 나갔다. 카이사르가 암살되자 원로원은 그를 불러들여 해군 사령관으로 임명했다. 하지만 그는 곧장 로마로 복귀하지 않고 함대를 이끌고 기회를 엿보았다. 삼두 동맹이 체결되던 당시 그는 시칠리아를 점령하고 있었다. 지리적 요충지인 시칠리아에서 그는 로마의 모든 해상 운송로를 차단했다. 옥타비아누스는 평정에 나섰지만 시칠리아를 되찾는 데 실패했다.

필리피 전투

한편, 동방 속주의 브루투스와 카시우스는 이미 소아시아를 깡그리 약탈하고 그곳의 불만 세력을 처단하여 거대한 군대를 보유하고 있었다. 옥타비아누스와 안토니우스는 곧 아드리아 해를 건너 마케도니아의 필리피Philippi로 진군했다. 이들은 언덕 양편에 각각 요새화된 숙영지를 만들어 서로 대치했는데, 공화파인 브루투스와 카시우스가 유리한 고지를 장악했다. 공화파는 군수물자가 원활하게 보급되는 것을 이용해 일부러 전면전을 피하며 장기적인 소모전을 준비했다. 안토니우스와 옥타비아누스는 폼페이우스의 방해로 히스파니아와 아프리카의 물자수송이 막힌 데다 도미티우스 때문에 이탈리아의 운송로도 차단된 상태였다. 이들로서는 소모전을 막고 어떻게든 빨리 승부를 내는 것이 더 유리했다. 그래서 아무도 모르게 늪과 연못을 건너 적군의 후방을 노렸다. 그러자 공화파도 마침내 군대를 나누어 진격을 시작했다. 옥타비아누스가 브루투스에게 격파된 한편, 안토니우스는 카시우스군을 대파하고 적의 진영을 점령하여 초토화했다. 카시우스는 굴욕적인 포로의 길 대신 자살을 선택했다. 필리피 전투가 일어난 그날, 아드리아 해에는 또 다른 접전이 벌어졌다. 옥타비아누스 일파의 지원 부대가 바다를 건너는 도중 공화파 해군의 공격으로 배가 격파당한 것이다. 첫 번째 필리피 전투는 이렇게 일단락되었다.

카시우스의 죽음으로 유일한 최고 사령관이 된 브루투스는 방어를 강화하며 계속해서 소모전을 유도했다. 군수물자가 끊겨 이미 굶주림과 공포에 휩싸인 옥타비아누스와 안토니우스는 육로에서 약탈을 자행할 수밖에 없었다. 어떻게든 이 상황을 벗어나야 했기에 그들은 크게 함성을 지르며 적군의 요새로 진격하여 브루투스를 포위해 나갔다. 그 사이 브루투스가 아무런 대비 없이 진영에만 머물러 있자 부하들은 점차 그의 안일함에 실망을 느끼기 시작했다. 일찍이 카이사르 휘하에서 있던 병사들 가운데서 불만이 터져 나오자 불안해진 브루투스는 또 한 번의 전투를 결심했다. 두 번째 전투는 그야말로 생사를 건 격렬한 싸움으로 이어졌다. 치열한 싸움에 브루투스 군대는 마침내 궤멸했다. 브루투스는 생존한 병사들을 이끌고 산속으로 퇴각했다. 그는 당장에라도 진영을 되찾으려 했지만 그의 부하들은 전쟁을 포기했다. 브루투스는 스스로 목숨을 끊었다. 두 번째 필리피 전투는 옥타비아누스와 안토니우스가 대승을 거두며 끝이 났다.

두 차례의 필리피 전투에서 독재자들은 공화파 세력을 철저하게 짓밟았다. 옥타비아누스 일파는 사상 최대의 19개 보병군단을 투입시킨 반면, 기병대 전력에서는 공화파가 2만 명, 옥타비아누스가 1만 3,000명으로 공화파 군대가 우세했다. 양측의 병사들은 똑같은 로마군으로 같은 언어를 쓰고 같은 전술을 훈련받았지만 결국에는 편이 나뉘어 서로 대립해야만 했다. 로마의 정치적 형세는 이 필리피 전투로 판가름이 났다. 곧이어 닥친 안토니우스와 옥타비아누스의 정치적 싸움을 제외하면 더 이상 이런 대규모의 내전이 필요치 않게 되었다.

6 여왕을 사랑한 남자

12년 동안 유지되어 온 2차 삼두 정치에서 옥타비아누스는 최후의 승리자가 되었다. 뛰어난 장군 안토니우스는 옥타비아누스의 가장 강력한 적수로서 그에 못지않은 실력을 지닌 영웅이었다. 다만 불행히도 여색에 눈이 멀어 결국 패전과 자살이라는 비극에 이르고 말았다.

시기 : 기원전 82~기원전 30년
인물 : 옥타비아누스, 클레오파트라 7세

안토니우스와 클레오파트라 7세

마르쿠스 안토니우스Marcus Antonius는 명문 귀족 출신으로 카이사르의 휘하에서 탁월한 군사적 재능을 발휘하며 재무관과 호민관, 기병대 지휘관의 고위직을 역임했다. 내전 중에는 카이사르를 보필하며 그에게 충성을 바쳐 남다른 신임과 총애를 얻었다. 카이사르가 이탈리아를 비우는 동안에는 그가 대신 이탈리아의 모든 업무를 관장하기도 했다. 안토니우스는 카이사르의 휘하에서 항상 주도적인 지위를 선점하여 삼두 동맹 및 필리피 전투의 승리 이후에는 최고의 명성과 위세를 떨치게 되었다.

한눈에 보는 세계사

기원전 97년 : 사마천, 《사기》 완성
기원전 37년 : 고구려 건국

기원전 57년 : 신라 건국

카시우스와 브루투스가 죽고 옥타비아누스Gaius Octavianus와 안토니우스는 여러 신과 군대를 찬양하는 성대한 제사의식을 거행했다. 그리고 병력을 둘로 나누어 안토니우스는 소아시아와 동방 속주에서 병사들에게 지급할 자금조달 업무를 맡았고, 장기간 병에 시달려 온 옥타비아누스는 퇴역한 병사의 토지 배분 및 식민지 문제를 해결하기 위해 이탈리아에 남았다. 안토니우스는 공화파가 지배하던 동방 속주를 빠른 속도로 장악해 나갔다. 왕국의 영토를 새로이 분할하여 공화파 도시에는 벌을 내리고 아군을 지원한 도시에는 상을 내렸다. 그리고 각지에 속주세를 징수하여 군비를 충당했다.

기원전 41년 여름, 안토니우스는 공화파를 지원한 혐의를 조사하기 위해 이집트의 여왕 클레오파트라 7세Cleopatra VII를 소아시아의 타르수스Tarsus로 불러들였다. 클레오파트라 7세는 금테를 둘러 장식한 비너스 여신의 형상을 본떠 만든 배를 타고 소아시아로 향했다. 그곳에서 안토니우스는 아름다운 자태와 우아한 말씨, 뛰어난 지략을 겸비한 클레오파트라 7세를 처음 만났다. 이미 마흔에 접어든 그였으나 다시 청춘으로 돌아간 듯 여왕의 매력에 마음을 빼앗기고 말았다. 클레오파트라는 자기 변호에 성공하고 안토니우스는 동방 속주를 부관에게 맡겨둔 채 그녀를 따라 이집트로 떠났다. 그리고 알렉산드리아에서 그해 겨울을 그녀와 함께 보냈다.

안토니우스가 이집트 여왕과 행복의 단꿈에 젖어 있을 무렵, 병마에 시달리던 옥타비아누스가 이탈리아로 돌아왔다. 브룬디시움에서 요양하는 중에도 병세가 더욱 악화되어 항간에는 그가 이미 사망했다는 소문마저 돌았다. 기원전 41년 초, 병세가 호전되자 옥타비아누스는 로마로 복귀했다. 그전에 레피두스가 동맹에 관한 일을 섹스투스 폼페이우스에게 누설한 죄를 짓자 안토니우스와 옥타비아누스는 그에게 갈리아 트란살피나를 반납하고 다른 속주로 가게 했다. 그런데 토지 분배는 옥타비아누스의 생각만큼 그리 간단하게 해결되지 않았다. 17만 병사들에게 정착지를 주기에는 국유지가 턱없이 부족했고 약속이 지켜지지 않자 병사들은 아예 그의 지휘를 거부하며 난동을 피우고 있었다. 그들은 국유지는 물론이고 공화파의 사유지와 일반 평민들의 토지까지 마음대로 약탈해 갔다. 결국 시민과 퇴역한 병사 중 한쪽을 선택해야 하는 상황이 오자 그는 시민들에게 욕을 먹을 각오로 병사들의 정착지를 마련해 주는 길을 택했다. 심지어 분노한 병사들을 위해 돈을 빌려 포상까지 해 주자 군대는 이 일로 크게 감격했다.

이 같은 위법 행위로 시민들이 큰 피해를 보았음에도 옥타비아누스는 별다른 대책을 세울 수 없었다. 빼앗은 토지를 갚아 줄 자금이 없는 것도 문제이지만, 폼페이우스 등 반대파가 계속해서 전쟁을 선동하는 상황에서 병사들의 포상을 더 이상 늦출 수가 없었던 것이다. 당시 병사들의 횡포는 극에 달해 있었다. 한번은 옥타비아누스가 회의에 늦자 화가 난 이들이 회의장에서 백인대장을 죽이는 사건이 있었다. 옥타비아누스로서는 관용을 베풀어 이들을 용서하고 더 많은 포상을 해 주는 수밖에 없었다. 하지만 군기가 문란해진 병사들의 횡포는 계속되었고 설상가상으로 폼페이우스는 해외 운송로를 가로막았다. 이탈리아의 농업은 전쟁으로 엉망이 되었고 로마에는 기근이 발생했다. 그런데 이때 안토니우스의 동생 루키우스 안토니우스Lucius Antonius가 퇴역한 병사의 정착 문제에 불만을 품고 시민들을 선동하기 시작했다.

루키우스는 원로원의 지지를 받고 있는 공화파로, 땅을 빼앗긴 시민들을 돌봐 주며 그들과 결탁했다. 그가 반란을 주동한 데는 안토니우스의 아내 풀비아의 질투도 한몫했다. 이탈리아에 전쟁이 일어나면 남편이 이집트 여왕을 떠나 로마로 돌아올 것이라 믿어 일부러 루키우스와 옥타비아누스의 불화를 부추겼다. 루키우스는 2개 군단을 이끌고 로마로 진격하여 시민들을 향해 공화정을 회복하고 옥타비아누스와 그에게로 도망친 레피두스를 처벌하겠노라고 연설했다. 그는 강력한 방어진이 구축된 페루시아에서 주둔하며 지원병을 기다리기로 했다. 하지만 갈리아와 이탈리아에 있는 안토니우스의 부장이 그의 의도를 헤아리지 못하고 연합을 미루는 바람에 옥타비아누스가 페루시아를 포위할 기회를 내주고 말았다. 기원전 40년 2월 말, 지원군과 군수품을 얻을 길이 막혀 버린 루키우스는 결국 옥타비아누스에게 항복을 선언했으나 옥타비아누스는 루키우스와 그의 장수들을 모두 살려 주었다.

브룬디시움 협약

페루시아 전투로 옥타비아누스는 갈리아와 히스파니아 두 속주를 차지했

사형수에게 독약을 실험하는 클레오파트라

카이사르와 안토니우스는 한때 절정의 매력을 지닌 여왕에게 빠져 사랑의 노예가 되어 버렸다. 특히 안토니우스는 로마의 희생도 불사한 채 그녀를 지키려다 모든 지위와 명예를 잃고 죽음에 처했다.

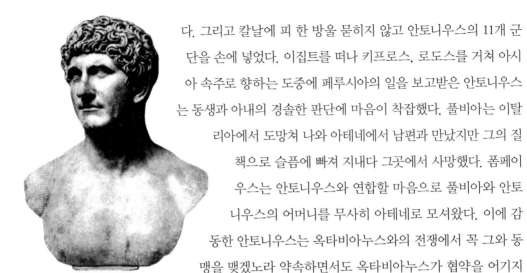

마르쿠스 안토니우스
흉상

다. 그리고 칼날에 피 한 방울 묻히지 않고 안토니우스의 11개 군단을 손에 넣었다. 이집트를 떠나 키프로스, 로도스를 거쳐 아시아 속주로 향하는 도중에 페루시아의 일을 보고받은 안토니우스는 동생과 아내의 경솔한 판단에 마음이 착잡했다. 풀비아는 이탈리아에서 도망쳐 나와 아테네에서 남편과 만났지만 그의 질책으로 슬픔에 빠져 지내다 그곳에서 사망했다. 폼페이우스는 안토니우스와 연합할 마음으로 풀비아와 안토니우스의 어머니를 무사히 아테네로 모셔왔다. 이에 감동한 안토니우스는 옥타비아누스와의 전쟁에서 꼭 그와 동맹을 맺겠노라 약속하면서도 옥타비아누스가 협약을 어기지 않는 한 그와 폼페이우스를 화해시키려 했다.

안토니우스는 옥타비아누스와 대적할 대군을 이끌고 브룬디시움에 진을 쳤다. 그런데 초기에 약간의 충돌을 겪은 후, 이들 휘하의 백인대장과 병사들이 전투를 거부하며 화해를 요청해 오자 두 사람은 동맹을 맺고 예전의 관계를 회복하기로 했다. 마침 누나 옥타비아가 남편을 잃자 옥타비아누스는 옥타비아를 안토니우스와 결혼시켜 동맹을 강화하고자 했다. 양측 군사들은 내전이 중지된 것을 몹시 기뻐하며 밤낮없이 두 장수의 동맹을 축하했다.

기원전 40년 10월, 삼두 동맹의 주인공들이 다시 브룬디시움에 모여 로마 땅을 새로이 분할했다. 일리리아의 스코드라Scodra를 경계로 안토니우스는 동쪽 유프라테스 강의 모든 속주와 섬을, 옥타비아누스는 서쪽 해역을 맡았다. 그리고 이미 세력이 기운 레피두스는 아프리카를 취했다. 브룬디시움 협약에서 옥타비아누스는 서로 합의점을 찾을 때까지 폼페이우스와 전쟁을 계속할 것이며 안토니우스는 원래 계획했던 파르티아 원정을 추진하기로 의견을 모았다. 전쟁 중에는 서로 지원할 의무가 있으며 이탈리아에서 임의로 동일한 인원의 병사를 모집할 수 있었다.

이 시기에 로마의 흉작은 날로 심각해지고 있었다. 폼페이우스가 로마의 해상 운송로를 차단하면서 물가가 천정부지로 치솟았다. 사람들은 흉작의 원인이 집정관들의 오랜 전쟁 때문이라고 반발하며 폼페이우스와의 화해를 요구했다. 옥타비아누스가 그의 지인들과 광장에 나타나 시민을 설득하자 시민들은 오히려 냉랭한 얼굴로 그에게 돌을 던졌다. 안토니우스는 이미 폼페이우스와 화해하는 일에 찬성했으나 옥타비아누스를 감싸려다 함께 돌을 맞았다. 결국 군대를 풀어 시민들을 해산시킨 후에야 옥타비아누스는 그 자리를 빠져나올 수 있었다. 이후 몇 차례의 의논 끝에 그들은 폼페이우스와 협약을 맺는 데 성공했다. 폼페이우스는 육지와 해상의 모든 전쟁을 중지하고 이탈리아로 퇴각하면서 더 이상 도망노예를 수용할 수 없게 되었다. 그는 여전히 사르디니아와 시칠리아, 코르시카 및 현 수중의 섬들을 관할하는 대신 섬의 곡물을 로마에 바치기로 했다. 부재중에도 집정관으로 선출될 수 있고 그의 직무를 맡아줄 집행자를 직접 지명할 수 있었다. 또한 군에 복무한 노예에게 자유를 주고 퇴역한 자유민은 옥타비아누스와 안토니우스 부하들과 똑같이 포상을 받을 수 있도록 했다.

폼페이우스와 협정을 맺은 후, 옥타비아누스는 갈리아 진압을 시작했고 안토니우스는 파르티아 전쟁을 위해 출발했다. 그런데 폼페이우스가 이 틈에 협약을 깨뜨리고 해적들과 약탈을 자행했다. 옥타비아누스는 곧 폼페이우스와의 전쟁을 선포했으나 결과적으로 참패했고 그의 전함도 모조리 폭풍에 파손되었다. 옥타비아누스의 지원 요청에 안토니우스는 전함 300척을 이끌고 타렌툼에 도착했다. 그런데 옥타비아누스가 전쟁을 지연시키는 바람에 안토니우스는 이탈리아 병력을 충당할 수 없게 되었다. 당시 이탈리아는 옥타비아누스의 통치 아래 있었고 안토니우스는 무엇보다 파르티아 전쟁이 시급한 때였다. 이는 시칠리아에서 안토니우스가 자신을 도와

주지 않은 것에 대한 옥타비아누스의 분풀이였다.

결국에는 누나인 옥타비아가 동생과 남편의 중재자로 발 벗고 나섰다. 기원전 36년, 옥타비아누스와 안토니우스는 새로운 협정을 맺을 수밖에 없었다. 안토니우스는 옥타비아누스에게 120척의 전함을 주고 옥타비아누스는 파르티아 전쟁을 앞둔 안토니우스에게 2만 명의 군사를 보내주기로 약속했다. 그리고 애초 규정된 삼두 정치의 기한이 만료되어 시민의 동의 없이 삼두 정치의 기한을 5년 더 연장하기로 합의했다. 안토니우스가 시리아로 떠나자 옥타비아와 그녀의 딸은 옥타비아누스 곁에 남았다.

이후에도 폼페이우스와의 전쟁은 계속되었고 옥타비아누스는 여러 번의 참패를 겪었다. 마침내 옥타비아누스가 최후의 승리를 거머쥐면서 서지중해의 오랜 분쟁을 끝냈다. 전쟁에서 패한 폼페이우스는 플리니우스와 8개 군단을 불러들여 놓고 이들이 도착하기도 전에 안토니우스에게로 투항해 버렸다. 시칠리아에 도착한 플리니우스는 방어진이 구축된 메시나를 점령했으나 레피두스와 옥타비아누스의 부관 아그리파의 합동공격을 받았다. 플리니우스가 화친을 제의하자 아그리파는 다음날 옥타비아누스가 도착한 이후 다시 결정할 생각이었다. 그런데 레피두스가 멋대로 조약을 맺고는 군심을 잡으려고 자신의 군대와 함께 메시나 약탈을 허락했다. 이 일로 플리니우스의 군대가 전부 레피두스의 수중으로 들어갔다. 새 군단의 추가로 총 22개의 보병 및 막강한 기병군단을 얻은 레피두스는 기세등등하여 먼저 침략을 자행했다. 삼두와 연합하도록 여러 도시를 설득해서 자신이 시칠리아를 차지할 계획이었다.

이에 옥타비아누스는 그 길로 레피두스에게 달려가 의리를 저버린 것에 화를 냈다. 이들의 감정싸움으로 또다시 내전이 일어날까 불안해진 레피두스의 군대는 도리어 레피두스의 태만을 탓하며 패배한 적군과 전리품을 똑같이 나눠 갖는 것에 불만을 토로했다. 레피두스의 군대는 옥타비아누스에게 비밀리에 포섭당하여 결국 레피두스를 버리고 옥타비아누스에게로 투항했다.

악티움 해전

이제 서방의 옥타비아누스와 동방의 안토니우스에게로 로마의 통치권이 나뉘면서 로마는 또다시 1인자를 선택해야 하는 상황에 놓였다. 파르티아 전쟁에서 좌절을 맛본 뒤 정식으로 클레오파트라 7세와 결혼한 안토니우스는 리비아와 페니키아, 시리아, 실리시아, 아르메니아 및 아직 정복되지도 않은 파르티아까지 여왕의 자녀들에게 주겠다고 공식 선포했다. 파르티아 전쟁에서 패배한 것으로 모자라 로마의 속주를 엉뚱한 사람에게 줘 버리자 로마 인의 반발은 극에 달했다. 옥타비아누스는 이런 분위기를 이용해 안토니우스의 인기를 완전히 추락시켰다.

　기원전 32년, 삼두 동맹의 유효기간이 만료되면서 줄곧 의심과 견제로 위태위태하던 옥타비아누스와 안토니우스의 동맹도 정식으로 결렬되었다. 이때 두 명의 집정관과 원로원이 옥타비아누스의 선동에 불신을 품고 안토니우스의 편에 붙었다. 옥타비아누스와 무장한 부하들은 원로원으로 쳐들어가 의원 300명 중 안토니우스의 세력을 강제로 몰아냈다. 얼마 후, 안토니우스가 옥타비아와 정식으로 이혼하자 옥타비아누스는 베스타 신전의 여사제에게서 안토니우스의 유언장을 가로챘다. 그의 유언장에는 그가 묻힐 영묘를 알렉산드리아에 건설하고 로마의 정복지를 클레오파트라 7세의 자녀들에게 물려주라고 써 있었다. 옥타비아누스는 안토니우스의 유언장을 공개한 뒤 원로원과 민회의 이름으로 그의 집정관 권한과 여왕이 가로챈 로마의 재산을 공식적으로 박탈하고 이집트에 선전포고했다.

　기원전 31년 9월 2일, 옥타비아누스의 해군은 그리스 서북부의 악티움 Actium에서 안토니우스와 격전을 벌였다. 당시 안토니우스는 상당한 규모의 육·해군을 보유하고 있었다. 전함 800척과 육군 12만 명에 비하면 옥타비아누스는 전함이 250척밖에 되지 않았고 육군의 수도 92,000명에 미치지 못했다. 그럼에도 불구하고 전쟁 초반에는 쉽게 승패가 가려지지 않았다. 격전이 최고조에 이르자 불리해진 클레오파트라 7세가 갑자기 해군을 철수하고 이집트로 퇴각했다. 곧이어 안토니우스도 그녀의 뒤를 따라가자 지휘관을 잃은 이집트 군대는 옥타비아누스를 이길 방법이 없었다. 안토니우스가 도망쳤다는 소식에 그의 10만 육군도 옥타비아누스에게 투항했다. 악티움 해전으로 안토니우스가 주력군을 잃으면서 사실상 옥타비아누스의 승리가 확실시되었다. 기원전 30년 여름, 이집트로 진군한 옥타비아누스는 알렉산드리아에서 안토니우스의 군대를 격파하여 다시 한 번 승리를 거두었다. 안토니우스가 옥타비아누스에게 단독결투를 신청하자 옥타비아누스는 냉랭하게 대답했다. "그럴 필요 없다. 죽고 싶다면 방법은 얼마든지 있다!" 더 물러날 곳이 없어진 안토니우스는 결국 칼을 꺼내 들고 자결했다. 클레오파트라 7세는 갖은 방법으로 옥타비아누스를 유혹하려 했으나 그가 거들떠보지도 않자 독사를 풀어 스스로 목숨을 끊었다. 이후 이집트 시대는 막을 내리고 이집트는 로마 제국의 속주가 되었다.

7 황제 '아우구스투스'

ROME

그라쿠스 형제의 개혁 이후 100년에 걸친 내전이 마침내 종지부를 찍으면서 로마는 사실상 제정(帝政) 시대로 접어들었다. 형식상으로는 공화정과 각 기관이 그대로 유지되는 듯 보였으나 황제의 칭호를 공식적으로 선포하지 않았을 뿐 로마의 모든 실권은 국가 원수인 '1인자'가 움켜쥐고 있었다.

시기 : 기원전 63~기원후 14년
인물 : 옥타비아누스

프린키파투스 원수정

안토니우스가 죽고 레피두스는 이미 정치 무대에서 사라져 삼두 정치의 주인공으로서는 옥타비아누스Gaius Octavianus가 유일하게 최고 권력자의 자리에 올랐다. 기원전 29년 여름, 옥타비아누스는 내전의 승리자가 아닌 대외 전쟁을 이끈 장수로서 다시 이탈리아 땅을 밟았다. 그가 돌아오자 원로원은 3일 연속 성대한 개선식을 열어 일리리아와 악티움, 알렉산드리아의 세 차례 전쟁에서 승리한 것을 축하했다. 옥타비아누스는 전쟁으로 얻은 대

한눈에 보는 세계사

기원전 57년 : 신라 건국
기원전 18년 : 백제 건국
8년 : 중국, 신 건국

기원전 37년 : 고구려 건국
기원전 4년 : 예수 탄생
25년 : 중국, 후한 성립

량의 전리품을 병사와 시민들에게 나눠 주고 야누스 신전에서 특별한 의식을 거행했다. 야누스 신전에는 두 개의 문이 있는데, 출정하는 병사들은 반드시 이 문을 지나게 되어 있었고 전쟁이 끝나면 문을 닫고 평화를 자축했다. 그런데 줄곧 열려 있던 신전의 문을 마침내 옥타비아누스가 닫게 된 것이다.

옥타비아누스가 내전에 마침표를 찍으면서 팍스 로마나, 즉 로마의 평화가 시작되었다. 우선 그는 대다수 군인을 퇴역시켜 악티움 해전 때의 60개 군단을 28개로 축소했다. 10여만 명의 퇴역한 병사에게 후하게 포상금을 치른 뒤 이들을 이탈리아와 서방 속주에 새로이 개척된 수십 개의 식민지로 이주시켰다. 그리고 삼두 동맹으로 반포된 불공정한 법령을 폐지하고 범죄자의 자녀를 사면해 주었으며 내전기의 국채를 면제하고 시민들이 부채를 갚을 수 있도록 이율을 3분의 1 낮춰 주었다.

옥타비아누스는 카이사르의 전철을 밟게 될까 봐 최대한 공화정의 틀을 벗어나지 않으려 애썼다. 기원전 28년에는 사위 아그리파를 공동 집정관에 세우고 로마와 이탈리아의 공공사업을 함께 추진해 나갔는데 먼저 그의 주도 아래 한 차례의 인구조사가 시행되었다. 원래 인구조사는 감찰관의 업무였지만 공화정 말기에 이미 유명무실해져 아우구스투스 시대에는 아예 자취를 감추어 버렸다. 그는 또 평판이 나쁜 원로원 의원을 숙청하여 원로원 의원을 1,000명에서 800명으로 줄이고 의원 명단을 새로 작성했다.

기원전 27년 1월 13일, 옥타비아누스는 원로원 회의를 소집하고 공화정으로의 복귀를 공개 선언했다. 하지만 원로원과 시민들의 요청으로 아직 완전히 평정하지 못한 변경 속주와 로마 군대가 주둔한 모든 영토에 대한 군 지휘권을 얻었다. 이것은 따지고 보면 공화정에 위배되는 절대 권력이었다. 동시에 국가 1인자를 뜻하는 '프린켑스princeps'의 칭호를 얻었고 안정권에 들어선 속주 통치는 그의 관할 밖의 일이 되었다. 대신 각 속주에 대표를 파견하여 군대 모집과 군세 징수, 토지 관리에 관한 권한을 행사했다. 같은 달 16일, 원로원 의원들은 감격하여 옥타비아누스에게 '존엄한 자, 신성한 자, 위대한 자'라는 뜻의 '아우구스투스' 칭호를 수여하고, '용기, 관용, 정의감' 등 옥타비아누스의 자질을 새겨 넣은 황금 방패를 원로원 회의장 안에 두었다.

옥타비아누스는 무려 13번이나 집정관에 당선되었는데, 그의 장기 집권은 최고 권력의 자리를 노리는 귀족들의 불만을 사기에 충분했다. 오죽하면 기원전 24년에 이미 그를 암살하려는 세력들이 생겨났을까. 최고위직에 있는 것에 위협을 느낀 그는 기원전 23년 1월에 집정관직을 사임하고 두 명의 공화파 인물을 집정관으로 추천했다. 원로원은 그에게 전임 집정관으로서 집정관의 명령권을 계속해서 발휘할 수 있도록 하는 특별한 법안을 통과시켰다. 같은 해, 그는 종신 호민관이 되어 호민관의 특권인 신체, 명예 불가침권 및 원로원과 민회의 결의에 대한 거부권을 행사했다. 기원전 22년에는 원로원 회의에서 원로원 의장으로 임명되었고 기원전 19년에는 종신 집정관으로 추대되어 집정관에 공식 취임하지 않더라도 집정관처럼 영향력을 행사할 수 있게 되었다. 기원전 13년, 최고 제사장이었던 레피두스가 죽고 그 자리에 취임했다.

국가의 행정 및 군사·사법과 종교에 관한 모든 대권을 틀어쥐고 있으면서도 그는 굳이 독재와 황제라는 칭호를 거부한 채 스스로 '제1시민'이라 칭하며 제국

옥타비아누스 조각상

'아우구스투스'의 칭호를 얻은 옥타비아누스. 뛰어난 달변가이자 패기 넘치는 황제, 동시에 신성하고 존엄한 자로서의 면모를 만군 앞에 드러내고 있다.

의 원수元首가 되었다. 그러나 실질적으로 아우구스투스의 원수 정치元首政
治는 거대한 몸집을 숨긴 제정의 시작이었다.

옥타비아누스는 시민들의 요청으로 큰 규모의 공공사업을 진행했는데,
공화정의 관료가 아닌 본인이 직접 임명한 전문가들로 파견했다. 공공사업
의 발전에 따라 전문기관도 잇따라 생겨나 공화정 관료 조직과 원수정의
신관료 조직이 병존하는 형태를 띠게 되었다.

(1) 기사와 해방노예들로 구성된 원수정의 신관료들은 황제의 직속 관리
로서 공화정 관리들은 그들을 관할할 권한이 없었다. 후에 신관료들이 늘
어날수록 속주 행정에 대한 기존 관리들의 업무적 부담도 가벼워졌다.

(2) 기원전 27년부터 황제의 '자문위원회'가 조직되었다. 집정관 두 명과
각 공화정 관료 중 대표 한 명씩을 선발하고 제비뽑기로 걸린 원로원 의원
15명으로 구성되었다. 옛날 임금 앞에서 중신들이 국가의 대사를 의논하
던 '어전회의'로 볼 수 있는 자문회의는 원로원 회의의 준비 단계였다. 기원
전 13년 이후에는 황제의 가족 3명도 자문위원회의 종신위원이 되었고 제
비뽑기로 선발되던 위원도 황제가 원로원과의 상의 없이 직접 선발하는 형
식으로 바뀌었다.

(3) 황제의 집무실과 궁정 내부 행정을 담당하던 관리들의 수는 계속해
서 증가했고 대다수가 황제 자신의 해방노예와 측근들로 선임되었다. 이들
은 행정 서류부터 황제의 금고, 고소 사건 및 국사 연구 등을 담당하며 원
로원 의원이나 기타 관리들보다 정무에 더욱 직접적으로 관여했다.

내정 개혁

옥타비아누스는 원로원의 실권을 약화시켰으나 원로원은 이전보다 더 높
은 사회적 영예를 누렸다. 기원전 18년과 11년, 옥타비아누스는 다시금 원
로원에 대한 개혁을 추진하여 인원을 600명으로 축소하고 원로원 의원과

기사의 자격 기준을 더욱 명확히 규정했다. 우선 원로원 의원은 지정 기간 만큼 군 복무를 마친 귀족 출신으로 100만 세스테르티이를 지닌 자여야 하며, 집정관과 속주 총독, 군단 부사령관 등의 요직은 원로원 의원만이 맡을 수 있었다. 원로원 의원의 아래 서열인 기사 신분은 40만 세스테르티 이를 지닌 자들로 옥타비아누스는 이들을 자기편으로 끌어모으기 위해 세 금을 걷는 관리 외에도 근위대장과 속주의 재무관 및 각급 군관의 자리를 주었다. 기사들에게는 원로원 의원 선거에 출마할 수 있는 자격을 주었는 데, 원로원 의원의 아들이 원로원에 들어오려면 먼저 기사가 되어야 했다. 이렇게 공화정 말기에 서로 분쟁만 일으키던 두 계급을 하나로 융화시킴 으로써 옥타비아누스는 이들 세력을 황제의 통치 기반으로 삼았다.

원로원 의원과 기사들 외에도 광범위한 평민들은 제국을 이루는 주요 사회적 기반이었다. 평민 중에서도 크고 작은 수공업 공장과 상점을 지닌 소규모의 노예주들은 상층민에 속했고, 파산하여 떠돌이 신세가 된 자들 은 모두 하층민에 속했는데 이들은 용병이 되는 것 말고는 다른 생존의 출 구가 없었다. 옥타비아누스는 평민의 정치 활동을 엄격히 제한하고 강경 책과 유화책을 함께 써서 평민의 폭동을 제압하는 한편, 다양한 방법으로 그들을 매수했다. 또 매달 무상으로 양식과 돈을 보급하고 다양한 경기와 오락 활동을 지원하면서 평민들은 점차 황제의 권력에 기생하는 자들로 전락해 버렸다.

원로원은 공화정 최고의 경제권을 쥔 곳으로 일찍이 술라와 카이사르 등도 원로원의 권력을 독점하려고 한 일이 있었다. 옥타비아누스도 표면 적으로는 나라의 모든 수입을 시민들과 원로원에 맡기면서도 실질적으로 는 국고의 돈을 마음대로 운용했다. 국가의 중대한 재정 정책은 원로원과 협상하면서도 최종 결정권은 언제나 황제의 수중에 있었다. 특히 제국의 재정 조직을 편제하여 전국의 수입과 지출을 직접 통제했는데, 국가 예산과 재정에 대한 통계를 내고 공화정 때와는 달리 제도의 규모가 전국적이었다는 점에서 로마의 재정 관리 수준이 얼마나 높아졌는지를 알 수 있다. 그리고 각 속주에 회계 감찰관을 파견하여 황제의 명으로 각종 공공수입 및 납부금을 거둬들였다. 이들은 황제의 공무원으로서 절대적인 충성을 바쳐 황제가 제국의 재정을 통제하는 데 큰 역할을 했다.

옥타비아누스는 나아가 오랜 전쟁을 겪은 로마와 이탈리아 여러 도시에 개조 및 보수 업무를 진행했다. 그중에서 가장 눈에 띄는 것이 황제의 광장인 아우구스투스 포룸이었다. 아우구스투스 포룸 주위에는 콜로네이드라고 불리는 지붕이 있는 긴 복도와 신전이 세워졌고, 그 밖으로는 수많은 극장과 호화로운 욕장 등 공공시설이 지어졌다. 로마가 완전한 신도시로 탈바꿈하자 옥타비아누스는 "벽돌로 된 로마를 물려받아 대리석의 로마

황제의 자문위원들이 나라의 주요 정사를 처리하던 곳

를 물려준다.”라고 호언장담했다. 그는 시민들의 안전을 위해 불법적인 단체의 결성을 금지하고 경찰청과 소방청을 설치했다. 그리고 이탈리아 각지에 도시와 도시 및 점령지와 로마를 연결하는 엄청난 규모의 도로를 건설했는데, ‘모든 길은 로마로 통한다.’는 말도 여기서 나오게 된 것이다. 동시에 그는 무장한 순찰병을 두어 치안을 유지하고 도로 간의 통행을 원활히 하여 교역과 통신망의 발전을 앞당겼다.

아우구스투스의 원수정이 시행되면서 원로원의 권한에도 제약이 뒤따랐다. 기사 신분 배심원이 판결하는 일반 민·형사 사건 외에 원로원은 고소 건만 맡았으며, 기타 사안들은 모두 황제가 직접 판결을 내렸다. 기원전 18년, 옥타비아누스는 호민관의 특권으로 간통 및 혼외정사에 관한 율리우스법을 확립하고 기존의 법률을 새롭게 정비했는데, 그중 주목할 만한 것이 반역법이다. 황제에 대한 배신은 물론이고 어떠한 방식으로든 황제에게 불경을 저지르면 모두 제국에 대한 반역죄로 간주했다. 이 법 조항은 훗날 옥타비아누스의 후계자들도 그대로 받들어 시행했다. 그는 또 사치와 간통, 뇌물 및 각기 다른 계급 간의 결혼에 대한 새 법률을 수정·반포했다. 공화정 말기부터 로마의 상류층은 부패와 사치를 일삼아 왔는데, 옥타비아누스는 이러한 사회적 풍조를 바꾸고자 새로운 도덕적 규범을 제시했다.

기원전 12년 이후, 매년 새해가 되면 모든 원로원 의원들은 황제에게 충성을 맹세하는 의식을 거행했다. 사람들은 얼마씩 기부금을 내어 황제의 동상을 주조하는 데 보탰다. 기원전 2년에 옥타비아누스는 원로원과 로마 시민으로부터 ‘국부’라는 칭호를 받았다. 그는 서방의 풍속을 따르기 위해 황제를 숭상하는 동방식 문화에서 벗어나 황가의 선조와 로마 여신을 숭배 대상으로 삼았다.

옥타비아누스는 속주의 제도와 통치 정책을 대대적으로 조정했다. 이미 안정권에 들어서 주둔군이 필요 없는 속주를 원로원에 귀속시켜 원로원이 임명한 총독의 관할지로 삼고 시리아와 히스파니아, 갈리아는 황제의 속주로 삼아 황제가 임명한 총독이 다스리게 했다. 이집트는 황제의 사유 재산으로 삼았다. 로마의 속주 건설은 본래 일시적인 방편이라 관리 방법이 체계적이지 못한 단점이 있었으나 원수 체제가 성립된 이후 비로소 체계화되고 정규화되었다.

속주 총독은 엄격한 승급 심사를 거쳐 봉급을 후하게 받았고 그 아래 행정 관리들은 모두 정식 문관으로 인정받았다. 황제는 종종 감찰관과 순찰대를 파견하여 부패를 일삼고 권력을 남용한 자는 따로 조사한 뒤 재판에 넘겨 죄를 물었다. 옥타비아누스는 카이사르의 정책을 따라 속주를 자치도시로 인정하고 세금징수권을 황제가 임명하는 관료에게 일임했으며 속주민들은 중간절차 없이 황제에 대한 직접적 고소권을 지녔다. 이후 속주 통치는 한결 안정되었는데 민간 징수원이 세금을 과다하게 걷어 사욕을 채우던 공화정 때와 비교하면 눈에 띄는 발전이었다. 그는 또 속주 상층민에게 시민권을 주고 많은 퇴역 군인을 속주로 이주시켜 속주의 로마화를 앞당겼다.

군사 개혁과 대외 전쟁

마리우스의 개혁 이래로 모병제로 바뀐 로마 군대는 공화정에 내전이 계속되면서 비상사태에 항상 대비할 수 있는 상비군으로 자리 잡았다. 옥타비아누스는 군대를 재편성하여 정규 군단의 정원을 16만 8,000명으로 축소하고 로마의 시민만이 로마의 군인이라는 전통에 따라 정규군은 로마 시민권 소유자로 구성되었다. 복무 기한은 20년으로, 급료는 한 사람당 매일 10아스씩 받았으며, 복역 기간이 만료된 군인에게는 13년치 급료에 달하는 퇴직금을 지급하거나 식민지의 땅을 분배해 주었다. 이렇게 하여 군대

내 정치적 분쟁이 줄어들었고 예전처럼 퇴역한 병사를 위해 대량의 토지를 조달해야 하는 고충도 사라졌다.

옥타비아누스는 특별한 임무 없이 전투 태세를 갖춘 후방 군사들의 위력을 견제하여 후비군 편성을 반대하고 비상사태에는 기타 지역의 병력을 충당했다. 대신 변경 수비와 정규군 인력 충당을 위해 보조군을 조직했다. 보조군은 황제의 속주에 거주하는 속주민으로 구성되었는데 정규군에 비해 낮은 대우를 받았다. 복무 기한은 25년으로 급료도 정규군의 3분의 1밖에 되지 않았지만, 복무 기간이 만료된 퇴역한 병사에게는 로마 시민권을 주고 그 아들도 로마의 시민으로 인정했다. 특히 지방 주둔군일수록 분열과 반란의 불씨가 쉽게 일어나는 점을 감안하여 보조군을 따로 편성함으로써 지방 세력끼리의 결탁을 미연에 방지했다.

공화정 때부터 해군은 정규군으로 편성되지 않고 전쟁과 같은 비상사태에만 임시로 조직되었다. 그러다 제정 시대에 접어들면서 옥타비아누스에 의해 상비 해군으로 체계가 잡히기 시작했다. 주요 함대 중 하나는 티레니아 해의 메시나에, 다른 하나는 아드리아 해의 라벤나에 기지를 두었다. 두 함대의 사령관은 대부분 해방노예였으나 때때로 기사 신분이 맡을 때도 있었다. 그 밖에 알렉산드리아와 다른 한 도시에도 해군 기지가 있었고 라인 강과 도나우 강에는 병력 및 군수물자의 운송을 전담하는 부대를 두었는데 선원 중에는 노예도 있고 자유민도 있었다.

변방 수호는 정규군과 보조군이, 이탈리아 수비는 근위대와 경찰대, 소방대가 맡았다. 그중 주력군은 황제의 친위대인 로마 근위대로 그 지휘관은 막강한 권력을 누렸고 이들은 후한 대우를 받았다. 옥타비아누스는 로마에 귀순한 게르마니아 인 중에서 따로 자신의 근위대를 선발하여 기존의 근위대는 점차 이탈리아 각지에 주둔하는 상비군으로 발전했다. 이후 200여 년간 황제의 근위대는 황제의 옹립과 폐위에 중대한 역할을 하게 되었다.

옥타비아누스는 대외 정책에서 변방 강화와 평화 수호를 기본 원칙으로 삼았다. 어느 때나 정당한 명분이 뒤따른 그의 침략 전쟁으로 로마는 점차 수비에 용이한 국경선을 확정해 나갔다. 로마는 일찍이 동방에서 강적 파르티아와 전쟁을 벌였으나 패배하여 수많은 로마군이 포로로 잡힌 적이 있었다. 이후 기원전 20년, 파르티아에 왕위를 사이에 둔 후계자 싸움이 일어났고 양측 모두 로마에 지원군을 요청하는 사태가 벌어졌다. 옥타비아누스는 이를 기회로 파르티아에 모든 전리품과 로마의 포로들을 자진 반환하라고 요구했고 유프라테스 강을 국경으로 정하는 협약을 체결했다. 옥타비아누스는 또 아랍으로 진군했으나 사막에 발이 묶여 별 소득 없이 철수해야 했다.

옥타비아누스의 통치 기간에 마침내 히스파니아가 완전히 로마에 정복당했다. 기원전 27년부터 기원전 24년까지 히스파니아 북부의 정복 지역에 군사 식민시를 건설하여 변방 수호를 강화했다. 기원전 25년부터 기원전 8년에 이르는 동안 로마의 국경은 도나우 강까지 확장되어 레티아, 판노니아, 달마티아, 다키아, 모이시아 등의 속주를 건설했다. 기원전 16년, 라인 강 이북의 게르마니아 인이 강을 넘어 갈리아로 침입해 오자 옥타비아누스는 곧장 반격에 나서 대승을 거두었다. 이후 로마의 대군은 로마의 영토를 라인 강에서 엘베 강 유역까지 확장한 뒤 그곳에 게르마니아 속주를 세웠다.

기원후 6년에 로마군이 라인 강과 도나우 강을 향해 진군하던 중 로마군의 후방에서 판노니아 인과 달마티아 인의 반란이 일어났다. 로마군이 이들을 위로하여 반란을 잠재우기까지는 3년이라는 시간이 걸렸다. 이와 동시에 라인 강 유역에 거주하는 게르만 족까지 항쟁을 일으켰다. 9년, 게르마니아 총독 바루스Varus가 게르마니아에 주둔한 로마의 3개 군단과 9개

보조군을 이끌고 진압에 나섰다. 그런데 게르만군의 수장 아르미니우스 Arminius의 계략에 빠져 라인 강 동쪽 토이토부르거발트Teutoburger Wald에서 전멸당하고 말았다. 바루스의 군단이 전멸했다는 소식에 전 로마가 충격에 휩싸였다. 옥타비아누스는 야간 통행을 금지하여 소요가 일어나지 않게 막고 각 속주 총독의 임기를 연장하여 통치의 안정을 꾀했다. 옥타비아누스는 상심이 너무도 큰 나머지 수개월간 이발과 면도도 하지 않은 채 머리를 움켜쥐며 이렇게 소리쳤다고 한다. "바루스, 나의 군대를 돌려다오!" 로마 인에게는 재앙과도 같은 8월 2일은 이후에도 매년 슬프고 비통한 날로 두고두고 기억되었다. 토이토부르거발트 전투 이후 로마는 라인 강 이북의 영토를 포기한 채 남쪽 연안으로 퇴각했고 로마 제국은 라인 강과 도나우 강을 주 방어선으로 삼아 방위 체계를 구축했다.

초대 황제의 죽음

옥타비아누스는 수차례 혼인했으나 친아들을 얻지 못한 탓에 일찍부터 후계자 선정에 관심을 쏟았다. 그가 제일 먼저 후계자로 점찍은 자는 아그리파로, 자신의 딸 율리아와 혼인시켜 로마 제국을 이끌어갈 황제로 삼고자 했다. 그러나 불행하게도 그는 천수를 다하지 못하고 기원전 12년에 세상을 떠났다. 후에 그는 외손자 3명을 특별히 주시했으나 양자로 삼았던 두 외손자가 차례로 요절해 버렸고 나머지 한 명은 몹시 타락한 인격에 성질마저 포악하여 큰 인물이 될 만한 자질이 부족했다. 결국 옥타비아누스는 권력의 구도에 따라 티베리우스에게 제위를 물려주었다.

　14년에 44년 동안 로마 제국의 1인자로 군림하던 옥타비아누스가 남이탈리아를 돌아보던 중에 병으로 사망했다. 옛날 그의 아버지가 눈을 감은 곳에서 그도 똑같이 눈을 감았는데, 당시 그는 일흔여섯 번째 생일을 35일 앞두고 있었다고 한다. 자치도시와 식민지의 원로원 의원들과 기사들이 그의 시신을 로마로 이송해 온 뒤 마르스 광장에서 유해를 화장했다. 그때 기사 신분의 한 유력 인사가 옷에 띠도 두르지 않고 맨발인 채로 달려와 조심스레 유골을 담아 아우구스투스의 영묘에 묻었다.

그의 마지막 유언장은 병으로 사망하기 전에 작성되어 베스타 신전의 여사제가 보관하고 있다가 원로원에 의해 개봉되었다. 그는 유언장에서 아내 리비아의 아들 티베리우스를 후계자로 삼아 그의 칭호를 물려주게 했다. 티베리우스에게는 재산의 3분의 2를, 아내 리비아에게는 나머지 3분의 1을 주었다. 그리고 로마 시민 앞으로 4,000세스테르티이, 그의 지역구에게 350만 세스테르티이, 황제 근위대에 1,000세스테르티이, 로마에 주둔한 보병대에 500세스테르티이, 각 군단 병사들 앞으로 300세스테르티이를 남겼다. 그는 줄곧 이 거액의 돈을 움켜쥐고 있다가 자신이 죽고 나면 모든 시민과 군인에게 나눠 주도록 유언했다.

8 위대한 연설가 키케로

키케로는 고대 로마의 유명한 정치가이자 철학가, 위대한 연설가인 동시에 탁월한 라틴 문학가였다.
로마 공화정이 마지막 내전을 겪는 중에도 그는 실정법을 고수했고 이미 거대한 제국이 되어 버린 로
마에서 마지막까지 공화제를 옹호한 인물이었다. 그는 해박한 지식과 뛰어난 웅변으로 달변의 대가
라는 훌륭한 명성을 얻었으며 나아가 로마에서 가장 위대한 연설가로 역사에 이름을 남겼다.

시기 : 기원전 106~기원전 43년
인물 : 키케로 카틸리나, 카이사르, 안토니우스

달변의 대가

마르쿠스 툴리우스 키케로Marcus Tullius Cicero는 라티움과 삼니움이 서로 맞
닿아 있는 아르피눔Arpinum의 한 부유한 지방기사 가문에서 태어나 어린
시절 로마와 그리스에서 우수한 교육을 받으며 자랐다. 일찍 정치판에 발
을 들여놓은 키케로는 변호사로 활동하며 술라의 지지자들을 반박하는
연설을 펼쳤다. 기원전 70년, 법정에 선 그는 유명한 '베레스 반박문'에서
속주민에 대한 로마 집권자의 잔인하고 야박한 약탈 정책을 신랄하게 비판
하고 안면 몰수하고 악행을 일삼는 귀족들의 행태를 폭로했다. 기원전 69

한눈에 보는 세계사

기원전 108년 : 고조선 멸망, 한군현 설치　　　기원전 97년 : 사마천, 《사기》 완성
기원전 57년 : 신라 건국　　　　　　　　　　기원전 37년 : 고구려 건국

년에는 안찰관에 선출되었고 기원전 66년에는 법무관으로 선출되었다. 같은 해, 동방 원정의 지휘권을 폼페이우스에게 수여한다는 마닐리우스 법을 지지하여 당시 정치계의 실권자 폼페이우스와 우호적인 관계를 맺었다.

기원전 64년, 키케로는 카틸리나Lucius Sergius Catilina 일파를 탄핵하여 이듬해 집정관으로 당선되었다. 이탈리아 자치도시 출신인 탓에 그는 젊은 시절 '로마의 이방인'으로 낙인찍혀 조롱을 당했고 원로원 귀족들도 고귀한 조상을 갖지 못한 신출내기를 곱지 않은 시선으로 대했다. 하지만 키케로가 세르빌리우스 룰루스의 경지법안을 적극 반대하면서 원로원과 기사들의 지지를 얻기 시작했다. 당시 호민관 룰루스는 민회에서 10인 위원단을 선출하여 모든 재정과 토지 사업을 맡기고 속주의 토지를 경작지가 없는 시민들에게 나눠 주려 했다. 이 법안이 거의 모든 계층의 반발에 부딪히자 원로원은 민주파의 득세를 견제하고 기사들은 조세 청부로 얻은 이익을 빼앗기게 될까 봐 전전긍긍했다. 도시 평민들도 차라리 제국의 구제 정책에 기생하여 살아갈지언정 로마를 떠나 산간벽촌에서 일하기를 거부했다. 이런 로마 시민의 이기적 심리를 잘 아는 키케로는 3편의 반론문을 발표하여 룰루스의 경지법을 취소했다.

키케로에게 일생 최대의 공로는 바로 원로원을 주도하여 카틸리나의 음모를 타도한 일이었다. 그는 조국을 위해서라면 온갖 수단을 가리지 않았고 중상모략도 서슴지 않았으며, 심지어 헛소문을 퍼뜨려 대중을 선동하는 일에도 앞장섰다. 마침내 '국부'라는 영예로운 호칭을 얻은 그는 법정심판도 없이 카틸리나의 음모에 가담한 렌툴루스 등 주모자 5명을 처형했다. 1차 삼두 동맹이 맺어진 후 호민관이 된 클로디우스는 키케로가 카틸리나 음모의 주모자 5명을 불법으로 처형한 사실을 들추어내 고소함으로써 키케로를 로마에서 추방했다. 반론의 효력도 없이 기원전 58년 봄에 키케로가 마케도니아로 떠나자 클로디우스는 그의 재산을 몰수하고 집을 불태웠

키케로 조각상

키케로는 유명한 정치가이자 로마에서 손꼽히는 대중 연설가이다.

다. 후에 폼페이우스와 밀로가 클로디우스의 숙적 키케로를 로마로 다시 불러들였다. 사면된 키케로는 로마 시민의 열렬한 환대를 받으며 등장했고 재산도 다시 돌려받았다.

삼두 정치의 한 기둥이었던 크라수스가 전사한 후 카이사르 Gaius Julius Caesar의 위력이 거세지는 것에 불안을 느낀 키케로는 폼페이우스 편에 서서 원로원과 결탁하여 카이사르에 대항했다. 파르살루스 전투 이후 카이사르가 내전의 승리자로 우뚝 서자 키케로는 이렇게 한탄했다. "우리 모두 카이사르의 노예가 되고 말았구나!" 하지만 카이사르는 관용을 베풀어 키케로와 폼페이우스 일당을 용서해 주었다. 기원전 44년 3월 15일, 브루투스와 카시우스를 주축으로 한 공화당 일파가 카이사르를 암살했다. 카이사르가 폭군이었는지를 두고 원로원에서는 격렬한 논쟁이 벌어졌지만 키케로가 최후의 절충안을 내놓으면서 카이사르는 폭군으로 선포되지 않았고 암살자들은 처벌을 면할 수 있었다. 이는 당시 공화파와 카이사르파가 서로 양보하여 얻은 타협의 결과물이었다.

키케로의 최후

안토니우스 Marcus Antonius의 지나친 야심이 원로원을 자극하면서 원로원에는 키케로를 주축으로 반안토니우스파가 결성되었다. 키케로는 일부러 옥타비아누스를 끌어들여 원로원과 손을 잡고 '필리피카이'라 불리는 안토니우스 탄핵 연설 총 14편을 발표했다. 독재와 폭력 정치를 비난하고 안토니우스를 탄핵하도록 사람들을 선동하면서 안토니우스와 키케로는 철천지원수가 되고 말았다. 그 후 제2차 삼두 정치에 의해 키케로와 그의 가족 및 지인들 모두 살생부 명단에 올랐다. 키케로는 결국 도주하는 데 실패하여 카푸아에서 안토니우스의 군대에 암살당했다. 그의 정적인 안토니우스는 키케로의 목과 손을 잘라 오라고 명령하여 그가 종종 연설을 하던 광장 연단 위에 공개적으로 전시했다. 심지어 식사하는 테이블 위에 키케로의 머리를 놓아두고 지겨워질 때까지 쳐다보았다고 한다.

키케로는 고대 로마의 유명한 정치가이자 철학가, 위대한 연설가인 동시에 탁월한 라틴 문학가였다. 그는 연설가와 작가로서 연설문 57편과 서신 900통을 남겼는데, 당시의 수많은 역사적 사건을 반영하고 있긴 하지만 선명한 경향성을 보이는 데다 때때로 진실을 왜곡하기까지 한 것은 엄연한 사실이다. 그렇지만 그의 문장은 문맥이 다채롭고 박력이 넘치며 완벽한 문장 형식을 갖추지 않아도 청중의 마음을 움직이는 힘을 지니고 있었다. 키케로의 서신 중에는 그가 다른 사람에게 보낸 것과 다른 사람에게서 받은 것 등이 있는데, 그중 그가 비밀로 간직하여 공개하지 않은 것은 역사적으로도 높은 가치가 있다. 이러한 그의 편지는 당시의 여러 사건을 진실하게 반영하고 있을 뿐 아니라 본인의 행동에 대한 개인적인 이유와 쉽게 밝히지 못했던 각계 인물에 대한 그의 솔직한 생각들을 담고 있다.

원로원에서 카틸리나를 탄핵하는 키케로

키케로에게 일생 최대의 업적은 바로 원로원 연단에 서서 정권을 탈취하려고 한 카틸리나의 음모를 폭로한 일이다.

9 박학다식한 바로

바로는 오랜 기간 정치판에 뛰어들어 고위직을 두루 역임했지만 학식으로 얻은 명성에 비하면 그의 군사 공로는 턱없이 작았다. 그는 다양한 분야의 책을 두루 다독하며 꾸준히 창작활동에 전념했는데, 특히 그의 작품은 어느 하나 빠진 것이 없을 정도로 내용이 풍부하여 '고대의 백과전서'라고 평가받을 정도였다. 그와 동시대를 산 사람들은 하나같이 그를 '가장 박학다식한 로마 인'으로 손꼽았다.

시기 : 기원전 116~기원전 27년
인물 : 바로, 폼페이우스, 카이사르

바로의 대표작

이탈리아 사비니의 한 기사 가문에서 태어난 마르쿠스 테렌티우스 바로 Marcus Terentius Varro는 어릴 적부터 역사와 문학에 관심이 깊어 일찍이 아테네에서 플라톤주의자인 안티오코스에게 철학을 배웠다. 그는 정계에 진출하여 호민관과 안찰관, 법무관 등을 두루 지내다가 기원전 76년에 폼페이우스Gnaeus Pompeius Magnus의 재무관에 임명되어 점차 그의 유능한 부장으로 활약하게 되었다.

한눈에 보는 세계사

기원전 108년 : 고조선 멸망, 한군현 설치
기원전 57년 : 신라 건국
기원전 18년 : 백제 건국

기원전 97년 : 사마천, 《사기》 완성
기원전 37년 : 고구려 건국

상감기법을 이용한 로마 미술

상감기법을 이용한 이 그림은 주방을 배경으로 새우와 채소를 그린 것으로, 이것은 당시 사람들이 비교적 잘 어울린다고 생각하는 음식 조합이었다.

기원전 67년, 그는 폼페이우스 휘하에서 해적 소탕전에 뛰어들었고 용맹함을 인정받아 화관花冠을 받는 영광을 누렸다. 기원전 49년, 두 번째 내전이 폭발할 당시 히스파니아에 주둔해 있던 바로는 폼페이우스가 그곳에서 임무를 맡긴 세 부장 중 한 명이었다. 히스파니아가 카이사르에게 점령당하자 바로는 그리스로 달아나 폼페이우스의 뒤를 따랐다. 얼마 후, 파르살루스 전투에서 폼페이우스가 대파하여 이집트로 도주하는 중에 피살당했으나, 인재를 귀하게 여길 줄 아는 카이사르는 바로가 로마로 돌아와 투항하자마자 관용을 베풀어 주었다. 카이사르는 반카이사르파인 바로의 과거를 묻지 않은 채 안토니우스에게 점령당한 땅을 돌려주었고 그에게 로마의 대형 도서관을 기획, 건립하는 막중한 임무를 부여했다.

기원전 43년에 옥타비아누스와 안토니우스, 레피두스 세 거인의 삼두동맹이 이뤄지면서 바로는 안토니우스에 의해 살생부 명단에 이름을 올렸다. 그러나 다행스럽게도 제삼자의 도움으로 별장에 몸을 숨길 수 있었는데, 한 가지 의아한 점은 그의 별장이 종종 안토니우스가 여행 중에 쉬어가던 곳이라는 사실이다. 바로는 그곳에서 안토니우스가 옥타비아누스에게 진압당하기만을 기다렸다. 여든 살의 나이에 또 한 번 사면을 받은 바로는 고향에 내려가 안거하며 집필에만 전념했고 90세까지 장수를 누렸다.

통계를 보면 바로는 천문·지리·항해·수학·언어·역사·문학·철학·종교·농업·의학 등 굉장히 다양한 범위에 걸쳐 74종류, 총 620여 권에 달하는 수많은 저술을 남겨 사람들에게 '가장 박학다식한 로마 인'이라는 찬사를 받았다고 한다. 그러나 매우 안타깝게도 그의 저서 대부분이 전쟁 중에 소실되어 현존하는 것은 총 25권인 《라틴어 문법론》의 일부 5~10권과 《농업론》3권, 그리고 그 외 저서의 현존하는 일부 편뿐이다.

바로의 저서는 하나의 주제에 여러 갈래의 내용이 담겨 있는데, 예를 들어 《고대》는 역사를 기초 삼아 지리와 법률, 풍속 및 역법 등 다양한 내용을 담은 저서로, 이 책을 토대로 라틴의 여러 왕의 역사를 기술한 《로마 시민에 관하여》,《로마 인의 생활에 관하여》 등의 작품이 만들어졌다.《전기집》은 그의 주요 저서로 손꼽히는 작품으로 700명의 로마 인의 전기를 담고 있다. 각 전기의 말미에는 한 편의 찬양시와 초상화를 덧붙였는데, 아직 세상에 전해지지 않은 그의 전기집은 플루타르코스의 전기집보다 대략 1세기 앞서 집필되었다.

《농업론》

《농업론》은 현재까지 비교적 완전한 상태로 보존되어 온 바로의 작품으로, 80세의 바로가 그의 아내를 위해 기원전 37년에 집필했다.《농업론》은 총 3권으로, 제1권은 농작물, 제2권은 가축을 기르는 방법, 제3권은 닭·오리·거위 따위의 가금류를 기르는 방법에 관한 내용이다. 바로는 《농업론》에서 대화체를 사용하여 자칫 무미건조해질 수 있는 글에 생기와 재미를 더하여 사람들의 흥미를 불러일으켰다. 비록 농업학자인 대카토에 비하면 그의 농사 경험은 풍부하지 않은 편이나 농사짓는 방법을 자세히 관찰하고 카토의 농업에 관한 저서를 비판적으로 수용했을 뿐 아니라, 여러 대농장 주인들과의 친밀한 교류를 통해 그들의 노하우를 얻었다.

《농업론》은 기원전 50년대 전후 로마의 농업 환경을 반영한다. 당시 중급 노예주의 사유지인 장원莊園이 여전히 큰 비중을 차지했으나 대토지 소유자들도 수가 증가하고 있었다. 그리고 이 시기의 장원은 농업·목축업·임업·어업·수공업·부업 등을 아우르는 비교적 광범위한 종합 경영 체제로 발전하여 카토 때처럼 모든 물건을 일일이 구매할 필요 없이 여러 수공제품이 이미 자급되고 있었다. 바로는 《농업론》에서 농업 기술을 전수하는 동시에 농업에 관한 이론적 문제와 나아가 사회적 문제에 대한 자신의 견해를 서술해 놓았다. 그의 다른 저서와 마찬가지로 《농업론》도 다방면으로 자료를 수집, 인용해 놓은 것이 특징이다. 그는 특히 노예를 다루는 문제를 매우 중요하게 생각하는 사람이었다. 도구를 말할 줄 아는 도구와 할 줄 모르는 도구, 벙어리 도구 등 총 세 종류로 나누었는데, 이것은 각각 노예와 소, 수레를 의미했다. 그는 '말할 줄 아는 도구'에 대한 맹목적인 학대를 반대하며 노예에게 약간의 재산을 주고 여자 노예와 함께 살게 하여 '노예가 주인에게 충성을 바치고 장원을 아끼도록' 해야 한다고 주장했다.

로마의 부조(浮彫)

이 대리석 조각은 기원전 1세기 로마의 농촌 풍경을 나타내고 있다. 손에 포도 광주리를 들고 사냥물을 둘러멘 농민이 집에서 기르던 양을 소등에 지워 시장을 향해 가고 있다.

10 역사학자 리비우스

ROME

리비우스의 《로마 건국사》는 역사서로서 완벽하지는 않아도 여전히 고대 로마 역사의 이정표로 남아 있다. 오늘날 사람들이 알고 있는 초기 로마 역사도 대부분 리비우스의 저술을 통해 알려진 사실들이다. 르네상스 시대, 이탈리아의 인문주의학자 마키아벨리Machiavelli는 그를 가리켜 '고대의 유일하게 위대한 저술가'라 칭했다.

시기 : 기원전 59년~기원후 17년
인물 : 리비우스, 클라우디우스 황제

리비우스 흉상

독서와 집필

티투스 리비우스Titus Livius는 오늘날의 파도바인 이탈리아 동북부의 파타비움Patavium 출신으로 그의 가족과 집안에 대해서는 알려진 것이 거의 없다. 그가 귀족 출신이라는 설부터 지방 세족 출신으로 부유한 가정에서 어릴 때부터 남다른 교육을 받았을 것이라는 등 다양한 추측이 전해질 뿐이다. 그의 고향은 아드리아 해에 인접해 있어 그리스와 라틴 문화의 영향을 받은 곳으로, 리비우스는 이곳에서 문학과 역사학·수사학·

한눈에 보는 세계사
기원전 57년 : 신라 건국   기원전 37년 : 고구려 건국
기원전 18년 : 백제 건국

연설술 등을 배웠는데, 특히 로마의 역사에 깊은 관심을 보였다. 그리스로 유학을 가려고 했으나 당시 카이사르가 죽고 내란이 일어나 포기해야 했다. 그는 30세 전까지 자택에서 독서만 하며 지낸 탓에 군대 경험과 정치 경험이 전혀 없어 정치와 군사 및 지리 방면에 관해서는 지식이 부족한 편이었다.

기원전 29년, 리비우스는 로마로 이주했다. 이 시기에 옥타비우스가 안토니우스를 크게 물리치고 공화정의 오랜 내전을 끝내 로마는 예전의 평화를 되찾고 태평성세를 누리고 있었다. 로마의 3대 시인인 베르길리우스, 호라티우스, 오비디우스와 그리스 출신으로 로마의 역사를 다룬 디오니시오스 등 이름난 학자들이 로마에 구름처럼 모여들기 시작했다. 리비우스는 로마에 정착한 초기에 고금을 아우르는 해박한 지식으로 아우구스투스와 기타 귀족들의 관심을 끌었다. 특히 아우구스투스와는 특별한 우정을 쌓으며 훗날 황제가 되는 옥타비아누스의 어린 손자 클라우디우스 Tiberius Claudius Caesar Augustus Germanicus의 교육을 맡아 달라는 요청을 받았다.

리비우스는 옥타비아누스의 원수제에 찬성하면서도 내심 과거의 공화제에 대한 미련을 쉽게 떨치지는 못했다. 이는 카이사르에 대한 그의 평가를 봐도 알 수 있는 부분이다. 리비우스는 그의 저작에서 폼페이우스를 너무도 열렬히 찬양하여 그와 개인적 친분을 맺은 아우구스투스조차 아무렇지 않게 그를 '폼페이우스파'라고 부를 정도였다. 리비우스는 분란과 내전이 끊이지 않던 로마 공화정이 분열되고 통일된 평화의 대제국이 형성되는 모든 과정을 눈으로 똑똑히 지켜본 역사의 산증인이었다. 로마는 공화정 말기부터 사회 풍조가 날로 나빠졌고 시민들이 점차 부패에 물들어 가면서 공화정 초기의 기풍은 이미 그 자취를 감춘 지 오래였다. 로마의 이같은 변화는 리비우스가 결단을 내리게 된 중요한 계기가 되었다. 그는 선조들의 건국 역사와 용감무쌍한 도전 정신을 바탕으로 과거 로마 인의 덕

성을 다시 일깨워 줌으로써 공화정의 멸망이라는 전철을 다시 밟지 않도
록 하고 싶었던 것이다.

한 로마 귀족과 그 선
조의 조각상

《로마 건국사》

리비우스는 일찍부터 로마 인의 역사에 뜻을 두고 로마에 정
착한 초기에 집필을 시작하여 14년에 아우구스투스 황제
가 눈을 감은 뒤에야 펜을 놓았다. 그는 로마의 장대한
역사를 쓰는 데 무려 40여 년에 걸친 땀과 열정을 바
쳤다. '리비우스 로마사'로 불리는 그의 《로마 건국
사》는 총 142권으로, 로마의 전설적 기원과 기원전
753년 로물루스의 도시국가 수립에 관한 이야기
를 시작으로 기원전 9년 아우구스투스 시대 말
기까지의 역사를 기술한다. 전쟁과 기타 이유로
대부분이 소실되어 현재는 35권과 르네상스 때
이탈리아 인문주의학자들이 발견하여 정리한
소수의 일부 편만이 남아 있다.

초기만 해도 그는 원대한 계획을 세워 놓고 시
작했으나 능력과 환경의 제약으로 광범위한 자
료를 일일이 수집, 정리하고 연구하는 것이 불가
능했기에 대부분 내용은 이전 사람의 저술을 인
용한 형태로 전해진다. 기존의 서적 일부를 토대
로 삼아 필요한 자료만 채택, 편찬하고 나머지는
주요 내용을 보충하는 형식을 취했다. 그렇다 보
니 근대에 와서 실제 역사와 다소 차이가 나는 부
분들이 발견된 것도 사실이다. 예를 들어 더욱 예

리한 분석과 비교가 부족하여 대스키피오의 사망 시간이 정확하지 않고 로마 인에게 영예롭지 못한 사건을 의도적으로 고치는 등 고의적으로 사실을 왜곡한 부분이 있다. 그러나 이러한 문제점을 안고도 그의 역사서는 여전히 사료로서 뛰어난 가치를 인정받고 있으며, 특히 로마 초기 역사에서는 그의 역사서를 대체할 만한 수준의 다른 역사서가 없을 정도이다. 리비우스는 탁월한 라틴 문학가이자 키케로, 타키투스와 함께 새로운 문체를 확립하여 라틴문학의 3대 거장으로 불렸다.

리비우스는 말년에 은퇴해서 고향에서 조용히 지내다가 17년에 눈을 감았다. 그는 생전에도 온 천하에 이름을 드높였지만 죽어서도 역사학자로서 훌륭한 본보기로 남았다. 더불어 그의 《로마 건국사》도 후대 로마의 역사학자들이 결코 놓쳐서는 안 될 걸작으로 평가받고 있다.

11 무정한 위선자 티베리우스 ROME

'위선자'의 대표 주자인 티베리우스Tiberius Caesar Augustus는 즉위 초기만 해도 제국을 평온하게 잘 이끌어 민중의 호감을 얻었지만 지위가 안정되자 그 포악한 성미를 드러내며 공포정치를 시행하여 결국 민중의 인심을 모조리 잃고 말았다. 그는 겉으로는 사치를 근절하고 공공도덕의 준수를 외치면서도 정작 본인은 은거하며 방탕한 생활을 일삼았다.

시기 : 기원전 42~기원후 37년
인물 : 티베리우스, 드루수스, 옥타비아누스

어쩔 수 없는 선택

티베리우스Tiberius Caesar Augustus 때부터 로마는 율리우스-클라우디우스 왕조의 시대로 접어들게 되었다. 율리우스는 카이사르와 옥타비아누스Gaius Octavianus의 집안을, 클라우디우스는 티베리우스의 집안을 가리키는데, 클라우디우스 가문은 명문 귀족으로 누구보다 귀족들의 집권을 옹호하는 세력이었다. 티베리우스의 아버지 네로는 옥타비아누스가 아내 리비아의 미모에 반하여 이혼을 강요하는 바람에 어쩔 수 없이 황제에게 아내를 내어 주고 말았다. 그 후 네로는 죽고 그의 두 아들 티베리우스와 드루

한눈에 보는 세계사
기원전 37년 : 고구려 건국   25년 : 중국, 후한 성립

수스Nero Claudius Drusus는 옥타비아누스 밑에서 자라게 되었다. 당시 리비아가 옥타비아누스와 재혼한 지 3개월도 채 안 되어 드루수스를 낳았는데도 그가 네로의 아들이 아닌 옥타비아누스의 아들이라는 소문이 나돌았다.

티베리우스는 내전에 연루되어 일찍 가족들과 도피생활을 하며 그 와중에 생명의 위협을 느끼는 등 불안한 어린 시절을 보냈다. 하지만 양아버지 옥타비아누스의 지지 아래 재무관과 법무관, 집정관을 지내며 성공가도를 달렸고 남들보다 젊은 나이에 정치를 시작하여 쉬지 않고 관직에 올랐다. 그는 양아버지의 명으로 사랑하는 아내 빕사니아와 이혼하고 옥타비아누스의 딸 율리아와 결혼했는데 그는 율리아를 싫어하면서도 끝내 그녀와의 결혼을 거부하지 못했다. 그런데 그는 한창 혈기왕성한 나이에 공을 세워 명성을 누리던 중 갑작스레 업무의 과중함을 핑계로 은둔생활을 시작했다. 그는 사람들의 만류도 뿌리치고 나흘간 단식투쟁하여 마침내 로마를 떠날 수 있다는 허락을 받았다. 그는 아내만 남겨둔 채 그리스의 로도스 섬으로 떠났다. 그리고 그곳에서 평범한 시민으로서의 삶을 살았다. 후에 아내 율리아가 간통죄를 추궁받아 추방당했다는 소식을 듣고는 옥타비아누스의 명을 받아 이혼서류에 도장을 찍었다.

기원전 6년, 그는 집정관 재선에서 당선되는 동시에 5년 동안 호민관 특권을 부여받았다. 호민관 임기가 만료되고 나서 그가 공개한 은둔생활의 이유는 바로 옥타비아누스의 외손자인 가이우스와 루키우스 때문이었다. 황제의 후계자 문제가 거론되자 오해를 피하려고 자진하여 물러났던 것이다. 이제 둘 다 성인이 되어 그들의 지위를 위협하는 방해물이 사라지자 티베리우스는 로마로 돌아오고 싶어 했으나 곧 거절당했다. 그는 자신을 만나러 온 장수와 고위 대신도 일부러 피할 만큼 온종일 공포감에 빠져 지냈다. 그가 군사를 선동하여 반란을 일으키려 했다는 헛소문까지 나돌자 매일같이 해 오던 기마훈련도 그만둔 채 2년간 설움 속에서 살았다. 그러던

칼리굴라의 목욕탕

그림을 통해 칼리굴라 황제의 목욕탕이 지닌 과학성과 예술성을 엿볼 수 있다.

중, 티베리우스의 양아들이자 율리아와 아그리파의 아들인 가이우스의 동의로 마침내 로마로 귀환했다. 대신 국사와 정치에는 눈길도 주지 않는다는 조건이 붙었다.

로마로 돌아온 티베리우스는 에스퀼리누스 언덕에 있는 마이케나스 Maecenas의 정원에서 3년 동안 은둔생활을 하던 중에 가이우스와 루키우스가 요절하면서 자연히 율리아와 아그리파의 어린 아들 아그리파 포스투무스와 함께 옥타비아누스의 양자가 되었다. 그리고 친아들이 있었는데도 조카인 게르마니쿠스를 양자로 삼으면서 이전에 누렸던 모든 법적 권리를 상실하여 선물을 주거나 노예에게 자유를 주는 일은 물론, 유산이나 금품도 일체 받을 수 없게 되었다. 이러한 권리는 고스란히 아우구스투스 옥타비아누스의 수중에 들어갔다. 옥타비아누스의 양자인 아그리파 포스투무스가 추방당하면서 티베리우스는 사실상 아우구스투스의 유일한 후계자가 되었다.

같은 해, 티베리우스에게 두 번째로 호민관 직권이 주어졌고 그는 황제의 명을 받아 게르만 족의 반란을 진압해야 했다. 당시 반란이 일어난 곳은 일리리쿰으로, 카르타고 전쟁 이후에 일어난 대외 전쟁 중에서는 가장 힘들고 고된 전쟁이었다. 전쟁이 3년간 이어지면서 병력과 군량이 부족해져 작전 수행에 많은 어려움을 겪었지만 티베리우스는 끝까지 후퇴하지 않고 싸워 마침내 일리리쿰 전 지역을 정복했다. 사실 게르마니아 총독 바루스의 군대가 게르만 족에게 전멸당한 전적이 있어서인지 이번 전쟁의 승리가 그 어느 때보다도 절실했다. 만약 일리리쿰을 먼저 손에 넣지 못했다면 기고만장해진 게르만 족이 판노니아 인과 연합할 것은 안 봐도 뻔한 결과였다.

티베리우스는 소아그리파를 제거한 뒤에야 뒤늦게 아우구스투스의 죽음을 세상에 알렸다. 그는 황제의 근위대를 거느리는 등 실질적인 황제의 권력을 누리고 있으면서도 오랫동안 그에게 주어진 직위와 칭호를 거부하며 내내 마음에도 없는 손사래를 치다 마치 등 떠밀리듯 황위에 올랐다.

옥타비아누스는 권력의 중심에서 몇 번이나 고심한 끝에 결국 국가의 이익을 위해 티베리우스를 후계자로 선정했으나 사실 이것은 그에게도 어쩔 수 없는 선택이었다. 이런 그의 심정은 그가 남긴 유언장의 첫머리에 잘 나타나 있다. "참으로 잔혹한 운명이 가이우스와 루키우스를 앗아가 버렸으니 티베리우스에게 유산의 3분의 2를 상속하노라."

무정한 황제

어떤 사람들은 그가 황제 즉위를 망설인 이유가 신변의 위협을 받았기 때문이라고 말한다. 특히 소아그리파에게는 클레멘스라는 이름의 노예가 한 명 있었는데, 그는 작지 않은 규모의 사람들을 선동하여 주인의 복수를 계획하고 있었다. 일리리쿰과 게르만 군대는 반란의 대가로 수많은 특권을 요구했다. 특히 게르만 군대는 자신들이 옹립한 황제가 아니면 황제로 인정할 수 없다며 본인의 반대에도 아랑곳하지 않고 그들의 지휘관인 게르마니쿠스의 즉위를 간청했다. 반란군의 위협이 해소되자 티베리우스도 사람을 만나는 일이 한결 자연스러워졌고 오히려 예전보다 더 겸손한 모습을 보였다. 그는 자신과 가족들을 비방하거나 공격하는 연설도 기꺼이 받아들이며 평정심과 인내를 잃지 않았고 마땅히 사상과 언론의 자유가 보장되어야 한다고 역설했다.

그는 대외적 이미지를 고려하여 원로원과 고위 대신들에게 과거의 영예와 권리를 보장해 주었고 공적인 일이든 사적인 일이든 일의 대소를 가리지 않고 모두 원로원에 보고했다. 그리고 주어진 공무도 법적 절차를 밟아 고위 관리를 통하여 처리하고 공공도덕 개혁과 백성의 사치와 향락, 게으름을 근절하는 정책을 시행했다. 황제가 주최해 오던 검투 경기를 중지시켜 재정 낭비를 최소화하고 각종 주점에 대한 규제를 강화했으며 그가 먼저 솔선하여 근검절약을 실천했다. 질병을 옮긴다며 키스를 금지하고 새해에 선물만 주고받도록 했으며, 관습법을 부활시켜 만일 불륜을 저지른 음탕한 귀부인을 고발하는 이가 없을 시엔 그 가족들에게 판결을 맡겼다. 이 시기에 상위 계급에 속하는 두 명의 젊은이가 방종한 생활을 일삼다가 발각된 사건이 있었다. 그들은 스스로 계급을 강등시킴으로써 원로원의 구속을 피해 갈 수 있었다. 또 어느 뻔뻔한 귀부인은 부정을 저지르다 법적 제재를 받게 될 위험에 처하자 스스로 귀부인의 자리를 박차고 나와 창녀로 살겠다고 공개 선언한 일도 있었다. 티베리우스는 이들을 모두 유배 보내 다른 이들이 같은 잘못을 저지르지 않도록 본보기로 삼았다.

티베리우스는 즉위 후에 외부 출입을 거의 하지 않았다. 그런데 막상 정권이 안정되자 예전의 은둔생활이 다시 그리워진 것인지, 아니면 대중의 시선이 닿지 않는 곳으로 피하고 싶어졌는지 종종 카프리 섬에서 숨어 지내는 시간이 많아졌다. 그런데 그동안 쉬쉬하며 숨겨 오던 그의 만행이 결국에는 다 터져 나오고야 말았다. 그는 섬의 한 동굴에 아름다운 소년과 소녀들을 불러 모아 자신 앞에서 '스핑토리아'라는 충격적인 성행위를 하게 해 구경하는 것을 즐겼고, 어린 소년소녀들을 '작은 물고기'라 부르며 불건전한 유희의 수단으로 삼았다.

이런 그가 가장 손가락질을 받은 이유는 다름 아닌 차갑고 냉정한 성정 때문이었다. 그는 양자인 게르마니쿠스에게는 물론이고 친아들인 드루수스에게조차 따뜻한 부정을 베풀어 준 적이 없었고 게르마니쿠스의 뛰어난 공적을 고의로 깎아내릴 만큼 가족에 대한 온정과 배려가 부족한 사람이었다. 심지어 사람들은 게르마니쿠스의 죽음이 티베리우스가 시리아 총독인 피소의 손을 빌려 그를 암살한 것이라고 여겼다. 후에 그가 게르마니쿠스의 아내와 아이를 학대하자 이 같은 의심이 더욱 깊어지게 되었다. 하지만 그의 악행은 여기서 그치지 않았다. 게르마니쿠스의 아내이자 자신의 며느리인 아그리피나가 그의 유배 명령에 직설적으로 불만을 표출하자 한 백부장을 시켜 그녀의 한쪽 눈이 실명될 때까지 때린 일도 있었다. 그는 또 게르마니쿠스의 장성한 두 아들이 그를 배신한 혐의를 직접 고발하여 국가의 적으로 선포한 뒤 굶겨 죽였다.

티베리우스는 20명의 주요 인사들을 로마의 정치고문으로 삼아 국사를 처리했는데 이중 다행히 목숨을 건진 2, 3명만 빼고는 모두 이런저런 죄목으로 그에게 처형당했다. 당시 그는 은둔생활 중에도 근위대장 세야누스 Sejanus를 통해서 로마를 통치했는데, 그를 암살하려는 음모가 탄로 나자 잔인무도하게 변하여 그 일에 가담한 수많은 사람을 모조리 처형했다. 그러자 그의 난폭한 성정에 반감을 품은 사람들은 서로 앞 다투어 그의 폭행을 고발하기 위해 나섰다. 파르티아 국왕 아르타바누스는 편지로 티베리우스가 자신의 가족과 지인들을 살해한 사실과 황제의 품위를 떨어뜨린 방탕한 생활을 고발하며 시민들의 골육에 맺힌 원한을 풀고 정의를 바로 세우기 위해서라도 스스로 목숨을 끊어야 한다고 주장했다.

그는 세상을 떠나기 얼마 전, 가장 안전한 은신처인 카프리 섬에서 로마로 돌아와 원로원의 문서를 살피던 중 황제가 고발한 자들을 심문도 하지 않고 석방해 준 사실을 알고는 갑자기 노발대발했다. 사람들의 불만이 커지면서 암살의 위협을 느낀 그는 다시 은신처로 숨어 버리려 했다. 하지만 병세가 악화하여 결국 루쿨루스 별장에서 제위에 오른 지 23년 만에 향년 일흔여덟의 나이로 눈을 감았다. 그의 죽음을 둘러싼 암살설은 뒤에서 자세히 알아보도록 하겠다. 그의 사망 소식이 전해지자 시민들은 매우 기뻐서 여기저기 날뛰며 "티베리우스를 티베리스 강으로 던져라!"라고 외쳤다. 그는 죽기 2년 전에 유언장을 작성하여 두 손자인 게르마니쿠스의 아들 가이우스와 드루수스의 아들 티베리우스에게 재산을 반씩 나눠 주고 만일 한 명이 먼저 죽으면 다른 한 명이 모두 상속하도록 유언했다.

시간이 멈춘 도시
폼페이

기원전 4세기 말에 로마의 영토가 된 폼페이는 그 후 200년의 역사 속에서 휴양과 향락의 도시로 발전했고 상업의 발달과 지리적 우세로 로마와 외부 세계를 잇는 교역의 중심지로 자리 잡았다. 해안에서 겨우 1㎞ 떨어진 도시 폼페이는 '가진 자들의 낙원'으로, 호화로운 별장을 찾는 로마의 부자들과 귀족들의 발길이 끊이지 않았던 풍요로운 휴양지였다.

폼페이에 닥친 재앙

79년, 천 년 가까이 깊은 잠에 빠져 있던 베수비우스 화산이 마침내 폭발했다. 8월 23일 밤 혹은 24일 새벽, 화산 분출구가 뜨거운 화산재를 뿜어내기 시작하더니 24일 오후 1시를 전후로 거대한 화산이 숨겨진 위력을 발휘했다. 천지를 울리는 듯한 거대한 폭발음과 함께 베수비우스 화산 분출구에서 대량의 마그마와 화산재가 쏟아져 나왔다. 단 몇 시간 내에 폼페이에는 화산재와 화산암이 3m나 쌓였고 건물이 모조리 무너져 무수히 많은 사람이 비명에 죽어 갔다. 그렇게 대략 여섯 번의 분화로 폼페이와 인근의 헤르쿨라네움Herculaneum은 깊은 지하로 자취를 감추었다.

사치와 향락의 도시 폼페이는 그렇게 1700년 동안 시간이 멈춘 채로 지하에 묻혀 있었다. 그러다 1748년에 이르러 헤르쿨라네움을 도굴한 사람들에 의해 과일, 꽃이 그려진 벽화와 한 남성의 시신이 발견되면서 다시금 세간의 주목을 받기 시작했다. 몇 세기에 걸친 발굴과 연구 작업 덕분에 오늘날 사람들이 당시 폼페이의 모습과 시민들의 생활상을 더 많이 이해할 수 있게 되었다.

화산재에 묻혀 버린 폼페이 유적지

6m의 잿더미 속에 파묻혀 있던 폼페이는 고고학자들의 노력으로 다시 세상 빛을 보게 되었다. 지금 봐도 전혀 손색없는 완벽한 시설을 갖추고 있어 당시의 높은 생활수준을 짐작할 수 있다.

깊이 잠든 천 년의 고성

폼페이는 도시 전체가 화산재에 묻혀 흔적도 없이 사라져 버렸지만 사실 화산재의 무게로 지붕만 무너져 내렸을 뿐, 건물의 외벽과 창문, 수많은 가구와 그릇, 집기는 옛 모습 그대로 보존되어 있었다. 심지어 화로 속 잘 구워진 빵과 주방 안에 풀어놓은 닭, 항아리 가득 담긴 누에콩과 밀조차도 온전한 형태로 남아 있었다. 그 외에도 장신구와 화장품, 향수, 거울, 상아로 만든 빗, 호신부 등 개인의 일상용품 등도 발굴되었다. 당시 발견된 폼페이의 면적은 약 63㎢로, 3,000m 길이의 외벽에 둘러싸여 있었으며, 8개의 성문이 있었다. 종횡으로 각각 두 개의 큰길이 직선으로 나 있었고 골목과 길바닥은 큰 바위들로 촘촘히 채워져 있었다. 길 양쪽으로는 차도보다 약간 높게 인도가 깔려 있었고 각 길목에는 약 10㎝ 높이의 낮은 원형 돌기둥이 3~5개 세워져 있었는데, 이것은 횡

단보도나 비가 오는 날 징검다리의 역할을 해 주었다. 도시 내 수도 시설도 잘 갖추어져 있어 돌로 만든 수로를 통해 도시로 흘러들어온 물은 수조에 저장되었다가 수도관을 통해 시내로 공급되었다.

놀라운 것은 발굴 당시 출토된 2,000여 구의 시신들이 하나같이 조각상처럼 폼페이에 재앙이 닥치던 순간 죽기 직전의 자세 그대로 굳어 있어 말하지 않아도 화산 폭발 당시의 긴박했던 순간을 느낄 수가 있다는 것이다. 그중 한 애완견과 아이의 시신은 사람들에게 깊은 감동을 안겨 주었다. 애완견은 아이에게 떨어지는 뜨거운 화산재를 막아 주기 위해 몸을 최대한 펼쳐서 아이의 몸 위를 덮어 주었고 아이는 최대한 몸을 웅크린 채 애완견의 목을 감싸 안고 있었다. 애완견의 목에는 특별한 경력이 적힌 구리 목걸이가 걸려 있었는데, 알고 보니 이미 세 번이나 아이의 아버지를 구해 준 기특한 녀석이었다. 한번은 실수로 물에 빠진 아이의 아버지를 급류 속에서 건져 냈고 한번은 길을 가로막고 강탈하는 한 강도를 쫓아 아버지를 위험에서 건져 냈으며, 또 한 번은 굶주린 늑대와 싸워 아버지를 안전하게 집까지 모셨다.

폼페이의 체육 및 여가시설

당시 폼페이의 도시 면적 중 10퍼센트에 달하는 땅에 체육 및 여가 시설이 들어선 것으로 고고학자들은 추측하고 있다. 그리고 실제로도 넓은 경기장과 두 곳의 원형극장, 여러 개의 체육관과 공중목욕탕이 발굴되었다. 그밖에 상가와 유흥가 및 윤락가, 여관도 있었는데, 특히 여관은 음식과 음료를 제공하고 치즈와 빵, 소시지와 포도주가 있어 오늘날의 식당과 매우 흡사한 형태였으며, 윤락행위를 하는 업소도 있었다. 당시 사람들은 폼페이의 창녀들이 노예 출신이라 여겼고 그녀들은 포주의 명령이라면 무엇이든 따랐다. 건물 벽에 그려진 대형 춘화도만 봐도 당시의 음란하고 방탕했던 생활상의 단면을 알 수 있다.

폼페이 시민들도 다른 로마 인들처럼 꽤 많은 시간을 공중목욕탕에서 보냈다. 그중 스타비아 욕장은 폼페이에서 가장 오래된 목욕탕으로, 탈의실에는 8폭의 작은 벽화들이 그려져 있는데, 그림마다 두 명 혹은 그 이상의 남녀가 성교하는 모습을 담고 있다. 유적지 발굴의 책임자 암브로시오는 이렇게 말했다. "수많은 가설이 나돌지만 그중 어느 하나도 진짜라고 확신할 수 있는 사람은 없습니다. 우리가 다만 알 수 있는 건 고대 최초의 혼탕 중 하나라는 것이죠. 남자와 여자가 동시에 한 욕탕을 썼는지, 남녀가 시간과 날짜를 나누어 번갈아 썼는지는 알 수가 없습니다."

〈폼페이 발굴〉

19세기에 이루어진 유적지 발굴 장면을 그린 그림이다.

Ancient Rome

맥을 잡아주는 세계사

The flow of The World History

제5장 | 세계의 제국으로
떠오르다

ROME 1 독재자 칼리굴라

칼리굴라Caligula의 본명은 가이우스 카이사르로, 어렸을 적 아버지 휘하의 군인들에게 귀여움을 받아 '꼬마 장화'라는 뜻의 칼리굴라로 불렸다. 그는 선조들을 능가하는 방탕한 기질로 과시하는 것을 좋아하며 지나치게 사치스러워 티베리우스가 이십여 년 동안 국고에 저장해 둔 로마의 막대한 재산을 물 쓰듯이 다 써 버렸다. 더 이상 우롱당하기 싫은 원로원과 군대는 결국 모반을 계획하여 그를 암살할 기회만을 노렸고 칼리굴라의 운명은 마침내 근위대장의 손에서 끝이 났다.

시기 : 12~41년
인물 : 칼리굴라

젊은 황제

칼리굴라Caligula의 아버지 게르마니쿠스는 혁혁한 공을 세운 군사령관으로 인간적이고 자상하며 그리스, 로마 문화에 정통하여 시민들의 존경과 사랑을 받은 인물이다. 옥타비아누스는 오랫동안 게르마니쿠스를 황제의 후계자로 점찍어 두어 티베리우스에게 그를 양자로 삼도록 했다. 그러나 게르마니쿠스는 아르메니아 원정에서 승리한 후 오랫동안 병을 앓았고, 서른넷의 나이로 안티오키아에서 사망했다. 그의 죽음에 사람들은 시리아 총독 피소에게 독살당했을 수도 있다는 의심을 지울 수가 없었다. 그가 죽

한눈에 보는 세계사
8년 : 중국, 신 건국   25년 : 중국, 후한 성립

던 날, 사원의 돌들이 마구 부서지고 갑자기 제단이 무너지는 등 이상한 징조가 벌어지자 어떤 이는 불길하다며 갓 낳은 아기를 내팽개쳤고 한창 전쟁 중이던 야만족들은 잠시 휴전을 선언하기까지 했다. 티베리우스는 게르마니쿠스를 두려워한 나머지 생전에는 감히 해코지할 엄두도 못 내다가 게르마니쿠스가 죽자 곧 그의 난폭함이 온 천하에 드러나기 시작했다. 티베리우스는 게르마니쿠스의 자녀 3남 3녀 중 장성한 두 아들을 국가의 적으로 몰아세웠는데, 나머지 한 아들이 가이우스 카이사르, 바로 칼리굴라였다.

가이우스 카이사르는 어린 시절부터 군대에서 군복을 입고 일반 병사들과 어울리며 자랐는데 병사들이 그가 귀여워서 장난치듯 부르던 별명이 이름으로 굳어져 칼리굴라로 불렸다. 당시 병사들은 그의 아버지인 게르마니쿠스를 위해서라면 목숨을 아끼지 않을 정도로 그를 아끼고 흠모했다. 옥타비아누스가 죽자 이들은 게르마니쿠스를 황제로 추대하며 요구를 들어주지 않으면 폭동을 일으키겠다고 으름장을 놓았다. 칼리굴라는 초기에 어머니와 살다가

격투 중인 검투사

칼리굴라의 조각상

어머니가 추방당한 뒤로는 옥타비아누스의 사후 율리아 아우구스타 Julia Augusta로 불린 증조모 리비아와 함께 지냈다. 그는 가족에게 닥친 불행을 모두 덮어 둔 채 조부인 티베리우스와 그의 일가에 무조건 순종하며 놀라운 위선으로 자신에게 닥쳐 올 불행을 모면했다.

칼리굴라는 당시 근위대장의 아내를 유혹하여 황제 즉위 후 황후로 맞이하겠노라 약속한 뒤, 그녀의 도움으로 근위대장의 지지 세력을 손에 넣었다. 티베리우스의 죽음을 두고 근위대장과 그의 수하들이 암살했다는 설과 칼리굴라가 독약을 먹이고 목을 졸라 살해했다는 설이 있다. 티베리우스는 미성년의 한 손자와 칼리굴라를 함께 후계자로 지정해 놓았는데, 원로원과 사람들은 처음부터 티베리우스의 유언장은 생각지도 못한 채 그가 죽고 나서 원로원 의사당으로 몰려들어 와 최고 지휘권을 칼리굴라에게 위임할 것을 주장했다. 37년, 스물여섯 혹은 스물셋의 나이로 칼리굴라는 황제의 자리에 올라 대다수 속주민과 병사들의 추대를 받았다. 이들은 그의 아버지인 게르마니쿠스를 그리워하는 만큼 아버지를 잃은 칼리굴라를 안타깝게 여겨 예전부터 그가 황제가 되기만을 염원해 왔다.

칼리굴라는 유죄 판결을 받고 유배 명령이 내려진 범죄자를 사면해 주었고 자신을 고발한 자들의 책임을 따져 묻지 않았다. 그와 가족들의 죄를 밀고하고 이의를 제기하는 자들을 다스리기 위해 어머니와 형제들에 관한 모든 문서를 광장으로 가져가 뒤 대중이 보는 앞에서 불태워 없애고는 이것을 건드린 적도 없다고 신을 향해 맹세했다. 그는 열심히 정사를 돌보며 예전 티베리우스가 원로원에 일임한 국가관리 선거에 관한 권한을 다시 민회에 돌려주려 했지만 큰 소득을 얻지는 못했다. 그는 근검절약을 실천한 티베리우스와는 반대로 원로원 의원들과 기사, 시민들에게 후하게 상을 내리고 시민들에게 볼거리를 제공하기 위해 검투 경기의 프로그램과 기간을 늘려 주었다.

독재자의 기행

칼리굴라는 원수정 체제를 따르지 않고 전제정을 확립한 뒤 부하들에게 몸을 굽혀 절하게 하는 등 그에 따른 예의와 법도를 강요했다. 그리고 라틴의 유피테르라 불리며 자신을 신격화했다. 특히 그는 출신이 미천한 아그리파의 자손임을 굉장히 수치스럽게 여기는 한편, 그의 어머니가 옥타비아

칼리굴라의 죽음

고대 로마 여인의 장식함

누스와 딸 율리아의 근친상간으로 태어난 사실을 오히려 자랑스럽게 말하고 다녔다. 그는 종종 누이들과 근친상간을 맺고 자신이 유피테르임을 내세워 그 같은 기행을 정당화했다.

그는 누이 중 드루실라를 동생 이상으로 사랑하여 이미 출가한 그녀를 강제로 빼앗아 아내로 맞이하겠다고 공개 선언했고 병을 앓는 중에도 그녀에게 자신의 재산과 황위를 물려준다는 유언장을 작성했다. 드루실라가 죽은 뒤에는 한 달간 추도 기간을 선포하여 이 기간에는 누구도 씻거나 웃는 일을 금지하고 부모, 가족과 함께 식사를 하는 것도 중죄로 다스렸다.

반면, 다른 누이 아그리피나와 리비아에게는 냉담하여 종종 그녀들을 자신이 아끼는 신하에게 주어 희롱을 당하도록 내버려두었다. 그녀들은 후에 레피두스 암살 사건에 연루되어 로마 밖으로 추방당했지만, 클라우디우스가 즉위한 후에 다시 돌아왔다. 칼리굴라의 기행은 이 정도에서 끝나지 않았다. 그는 툭 하면 다른 남자의 아내를 빼앗기로 유명했다. 한번은 결혼식에 하객으로 참가했다가 새 신부를 궁으로 데려온 일도 있었다. 그는 수많은 여자를 취했지만 그중 가장 사랑한 여자는 훗날 정식 황후로 삼은 카이소니아Caesonia였다. 그녀는 예쁘지도 젊지도 않은 데다 사치스럽고 음탕하기 짝이 없었으나 오히려 그러한 면이 그의 취향에 들어맞았다.

칼리굴라는 또 잔혹한 폭정으로 각계각층에 이르는 사람들의 원성을 샀다. 긴 망토를 걸친 원로원 의원들을 자신의 마차 뒤로 몇 킬로미터나 뛰어오게 하고, 원로원 내 사람들을 매수해서 반대파 의원이 들어서자마자 맹렬한 공격을 퍼부은 뒤 국가의 적이라며 칼로 찌르고 다른 의원들에게도 똑같이 난도질하게 했다. 그리고 죽은 이의 사지와 내장, 그 외 조각낸 시신을 온 거리와 골목에 전시하듯 걸어놓았다. 콜로세움에서는 일부러 미리 표를 나눠 주어 천민을 기사 신분의 좌석에 앉게 하여 그들이 싸움을 일으키도록 부추겼으며, 태양이 강하게 내리쬐는 날에는 일부러 벨라리움 Velarium이라는 천막을 걷고 단 한 명도 자리를 뜨지 못하도록 명령했다. 어느 때는 국가의 곡식창고를 닫아 시민들을 굶겨 죽이는가 하면, 아버지를 처형장으로 불러 아들의 처형 장면을 직접 구경하게 한 뒤에 연회에 초대하여 웃고 떠들며 즐기도록 강요했다. 맹수 굴에 떨어진 한 기사가 자신에게는 죄가 없다고 소리치자 그의 혀를 잘라 맹수에게 던져 준 적도 있었다.

그런데 이보다 더 이해하기 힘든 그의 기행은 따로 있었다. 그가 통치하던 시기에는 딱히 재난이라고 할 만한 사건이 일어나지 않았는데 칼리굴라는 오히려 풍요로운 시대는 기억에서 빨리 잊힌다고 아쉬워했다. 그는 공개적인 자리에서 로마 군대가 전쟁에서 격파당하거나 기아와 역병, 화재와 지진 같은 대재앙이 닥쳤으면 좋겠다고 말했다.

칼리굴라는 티베리우스가 그에게 남긴 27억 세스테르티이를 일 년도 안 되어 다 탕진해 버리자 머리를 굴린 끝에 사람들을 고소하고 경매와 징세로 다시 돈을 긁어모았다. 선조가 후대를 위해 로마 시민권을 얻은 경우, 후대의 의미를 바로 다음 세대로 한정하여 아들을 제외한 후손들의 시민권 대물림을 막았다.

그리고 고급 장교인 백부장이 티베리우스 즉위 때부터 지금까지 티베리우스와 칼리굴라를 유산 증여인으로 올리지 않았을 때는 배은망덕한 죄를 물어 유언을 무효로 했다. 그는 또 경매장에서 경매가격을 터무니없이 올린 뒤 구매를 강요했다. 이 일로 가산을 모두 탕진하여 목숨을 끊는 자도 생겼다. 게다가 원래 있지도 않은 세금 항목을 만들어 조세를 징수했는데, 매춘 행위를 하는 창녀들조차 세금을 내게 하고 매춘에서 벗어나 시집을 가더라도 면세되지 않았다.

　로마를 통치한 지 3년 만인 41년 어느 날, 그가 근위대의 난도질로 살해당하면서 칼리굴라의 황음무도한 폭정은 마침내 막을 내렸다. 아내 카이소니아와 딸도 함께 죽임을 당했다. 그런데 칼리굴라가 뿌린 의심의 씨앗 때문에 그의 사망 소식이 발표된 후에도 사람들은 쉽게 그 사실을 믿지 못했다.

고대 로마의 목욕탕

목욕탕은 로마 인의 생활 속에서 매우 중요한 의미를 지닌 장소로 로마 인은 남녀노소를 불문하고 거의 매일 목욕탕에서 시간을 보내는 습관이 있었다. 귀족과 부자들이 자택에 딸려 있는 목욕탕에서 하루 중 오랜 시간을 보내는 것과 달리, 일반 시민들은 공중목욕탕을 이용했다. 로마 제국 시대에 목욕탕은 온 골목마다 있을 만큼 대중적인 공공시설이었다. 로마의 공중목욕탕은 남녀 혼용이었으나 여자는 오전에, 남자는 오후에 이용하는 등 시간적인 차이를 두었다. 목욕탕은 크게 열탕과 온탕, 냉탕 등으로 나뉘었다. 로마 인의 목욕탕은 단순히 목욕만 하는 곳이 아닌 다기능 복합공간으로서 미용과 안마는 물론이고 술집과 책방, 화원으로도 이용 가능했다.

　카라칼라 목욕탕은 제국 시대의 가장 웅장하고 호화스러운 온천탕이었다. 일반 시민들에게도 개방되었던 이 공중목욕탕은 당시 지하와 내벽에 이미 완벽한 난방시스템이 갖추어져 있고 한 번에 최대 1,500명을 수용할 수 있었다. 그리고 냉수와 열수, 사우나를 이용할 수 있는 방이 각각 따로 있으며 목욕탕 외에도 도서관과 오락실, 식당 등이 제공되었다. 전 건물이 대리석으로 지어졌고 바닥에는 화려한 모자이크 타일을 깔았으며 높고 거대한 돌기둥이 육중한 아치형 문을 지탱하고 있다. 그리고 오늘날과 같은 넓은 헬스장 안에는 두 개의 분수가 꾸며져 있다.

2 아내에게 암살된 클라우디우스

클라우디우스 황제는 로마 제국 역사상 매우 보기 드문 캐릭터로 그의 황제 즉위는 '가장 의외이면서 가장 요행스러운' 사건이었다. 그는 실패한 결혼에 대해 몹시 괴로워하며 부정한 여자들을 아내로 맞은 것을 후회했다.

> **시기** : 기원전 10~기원후 54년
> **인물** : 클라우디우스, 아그리피나

황실의 골칫거리

클라우디우스Claudius의 아버지 드루수스는 티베리우스의 아우이자 리비아가 옥타비아누스와 결혼 3달 만에 낳아 옥타비아누스의 아들로 의심을 받았던 바로 그 인물이다. 드루수스는 그가 지휘하던 게르만 전쟁에서 연전연승을 거두다가 기원전 9년에 하계 군영에서 세상을 떠났다. 생전에 수많은 영광을 누렸던 그는 사후에 '게르마니쿠스'라는 칭호를 얻었고, 클라우디우스의 형도 '게르마니쿠스'의 칭호를 물려받아 사람들의 존경을 받았다. 젖먹이 때 아버지를 잃은 클라우디우스는 형과 달리 원래부터 병약한

한눈에 보는 세계사

기원전 18년 : 백제 건국
8년 : 중국, 신 건국

기원전 4년 : 예수 탄생
25년 : 중국, 후한 성립

체질에 말을 더듬어 황실에서는 그를 늘 골칫거리로 취급했다. 그의 어머니는 우둔한 자를 욕할 때 '내 아들 클라우디우스보다 더 바보 같다.'는 말을 자주 했을 정도였다. 옥타비아누스는 그에게 요직이 아닌 한낱 점술관의 자리를 주었고 유언장에서도 그를 상속인 세 번째 서열에 두어 6분의 1밖에 안 되는 재산을 물려주게 했다.

티베리우스가 즉위한 후 클라우디우스는 숙부인 티베리우스에게 관직을 요청해 보았지만 돌아오는 것은 고작 허울뿐인 집정관이었다. 그가 여러 번 실권을 쥔 벼슬을 바라자 티베리우스는 달랑 쪽지 한 장만을 남겼다. "나는 네가 농경신을 기리는 축제 사투르날리아를 지낼 수 있게 이미 금화 40냥을 보냈노라." 이후 클라우디우스는 출세의 꿈을 버리고 아무 일도 하지 않는 무료한 삶에 익숙해지기 시작했다. 티베리우스가 죽고 그는 200만 세스테르티이의 유산을 받았다. 조카 칼리굴라가 황제로 즉위한 초기, 비록 두 달뿐이지만 칼리굴라와 함께 집정관으로 취임하는 명예를 안게 되었다. 하지만 사람들은 여전히 그를 하찮은 존재로 여겼다. 원로원 표결 시에는 항상 집정관 중 제일 마지막에 발언권을 주었고 그가 서명한 유언장이 위조된 것이라며 고발하기까지 했다. 그는 새 사제직을 얻기 위해 800만 세스테르티이를 지불했으나 결국 국고에서 빌린 돈을 갚지 못해 재산을 몰수당했다.

클라우디우스 조각상

그런 그가 50세가 되던 해, 누구도 예상치 못한 기회로 황제의 자리에 올랐다. 칼리굴라의 암살 소식이 퍼지자 그는 안 보이는 곳에 숨어 벌벌 떨다가 한 병사에게 발견되었다. 두려운 마음에 몸을 웅크려 병사의 발 앞에 꿇어앉자 병사가 그를 향해 황제라 외치며 주위 사람들과 함께 진영으로 데리고 돌아왔다. 이때 집정관과 원로원, 로마의 보병 부대가 이미 로마 광장과 카피톨리움 언덕을 장악하고는 공화정의 회복을 선포하려 했다. 쿠리아회가 클라우디우스를 불러서 시국에 대해 발표하게 하자 그는 이렇게 대답했다. "나는 무력과 강요로 붙잡혀 왔습니다." 다음날, 정치적 견해를 달리하는 사람들끼리 언쟁이 발생하자 원로원은 잠시 계획을 보류해야 했다. 집회장 주위로 몰려든 군중은 더 이상의 혼란을 막기 위해 클라우디우스의 이름을 지명하여 그를 황제로 옹립했다. 클라우디우스는 무장한 병사들이 그에게 충성을 맹세하자 모두에게 1만 5,000세스테르티이를 주도록 허락했다.

불행한 황제

클라우디우스는 황제 즉위 후 칼리굴라 암살부터 자신의 즉위 때까지 사람들이 저지른 모든 부정한 짓들을 너그러이 용서하겠다고 발표했다. 그는 칼리굴라가 반포한 법령을 전부 폐지하고 그의 사망일을 국경일로 지정할 수 없도록 금지했다. 그는 겸손하게 자신에게 주어진 수많은 영예를 정중히 거절했다. 원로원의 동의 없이는 유배 보낸 자를 다시 불러들이는 일조차 그의 마음대로 결정하지 않았다. 고위 장교들이 경기를 치를 때는 그도 다른 관중과 똑같이 자리에서 일어나 환호와 갈채로 그들에게 경의를 표했다. 시민들에게는 자주 후한 상을 내렸고 물을 끌어대는 수로와 배수구 등의 공공시설을 보수했으며 시민들을 위한 새로운 오락거리를 개발하기도 했다.

　클라우디우스의 결혼생활은 불행의 연속이었다. 사소한 말다툼으로 첫 번째 아내와 이혼한 뒤 추악한 간통과 모살의 혐의로 두 번째 아내와도 이혼했고 세 번째 아내는 평소 행실이 몰염치하고 깨끗하지 못하다는 이유로 처형했다. 세 번이나 감정상으로 큰 타격을 입은 그는 근위대를 향해 이렇게 선포했다. "그동안의 결혼생활은 모두 실패했다. 앞으로는 독신으로 살 것이며 만일 내 말에 책임을 지지 못한다면 기꺼이 자네들 손에 목숨을 내놓을 것이다." 하지만 그에게는 곧 새 애인이 생겼다. 권력에 눈이 먼 황제의 조카딸 아그리피나Agrippina는 황족으로서의 권한을 이용하여 적극적으로 그를 유혹했다. 결국 그녀의 유혹에 빠져 버린 클라우디우스는 원로원에 간청하여 아그리피나와 결혼해도 좋다는 칙령을 선포하게 된다. 당시로마에서 근친상간은 하나의 범죄로 취급되었으나 이를 계기로 근친상간이 가능해졌다.

내무와 외교, 군정을 관장하는 비서실과 재정을 담당하는 회계부, 사법을 다스리는 상소부 등 황제의 직속 관리부는 날로 막강한 권력을 손에 쥐었다. 고위 관리부터 일반 사무직까지 모두 해방노예들로 임명된 황제의관리들은 황제의 말이라면 무엇이든 복종했다. 황제는 해방노예들을 무척이나 아끼고 신뢰하여 대부분 국정을 그들에게 맡겼다. 이에 해방노예들은

제빵사 부부

남편의 눈빛과 입술은 그의 성실하고 우직한 사람됨을, 아내의 곱슬곱슬한 머리카락은 그녀의 부드럽고 상냥한 성격을 보여 주는 듯하다.

황제의 말이라면 물불을 가리지 않고 충성을 바쳤으며, 때때로 황제가 선포한 법안을 임의로 바꾸는 일도 있었다.

클라우디우스는 겁이 많고 늘 자신감이 부족하여 모반에 관한 소문만 들으면 두려움에 떨며 어찌할 바를 몰랐다. 확실한 증거도 없고 그런 소문을 퍼뜨린 자들이 믿을 만한 사람이 아니어도 일단 암살이나 반역의 낌새가 있다고 여겨지면 그들을 가만히 내버려두지 않았다. 그중에서도 해방 노예와 아내가 결탁하여 아피우스를 모함한 일은 참으로 어이없는 결과를 가져왔다. 두 사람이 아피우스가 황제를 습격하려 한다는 거짓보고를 올리자 클라우디우스는 즉시 아피우스를 잡아들여 사형에 처했다.

클라우디우스는 한 차례 짧은 연설 중에 자신이 진짜로 우둔한 것이 아니라 권력 다툼에서 살아남기 위해 바보인 척해 왔다고 해명했다. 하지만 누구도 그의 말을 믿어 주지 않았다. 그는 건망증이 심했으며 정신이 오락가락하여 뚱딴지같은 소리를 할 때도 많았다. 한번은 세 번째 부인을 처형한 며칠 뒤 식탁에 앉더니 왜 황후는 오지 않느냐고 물은 적도 있었다.

사람들이 알고 있다시피 클라우디우스 황제가 죽은 원인은 독극물 중독인데, 가장 유력한 용의자가 바로 그의 아내이자 조카딸인 아그리피나였다. 클라우디우스는 말년에 이르러 아그리피나와 결혼하여 그녀가 데려온 아들 네로를 후계자로 삼은 것을 후회했고 자신의 친아들인 브리타니쿠스에게 모든 희망을 걸었다. 물론 아그리피나는 아들 네로를 황제로 삼으려는 속셈을 갖고 있었다. 그런데 자신의 악행을 파헤치는 사람들이 많아지자 일이 발각될 것이 두려워 황제 암살 계획을 곧 실행에 옮겼다. 평소 버섯요리를 좋아하는 황제의 식성을 잘 아는 그녀는 특별히 준비한 요리에 독약을 묻혀 그에게 직접 가져다주었다. 아그리피나는 아들 네로를 황제로 옹립하기 전까지 그의 죽음을 한참 동안 쉬쉬했으며, 54년 10월 13일에 이르러서야 그의 죽음을 알렸다.

3 폭군의 대명사 네로

네로는 로마 제국 율리우스–클라우디우스 왕조의 마지막 황제이자 역사적으로도 이름난 폭군으로
어디를 가든 루머가 꼬리표처럼 따라붙었다. 그 역시도 전임 황제들과 다를 바 없이 잔인하고 난폭했
으며 황음무도한 성정은 결코 칼리굴라에 뒤지지 않았으나 '예술가로서의 천부적 재능과 열정'만큼
은 누구보다 뛰어났다.

시기 : 37~68년
인물 : 네로, 아그리피나

피도 눈물도 없는 황제

네로 클라우디우스 카이사르 아우구스투스 Nero Claudius Caesar Augustus
Germanicus의 아버지는 로마에서도 명망 높은 도미티우스 가문 출신이며 어
머니는 옥타비아누스의 외손녀인 아그리피나이다. 네로의 아버지는 평생
사람들에게 미움과 증오를 한몸에 받은 인물이었다. 그는 네로가 태어난
뒤 사람들이 축하인사를 전해 오자 그와 아그리피나의 몸에서 태어나는
것은 인류의 증오와 고통뿐이라는 말을 남겼다.

    네로는 3살 때 아버지를 잃고 유언대로라면 재산의 3분의 1을 상속받게

한눈에 보는 세계사

25년 : 중국, 후한 성립

되어 있었지만 칼리굴라가 그의 몫을 가로채 버렸다. 후에 어머니 아그리피나가 칼리굴라로부터 추방당해 유배되자 숙모인 레피다의 손에서 자랐다. 클라우디우스가 황제로 즉위하면서 그는 아버지의 재산을 되찾고 의붓아버지의 유산까지 덤으로 얻었는데, 아그리피나의 두 번째 남편인 네로의 의붓아버지는 아그리피나에게 독살당했다고 한다. 아그리피나는 욕심 많고 허영심이 강한 여자로 숙부이자 황제인 클라우디우스를 이용해 자신의 세력을 키워 갔다. 그녀는 부루스Sextus Afranius Burrus라는 인물을 근위대장으로 임명하고 클라우디우스의 친아들인 어린 브리타니쿠스를 제치고 전남편의 아들인 네로를 황제의 후계자로 세우기 위해 황제가 손을 쓰기 전에 먼저 그를 독살했다.

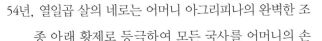

네로 조각상

54년, 열일곱 살의 네로는 어머니 아그리피나의 완벽한 조종 아래 황제로 등극하여 모든 국사를 어머니의 손에 맡겼다. 즉위 첫날, 그가 근위대에 내린 구령도 '위대한 어머니'였고 이후에도 종종 그녀의 가마를 함께 타고 나타났다. 초기에는 네로 황제도 관용과 인정을 베푸는 일에 인색하지 않았다. 그는 시민들에게 400만 세스테르티이의 후한 상금을 내렸고 근위대에 매달 무상 식량을 지급했으며, 시민들이 참관할 수 있게 군사훈련을 공개했다. 그리고 종종 극장에서 자신의 시를 낭독하는 등 시민들을 위한 다양한 예술 공연도 열었다.

황제가 되기 전 호색한에다 온갖 악행과 싸움질로 이름을 날렸던 네로는 황제가 된 이후에도 어머니와 부루스, 스승 세네카에게 정사를 떠넘긴 채 자기가 하고 싶은 일에만 빠져 지냈다. 한때 그가 한 여자 해방노예를 정식 아내로 맞이하려 하자 아그리피나는 결사적으로 반대했다. 예전부터 어머니의 엄격한 감시와 잔소리에 불만이 많았던 그는 이 일로 아그리피나를 더욱 미워하게 되었다. 그뿐만 아니라 어린 소년을 거세시켜 결혼식을 올렸고 여러 소년소녀를 곁에 두어 성적 유희를 즐겼다.

아그리피나는 자기 말을 고분고분하게 따르지 않으면 브리타니쿠스를 황제로 앉히겠다고 네로를 압박하기 시작했다. 끔찍한 협박과도 같은 그녀의 말에 네로는 날이 다르게 성장하는 동생 브리타니쿠스에게 극도의 경계심을 품게 되었고 결국 열네 살밖에 안 된 그를 독살하여 화근을 없앴다. 다음은 어머니 아그리피나의 차례였다. 그녀를 증오하고 혐오한 네로는 초기 황위에서 물러나 은거하는 척도 해 보고 사람들을 선동하여 그녀에 대한 증오심을 키워도 봤다. 후에는 그녀의 모든 권력과 명예를 박탈하고 그녀의 게르만 호위 부대를 빼앗은 뒤 그녀를 궁전 밖으로 추방했다. 몇 번이나 독살을 시도했지만 번번이 실패로 돌아가고 암살 계획마저 발각되자 네로는 교묘한 속임수를 써서 그녀를 모함했다. 결국 아그리피나는 근위대의 손에 목숨을 잃었다.

다재다능한 예술가

아그리피나가 암살당한 뒤 로마의 군사를 틀어쥐고 있던 부루스마저 죽자 네로의 스승인 세네카는 극도의 공포감에 휩싸여 정치를 그만두고 숨어 지냈다. 클라우디우스 시대 때 노련한 정치 경험으로 각종 요직에 올랐던 해방노예도 무정하게 내쳐졌다. 당시 네로의 곁에는 알랑거리며 그의 비위를 맞추다 못해 오히려 나쁜 짓을 부추기는 사람들로 득실거렸는데 이 중 누구도 그의 악행을 말리는 자가 없었다.

네로 황제는 어려서부터 다양한 문학작품에 심취해 있었는데, 아그리피나는 미래의 황제가 되는 데 도움이 되지 않는다는 이유로 특히 철학공부를 반대했다. 그리고 네로가 다른 사람을 더 존경하고 우러러보는 것을 원치 않았던 스승 세네카도 다른 고대 연설가들에 대해 깊이 가르쳐 주지 않았다. 네로는 다른 황제들과 달리 시를 짓는 것을 좋아했고 그림과 조각에도 남다른 조예를 보였으나 사람들은 남의 시를 표절한 것이 아니냐고 비아냥거렸다.

그는 어릴 때부터 음악에 사로잡혀 노래 부르기와 사람들 앞에서 공연하는 것을 좋아했기에 자주 극장에서 공연을 열었다. 또한 자신의 예술적 재능을 발휘하기에 로마의 무대는 너무도 좁다며 그리스로 건너가 그들의 열렬한 환영을 받았다. 그는 "음악을 이해하고 나의 열정을 알아 주는 이는 그리스 인뿐이다."라고 말했다. 그리고 보답이라도 하듯 그리스의 자치권을 인정해 주었다.

64년 여름, 로마에 대화재가 발생했다. 거센 불길이 엿새 동안 계속된 뒤, 로마 14개 지역 중 세 곳은 참혹하게 초토화되었고 일곱 곳은 덩그러니 폐허만 남았다. 로마 인들조차도 처음 겪는 이번 대화재로 무수한 생명이 목숨을 잃었고 불길은 그들의 소중한 재산을 집어삼켜 잿더미로 만들어 버렸다. 그런데 더욱 어이없는 일은 황제가 자신의 황당한 호기심으로 불을 질러놓고 도리어 죄 없는 기독교도들을 방화범으로 몰아세운 것이다. 당시 네로는 메세나 탑에서 현란하게 타오르는 불길을 지켜보며 무대 복장을 하고 '트로이의 몰락'을 노래했다고 한다. 그리고 불에 타 폐허가 된 토지를 황제의 사유지로 만들어 '도무스 아우레아Domus Aurea'라는 자신의 '황금궁전'을 건축했다. 로마의 역사가 타키투스Publius Cornelius Tacitus는 이런 기록을 남겼다. '이 황금궁전이 특별한 이유는 온갖 금은보화로 멋을 낸 화려한 장식이 아닌, 자연을 본떠 만든 아름다운 호수와 넓고 그윽한 숲,

끝없이 펼쳐진 빼어난 풍경 등 인공적인 전원의 정취에 있다.' 그의 말대로 궁전 내부는 번쩍이는 황금과 보석, 진주로 장식되어 그 화려함을 더하고 있다. 식당에는 상아장식으로 테를 두른 회전식 천장이 있고 위에서는 신선한 꽃들이 뿌려졌으며 사방에는 향수가 흘러 넘쳤다. 그리고 욕조에는 바닷물과 시냇물이 뒤섞여 흘러내렸다. 성대하게 준공식을 치르는 날, 네로는 궁전을 바라보며 이렇게 감탄했다. "이제야 사람답게 살게 되었구나."

네로의 죽음

도리를 벗어난 그의 악행은 각계각층의 불만을 불러일으켰고 그에게 대항하려는 움직임이 거세지면서 로마에는 긴장감이 감돌았다. 연이어 발생한 두 번의 음모는 네로를 더욱 잔혹한 폭군으로 내몰았다. 첫 번째 사건은

네로의 거대한 도금청동상(콜로수스)이 있던 자리에 세워져서 '콜로세움'이라 부르게 되었다.

가장 큰 규모인 피소의 반란이다. 피소Gnaeus Calpurnius Piso를 황제로 세우려고 했던 반란 조직에는 원로원 의원과 기사, 군 장교, 시인과 철학가 등 40여 명이 가담했다. 두 번째 사건은 베네벤툼에서 시작되었으나 결국 발각되고만 비니키우스의 반란이다. 네로는 반란의 주모자들을 모두 엄하게 처벌했고, 이때부터 무고한 자들까지 아무 죄목이나 갖다 붙여 처형장으로 끌고 갔다.

68년, 갈리아 키살피나 속주의 부총독인 빈덱스를 중심으로 또다시 반란이 일어났다. 그들이 전쟁을 앞두고 공개 선포한 반란의 목적은 단 하나, 한낱 어릿광대와 같은 폭군의 손에서 조국 로마를 구하는 것이었다. 빈덱스의 결의는 제국 서부 속주의 총독 및 군 지휘관의 호응을 얻어 그는 빠른 속도로 10만 대군을 결성했다. 히스파니아와 아프리카 속주의 총독도 빈덱스를 따라 군대를 징집하여 네로에 반기를 들었다. 처음에는 네로의 게르만 군대가 갈리아의 반란군을 격파하는 듯했으나 반란을 진압하러 보낸 게르만 군대마저 반란군 편에 붙어 그들의 지휘관인 비텔리우스를 황제로 옹립하고자 했다.

그런데 언제 황위를 빼앗길지 모르는 이런 위급한 상황에서 네로는 '심금을 울리는 노랫소리'로 자신에게 반기를 든 적군을 이겨 보겠다는 허무맹랑한 망상에 젖어 있었다. 그때 그는 이렇게 말했다. "내가 노래를 부르는 것만으로 우리는 평화를 얻을 수 있다." 후에 황제 친위대까지 그를 배신하면서 그는 원로원이 국가의 적으로 선언한 최초의 황제가 되었다. 독 안에 든 쥐가 되어 버린 네로는 하는 수 없이 로마를 떠나 교외의 별장으로 피신했다. 그곳에서 결국 자살을 선택한 네로는 통한의 눈물을 흘리며 마지막으로 이렇게 말했다. "위대한 예술가가 이렇게 죽고 마는구나!"

4 4황제의 시대

ROME

네로가 죽고 2년 동안 연이어 네 명의 황제가 등극했다. 이들은 대부분 노련한 경험을 지닌 군 사령관 출신으로 제위를 둘러싼 그들의 싸움은 결국 대규모의 난투극으로 발전했고 전 이탈리아 백성을 도탄에 빠뜨렸다. 결국 베스파시아누스의 승리로 혼전은 종식되고 로마는 플라비우스 왕조의 시대로 접어들게 된다.

시기 : 68~70년
인물 : 갈바, 오토, 비텔리우스

고령의 황제

세르비우스 술피키우스 갈바Servius Sulpicius Galba는 오래된 명문가 출신으로 네로의 뒤를 이어 제위에 올랐으나 카이사르 가문과는 아무런 연계가 없는 인물이다. 그는 어려서부터 문학과 예술 방면에 관심이 많았고 특히 법률에 정통했다. 그는 남자에게 더 강한 욕정을 느꼈다. 그러나 옥타비아누스 때 제정된 결혼법으로 결국 여자와 결혼하여 두 아들을 얻었고 아내를 잃은 뒤에도 재혼하지 않았다.

게르마니아 총독 시절, 그는 엄격한 군사훈련을 시행하여 갈리아에 침

한눈에 보는 세계사

25년 : 중국, 후한 성립

입한 야만족을 신속하게 몰아냈다. 칼리굴라의 암살 소식이 전해지자 수많은 사람이 그에게 출병을 권유했지만 그는 오히려 클라우디우스의 편에 섰다. 클라우디우스의 신임을 얻은 갈바는 대리집정관으로 아프리카를 2년간 통치하며 속주 질서를 바로잡고 야만족의 반란을 진압했다.

갈리아에서 반反네로 세력이 의거를 일으키자 그는 '인류의 구원자'가 되자는 갈리아 총독 빈덱스의 호소에 응해 반란군의 지도자로 추대되었다. 네로 황제가 자신을 암살하려는 사실을 알게 된 그로서는 당연한 선택이었다. 하지만 반란군이 진압당하고 빈덱스가 사망하자 너무도 큰 절망감에 빠져 스스로 목숨을 끊으려고 했다. 그런데 이때 네로가 자살하면서 로마의 시민들이 그를 황제로 추대하자 갈바는 총독직을 팽개치고 곧장 군대를 이끌고 로마로 달려갔다. 초기에는 근위대장, 게르마니아와 아프리카 총독을 제압하여 안정된 통치를 이어 갔지만 평화는 잠시뿐, 새로운 위기는 금세 닥쳐 왔다.

당시 로마는 네로가 국고의 돈을 낭비해 버린 탓에 갈바가 시민들에게 베풀 여유가 남아 있지 않았다. 어쩔 수 없이 구두쇠가 되어 버린 그를 시민들이 좋아할 리 없었고 정권 초기와 다르게 그의 명성은 점차 추락하기 시작했다. 그에게는 세 명의 자문위원이 있었지만 그들의 의견에 휘둘려 언행이 앞뒤가 맞지 않을 때가 많았고 인색했다가도 언제 그랬느냐는 듯 친절을 베풀었다. 그는 의심스러운 구석이 있다며 재판을 열지도 않고 두 고위 인사를 처형시켰고 로마의 시민권을 주는 일에 인색했으며 네로의 선물을 몰수해 가면서 선물의 주인에게는 10분의 1밖에 남겨 주지 않았다. 지인과 노예들의 세금을 마음대로 징수하거나 면세해 주었고 무고한 자를 처벌하고 범죄자를 사면

고대 로마 조각상

술을 마시며 즐거워하는 농경신의 모습을 표현했다.

하는 일도 원칙 없이 기분 내키는 대로 저질렀다.

갈바는 스스로 군사들의 지지를 잃게 된 이유가 연로한 나이에 아들마저 없어서일 것이라고 생각했다. 그래서 리키니아누스를 입양하여 후계자로 선포했다. 근위대는 네로를 배반한 것에 대한 보상을 요구했지만 그는 정작 해결해야 할 포상 문제에 대해서는 단 한마디도 꺼내지 않았다. 사람들은 이미 근위대 진영을 점령한 오토Marcus Salvius Otho에게 쿠데타를 일으키라고 부추겼다. 이 사실을 안 황제는 각지의 군단을 소집하여 궁전을 호위하게 했다. 그러나 반란군이 퍼뜨린 거짓소문을 듣고 반란이 진압된 줄 알고 궁 밖으로 빠져나왔다가 기병의 공격을 받고 죽음을 당했다. 당시 갈바 황제의 나이는 일흔셋으로, 황제의 자리에 고작 7개월밖에 앉지 못했다. 기습을 당할 때 예전에 그가 친절과 관심을 베푼 것에 대한 보답으로 퇴역한 게르만 병사만이 그의 편이 되어 주었을 뿐 그가 소집한 군대는 끝내 그에게서 등을 돌렸다.

100일 황제

오토 황제는 어려서부터 도리에 어긋난 행동과 돈을 헤프게 쓰는 등 사치가 심하여 종종 아버지에게 매질을 당했다. 아버지가 돌아가신 뒤 그는 궁 안에서 상당한 세력을 지닌 여종의 환심을 사 그녀의 도움으로 네로 황제의 신뢰를 얻었다. 그가 실권을 쥐고 강탈죄를 저지른 전직 집정관의 처벌을 면하게 해 주자 혹 그와 네로 황제가 그렇고 그런 사이가 아니냐고 의심하는 사람도 생겼다. 오토는 네로의 비밀 임무를 수행할 만큼 그의 총애를 받고 있었다. 당시 네로는 자신의 정부인 포파이아가 이혼하자 잠시 오토에게 그녀를 돌봐 달라고 부탁했고 오토는 황제의 명으로 그녀와 결혼한 척 일을 꾸몄다. 그런데 그런 척만 한다는 것이 실제로 그녀와 사랑에 빠져 네로의 눈 밖에 나게 되었다. 네로는 그를 속주 재무관으로 좌천시켜 히스파니아의 루시타니아로 추방했다. 네로가 죽자 오토는 먼저 갈바에게 몸을 의탁했으나 갈바가 황제로 옹립되자 그 역시 강한 권력욕을 이기지 못하고 제위를 넘보았다. 당시 한 점성가는 그가 반드시 황제가 될 것이라는 예언을 했다.

황제가 되기 얼마 전, 그의 한 노예가 집사 자리를 욕심내자 오토는 그에게 100만 세스테르티이를 뇌물로 요구하여 반란자금으로 이용했다. 그가 몇몇 친위대군에게 후한 상금을 내리자 그들은 서로 앞 다투어 반란 세력을 끌어모았다. 반란 날짜가 확정된 뒤 오토는 중앙광장에서 측근들에 의해 황제로 옹립되었고 예상한 대로 수많은 군인의 호응을 얻었다. 그는 자신이 군인에게 인기가 있음을 이용하여 그들이 모은 자리에서 오직 군인들의 지지만을 원한다고 말해 그들의 충성심을 굳혔다.

이들의 작전은 매우 순조롭게 진행되었다. 갈바 황제를 유인하여 암살한 뒤 오토는 원로원으로 들어가 자신이 황제로 추대되었음을 알리고 그들의 뜻에 따라 권력을 행사했다. 그런데 갈바가 권좌에 오른 초기부터 게르만 군대가 비텔리우스Aulus Vitellius를 중심으로 세력을 형성하고 있었다. 오토는 비텔리우스에게 특사를 파견하여 공동 통치권을 주고 더불어 자신의 사위로 삼을 뜻을 전했다. 그러나 비텔리우스의 선두부대가 이미 진격해 오고 있어 그와의 전쟁을 피해 갈 수 없게 되었다. 군 진영의 무기가 반출되자 군인들은 이상한 낌새를 알아차리고 지휘관의 명령을 뒤로한 채 황궁으로 달려갔고 오토 황제를 직접 만난 후에야 평정을 되찾았다.

군인들의 재촉으로 오토는 군대를 출정시켜 몇 번의 작은 승리를 거두었다. 그러다 베드리아쿰 전투에서 적군의 유인책에 휘말려 크게 패하고 말았다. 오토는 비록 목숨은 건졌지만 수치와 굴욕감을 견디지 못한 채 서른여덟의 젊은 나이에 자살로 일생을 마감했다. 그가 제위에 앉은 날은 겨우 95일에 불과했다. 그가 자살하자 수많은 군인이 그를 위해 가슴 아파하며 슬피 울었고, 대부분이 그를 따라 자결했다. 사람들은 생전에 그를 뼈에 사무치도록 미워하고 원망도 했으나, 그가 죽은 뒤에 진심으로 그를 황제로 받들었다.

탐욕스런 대식가大食家

아울루스 비텔리우스Aulus Vitellius는 로마의 한 기사 집안에서 태어나 티베리우스의 은신처인 카프리에서 소년소녀들과 함께 어린 시절을 보냈다. 바로 '작은 물고기'로 불리던 티베리우스의 성적 유희 대상이었다. 사람들은 비텔리우스의 아버지가 출세한 것이 어린 아들의 이 같은 성적 착취의 대가와 맞바꾼 것이라고 여겼다.

　비텔리우스는 티베리우스 이후에 즉위한 세 황제와 모두 사이가 좋았다. 이는 그의 취미 덕분이었다. 그는 마차 몰기를 좋아하여 칼리굴라와 가까워졌고, 주사위 던지기로 클라우디우스의 호감을 얻었으며, 네로 황제와도 꽤 많은 부분에서 취향이 비슷했다. 이렇게 황제들의 총애를 받은 덕에 그는 정치적 동요나 분쟁 없이 빠른 속도로 승승장구할 수 있었다. 당시 사람들은 갈바 황제가 비텔리우스를 하ㅏ게르마니아 군대의 지휘관으로 삼은 것을 하나같이 의아하게 여겼는데, 갈바는 그 이유가 바로 식탐이 많은 그가 먹는 것 말고는 아무것도 관심을 가지지 않아 견제할 필요가 없었기 때문이라고 밝혔다.

　비텔리우스는 부임하자마자 게르마니아 군대의 뜨거운 환영을 받았다. 그는 군대 내에서 병사들이 바라는 것은 무엇이든 거절하지 않고 들어주었다. 잘못을 저지른 자는 모욕을 당하지 않게 하고 소송을 당한 자의 기소는 물론이고 실형을 선고받은 죄수의 처벌까지 면제해 주었다. 당시 갈바 황제의 통치에 염증이 난 군인들은 반란을 꾀하고 있었다. 그들은 비텔리우스가 부임한 지 한 달도 채 되지 않아 그를 황제로 추대했다. 그들이 로마로 이동하는 동안 갈바는 살해되고 오토가 제위에 올랐다. 비텔리우스는 게르마니아 속주를 안정시킨 후에 군대를 둘로 나누어 절반은 오토를 공격하도록 명령하고 나머지 반은 직접 통솔하여 동행했다. 갈리아에 이르렀을 때 베드리아쿰 전투에서 오토가 사망했다는 소식이 들려오자 비텔리우스는 기존의 수도 근위대를 해체하고 대신 게르마니아군을 근위대로 승격시켰다.

로마로 들어온 비텔리우스는 자신의 배우들과 마부, 그중에서도 특히 해방노예의 제안을 받아들여 본격적으로 황권을 행사하기 시작했다. 그가 다른 황제와 가장 많이 비교되는 부분이 바로 탐욕에 가까운 그의 식탐이었다. 그는 세끼 식사 외에도 자주 접대와 연회를 베풀었고 날마다 수많은 사람의 초대에 응했으며 매 식사 때마다 최소 40만 세스테르티이를 지출했다. 그는 또한 음식을 먹은 후에 바로 토해 내는 습관에 익숙해져 아무리 많이 먹어도 계속해서 쉬지 않고 엄청난 양의 음식을 감당해 낼 수 있었다. 유명한 대식가인 비텔리우스는 시간과 장소, 양을 가리지 않고 체면도 차리지 않은 채 눈에 보이는 음식을 그 자리에서 먹어 치웠다. 그는 일의 옳고 그름을 떠나 무고한 사람을 체벌하거나 무차별적인 살육을 저질렀는데 그에게 빚을 독촉한 자, 세금을 걷는 고리대금업자, 계약을 맺은 자 등 대부분이 목숨을 보전하지 못했다.

비텔리우스가 통치한 지 8개월쯤 지났을 때, 모이시아와 판노니아의 군대가 그에게서 등을 돌렸다. 후에 유다와 시리아 군대 역시 그를 배반하여 베스파시아누스를 황제로 옹립하고 충성을 맹세했다. 반란군 토벌에 나섰다가 도리어 위기를 맞은 비텔리우스는 베스파시아누스의 형인 사비누스와 협약을 맺었다. 그리고 그 대가로 자신의 목숨과 1억 세스테르티이의 재산을 보장받았다. 자신의 군사들이 연달아 도나우 군단에 항복하자 겁을 먹은 비텔리우스는 많은 장병 앞에서 권력에 뜻이 없음을 밝히고 퇴위할 것을 간청했지만 시민들이 그의 뜻을 받아 주지 않아 마음대로 물러날 수도 없는 상황에 몰리고 말았다. 다음날 그는 배 위에서 어제와 같은 간청을 해 보았지만, 시민과 군인들은 또다시 그의 말을 가로막으며 그를 위해 죽을힘을 다해 싸울 것을 약속했다. 이들의 지지에 자신감을 얻은 비텔리우스는 뜻밖에도 상대가 방심한 틈을 노려 사비누스를 격파했다.

전쟁에서 대승을 거둔 비텔리우스는 원로원 사절과 베스타 신전의 여사제를 보내 화친을 제안했다. 그러나 답을 기다리는 동안 적군은 어느새 그에게 가까이 접근해 오고 있었다. 비텔리우스는 결국 전투에서 패하여 피신하던 중에 적군의 선두부대에 사로잡혔다. 그는 손을 묶인 채 거리를 끌려 다니다가 그의 형제, 아들과 함께 피살되었다. 당시 그의 나이는 쉰다섯이었다.

5 비(非)귀족 출신 황제

베스파시아누스는 로마 제국 최초의 비귀족 출신 황제이다. 그가 제국의 오랜 내전을 끝맺고 바닥난 국고를 채워 재정을 안정시킴으로써 로마는 다시금 평화와 번영을 누리게 되었다. 그가 제위에 있는 동안 짓기 시작한 '플라비우스 원형 극장'은 로마 중심에 8만 5,000명을 수용할 수 있는 거대한 극장으로서 그의 아들 티투스가 즉위한 후에 준공되어 현재까지 보존되고 있다.

시기 : 9~79년
인물 : 베스파시아누스

난세의 영웅

베스파시아누스Titus Flavius Vespasianus는 사비니의 한 기사 가문에서 태어나 어릴 적부터 친할머니의 손에서 자랐다. 그는 황제가 된 이후에도 여전히 할머니를 그리워하여 할머니의 옛집을 자주 찾았고 종교 축제 때마다 그녀가 남긴 작은 은잔으로 술을 마셨다. 그는 재무관과 조영관, 법무관을 역임했고 클라우디우스 황제 통치기에는 황실의 개인 비서관인 나르키소스의 눈에 들어 게르마니아 2아우구스타 군단의 군단장에 임명되었다. 그 후 브리타니아 원정 때 군단을 이끌고 참전하여 뛰어난 공훈을 세워 개선의

한눈에 보는 세계사

8년 : 중국, 신 건국   25년 : 중국, 후한 성립

영광을 누렸다. 51년, 그해 말에 두 달 동안 보결로서 집정관 직을 맡았다. 그러나 황제의 아내인 아그리피나의 미움과 견제를 받아 공직을 버리고 줄곧 은둔생활을 했다.

63년에는 공직에 복귀하여 아프리카의 총독으로 임명되었다. 강직하고 청렴한 공직자로서 명성을 떨쳤으나 그의 명성이 높아질수록 그에게 불만을 품은 세력도 생겨났다. 당시 그가 로마로 돌아올 무렵에는 거액의 채무 때문에 자신의 형제에게 재산을 저당 잡혔고 원로원 의원은 그 어떤 상업적 활동을 할 수 없는데도 어쩔 수 없이 노새 장사를 해야 했다. 훗날 그는 네로 황제의 측근으로 그리스까지 동행했으나 황제가 공연하는 도중에 졸았다는 이유로 유배되었다.

66년, 예루살렘에서 유대인들이 독립 전쟁을 일으켜 총독을 살해하고 시리아에서 지원 나온 집정관과 군 부장을 몰아내는 사건이 있었다. 이 반란을 평정하려면 상당한 규모의 군대와 더불어 군 통솔력이 뛰어나면서도 군사력을 악용하지 않는 대담한 지휘관이 필요했다. 오랜 기간 실력을 갈고 닦은 노력파에다 그와 가족이 오히려 세도가에 속하지 않았다는 점에서 베스파시아누스만한 적임자가 없었다. 당시 유대인의 저항이 너무도 완강하여 4황제 시대에도 전쟁은 끝날 기미가 보이지 않았다.

갈바와 오토 황제가 잇따라 죽자 모이시아의 군단은 혼란을 틈타 약탈을 일삼았다. 그러다 나중에는 처벌받을 것이 두려워 아예 황제를 갈아치우기로 했다. 히스파니아 군대는 갈바 황제를, 친위대는 오토 황제를, 게르마니아 군대는 비텔리우스 황제를 세웠으니 그들도 이에 뒤질세라 만장일치로 베스파시아누스를 황제로 추대한다고 말했다. 그들의 움직임이 알려지면서 제일 먼저 7월 1일에 이집트의 총독인 티베리우스 율리우스 알렉산더 군대의 지지를 얻었고 훗날 이날을 그의 즉위기념일로 삼았다. 연이어 7월 11에는 유다의 군대가 그의 휘하로 들어왔고 시리아 군대도 그의 편이 되었으며 파르티아 국왕은 그에게 궁수 4만 명을 지원해 주었다.

'돈을 밝히는' 황제

베스파시아누스의 선두부대가 69년 12월에 로마를 점령하여 비텔리우스를 살해하자 원로원은 베스파시아누스가 부재 중인 상황에서 그를 정식 황제로 인정했다. 하지만 로마 제국은 이미 평화가 깨진 지 오래였고 각 속주에는 반란이 끊이지 않았으며 국고는 바닥을 드러낸 데다 군대마저 제멋대로 방종을 일삼고 있었다. 새 황제는 군대의 정비를 위해 비텔리우스의 군대를 해체하고 군인들을 처형했다. 전쟁터에서 공을 세운 병사에게는 절대 과한 선물을 내리지 않았으며, 심지어 마땅히 주어야 할 상금도 시일을 미루며 주지 않았다. 로마 수도는 오랜 내전을 겪은 탓에 건물이 부서지는 등 외관이 흉측하게 변해 있어 그는 본격적으로 로마 재건에 힘쓰기 시작했다. 카피톨리움 신전을 복구하는 작업에서 제일 먼저 벽돌이나 기왓장 따위의 잔해를 치우며 직접 쓰레기를 어깨에 지고 날랐다. 지금까지 최고의 명성을 누리는 대원형극장도 이 시기에 공사를 시작했다.

많은 사람이 사망하여 원로원 의원과 기사 신분에 빈 자리가 생기자 그는 부패한 자들을 숙청하여 원로원 의원과 기사들의 명단을 새로 작성하고 이탈리아 인과 속주민 중 명망 높은 자들을 발탁하여 부족한 인원을 충당했다. 원로원에 사치와 방탕한 생활을 자제하도록 명령했고 타인의 노예와 사사로이 정을 통하는 여자는 노예로 취급하게 했다. 그리고 부모로부터 아직 독립하지 않은 아들에게 돈을 빌려 준 고리대금업자는 그 어떤 상황에서도 부채 상환을 강요하지 못하게 했는데 이는 채무자의 아버지가 죽은 뒤에도 마찬가지였다.

베스파시아누스 황제는 자신의 미천한 출신을 속이거나 숨기지 않고 오히려 자랑스러워했으며 태도가 겸손하고 온화하여 붙임성이 좋았다. 다른 이가 그를 조롱하거나 적대시할 때도 마음에 담아 두거나 남몰래 보복하는 일이 없었고 자신이 현장에 없었거나 사실을 몰랐거나, 혹은 사기당한 일이 아니면 무고한 자를 처벌한 적도 없었다. 다만 그가 시리아에서 로마로 돌아올 때 헬비디우스 프리스쿠스만이 유일하게 그를 보통 사람 '베스파시아누스'로 대하며 호의를 보내고 다른 이들이 황제인 그를 얕잡아보며 평민 취급하자 그때는 심하게 분노하며 화를 냈다.

이런 베스파시아누스 황제가 시민들에게 비난을 받았던 이유는 바로 '돈' 때문이었다. 그는 빈 국고를 다시 채우기 위해 신설 세금을 부과하고 속주의 세금을 두 배로 늘렸으며 심지어 묘지와 변소에까지 세금을 매겼다. 로마 귀족들이 수치로 여기는 물건의 사재기는 물론이고 선거 입후보

로마의 콜로세움

로마 제국 플라비우스 왕조의 초대 황제 베스파시아누스가 착공해서 아들 티투스가 완공한 경기장으로, 고대 로마의 뛰어난 건축물 중 하나로 평가받고 있다.

자에게 뇌물을 받고 관직을 팔았으며 재판을 앞둔 범죄자라도 돈을 내기만 하면 죄가 있든 없든 모조리 석방해 주었다. 하지만 거의 협박에 가까운 재물 탈취와 가혹하고 부당한 세금이 내란으로 경제가 피폐해진 상황에서 로마의 국고와 황제의 금고를 채우기 위한 불가피한 선택이라고 변호하는 사람도 있다. 심지어 그가 배뇨세금을 거둬들이자 아들 티투스는 이 무슨 말도 안 되는 경우냐며 강하게 반대했다. 그러자 베스파시아누스는 금화를 한 움큼 쥐고 아들의 코에 갖다 대며 이렇게 물었다고 한다. "이 돈에서 오줌 냄새가 나느냐?" 티투스가 아니라고 답하자 황제는 또 이렇게 말했다. "돈에서는 냄새가 나지 않는다!"

비록 각종 세금으로 '탐욕스럽다'고 지탄받기는 했으나 그는 이렇게 거둬들인 돈을 각계각층에 후하게 사용했다. 원로원의 부족한 자금을 채우고 부유하지 않은 집정관 및 관리들에게는 매년 50만 세스테르티이의 보조금을 지급했다. 로마 변경 내 지진이나 화재로 황폐해진 도시가 있으면 이전보다 더 훌륭하고 아름답게 재건설했으며, 특히 인재 양성과 예술에 관심이 많았다. 또한 처음으로 라틴어와 그리스어 수사학 교사들에게 매년 10만 세스테르티이의 급여를 황제의 금고에서 지급했다.

아홉 번째 집정관 직을 수행하는 동안 열병이 급격히 심해졌지만 베스파시아누스는 늘 그랬듯이 정무를 돌보는 일에 힘썼고 병상에 누워서도 손님을 맞이했다. 6월 23일, 그는 심한 설사를 하다 쓰러지면서도 "황제는 서서 죽어야 위신이 선다."라고 말하며 애써 자리에서 몸을 일으키려 했으나 향년 예순아홉의 나이로 결국 눈을 감고 말았다. 그는 생전에도 그와 그의 아들들이 목성을 머리에 이고 태어나 두 아들 중 하나가 자신을 계승할 것이며, 자신의 아들이 아니면 누구도 제위를 잇지 못할 거라고 공개적으로 선포했다.

유대인의 반란

66년, 로마 총독 게시우스 플로루스Gessius Florus가 그리스 인을 부추겨 유대인이 예루살렘 신전으로 들어가지 못하게 가로막고 신전 주위에서 유대인을 모욕하도록 선동하여 둘 사이의 대립을 심화시켰다. 유대인들은 예루살렘 및 팔레스타인 각지에서 항쟁을 일으켰지만 참혹하게 진압되었다. 가이사리아에서만 유대인 2만 명이 학살당했는데, 이 사건은 오히려 팔레스타인 전 지역의 유대인들이 무장봉기하는 도화선이 되었다. 반란군은 예루살렘과 갈릴리, 아쉬켈론, 가자 등의 주요 도시와 요새를 연이어 점령했다.

67년, 로마 황제 네로의 명을 받은 베스파시아누스가 6만 대군을 이끌고 반란 진압에 나서면서 도시는 격파당하고 군인과 민간인 대다수가 살해되었다.

68년, 로마에 황위 쟁탈전이 일어나자 베스파시아누스는 잠시 진군을 미루고 때를 기다렸다. 이에 반란군에게도 잠시 숨을 고를 시간이 생겼다.

69년, 베스파시아누스가 로마 황제로 등극한 뒤 그의 아들 티투스가 7만 군사를 이끌고 예루살렘을 침공했다. 두 파로 나뉘어 있던 반란군 2만 4,000명은 주민들과 연합하여 방어했으나 곧 식량이 바닥을 드러내기 시작했다.

70년 10월. 로마군이 남성南城과 중앙을 파고들어 쌍방 간에 격렬한 육박전이 벌어졌다. 반란군이 잠시 로마군을 밀어내는 듯했으나 로마군이 사다리로 북성北城을 공격하면서 수비군 대부분이 전사하고 말았다. 이 전쟁으로 예루살렘은 황량한 폐허로 변해 버렸고 60만 명 중 목숨을 건진 7만 명조차 노예로 팔려 갔다. 유대인 반란군의 끈질긴 항전은 73년에 마사다Masada 요새가 함락당하면서 끝이 났다.

유대인의 반란은 유대인에 대한 로마 정부의 통치에 변화를 가져왔고 기독교와 유대교의 분리를 가속화하는 계기가 되었다.

ROME

6 단명한 플라비우스 왕조

플라비우스 왕조는 베스파시아누스Titus Flavius Vespasianus와 그의 아들 티투스Titus Flavius Vespasianus, 도미티아누스Titus Flavius Domitianus, 이렇게 총 3명의 황제를 배출했다. 플라비우스 왕조의 마지막 황제인 도미티아누스는 로마 역사상 이름난 폭군으로 그의 잔혹한 성정이 왕조의 몰락을 가속화했다.

시기 : 66~96년
인물 : 베스파시아누스, 티투스, 도미티아누스

티투스 황제

티투스 황제의 타고난 이름은 티투스 플라비우스 베스파시아누스로 아버지와 이름이 같다. 그는 운이 좋게도 어릴 때부터 브리타니쿠스와 함께 똑같은 과정의 궁중교육과 후계자 수업을 받는 등 특별한 대우를 받았다. 한 관상가가 브리타니쿠스는 영원히 황제가 되지 못할 것이며 황위에 오르는 자는 티투스가 될 것이라고 말한 일화도 있다. 둘은 남달리 사이가 좋았는데, 티투스는 훗날 팔라티움 궁전에 친구인 브리타니쿠스를 위한 금상을 세우고 그에게 말을 타는 모습의 상아 조각상을 바치기도 했다.

한눈에 보는 세계사

8년 : 중국, 신 건국   25년 : 중국, 후한 성립

티투스는 뛰어난 기억력을 지녔고 문무의 편식 없이 거의 모든 학문에 흥미를 느꼈다. 특히 기마술과 무술에 정통했고 라틴 어와 그리스 어를 자유자재로 구사하며 연설을 하고 시를 짓는 일에도 탁월했다. 그 밖에도 연주하면서 직접 노래를 부르는 등 다양한 재주를 지녔다. 게르마니아와 브리타니아에서 군단 사령관을 지낼 때도 군대 내에서 예의 바르고 청렴하기로 명성이 높았다. 이후 변호사가 되어 로마 중앙광장에서 변호를 맡으면서 그의 명성은 더욱 확고해졌다. 67년에 재무관으로 임명된 후 군단 지휘관이 되어 방어가 철저한 유대인의 두 도시를 정복했고, 70년에는 최후의 진압에 나서 유대인 반란의 중심지인 예루살렘을 완전히 점령하여 파괴했다. 군인들은 그에게 열렬한 지지와 찬사를 보내며 황제라는 뜻을 지닌 '임페라토르'라는 칭호를 선사했다. 그가 속주를 떠나려 하자 그들은 처음에 떠나지 말라고 만류했다. 그러다 나중에는 자신들도 그와 동행하게 해 달라고 협박에 가까운 간청을 했다.

베스파시아누스가 티투스에게 거의 모든 정무를 일임함으로써 그는 사실상 공동 통치자로서의 역할을 했다. 그는 황제의 이름으로 서신을 전하고 칙령을 공포했으며 재무관을 대신하여 원로원에서 황제의 연설문을 낭독했다. 그리고 베스파시아누스 황제의 개인 군대인 황실 근위대의 지휘관을 맡았다. 이후 조금이라도 반역의 혐의가 있는 자들은 '독단적이고 포악하게' 다스려 많은 사람의 원한을 사게 되었는데, 온갖 악의적인 소문이 퍼지다 못해 '제2의 네로'라고 불리기도 했다. 그러나 근거 없는 소문은 오히려 로마 내 그의 위상과 명성을

플라비우스 부조

더욱 높이는 결과를 낳았다.

티투스의 통치 기간 중에 처음으로 베수비우스 화산 폭발과 로마 대화재와 같은 대참사가 발생했다. 이후 그는 사비를 털어 로마의 재건과 구제 사업에 주력했다. 대화재가 일어났을 당시 그는 이렇게 외쳤다. "이 모든 피해는 나의 것이다!" 그는 사람을 대하는 데 인자하고 관대하여 귀족 청년 두 명이 왕위를 노리다 발각되었는데도 그들을 엄하게 처벌하지 않고 다시는 그러지 않도록 가벼운 경고조치만 내렸다. 그뿐만 아니라 청년들을 연회에 초대하고 다음날 경기장에서는 특별히 황제의 옆자리에 앉게 했다. 그의 동생인 도미티아누스는 그가 황제로 즉위한 순간부터 줄곧 그를 해칠 계략을 꾸미고 심지어 군대까지 선동했지만 티투스는 도미티아누스의 권력과 지위를 보장해 주고 그를 자신의 후계자로 선포했다.

81년, 티투스는 로마를 다스린 지 2년 만에 아버지 베스파시아누스가 병사한 별장에서 마흔둘에 눈을 감았다. 그의 사망 소식은 삽시간에 퍼졌고 시민들은 마치 제 부모가 죽은 듯 슬퍼하며 비통해마지 않았다. 근위대가 그의 동생 도미티아누스를 황제로 옹립하자 원로원도 곧 투표를 거쳐 그에게 국가 원수로서의 모든 권한을 부여했다.

도미티아누스 황제

티투스 플라비우스 도미티아누스Titus Flavius Domitianus는 어머니 도미틸라의 별명으로 지어진 이름이다. 그는 재능과 품성 면에서 형 티투스를 뛰어넘지 못했지만 권력욕을 이기지 못해 호시탐탐 기회를 노리며 형에게 반기를 들었다. 한번은 그가 로마 수도와 지방의 20여 개 관직을 하루 만에 마음대로 나눠 주자 이를 안 베스파시아누스는 몇 번이고 이렇게 한탄했다. "이상한 일이구나. 어째서 내 후계자의 자리는 줘 버리지 않은 것이냐!"

베스파시아누스 황제가 죽은 뒤 그는 황제의 유언장이 잘못되었다며 자신도 제국의 공동 후계자라고 주장했고 이후로 공개적으로, 혹은 비밀리에 형을 제거할 계략을 세워 나갔다. 티투스가 병이 들어 더 이상 치료할수 없는 지경에 이르자 그는 아무도 형을 돌보지 못하도록 명령했다. 티투스가 죽고 그는 형이 신으로 추대되는 것만 인정했을 뿐, 더 이상 그에게 경의를 표하지 않았고 오히려 연설과 칙령으로 공공연히 형의 인격을 비방하고 깎아내리기 바빴다.

그는 즉위 초기, 자상하고 청렴하여 사람들의 환영을 받았으나 잔인하고 탐욕스러운 본모습을 드러내기까지는 그리 오래 걸리지 않았다. 그는 반역의 혐의가 있다는 이유로 혹은 별것 아닌 트집을 잡아 전직 집정관을 포함한 여러 원로원 의원들을 처형했고 한 광대극에서 남녀 주인공 파리스와 오이노네를 내세워 황제의 이혼 사건을 풍자했다고 의심하여 극을 연출한 소小헬비디우스를 죽이라고 명령했다. 그가 형제를 죽이려 한 또 다른 이유도 집정관 선거일에 발표자가 의도치 않게 집정관을 황제라고 잘못 말해 버린 것이 화근이 되었다. 건축 사업과 공공행사로 지출이 급격히

베수비우스 화산

79년, 베수비우스 화산이 대규모로 폭발하면서 뜨거운 화산재가 화려한 휴양지인 폼페이를 집어삼켰고 주민의 4분의 1만 가까스로 목숨을 건졌다.

증가하자 그는 주저 없이 각 지역을 돌며 약탈을 일삼았다. 소송이나 무고 등 그 어떤 방법으로도 황제의 위엄을 실추시키는 자가 있으면 그의 재산을 전부 몰수했는데 생전에 황제를 재산상속인으로 정해 놓은 자는 유일하게 제외되었다.

젊었을 때부터 겸손을 모르던 그는 황제가 된 후에도 원로원에서 '이전에 아버지와 형이 누린 권력을 이제 자신에게 되돌려준 것뿐'이라며 뻔뻔스럽게 허세를 부렸다. 한번은 대리인의 이름으로 "우리의 주인이자 신께서 반드시 임무를 완성하라고 명령하셨소."라고 말한 것이 계기가 되어 자신을 '주인이자 신'이라 부르게 함으로써 사람들의 복종을 이끌어 냈다.

도미티아누스의 전제 정치는 원로원과 귀족의 거센 반발을 불러일으켜 반대파의 음모와

웅장한 건축물 규모에서 당시 로마 제국의 강성한 국력을 엿볼 수 있다.

계략, 폭동이 끊일 날이 없었다. 그렇게 반역자들을 하나씩 처단해 나가면서 의심과 불신이 지나쳐 황제의 가족과 측근을 비롯한 수많은 사람이 음모에 연루되어 목숨을 잃었다. 멈출 줄 모르는 그의 공포정치에 사람들이 극도의 공포감을 느끼면서 결국 그의 아내와 두 명의 근위대장, 그리고 고위 관리들을 비롯한 황제의 최측근조차 반란을 도모하는 사태가 벌어지고 말았다. 그러다 96년에 제위에 오른 지 15년 만에 침실에서 피살당하여 45년의 생을 마감했다.

그의 죽음을 전해들은 시민들은 그 누구도 슬퍼하거나 애통해하는 자가 없었다. 다만 군인들만 그를 '신성한 도미티아누스'라 칭하며 복수를 계획했으나 이를 이끌어 줄 적임자를 찾지 못했다. 원로원 의원들은 오히려 기쁜 마음으로 의사당에 모여들어 온갖 악랄한 저주와 욕설을 퍼부으며 죽은 황제를 비방하면서도 아무런 가책을 느끼지 않았다. 심지어 이들은 사다리를 가져와 그의 방패와 초상을 뜯어내 그 자리에서 마구 부수었다. 또 황제의 이름으로 붙은 각지의 모든 벽보를 떼어 내고 황제의 기념물도 남김없이 모조리 제거하도록 했다.

도미티아누스의 죽음은 곧 플라비우스 왕조의 몰락을 의미했다. 30년도 채 이어지지 못하고 단명한 플라비우스 왕조를 뒤로하고 원로원은 오랜 귀족 가문의 네르바Marcus Cocceius Nerva를 새 황제로 추대했다. 이로써 로마는 안토니누스 왕조의 새 시대가 열리게 되었다.

맥을 잡아주는 세계사
The flow of The World History

제 6 장 | 로마의 역사를
빛낸 인물들

1 백과사전적 학자

보통 대(大)플리니우스로 불리는 가이우스 플리니우스 세쿤두스Gaius Plinius Secundus는 고대 로마의 백과사전적 지식을 지닌 작가이다. 그의 저작 중에서 유일하게 현존하는 작품이자 《박물지博物志》라고도 불리는 그의 《자연의 역사Natural History》는 이후로도 광범위하게 전파되어 후대 학자들의 존경과 찬사를 받고 있다.

시기 : 23~79년
인물 : 대플리니우스, 소플리니우스

플리니우스의 생애

대플리니우스는 북이탈리아 코뭄Comum의 한 기사 가문에서 태어나 어릴 때 로마로 건너와 학문을 배웠다. 47~57년, 게르마니아 속주에서 기병대장을 맡은 그는 후에 로마 황제 티투스와 두터운 교분을 쌓아 만년에는 그와 군영 막사 내 공동생활에 대해 담론하며 즐겁게 시간을 보내기도 했다. 게르마니아에서 로마로 돌아온 그는 법조계에 종사했고 일하는 틈틈이 여가에 다양한 분야의 책을 두루 다독했다. 베스파시아누스 통치 시기에는 주로 요직에 올랐는데, 히스파니아와 갈리아, 북아프리카 등지에서 재무관

한눈에 보는 세계사
25년 : 중국, 후한 성립

을 지냈고, 74년부터는 미세눔Misenum 해군 기지의 함대사령관으로 근무하며 해적 소탕의 임무를 맡았다.

소플리니우스Gaius Plinius Caecilius Secundus의 말에 따르면, 대플리니우스는 책을 너무도 좋아하여 한시도 손에서 떼지 않았고 일분일초도 소홀히 할세라 쉬는 시간도 없이 공부에 매진했다고 한다. 심지어 밥을 먹는 중에도 시종에게 책을 읽으라고 시키고는 머릿속으로 요점을 정리했다. 한번은 시종이 책을 읽다가 글자 하나를 틀리게 읽었다. 그러자 옆에 있던 플리니우스의 친구가 말을 끊으며 다시 읽게 했다. 그때 플리니우스가 친구에게 이렇게 말했다. "자네도 이미 다 아는 내용이 아닌가. 자네 때문에 저 자는 최소한 열 몇 줄을 다시 읽어야 한다네."

대플리니우스는 평생 7편의 저작을 남겼다. 그중 6편은 이미 소실되었거나 일부가 남아 있는 반면, 《자연의 역사》는 온전하게 보존되고 있다. 소실된 저작은 《기병의 투창에 관하여》, 《폼포니우스 세쿤두스의 생애》, 《연설술 첫걸음》, 《난해한 언어》, 《게르마니아 전기轉記》 등이다.

《자연의 역사》

77년에 완성된 《자연의 역사》는 대플리니우스가 죽고 얼마 후에 소플리니우스에 의해 출판되었다. 대플리니우스는 머리말에서 이 책을 티투스 황제에게 바치며 화려한 미사여구를 좋아하는 독자가 아닌 농업과 수공업 종사자들을 위해 이 책을 썼다고 밝혔다. 소플리니우스가 '자연 그 자체'라고 찬사를 보낸 《자연의 역사》는 위로는 천문, 아래로는 지리에 이르기까지 농업과 수공업, 의약, 교통운송, 언어와 문자, 물리화학, 회화와 조각 등 광범위한 주제를 담고 있다.

《자연의 역사》는 총 37권으로, 제1권은 책의 내용과 소재의 출처를 담고 있고 제2~6권은 우주에 대한 묘사와 인종, 지리에 관한 내용을 담고 있다. 제7권은 인류학과 생리학, 제8~11권은 육상동물과 수중동물, 조류와 곤충을 구분한 동물학, 제12~19권은 수목과 화초를 비롯한 식물학, 제20~30권은 약용 식물을 포함한 약물에 관한 내용을 서술했다. 제33~37권은 광물학, 야금학, 화학공업 및 미술 안료의 가공과 조소 재료의 제작 기술을 담았고 상당한 분량에 걸쳐 예술이 발전되어 온 역사를 소개했다. 《자연의 역사》는 대략 500명에 달하는 작가의 작품 2,000여 권을 참조하여 이미 오래전에 분실된 고대 자료의 내용을 보존하고 있다.

79년 8월 24일, 베수비우스 화산이 폭발할 당시 플리니우스는 함대 사령관으로 근무하던 중이었다. 그는 화산 폭발 상황을 탐사하고 원인을 연구하기 위해 급히 배를 타고 시찰을 갔다가 화산이 뿜어낸 유독 가스에 질식사했다. 평생 독신으로 살았던 그는 조카를 양자로 들인다는 유언을 남겼으며, 그가 바로 소플리니우스로 유명한 가이우스 플리니우스 카이킬리우스 세쿤두스Gaius Plinius Caecilius Secundus이다. 대플리니우스가 죽고 18살의 소플리니우스는 외삼촌의 친필 원고와 엄청난 양의 발췌 자료, 기록 등을 물려받았는데 그 양이 무려 160여 권에 달했다.

에베소스(Ephesos)는 세계에서 가장 완벽하기로 손꼽히는 로마 시대의 대표적 유적지로, 켈수스 도서관은 에베소스를 대표하는 상징물이다.

베수비우스 화산

베수비우스 화산은 이탈리아는 물론이고 전 세계적으로 유명한 화산 중 하나이다. 베수비우스 화산은 역사적으로 여러 번의 분화가 일어났는데 그중 가장 많이 알려진 것이 79년에 일어난 대규모 폭발이다. 당시의 화산 폭발로 '가진 자들의 낙원'으로 불리던 도시 폼페이가 뜨거운 화산재로 뒤덮여 자취도 없이 사라져 버렸고 헤르쿨라네움과 스타비아이(Stabiae) 등 유명한 해안 도시들도 함께 묻히는 참사를 당했다.

　18세기 중엽, 고고학자가 화산재에 매몰된 폼페이를 발굴하면서 당시의 건축물과 각양각색의 자세로 죽어 있는 시신들이 온전한 형태로 보존된 것을 발견했다. 베수비우스 화산과 관련하여 흥미로운 이야기가 또 있다. 1944년에 베수비우스 화산이 다시금 분화하면서 화산 정상의 중심부에서 뜨거운 용암이 흘러나오고 화산재를 비롯한 온갖 화산 쇄설물이 산 정상에서 대략 200~500m 높이로 솟아올랐다. 그러자 당시 산 아래에서 격전을 벌이던 연합군과 나치군이 이 기이한 광경을 보고 전쟁을 멈추었고 수천수만 군인이 대자연의 경관을 보고자 달려왔다고 한다.

　과거 500년 동안 베수비우스 화산 폭발로 인한 용암, 화산재와 같은 화산 쇄설물, 치명적인 독가스로 목숨을 잃은 자가 그 수를 헤아릴 수 없을 정도로 많았다.

2 트라야누스 치하의 태평성세

트라야누스는 역대 로마 황제 중 지금까지도 역사학자들이 중요하게 다루는 인물이다. 그는 통치기간 동안 문치와 무공을 고루 발전시켰고 뛰어난 능력과 덕행으로 완벽한 귀감이 되어 가장 현명하고 이상적인 통치자라는 찬사를 받았다.

시기 : 53~117년
인물 : 트라야누스, 네르바

최초의 속주 출신 황제

마르쿠스 울피우스 트라야누스Marcus Ulpius Trajanus는 로마의 안토니누스 황가 중 두 번째 황제로 히스파니아의 바이티카 속주 출신이며 그의 선조는 로마 인으로 가족 모두 부유한 생활에 남부럽지 않은 명성을 누렸다. 그의 아버지는 베스파시아누스 황제가 유대인의 반란을 진압하던 당시 군단 지휘관으로 활약하여 70년에 집정관에 오르는 영예를 누렸으며 곧이어 로마 귀족으로 승격되어 시리아 등 아시아 속주의 총독을 연임했다. 어릴 때부터 아버지의 군대를 따라다니며 훌륭한 장교로 성장한 트라야누스는 라

한눈에 보는 세계사
105년 : 중국, 채륜, 종이 발명

인 강에서 도미티아누스에 대항하는 반란군을 진압하여 황제의 총애를 받아 91년에 집정관에 임명되었다.

96년, 도미티아누스가 피살되자 원로원 의원인 네르바 Marcus Cocceius Nerva가 원로원의 추대로 황제에 즉위했다. 네르바는 오랜 귀족 출신이자 원로원 의원으로 덕망이 높았는데, 그가 황제로 추대된 이유가 이미 고령의 나이에 슬하에 후계자로 삼을 아들이 없었기 때문이라는 말도 있다. 그는 도미티아누스에게 추방령을 받은 자를 사면하고 재산을 돌려주었으며 국사를 처리하는 과정에서 무엇보다 원로원과의 협조를 중시했다. 가혹한 세금을 면제하고 빈민들에게 토지를 분배했으며, 처음으로 국가와 부자들이 자금을 모아 빈민의 자녀들을 돕는 구빈 제도에 충실했다. 또 전 황제인 도미티아누스가 탕진한 로마의 국고를 채우기 위해 재정 긴축 정책을 시행했다. 그의 이러한 정책에 불만을 품은 근위대가 황궁을 포위하여 그를 협박하는 사건도 있었다. 네르바는 결국 군대의 지지 없이는 제국의 통치가 어렵다는 사실을 깨닫고 게르마니아 속주 총독이자 전쟁터에서 탁월한 공을 세운 트라야누스를 양자로 들여 자신의 후계자로 세웠다. 그 후 트라야누스는 카이사르의 칭호와 호민관의 권력을 부여받아 사실상 네르바와 공동 통치자가 되었다.

트라야누스 조각상

트라야누스는 '5현제(五賢帝)' 중 한 명으로 성정이 어질고 관대하여 민중의 인기를 한 몸에 받았다.

98년 초, 네르바 황제가 병사하자 콜로니아 Colonia에서 수비 임무를 맡고 있는 트라야누스가 황제로 추대되었다. 하지만 그는 곧장 로마로 복귀하지 않고 라인 강과 도나우 강 일대에 일 년 남짓 주둔하며 변방 강화와 다키아 전쟁 준비에 박차를 가했다. 99년, 마침내 로마로 돌아온 그는 우선 원로원에 우호를 표하며 원로원의 진흥을 꾀한 전 황제 네르바의 정책을 그대로 받들어 시행했다. 그리고 동·서방의 각 속주 상류층에서 원로원 의원을 선발하여 후원함으로써 원로원의 위상을 높였다. 아울러 원로원 의원을 함부로 처형하지 않고 그들과 우호적인 관계를 유지했는데, 그 공로를 인정받아 최고의 1인자를 뜻하는 '옵티머스 프린켑스Optimus Princeps'의 칭호를 선사받았다.

트라야누스는 지방행정의 대대적인 개혁을 위해 직분에 충실한 충신들을 속주 총독으로 임명하여 로마 정부와 속주의 관계를 강화했다. 소플리니우스 역시 총독으로 임명된 황제의 측근 중 한 사람이었다. 그가 황제와 주고받은 서신을 통해 당시 트라야누스가 속주 통치를 위해 시행한 정책과 속주에 대한 로마 정부의 집권을 강화하고자 사소한 행정 업무까지 일일이 황제에게 보고토록 한 사실을 알 수 있다. 또한 그는 도로와 항구, 교량을 건설하고 황무지를 개간하는 등 각 속주의 공공사업도 꾸준하게 진행했다.

트라야누스의 시대에 이탈리아의 농업은 이미 쇠퇴기에 접어들고 있었다. 백성의 힘을 키우기 위해 그는 노역을 줄이고 세금을 낮추어 민중의 부담을 덜어 주는 동시에 부채의 이자를 낮춰 파산한 지주와 중소 농가 육성에 힘썼다. 그리고 전 원로원 의원들이 재산의 3분의 1을 이탈리아 토지를 매입하는 데 쓰도록 법령을 반포했다. 그는 속주 출신의 부유한 새 원로원 의원을 이탈리아에 남도록 하고 자금을 투입시켜 농업의 부흥을 꾀했으나 그 효과는 생각보다 미미했고 오히려 이탈리아 토지 집중화를 악화시키는 결과를 초래했다.

트라야누스는 특히 빈민 구제에 가장 많은 관심을 쏟았다. 그는 구호양식의 수량과 배급받는 인원을 늘리고 몇몇 속주에는 공물을 면제하고 여러 세금을 감면해 주었다. 또 정부에서 부담한 일부 세금에 개인 모금을 더해 각지에 기금을 마련한 뒤 빈민의 자녀들을 후원하는 구빈 제도에 지원을 아끼지 않았다. 그는 이 제도를 이탈리아 전역으로 확대시켜 빈민가의 아들과 고아에게 매년 16세스테르티이를, 딸에게는 12세스테르티이를 지급했다.

트라야누스는 이렇듯 성정이 착하고 순박하며 한번 마음먹은 일을 해내는 굳은 의지를 지닌 황제였다. 그의 사후 250여 년 뒤 새 황제 발렌스Flavius Iulius Valens의 즉위를 선포하는 글에는 그가 아우구스투스보다 백성을 행복하게 하며 트라야누스보다 더 선량한 황제가 되기를 바란다고 쓰여 있었다.

절세의 공적을 세운 황제

트라야누스가 로마 제국의 역사에서 오래도록 이름을 빛낸 이유는 그의 대외 정책과 전혀 무관하지 않다. 로마가 역사상 최대의 판도를 과시한 것도 바로 트라야누스 황제 때의 일이다.

101~106년, 트라야누스는 도나우 강 하류의 다키아를 두 번이나 침략하여 국왕 데케발루스Decebalus의 통치를 뒤엎고 다키아를 로마의 속주로 편입시켰다. 그는 대다수 로마 군인과 빈민들을 다키아에 정착시켰는데, 이렇게 로마 인의 식민지로 조금씩 발전을 거듭한 다키아가 오늘날의 루마니아를 이루게 되었다. 다키아 전쟁의 승리를 축하하기 위해 그는 무려 123일 동안 축제를 열었고 원로원의 명으로 트라야누스 포룸에 그의 승리를 기념하는 '트라야누스 원주圓柱'를 세웠다. 이 원기둥의 높이는 38m로, 대리석 기둥 전면을 나선형으로 휘감아 올라가는 200m의 부조에는 군인들의

트라야누스 원주

전투 장면이 사실적으로 묘사되어 있다.

이후 아시아로 눈을 돌려 새로이 동방 정복에 나선 트라야누스는 로마의 강적인 파르티아와 전쟁을 벌였다. 기원전 1세기 중엽부터 로마와 파르티아 사이에는 줄곧 전쟁이 끊이지 않았는데, 서로 승패를 거듭한 탓에 수시로 국경이 바뀌었다. 105~106년, 시리아에 주둔한 로마군단이 트라야누스의 명을 받아 팔레스타인과 아라비아 사막 사이 대부분의 지역과 시나이 반도를 점령하여 새로운 아라비아 속주를 건설했다. 이어서 114년에는 황제가 직접 아르메니아를 정복하고 즉각 군대를 이끌고 남하하여 티그리스와 유프라테스 강 유역을 점령했다. 그는 파르티아의 수도 테시폰Tesiphon을 함락한 뒤 곧장 페르시아 만으로 행군했다. 그곳에서 트라야누스는 아르메니아 속주, 아시리아 옛 땅의 아시리아 속주, 티그리스와 유프라테스 강 유역의 메소포타미아 속주를 건설했다.

트라야누스의 적극적인 침략 전쟁으로 그가 통치하는 동안 로마 제국의 영토는 최대에 이르렀다. 당시 로마의 판도는 동쪽으로는 티그리스와 유프라테스 강 유역에 자리한 메소포타미아, 서쪽으로는 현재의 그레이트브리튼 섬인 브리타니아, 남쪽으로는 이집트와 북아프리카, 북쪽으로는 라인 강과 도나우 강 북부의 다키아까지 확장되었다. 그러나 정복지에 대한 통치 기반이 약화되어 얼마 후에 아라비아와 유다, 메소포타미아 각지에서는 침략자에 반발하는 폭동이 일어났다. 117년, 트라야누스가 로마로 회군하던 중 병사하면서 그의 유언대로 하드리아누스Publius Aelius Hadrianus가 후계를 이었다.

'황금시대'의 도래

플라비우스 황가 치세가 막을 내리고 로마는 네르바(재위 96~98년), 트라야누스(98~117년), 하드리아누스(117~138년), 안토니누스 피우스(Antoninus

Pius, 138~161년), 마르쿠스 아우렐리우스(Marcus Aurelius, 161~180년), 콤모두스(Commodus, 180~192년), 이 6명의 황제를 배출한 안토니누스 황가 치세로 접어들게 된다. 마르쿠스 아우렐리우스와 공동 황제였던 베루스Lucius Aurelius Verus까지 합하면 총 7명이다.

마르쿠스 아우렐리우스와 콤모두스 황제를 제외하면 직접적인 혈연관계 없이 원로원에서 가장 유능한 인물을 양자로 삼거나 후계자로 선택한 경우이다. 로마 제국의 역대 황제 중 네르바에서 마르쿠스 아우렐리우스에 이르는 5명은 흔히 정권교체 전후로 일어나는 정치적 혼란과 위기 없이 순조롭게 황위를 물려주어 사회 안정을 비롯하여 로마 안팎으로 대대적인 발전을 이루어 냈다.

이 다섯 황제는 100년 동안 이어진 피비린내 나는 살육과 다툼을 끝내고 이후 100년 가까이 평화로운 시대를 누렸다. 이 시기에 로마 제국은 투명 정치와 경제 발전, 사회 번영과 더불어 민중에게 풍족한 삶을 선물하여 역사학자들도 입이 마르도록 칭찬할 정도였다. 다섯 황제는 모두 어진 정치를 펼쳐 관리와 백성에게 존경과 사랑을 받았다. 그래서 이들이 통치한 시대를 로마 제국의 '황금시대' 또는 '5현제 시대'라고 부

트라야누스 기념주의 부조(일부)

른다. 그중 안토니누스가 통치한 기간이 가장 길고 그가 통치하는 동안 로마 제국이 최고의 전성기를 이루어 이들 왕조를 안토니누스 왕조로 일컫게 되었다. 5현제의 시작을 알린 네르바의 통치 기간은 2년밖에 되지 않았기에 실질적인 '황금시대'는 제2대 황제인 트라야누스 때부터 시작되었다.

3 시대를 빛낸 일류 문화인 ROME

플루타르코스Ploutarchos는 로마 제국 초기의 그리스 인 저술가이자 논리학자, 철학가로 그가 저술한
《플루타르코스 영웅전》은 후대에 지대한 영향을 미쳤다. 그는 생전이나 사후에도 한결같이 사람들의
사랑을 받았고 르네상스 시대의 수많은 유명 인사들이 그를 존경해마지 않았으며 그의 작품은 오늘
날까지도 걸작으로 평가되어 그 가치를 인정받는다.

시기 : 46~120년
인물 : 플루타르코스, 트라야누스, 하드리아누스

플루타르코스의 생애

플루타르코스는 그리스 중부 보이오티아Boeotia의 카이로네이아Chaeroneia
에서 태어나 명문 집안에서 풍족하게 자랐다. 그의 아버지 아리스토부루
스는 유명한 전기 작가이자 철학가였다. 플루타르코스는 어려서부터 참된
지식에 대한 갈망으로 집안 서재의 책을 두루 다독했고 청년 시절에는 아
테네로 건너가 암모니우스Ammonius에게 가르침을 받으며 수학과 철학, 수
사학, 역사학 및 의학 등 다양한 분야를 연구했다. 그리고 그리스 각 지역
을 시작으로 에게 해의 여러 섬과 이집트와 소아시아 및 이탈리아의 여러

한눈에 보는 세계사
105년 : 중국, 채륜, 종이 발명

지방을 여행했다. 이렇게 세상을 향한 큰 뜻을 품고 견문을 넓히며 여러 학문에 통달한 그를 어찌 그리스·로마 문화의 대가로 인정하지 않을 수 있겠는가.

플루타르코스는 평생 율리우스-클라우디우스 왕조, 플라비우스 왕조, 안토니누스 왕조, 이 세 왕조를 거쳤는데, 당시 그리스는 200여 년 동안 로마에 편입되어 서로 다른 그리스와 로마 문화도 이미 완벽한 융합을 이루고 있었다. 그는 일찍이 로마에서 강연하며 황제를 비롯한 많은 명사와 깊은 친교를 맺었는데, 트라야누스Marcus Ulpius Trajanus와 하드리아누스Publius Aelius Hadrianus 황제에게 강의해 준 인연으로 그들의 찬사를 받았다. 트라야누스는 그에게 집정관 직을 수여했고 하드리아누스는 그를 그리스 감찰관으로 임명했다.

플루타르코스는 일생 대부분의 시간을 자신의 고향인 카이로네이아에서 보냈다. 지방행정관, 대사의 임무를 수행하며 틈틈이 제자들을 가르치고 부지런히 저작 활동을 했다. 또 학교를 설립하여 철학과 논리학을 위주로 다양한 과목을 가르쳤다. 그는 다작 활동을 한 작가로 그 아들 람프리아스가 그의 저술을 모아 목록집을 만들었는데, 여기에 이름을 올린 책만 해도 227개나 되었다. 하지만 대부분 저술은 과거에 소실되어 현재는 목록집에 이름이 있는 83편과 목록집에 없는 18편, 그리고 15편의 일부 단편, 이렇게 116편만 보존되어 있다. 후대 사람들이 현존하는 그의 작품을 모아서 엮은 것이 바로 《윤리론집Moralia》과 《전기》이다.

《윤리론집》과 《전기》

《윤리론집》은 표제와 달리 잡다한 이야기를 담은 총 66편의 수필집으로, 논리와 종교·철학·과학·정치·문학 방면 등의 광범위한 내용을 담고 있다. 《윤리론집》은 플루타르코스의 생애와 사상을 이해할 수 있는 중요한 문헌으로 평가되고 있는데, 그중 대표작으로는 《아동교육에 관하여》, 《덕행과 범행》, 《친구 사귀기에 관하여》, 《충신과 간신을 구별하는 법》, 《행운에 관하여》, 《아테네 인은 전쟁과 지혜 중 어느 것이 뛰어난가?》 등이 있다. 그는 플라톤과 아리스토텔레스, 피타고라스, 스토아학파 등의 사상을 고루 융합하여 도덕적 실천을 강조했다.

플루타르코스의 저술 중 가장 널리 알려진 작품이자 그에게 오랜 명성을 가져다준 작품이 바로 50편의 전기를 다룬 《플루타르코스 영웅전》으로 《그리스·로마 영웅전》이라고도 불린다. 이것은 플루타르코스가 만년에 심혈을 기울여 집필한 책으로, 앞의 4편은 한 편당 인물 한 명씩 단독 전기로 구성했고, 나머지 46편은 지휘관, 정치가, 입법가 혹은 연설가 등 서로 닮

로마의 악사

로마의 희극에는 종종 춤과 음악이 어우러졌기에 이들 악사는 꼭 필요한 존재였다.

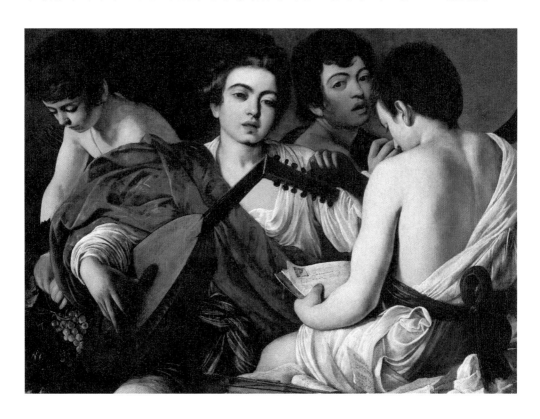

은 점이 있는 그리스와 로마의 영웅을 한 사람씩 짝을 지은 23쌍의 대비열전對比列傳이다. 그가 이러한 형식을 택한 것은 그리스와 로마 모두 그들만의 찬란한 역사를 지녔고 여러 걸출한 인물을 배출했다는 면에서 공통점이 많았기 때문이다.

플루타르코스는 인생의 잣대로 도덕과 이성, 중용과 절제를 추구하고 세상 물욕과 부귀영화를 좇지 않으며 자기 직분에 충실하여 백성의 삶을 행복하게 하는 데 그 의의를 두었다. 그는 그리스와 로마 영웅의 전기와 더불어 역사적 사실을 기술하는 동시에 각 인물을 객관적으로 평가하여 그들의 정치적 견해를 상세히 밝혔다. 서술과 논평을 적절히 취하고 막힘없이 자연스러운 문장력으로 마치 책 속의 인물을 직접 눈으로 보는 듯 생동감 있게 그려냈다. 그의 뛰어난 문필에 힘입어 《플루타르코스 영웅전》은 많은 사람의 입에서 입으로 전해져 후세에까지 깊은 영향을 미쳤다. 플루타르코스의 논리와 사상은 르네상스 시대의 인문주의 사조에도 훌륭한 계발작용을 하여 후대 사람들이 그리스·로마의 역사적 인물을 평가하는 데 더없이 좋은 지침서가 되었다. 그뿐만 아니라 《플루타르코스 영웅전》은 전기체傳記體 역사서의 기반을 다진 주춧돌로서 서양 역사서의 한 본보기가 되어 후대의 전기 작가들은 그의 기교와 필치를 흉내 내는 자가 많았다.

4 공화정을 꿈꾼 역사가

푸블리우스 코르넬리우스 타키투스Publius Cornelius Tacitus는 갈리아 트란살피나 출신으로 비교적 부유한 집안에서 어릴 때부터 우수한 교육을 받으며 자랐다. 베스파시아누스 황제 때 처음으로 정치판에 발을 들여놓은 그는 차츰차츰 승진을 거듭하다 97년, 네르바 황제 때 집정관에 임명되어 로마 최고 관직에 올랐다.

시기 : 56~120년
인물 : 타키투스

타키투스의 단편작

연설과 문학에 조예가 남달랐던 타키투스는 종종 원로원에서 강연하고 탄핵 연설과 변호를 맡았다. 그는 하드리아누스 황제 통치기 초년에 사망하여 총 5편의 저술이 현존하고 있다. 그중 완전한 형태로 보존된 3편의 단편은 《웅변에 관한 대화Dialogus de oratoribus》, 《아그리콜라의 생애》, 《게르마니아Germania》이고, 2편은 불완전한 형태의 장편역사서 《역사》(혹은 《로마사》)와 《연대기Annals》(혹은 《로마연대기》)이다.

그의 가장 초기 작품인 《웅변에 관한 대화》는 80년 전후에 집필한 것으

한눈에 보는 세계사
105년 : 중국, 채륜, 종이 발명

로 알려졌다. 타키투스는 이 책에서 제국 시대에 이르러 자유 연설이 쇠퇴하게 된 원인을 조사하고, 문화를 숭상하는 로마 사회 풍조의 변천사와 이러한 변화가 반영된 사회적 풍조로 말미암은 로마 사회의 흥성과 쇠퇴 사이의 연관성을 밝힌다. 그는 언론의 자유가 보장되어 귀족들의 연설다운 연설이 이루어지던 공화정 때와 달리 제정이 시작되면서 언론과 표현의 자유를 박탈당했다고 생각했다. 그래서 진정한 연설의 몰락은 표현의 자유를 박탈한 제정에 있으며, 그 결과 온갖 궤변과 아첨이 그 빈자리를 채우고 있다고 비판했다.

고대 로마의 은제 도금 조각상

두 개의 은제 도금 조각상은 가구 위에 놓는 장식품으로, 운명의 여신 형상을 하고 있다.

98년에 발표된 《아그리콜라의 생애》는 타키투스가 그의 장인 아그리콜라의 생애를 서술한 책이다. 그는 상당한 분량에 걸쳐 아그리콜라의 뛰어난 전공과 정치적 업적을 기술하여 그를 완벽한 영웅으로 묘사했고 그가 할 수 있는 한 최대로 장인의 도덕적 품성을 칭송했다. 98년에 발표된 《게르마니아》의 원래 이름은 《게르마니아의 기원과 환경》으로, 현존하는 고대 게르만 족의 사회와 조직, 경제생활, 풍속 및 종교 신앙을 기술한 작품 중 가장 상세하고 완벽한 문헌으로 평가받고 있다. 엥겔스는 《가정, 사유제와 국가의 기원》과 《고대 게르마니아의 역사에 관하여》를 집필할 당시 이를 주요 참고 자료로 활용했다.

장편 역사서

《역사》는 104년에 집필을 시작하여 109년에

완성된 작품으로, 총 12권 중에서 제1~4권과 제5권의 첫머리 부분만 현존하고 있다. 그는 당대의 역사적 사건만을 기술했는데, 이중 대부분이 그가 직접 겪은 일이어서 정치적 견해만 놓고 보면 다소 주관적이고 독단적인 판단이 의심되는 부분도 있다. 68년 네로 황제의 죽음에서 96년 도미티아누스 황제의 죽음에 이르기까지 전 플라비우스 왕조의 역사를 다룬 《역사》는 현재 70년 8월까지의 내용만이 전해지고 있다.

《연대기》가 집필된 시기는 대략 115년에서 117년 사이로, 총 16권 중 현재 온전하게 보존된 부분은 제1~4권, 제11~15권 및 제5권, 제6권, 제16권의 일부 편뿐이다. 14년 옥타비아누스의 죽음과 티베리우스의 즉위부터 68년 네로의 죽음까지를 다룬 《연대기》는 《역사》와 서사 연대가 서로 맞물려 전 율리우스−클라우디우스 왕조의 역사를 포함하고 있다. 《연대기》는 타키투스 만년에 집필된 작품으로, 고대 로마의 역사가 리비우스를 모방하여 그의 《로마 건국사》를 계승하고자 했다. 《역사》와 《연대기》를 합하면 타키투스의 역사서는 14년부터 98년까지 대략 1세기에 걸친 거대한 로마 제국의 역사를 담고 있다.

저서에서도 알 수 있듯 그는 과거 공화제로의 회복을 꿈꾼 역사가였다. 과거 로마 시민들은 자유가 보장되는 공화제 아래에서 애국하고 도덕과 정의를 숭상하며 로마의 발전을 이룩해 왔다. 하지만 제정이 시작된 이후, 시민들은 자유를 억압당하여 제대로 된 주장 한 번 펴지 못한 채 눈앞의 안일만 탐내며 살았고 그로 말미암아 로마 건국의 근본 정신마저 쇠퇴하여 사회적 기풍을 해치고 있었다. 그는 네로와 같은 폭군들을 누구보다 증오했지만 무조건 제정을 반대한 것은 아니었다. 그 역시 공화정의 몰락에 따른 제정의 성립이 역사가 한 걸음 더 나아가기 위한 필연적 과정임을 잘 알고 있었다.

5 황제의 뜻이 곧 법이다

ROME

하드리아누스Publius Aelius Hadrianus의 통치로 로마 제국은 평화와 번영의 시대를 누렸다. 그는 예술을 장려하고 법률 개혁과 군사 강화 훈련에 힘쓰는 한편, 직접 제국 전역으로 시찰을 나가는 수고를 아끼지 않았다. 그는 풍부한 기지와 활달한 성격으로 국가 전반을 두루 살피고 각 행정 부문이 지닌 문제를 꿰뚫어보았다. 그러나 그의 마음속에 강하게 자리 잡은 호기심과 허영심으로 어느 때는 훌륭하기 그지없는 황제였다가 어느 때는 가소로운 변론가로, 또 어느 때는 질투에 눈이 먼 폭군으로 변하는 등 다양한 인물상을 드러냈다.

– 에드워드 기번(Edward Gibbon), 《로마제국쇠망사》

시기 : 76~138년
인물 : 하드리아누스, 트라야누스, 안토니누스, 아우렐리우스, 베루스

중흥의 시대

아버지와 동명인 푸블리우스 아일리우스 하드리아누스Publius Aelius Hadrianus는 트라야누스Marcus Ulpius Trajanus의 출생지인 히스파니아의 이탈리카Italica 출신으로 그의 가족은 일찍이 이탈리아에서 히스파니아로 이주하여 살았다. 그의 아버지는 트라야누스 황제와 사촌지간으로 일찍 집정관 직에 올랐다. 아버지가 죽고 트라야누스에게 맡겨진 하드리아누스는 어릴 때부터 그와 함께 각지에서 전쟁을 치르며 황제의 신뢰와 총애를 받았다. 91년에 로마 원로원으로 입성한 뒤 100년에 트라야누스의 조카딸과 결

한눈에 보는 세계사
105년 : 중국, 채륜, 종이 발명

혼했고 105년에는 호민관에 당선, 106년에 법무관으로 승진했다. 그리고 107년에는 하판노니아의 총독을 지냈고 108년에는 보좌 집정관에 선출되었으며, 112년에는 특별한 영예를 입어 아테네의 집정관인 '아르콘'을 지냈다.

115~117년, 파르티아와 전쟁 당시 황제 트라야누스 휘하의 지휘관으로 활약했고 시리아 속주의 총독이라는 동방의 최고 책임자가 되었다. 117년에 트라야누스는 로마로 귀환하는 도중에 병사했는데, 임종할 즈음에 하드리아누스를 정식으로 입양했다. 트라야누스의 죽음이 알려지자 시리아 군대는 즉각 하드리아누스를 황제로 선포했고 곧 원로원의 승인을 얻었다.

트라야누스 황제는 로마 제국의 영토를 최대로 확장했으나 로마 지배하의 여러 민족은 끝내 통일된 기반을 이루지 못했고 무력으로 대항하는 것 외에는 다른 길이 없자 각지에서는 끊임없이 폭동이 일어났다. 정복지를 다스리지 못한 로마로서는 더 이상의 영토 확장이 무의미했다. 하드리아누스가 즉위 후에 가장 먼저 한 일은 바로 동방 침략을 멈추고 파르티아 왕국과 화의를 체결한 것이다. 그는 트라야누스가 정복한 아시리아 속주와 메소포타미아 속주를 포기하고 아르메니아를 보호국으로 되돌려 놓았다. 이리하여 로마 제국의 동방 국경은 유프라테스 강으로 축소되었다.

하드리아누스는 대규모의 침략 정책을 중지하고 수비로 전환하여 정복지의 방어를 강화하는 데 힘썼다. 게르만 족의 남침에 방어하기 위해 지금의 독일 남부에 라인 강 상류와 도나우 강 상류를 하나로 잇는 게르마니아 방벽을 쌓았고, 브리타니아 섬 북부에 동서를 가로지르는 '하드리아누스 방벽'을 쌓아 스코틀랜드 야만족의 침입에 대비했다. 하드리아누스의 이같은 방어 전략은 당시 로마의 시국을 적절히 고려한 것으로, 제국 경제의 회복과 발전에 긍정적인 영향을 가져왔다.

118년, 로마로 돌아온 하드리아누스는 국가 제도 및 통치기구를 정비하

하드리아누스 상(像)

하드리아누스는 트라야누스가 선택한 총명한 후계자로, 그가 다른 로마 황제들과 달리 수염을 기르고 부드러운 곱슬머리를 유지한 것은 그리스 문화에 심취해 있었기 때문이다.

여 내실 강화에 힘썼다. 로마 제국의 관료제도는 율리우스-클라우디우스 왕조 때 처음 기초를 다졌으나 당시 중앙관료기구의 대다수 요직을 해방노예들이 차지하고 있어 황제의 직속관리와 큰 차이를 보이지 않았다. 플라비우스 왕조 때 제국 행정기구 내 해방노예의 수가 확연히 줄어들어 그 빈자리를 차츰 기사 신분이 채워 나갔다. 하드리아누스 시대에 이르러서는 더 이상 제국의 고위 행정직을 해방노예에게 맡기지 않았고 부족한 인원은 기사 신분에서 충당했다. 이전과 달리 기사 신분에 대한 재산 규모의 제한이 없어지면서 일정한 나이가 되면 누구든 기사 신분에 들어올 수 있게 되었고 차츰 전문 관료계급으로 자리 잡았다. 하드리아누스는 이 외에도 황실의 재산을 관리하는 변호사와 우편물 감독관 등 중앙관료기구 아래 새로운 관직을 설치했다.

옥타비아누스가 창설한 황제의 자문위원회도 하드리아누스 시대에 이르러 하나의 완전한 관료기구로 자리 잡아 위원회 구성원들은 일반 관리들과 마찬가지로 국고에서 급여를 지급받았다. 다만 독립성을 잃게 되면서 정무 처리보다는 황제의 비위를 맞추는 수단으로 전락했다. 황제의 자문위원회가 득세하는 동안 원로원의 역할은 한 단계 축소되었다. 근위대장이 주관하는 자문위원회의 구성원은 대부분이 법학자들로 재판 등의 사법문제를 주로 다루고 법률을 해석할 수 있는 권한을 지녔다. 하드리아누스는 이름난 법학자 살비우스 율리아누스Salvius Iulianus에게 법무관이 내린 포고령들을 모아서 《영구고시록Edictum Perpetuum》을 편찬하게 했다. 《영구고시록》은 원로원의 의결을 거친 후에 효력이 발휘되었다. 이를 수정, 증보할 수 있는 권한은 오직 황제에게 있었다. 하드리아누스는 '황제의 뜻이 곧 국가의 법'이라고 하여 새로운 법률 규범을 마련했는데, 이후로 법무관을 비롯한 정무관의 사법권에는 제약이 뒤따랐고 새로 설치된 법정은 고급관리의 재판장으로만 이용되었다.

그는 국가의 재정을 엄격히 관리하고 예산 긴축 정책을 시행했으며, 조세 청부 제도를 폐지했다. 황실 소유의 땅에서 얻는 수입을 중시하여 황실 사유지에 임기 5년의 관리자를 두었고 그 아래로 소작농에게 농장을 경작하게 한 후에 수확물과 토지세를 징수했다. 소작농은 반드시 매년 관리자가 경영하는 농장에서 6일 동안 복역할 의무가 있었다. 그는 또 각 지역 정책의 대립을 완화하고 이탈리아와 속주민이 15년 동안 밀린 세금을 면제해 주었으며, 빈곤한 아동에게 양육비를 주는 등 구빈 제도를 충실히 이행했다.

하드리아누스 시대에 여러 속주 도시가 자치권을 얻음으로써 로마 인과 속주민 사이의 지역적 감정과 경계가 사라졌고 이후 로마 시민권은 더 많은 속주민에게로 확대되었다. 로마군단 역시 로마 시민권의 유무를 떠나 속주민을 로마의 군인으로 받아들였다. 이와 같은 군제 개편은 게르만 족의 충원을 촉진하여 제국 군대의 '오랑캐화蠻族化'를 가져왔다.

하드리아누스의 후계자

하드리아누스는 매우 박학다식한 황제로 모든 로마 황제 중 가장 수준 높은 교양을 자랑했고 문학과 예술, 수학과 천문 등의 분야에도 조예가 남달랐다. 그는 그리스 문화에 심취하여 당시의 유명한 문인들과 어울리며 글재주 부리는 것을 즐겼다. 특히 여행을 좋아하여 제위에 오른 동안에도 제국 전역에 자신의 발자국을 남겼다.

하드리아누스는 일찍이 후계자 문제로 골치를 앓은 경험이 있었다. 동성애를 즐긴 하드리아누스는 관능적이고 방탕한 귀족 아엘리우스 베루스Aelius Verus를 입양하여 그에게 사랑을 쏟았지만, 그는 황제보다 먼저 세상을 떠나고 말았다. 아엘리우스에게는 아들이 한 명 있었는데, 하드리아누스는 후에 안토니누스Antoninus Pius에게 그 아이를 입양하도록 요구했다. 그 아들이 바로 마르쿠스 아우렐리우스Marcus Aurelius Antonius와 공동 통치에 나선 루키우스 베루스Lucius Aurelius Verus이다.

이후 하드리아누스는 평판 높은 쉰 남짓한 나이의 원로원 의원 안토니누스와 열일곱 살의 젊은 청년 아우렐리우스를 마음에 들어 했다. 결국 안토니누스가 하드리아누스의 양자로 입양되어 후계자로 지명되었으나 반드시 젊은 청년을 입양하여 후계자로 삼아야 한다는 조건이 따랐다. 당시 안토니누스에게는 이미 두 명의 친아들이 있었는데도 말이다. 이렇게 하드리아누스는 2대에 걸친 후계자를 선정했는데, 이것이 얼마나 탁월한 선택이었는지는 훗날의 역사가 증명해 보이고 있다. 안토니누스와 아우렐리우스는 모두 현명하고 훌륭한 황제로 손꼽히며 그들의 통치 아래 로마는 제국

로마에서 30km 떨어진 티볼리에 있는 하드리아누스 황제의 별장

현재는 허물어진 담벼락만이 처량하게 서 있으나 당시의 웅장한 기세를 충분히 엿볼 수 있다.

역사상 최고의 행복기인 '황금시대'의 절정에 이르렀다.

138년, 하드리아누스가 병사한 뒤 그의 양자이자 아내의 외조카인 안토니누스가 즉위했다. 그는 나라를 다스린 23년 동안 선제의 정책을 그대로 계승하여 각 조직에 따른 내부 정비에 힘썼다. 그는 노예에게 지나친 형벌을 금지하고 주인이라도 무고한 노예를 죽이면 엄하게 처벌했다. 교육을 장려하여 가난한 아이들을 입학시켰고 선생과 철학가의 특권을 확대했다. 이재理財에 밝고 근검하며 '자신에게 하듯 다른 이들을 보살펴' 그의 사망 시에 로마 제국의 재산은 27억 세스테르티이에 달했다. 에드워드 기번은 그를 두고 이렇게 칭찬했다.

"안토니누스 피우스는 '제2의 누마'로 불린 황제이다. 이 두 황제의 남다른 점은 종교와 정의, 평화를 숭상하는 데 있으나 후자가 이러한 미덕을 적재적소에 더욱 잘 발휘했다. 누마는 이웃한 마을이 서로의 농작물을 약탈하지 않도록 제지하는 데 그쳤지만, 안토니누스는 전 지구의 대부분 지역에 오랜 평화와 안녕을 가져 왔다. 문헌을 살펴보면 그가 통치한 시대는 역사로 기록할 것이 없을 정도로 평온했다. 원래 역사라는 것이 인류의 죄악이나 불행, 우둔한 행위를 기록해 온 것이 아니던가. 그는 사람들과 두루 친밀하고 성정이 순수하여 위선이나 과시가 없으며 자신의 이익이 아닌 다른 사람의 행복한 삶을 위해 노력했다. 이러한 긍정적 행보는 그의 선량한 영혼을 여과 없이 드러내고 있다."

6 황제 철학가

마르쿠스 아우렐리우스는 로마 제국 5현제 시대의 마지막 황제로 후세에는 황제보다 철학가로서 더욱 이름을 알려 '황제 철학가'로 불렸다.

시기 : 161~180년
인물 : 아우렐리우스, 베루스

'황금시대'의 종말

161~180년에 제위에 오른 마르쿠스 아우렐리우스Marcus Aurelius Antoninus의 본적은 히스파니아로 그 유명한 안토니누스 가문 출신이며 그의 아버지는 일찍이 정무관을 지냈다. 로마에서 태어난 그는 어릴 때 아버지를 여의고 할아버지에게 입양되었다. 어린 시절부터 하드리아누스 황제의 눈에 띄어 근신들의 보살핌으로 우수한 교육을 받았고 6살에 기사가 되었으며 7살에 여러 문화의 정수를 배웠다. 그중에서도 철학에 특히 매료되어 12살 때 스도아학파와 견유犬儒학파 철학가들처럼 특이한 망토를 걸치고 다녔고 이성

한눈에 보는 세계사
105년 : 중국, 채륜, 종이 발명

적 사고를 중시했다. 그의 스승 중 한 명이자 유명한 수사학자인 프론토는 그를 계몽시켜 바꿔 놓으려 했으나 수고가 무색하게도 큰 효과를 얻지는 못했다.

161년, 안토니누스가 죽고 그의 양자인 마르쿠스 아우렐리우스와 베루스는 로마 제국 역사상 최초로 공동 통치자가 되었다. 법률상 지위와 권력은 동등했으나 베루스는 명의상의 통치자일 뿐 황제로서의 자질이 부족하여 실질적인 권한은 마르쿠스 아우렐리우스가 장악하고 있었다. 베루스의 결점을 정확히 알고 있는 아우렐리우스는 오히려 그의 부족함을 감싸 주며 훗날 그가 일찍 급사했을 때 후하게 장례를 지내고 그를 디부스 베루스 Divus Verus로 신격화했다.

아우렐리우스는 선제의 정책을 계승하여 지방 속주에 대한 로마 정부의 감독과 통제를 강화했다. 변경에는 워낙 사건 사고가 많다 보니 제위에 머무른 20년 동안 대부분 시간을 군대에서 보냈다. 161년, 파르티아의 국왕 볼로가세스Vologases 3세가 아르메니아를 침략하여 로마 군대에 타격을 준 뒤에 시리아 지역을 침략했다. 아우렐리우스는 즉시 군대를 집결시키고 베루스에게 통솔권을 주어 파르티아와 전쟁을 치르게 했다. 로마는 시리아와 아르메니아에서 파르티아군을 몰아내고 메소포타미아를 침공하는 등 전쟁 초기부터 선전하고 있었다. 그런데 갑작스럽게 발생한 전염병으로 로마 대군은 속수무책이 되었다. 로마는 166년에 메소포타미아에서 후퇴하여 파르티아와 화친을 맺었다. 전쟁터에서 돌아온 베루스 군대를 따라 전염병이 로마 전역으로 퍼져 나가면서 수많은 사람이 목숨을 잃었고, 이로 말미암아 병력 충원에 곤란을 겪게 되었다. 게다가 국가의 경제마저 악화되어 재정 파탄의 위기에 직면했는데, 이것이 오히려 게르만 족에게 침입을 허용하는 꼴이 되고 말았다.

168년, 게르만 족이 남하하여 로마 제국의 변경을 침략해 오자 도나우 강 일대가 위험에 처했다. 그들은 로마 동북부 속주의 광활한 지역을 짓밟고 북이탈리아를 공격하여 이탈리아로 진입하는 길을 싹쓸이했다. 169년, 베루스가 군대 진영에서 병사하여 아우렐리우스가 독재 황제로서 전쟁을 지휘했다. 여러 해 이어진 전쟁으로 국고는 이미 바닥났고 이러한 재정 위기가 전쟁을 더욱 궁지로 내몰았다. 그는 노예와 검투사 중에서 군인을 모집하고 황실의 보물을 내다 팔았으며 심지어 황제의 의복까지 경매에 부쳐 보급품을 조달하는 극단의 조처를 할 수밖에 없었다. 갖은 노력으로 제국의 북쪽 국경을 지켜 낸 아우렐리우스가 계속해서 야만족을 공격하자 그들은 마침내 무기를 던지고 투항했다. 더 이상의 침입을 막고자 아우렐리우스는 로마 군대 복무를 희망하는 부락을 제국 북쪽 국경 지역에 정착시키기로 했다.

174~175년, 이집트에서 대규모 농민 봉기가 일어나 자칫하면 알렉산드리아가 함락당할 위기에 놓였다. 사태는 초기에 진압되었지만, 시리아 총독 가이우스 아비디우스 카시우스가 175년에 또다시 반란을 일으켰다. 그는 아우렐리우스가 시리아에 도착하기 전 패배를 인정하고 자결했다. 얼마 후, 게르만 족이 서방에서 다시 로마를 침략해 오자 아우렐리우스가 직접 토벌에 나섰으나 지금의 오스트리아 빈인 판노니나의 빈도보나 군영에서 전염병으로 사망했다. 그가 죽은 뒤에 그 아들 콤모두스가 즉위했으나 지나친 폭정으로 암살당했고 안토니누스 왕조는 그렇게 막을 내렸다.

'철인황제'

마르쿠스 아우렐리우스는 로마 제국의 가장 위대한 황제로, 현명한 군주인 동시에 스토아학파의 철학자로서 대단한 업적을 남겼다. 약 스무 살에 스토아학파의 엄격한 사상 체계를 받아들인 그는 행동하는 데에 육체적 의지가 아닌 자연의 섭리와 정신의 명령을 따르고 또한 이성이 감정을 지배하도록 가르쳤다. 그리고 고상한 품성을 유일한 선, 도덕적 타락을 유일한 악으로 보고, 명예나 재산, 지위 등 몸 외의 것은 대수롭지 않게 여겼다. 그는 도나우 강에서 전쟁 중일 때 후세에 길이 남을 《명상록瞑想錄》을 저술했다. 《명상록》은 그의 유일한 철학 저서이자 그리스 어로 쓰인 '일기'로 그의 사후에 발견되어 정식으로 출판되었다.

그는 자신에게만 엄격하고 다른 사람에게는 관대한 극단의 편향을 보여 주었다. 가이우스 아비디우스 카시우스가 시리아에서 반란을 일으키다 자살하자 적을 친구로 바꾸려는 그의 바람이 좌절된 것에 더없이 큰 실망감을 느꼈다. 원로원이 격앙된 목소리로 반역자와 추종자들을 중벌에 처하라고 외칠 때에도 그는 매우 관대한 태도를 보였다. 그는 평화를 숭상하고 인간에 대한 굴욕과 파괴라는 이유로 전쟁을 증오하면서도 타고난 군사적 재능은 감출 수가 없었다. 연달아 여덟 번의 겨울을 얼음으로 뒤덮인 도나우 강변에서 적군에게 맞서 싸웠으나 결국 혹한의 겨울을 버티지 못하고 진중에서 쓰러져 두 번 다시 일어나지 못했다. 그의 사후에 관리와 백성은 그를 누구보다 존경하며 사모했고 100여 년이 지나서도 여전히 많은 사람이 그를 신처럼 받들어 모셨다.

마르쿠스 아우렐리우스

마르쿠스 아우렐리우스가 군대를 이끌고 로마로 들어오자 그의 위로 승리의 여신이 개선문을 지나는 사람들을 보호하고 있다.

7 '황금시대'의 쇠퇴

3세기에 들어서 로마 제국에는 농촌의 황폐화와 도시의 몰락, 끊이지 않는 내전으로 제국 전체가 마비될 정도로 심각한 위기가 찾아왔다. 이른바 '3세기의 위기'라 불리는 혼란으로, 로마의 '황금시대'와 '팍스 로마나'는 동시에 역사 속으로 사라졌다.

시기 : 192~268년
인물 : 콤모두스, 세베루스

'3세기의 위기'

아우렐리우스는 평생 전쟁터를 누비며 로마 제국의 국경을 가까스로 지켜 냈다. 그러나 그의 아들인 폭군 콤모두스Lucius Aurelius Commodus는 기대 이하의 능력으로 아버지의 '위대한 유산'을 지키지도 못했을 뿐더러 로마에 불리한 조약으로 게르만 족과 화친을 맺었다. 표면상으로는 제국의 국경을 유지하는 듯 보였지만, 사실상 게르만 족이 동맹을 구실로 로마로 이주해 왔기 때문에 제국의 국경은 더 이상의 방어선이 아닌 야만족의 침략 통로가 되어 버렸다. 콤모두스의 죽음으로 안토니누스 왕조의 지배는 종지부를 찍

한눈에 보는 세계사

194년 : 고구려, 진대법 실시
226년 : 사산 왕조, 페르시아 건국

220년 : 중국, 위·오·촉한 정립
271년 : 중국, 세계 최초로 나침반 사용

게 되었고 '황금시대'의 쇠퇴와 더불어 로마는 '3세기의 위기'에 빠져들었다.

'3세기의 위기'는 경제적인 측면에서 노예제의 위기를 가져왔다. 더 이상의 대규모 대외 확장 정책이 좌절되면서 충당할 노예의 수가 급감하다 보니 몸값이 뛰어 노예에게 노역을 시키는 것이 아예 무익한 일이 되어 버렸다. 게다가 노동을 강요당한 노예들은 노예주의 잔혹한 압박과 착취에 반발하여 가축을 학대하고 기구를 부수다 못해 전부 도망을 치거나 폭동을 일으켰다.

1세기의 로마 작가 콜루멜라Lucius Columella는 《농업론De Re Rustica》에서 농업의 몰락에 대해 이렇게 말하고 있다. "노예들은 가축 방목을 게을리했고 땅을 돌보는 일은 아주 엉망이었다. …… 그들은 더 이상 밭에 씨를 뿌려 수확하는 일 따위에는 관심이 없었고 탈곡장에서 일부 곡식을 빼돌리거나 일을 소홀히 하여 곡식의 수확량이 감소했다."

3세기 이후 황제의 궁전과 관료, 군대의 규모는 계속해서 확장되었지만 제국의 재정은 나날이 팽창하는 제국을 지탱하기에 너무도 역부족이었다. 그 외에 각종 축제 행사와 경기에 쏟아 부은 무분별한 지출도 재정의 위기에 한몫했다. 통계에 따르면, 1세기에 로마의 기념일은 66일, 2세기에는 123일로 늘어났고 3세기에는 무려 175일에 달했다고 한다. 검투 경기와 연극, 해전과 기마전 등 각종 기념일 행사의 운영비는 전부 국고에서 지출되었다.

'3세기의 위기'는 정치적으로도 심각한 대혼란을 가져왔다. 192년, 안토니누스 왕조의 마지막 황제인 콤모두스가 피살된 후 6개월 동안 근위대가 두 명의 황제를 옹립하자 이에 반발하는 속주들이 저마다 황제를 내세워 193년에서 197년, 4년에 걸친 왕위 쟁탈전이 벌어졌다. 결국 판노니아 총독 셉티미우스 세베루스Lucius Septimius Severus Pertinax가 승리를 거두면서 193~235년에 이르는 단명한 세베루스 왕조가 탄생하게 되었다.

세베루스 왕조

18세기 이탈리아 화가 베르니니(Giovanni Lorenzo Bernini)의 고대 로마도

화가에게 로마의 역사는 곧 예술의 역사이다. 트로이의 신관 라오콘(Laocoon)에서 부상당한 그리스 전사, 트라야누스 기념비에서 콘스탄티누스 대제의 개선문에 이르기까지 로마의 역사는 화려하면서 살아 있는 예술의 역사를 보여 주고 있다.

세베루스는 북아프리카 속주 출신으로 강력한 병사들에 의해 제위의 주인이 되었다. 권력 기반이 군대에 있다는 것을 누구보다 잘 아는 그는 즉위 후에 횡포를 일삼고 부패한 근위대를 해산시켜 각 속주 군단에서 새로운 근위대원을 선발했다. 그리고 군심을 얻기 위해 병사의 봉급을 두 배 가까이 올려 주었다. 211년, 세베루스는 브리타니아 원정을 감행하다가 전쟁 중에 전사했다. 그는 죽기 전에 아들에게 이렇게 당부했다. "병사들의 배를 불려라. 다른 것은 신경 쓰지 않아도 된다."

세베루스 왕조의 마지막 황제인 세베루스 알렉산데르 Marcus Aurelius Severus Alexander 의 통치기에 재정 궁핍으로 더는 선대의 유훈을 계승할

수 없게 되었고 군인의 봉급을 낮추자 곧이어 반란이 일어났다. 그러나 반란을 주도한 최초의 군인 출신 황제 막시미누스 트락스Gaius Iulius Verus Maximinus Thrax가 통치 3년 만에 부하에게 살해당하면서 로마는 장기간의 혼전에 빠져들었다. 238년에 각 속주와 이탈리아가 4명의 황제를 옹립했으나 모두 병사들의 손에 죽임을 당했고 이후 15년 동안 로마에는 10명의 황제가 제위를 거쳐 갔다. 253~268년, 발레리아누스Publius Licinius Valerianus 황제와 갈리에누스Publius Licinius Egnatius Gallienus 황제 부자를 제외한 30명이 영토를 할거하여 권력 투쟁을 벌이면서 이른바 '30인 참주' 시대에 접어들었다.

장기 혼전으로 제국의 백성이 극심한 고통을 겪게 되자 각지에서는 반란이 끊이지 않았는데, 그중 규모가 가장 크고 오래 진행된 것이 갈리아 농민과 노예들이 일으킨 바가우다에Bagaudae 운동이다. 켈트어로 전사戰士라는 의미인 바가우다에 운동은 많은 농민, 목축민, 노예, 소작농이 가담했다. 이들은 군대를 조직하여 자신들의 두 우두머리를 황제로 옹립했다. 그리고 부자를 죽여 자금을 축적하고 대지주의 장원을 짓밟아 토지를 빼앗는 등 대대적으로 로마의 노예 제도에 대항했다. 260년대에 시작된 바가우다에 운동은 3년여 동안 계속되다가 일시적으로 진압되는 듯했으나, 280년대에 이르러 더 큰 규모로 확대되기 시작했다. 이들의 반란은 결국 디오클레티아누스 황제의 공동 통치자인 막시미아누스의 진압으로 끝이 났다.

Ancient Rome

맥을 잡아주는 세계사

The flow of The World History

제7장 | 사분 통치와
서로마 제국의 멸망

디오클레티아누스의 개혁

천민 출신인 디오클레티아누스Gaius Aurelius Valerius Diocletianus는 로마 제국의 여러 황제 중 전환적 의미를 지닌 인물로, 일련의 개혁을 통하여 오리엔트식 전제정, 즉 '도미나투스'를 수립했다.

> **시기** : 245~313년
> **인물** : 디오클레티아누스, 막시미아누스

전제정 '도미나투스'

갈리에누스 황제가 암살된 다음 그의 기병대장인 클라우디우스 2세 Claudius II가 즉위하여 268~270년에 제국을 통치했는데, 그와 그의 후임자 세 명은 모두 일리리아 사람으로 이들을 통틀어 일리리아 황제라고 불렀다. 일리리아 황제의 부단한 노력으로 로마 제국은 공화정의 흔적을 하나씩 지워 나가며 점차 통일된 국면을 형성해 나갔다. 특히 일개 병졸에서 출세하여 270~275년에 제위에 올랐던 아우렐리아누스Lucius Domitius Aurelianus는 각지의 반란을 진압하고 귀족 출신의 원로원 의원들을 제멋대로 죽이

한눈에 보는 세계사

271년 : 중국, 세계 최초로 나침반 사용   280년 : 중국, 진(晋)의 통일
316년 : 중국, 5호 16국 시대 시작

는 등 스스로를 '황제이자 신'이라 칭하며 강력한 전제 정치를 시행했다.

가이우스 아우렐리우스 발레리우스 디오클레티아누스 Gaius Aurelius Valerius Diocletianus는 일리리아 출신으로, 그의 아버지는 아눌리우스라는 원로원 의원의 노예였다. 디오클레티아누스의 이름은 어머니가 태어난 달마티아의 한 작은 마을 이름을 따서 지은 것으로 그의 아버지는 후에 해방 노예가 되어 필사筆寫 일을 했다. 디오클레티아누스는 초기 일반 사병으로 복무했다가 차츰 장교로 승진하여 훗날 황제 누메리아누스의 호위대장이 되었다. 284년 11월, 근위대장인 아페르가 황위를 노리고 누메리아누스를 암살하자 디오클레티아누스는 니코메디아에서 아페르를 범인으로 지목하고 직접 그를 죽인 뒤 군대에 의해 황제로 추대되었다. 누메리아누스가 암살당했을 때 그의 형 카리누스는 이미 서부에서 권력을 장악하고 있었다. 카리누스는 누메리아누스의 뒤를 이은 디오클레티아누스의 군대와 전투를 벌이던 중 마르구스 강변에서 목숨을 잃었고 디오클레티아누스는 제국의 유일한 주인이 되었다.

그는 제위가 안정되자 곧바로 개혁에 착수하여 제국의 분열과 혼란을 막고 치안에 힘썼다. 그리고 새로운 황제를 세워 자신의 지위를 나눠 가짐으로써 공화정의 흔적을 지우고 중앙정부의 집권을 강화하려 했다. 이전까지만 해도 법령을 반포하고 황제를 세우는 데에는 반드시 원로원의 승인이 필요할 만큼 원로원은 막강한 영향력을 행사했다. 그러나 디오클레티아누스는 개혁을 통해 모든 정치 행사에서 원로원의 기능을 대폭 축소하여 과거의 공화정과 관련된 관직은 쓸쓸히 이름만 남게 되었다.

디오클레티아누스는 동방의 궁정 예절을 도입하여 황제를 알현하는 신하들에게 무릎을 꿇고 절을 하게 했으며, '프린켑

디오클레티아누스 두상

병졸 출신의 디오클레티아누스는 284년에 로마 황제가 되어 제국의 질서를 바로잡는 개혁을 단행했다.

스' 대신 '주인'이라는 뜻의 '도미누스Dominus'라는 칭호를 택했다. 이후 로마 제국의 정치 체제는 '도미나투스Dominatus'라 하여 이전의 원수정과 구분했고, 이때부터 로마 제국은 전제정의 시대로 접어들었다.

사분 통치제

디오클레티아누스는 최고의 관직인 황제에 올랐으나 로마 제국은 한 사람이 통치하기에는 너무도 거대했고 사방에서 호시탐탐 기회를 노리는 야만족들을 혼자서 다스리는 것도 사실상 불가능했다.

그도 그럴 것이 당시에는 바가우다에 운동과 아프리카 봉기 등 각지에서 반란이 끊이지 않았고 북쪽으로는 게르만 족이 침입해 왔으며 동쪽으로는 페르시아를 견제하느라 정신이 없을 정도였다. 이러한 사태를 해결하기 위해 디오클레티아누스는 제국을 분할 통치하는 테트라키아Tetrarchia, 즉 사두四頭 정치를 시작했다.

디오클레티아누스는 소아시아 북부와 니코메디아에 자리 잡아 흑해와 해협을 감시하는 동시에 멀지 않은 곳의 도나우 강과 유프라테스 강 일대의 방어를 강화했다. 285년, 디오클레티아누스는 농민 출신의 장군 막시미아누스Marcus Aurelius Valerius Maximianus를 부제인 카이사르로 임명하고 이듬해에 정제인 아우구스투스로 승격시켜 공동 통치자가 된 후, 바가우다에 운동과 아프리카 반란을 진압하고 라인 강 일대와 갈리아 북부를 방어하게 했다. 292년, 그는 제국을 둘로 나누어 자신은 동로마의 정제로, 그리고 막시미아누스를 서로마의 정제로 삼아 황권을 이분화하고 각각 로마가 아닌 니코메디아와 지금의 밀라노인 메디오라눔Mediolanum을 분할한 영토의 새로운 수도로 삼았다.

하지만 2인 통치제로도 제국의 복잡한 문제가 해결되지 않자 결국 293년에 두 황제는 아우구스투스의 아래 지위에 속하는 카이사르를 한 명씩 선출하여 또다시 영토를 분할 통치했다. 이후 비교적 확정된 '사분 통치제'는 제국을 4부분으로 분할한 뒤 4명의 통치자가 공동으로 다스리는 형식을 취했다. 우선 제국을 동서로 나누어 아우구스투스인 디오클레티아누스와 막시미아누스가 통치하되 디오클레티아누스는 소아시아와 이집트, 트라키아와 하아르메니아를 다스리고 막시미아누스는 이탈리아와 아프리카, 리키아Lycia, 노르키아Norcia를 다스렸다. 디오클레티아누스는 갈레이우스를 카이사르로 임명하여 발칸과 기타 속주 및 도나우 강 일대를 관할지로 주었고 시르미움에 본부를 두었다. 막시미아누스는 콘스탄티우스를 카

디오클레티아누스와 막시미아누스

이사르로 임명한 뒤 서유럽의 각 속주와 모리타니아를 주었고 트리어를 본거지로 삼았다. 아우구스투스가 부재 시에는 두 카이사르가 그 권한을 위임받았다. 디오클레티아누스는 '도미누스'로서 최고 권력을 누렸으나 사실상 제국은 이때부터 분열의 싹을 틔워 나가고 있었다. 후에 디오클레티아누스가 제위에서 물러나자마자 제국은 다시금 내전과 혼란을 겪을 수밖에 없었다.

황위 쟁탈전으로 로마가 반세기가 넘도록 몸살을 앓아 온 것을 잘 아는 디오클레티아누스는 통치기반을 굳히기 위해 두 아우구스투스가 각각 자신의 카이사르를 양자로 삼고 그들의 딸과 결혼시키며 20년의 임기를 마친 아우구스투스는 반드시 후임으로 정해 놓은

카이사르에게 정권을 인수인계하도록 하는 제도를 규정했다.

그런데 이러한 사분 통치제는 정부 기구가 분립되면서 재정 확대라는 현실적인 폐단을 불러왔다. 이에 세금이 가중되고 착취에 시달리는 등 백성의 피해만 늘어났다. 4명의 황제는 각각 자신들의 영토에 웅대한 궁전을 짓고 실속 없는 겉치레와 사치를 일삼았으며 대신들부터 일반 관리 및 노예들까지 이들에게 배정된 국가 관리의 인원도 두 배로 증가했다.

사분 통치제가 자리 잡은 순간부터 디오클레티아누스는 국가 전반에 걸친 개혁을 단행했다.

⑴ 속주 개혁 : 속주의 분열을 막기 위해 속주를 작은 규모로 세분화하여 원래 47개이던 속주는 특별행정지구인 로마를 포함하여 총 101개로 확대되었다. 이탈리아도 속주로 분류하여 10~12개의 속주를 하나의 행정구로 지정한 뒤 각각의 행정구에 총독을 두어 군정을 맡겼는데 속주 총독은 병권을 행사할 수 없었다. 행정 제도의 개혁은 지방에 대한 황제의 통제를 용이하게 만든 반면, 총독의 권력을 분산함으로써 그들의 지역적 세력을 약화시켰다.

⑵ 군정 개혁 : 군대를 변경군과 야전군으로 나누어 변경군은 반란 진압과 원정을 담당하고 주요 기동부대인 야전군은 외족 침입에 대비했다. 군대의 약 3분의 2가 변경군으로 배치되고 나머지는 야전군으로 아우구스투스와 카이사르가 직접 관할했는데, 권력의 핵심에 가까운 데다 반란이 일어날 가능성이 커서 야전군의 대우가 일반 변경군보다 더 좋을 수밖에 없었다. 변경군이 이에 불만을 품으면서 제국은 이후 또 다른 위기와 마주하게 된다. 디오클레티아누스는 정규 군단의 수를 약 72개로 늘려 총인원이 60만 명에 달했다. 이는 아우구스투스 시대보다 배로 증가한 수지만 각 군단의 인원은 오히려 매우 감소했다. 이 시기에 군대는 소작농을 징집하고 야만족까지 군사로 받아들이면서 군대의 구성원에도 이미 뚜렷한 변화

가 일어나기 시작했다.

(3) 재정 개혁 : 디오클레티아누스의 행정 개혁과 군사 개혁으로 중복된 관료 체계와 상당한 규모의 군대에 대한 지출이 급증하여 로마 제국은 많은 돈이 필요해졌고, 그 부담은 고스란히 시민이 과중한 세금으로 떠안게 되었다. 디오클레티아누스는 조세를 통일하여 돈이 아닌 물품으로도 세금을 매겼고 제국의 영토 중 일부 구역을 지정하여 농경지에 부과하는 토지세와 농민들 개인에게 부과하는 인두세를 구분했다. 농지가 없는 도시민들은 오직 인두세만 화폐로 내게 했고, 부녀자들은 일반 성인 남자가 내는 세금의 절반밖에 내지 않았으며, 관리와 퇴역한 병사, 무산자, 노예는 면세해 주었다. 새로운 조세 제도가 시행되면서 자연히 세금이 증가했는데, 4세기 신학자인 락탄티우스가 말한 그대로였다. "세금이 하늘 높은 줄 모르고 치솟아 징세자 수가 납세자보다 많아지는 진풍경이 벌어졌다. 사태가 이쯤 되니 파산한 소작농은 땅을 버렸고 농경지는 숲으로 변해 갔다."

(4) 화폐 개혁 : 화폐 가치가 하락하자 디오클레티아누스는 금화의 금 함량을 5.45그램으로 규정했다. 아우구스투스 때 제조한 금화보다는 그 무게가 3분의 1 가볍지만 3세기의 위기 때 제조된 질이 다소 떨어지는 금화에 비하면 금 함량이 높은 편이다. 그러나 황금과 물자 부족으로 금화가 발행되자마자 사람들이 꼭꼭 숨긴 채 내놓지를 않아 유통에 실패하면서 인플레이션이 더욱 심각해졌다. 디오클레티아누스는 결국 '물가 통제 칙령'을 공포하고 모든 물품과 용역 가격의 상한선을 정해 이를 어기면 엄벌에 처했다. 하지만 현실과 동떨어진 가격과 임금 규제는 시행되지 못했고 칙령은 결국 유명무실해져 버렸다.

(5) 종교 개혁 : 디오클레티아누스는 전통 수호의 뜻에서 옛 로마의 종교를 다시 부흥시키는 한편 황제의 권위와 신성성을 강조했다. 그는 로마의 오랜 신인 유피테르를 황제의 수호신이자 최고 권력의 기반으로 삼아 자신

을 유피테르의 아들이라 칭했으나 당시에는 이미 기독교가 전파되지 않은 곳이 없어 황제의 아내와 딸마저 기독교에 심취해 있었다. 기독교도는 국가의 전통신을 믿지 않고 황제를 신으로 받들지 않았으며 유피테르 신전의 제사의식도 거부했다. 군대에서도 황제가 내리는 종교적 선물은 받지 않았고 기독교 교의에 저촉되는 규율조차도 따르지 않았다. 이에 디오클레티아누스는 그리스도교에 강력한 박해를 가했고 종교를 배반하지 않는 자들은 끝내 처형당했다.

은퇴와 말년

303년, 처음으로 로마를 방문한 디오클레티아누스는 이곳에서 황제 등극 20주년을 축하하는 기념행사를 열었다. 305년, 쉰다섯의 디오클레티아누스는 오랜 국정에 시달린 탓에 기력이 쇠하여 병을 앓고 있었다. 니코메디아에서 약 5km 떨어진 어느 광활한 평원에서 그는 정식으로 퇴위식을 거행하고 난 뒤 고향 달마티아의 황궁에서 여생을 보냈다. 5월 1일 같은 날, 막시미아누스도 밀라노에서 황제직에서 물러났다. 디오클레티아누스가 자발적으로 은퇴를 약속했는지를 놓고 의견이 분분한데, 그의 사위인 갈레리우스의 협박에 못 이겨 은퇴했다는 설이 있다.

은퇴 후 9년 동안 디오클레티아누스는 대부분 시간을 나무를 심고 화초와 채소를 키우며 보냈다. 막시미아누스가 그에게 다시 황제가 될 것을 부탁할 때에도 그는 희미하게 웃으며 냉정한 어조로 이렇게 대답했다. "살로나이에서 내 손으로 직접 키운 배추를 본다면 두 번 다시 권력을 위해 눈앞의 행복을 버리라는 말은 할 수 없을 걸세."

훗날 자신이 퇴위한 후 혼란에 빠진 제국을 보는 것이 가슴 아파서였을까, 아내와 딸의 불행으로 큰 충격을 받아서였을까, 혹은 외로움과 굴욕감을 이기지 못해서였을까. 디오클레티아누스는 결국 스스로 목숨을 끊었다.

'사두 정치' 전후의 반란

장기간의 군사적 혼전과 잔혹한 경제적 착취는 로마 제국 내 수많은 백성에게 극심한 고통을 가져왔고 민중 반란을 일으키는 도화선이 되었다. 3세기 초, 노예주들에게 '강도'로 불리는 자가 600여 명을 이끌고 이탈리아 전역을 종횡무진하며 부자들을 죽여 빈민구제에 나섰다. 238년, 북아프리카에서 노예와 소작농, 그곳 원주민인 베르베르 족이 반란을 일으켰고 263년에는 시칠리아에서 대규모 항쟁이 일어났으며, 273년에는 로마의 화폐 제조자들이 봉기를 일으키자 자유 수공업자와 노예들까지 참여하여 정부군에 대항했다. 특히 3세기 중엽에는 갈리아에서 많은 농민, 목축민, 노예, 소작농이 켈트어로 '전사'라는 의미의 바가우다에 운동을 일으켰는데, 이들은 군대를 조직하여 두 우두머리를 황제로 옹립했다. 그리고 부자를 죽여 자금을 축적하고 대지주의 장원을 짓밟아 토지를 빼앗는 등 대대적으로 로마의 노예 제도에 대항했다.

2 콘스탄티누스 대제

디오클레티아누스가 퇴위하고 로마는 몇몇 후계자로 말미암아 18년 동안 대혼란을 겪었다. 그리고 콘스탄티누스 대제에 이르러서야 마침내 통일된 제국을 형성할 수 있었다. 그는 사분 통치제를 폐지하고 제국의 행정체제를 관료화하여 전제군주정의 새로운 장을 열었다. 또 그리스도교 신앙을 공인한 최초의 황제로서 기독교를 장려하여 기독교 역사는 그의 통치 아래 중요한 전환점을 맞이했다.

시기 : 274~337년
인물 : 콘스탄티누스, 리키니우스

타고난 승리자

콘스탄티누스 1세로 불리는 플라비우스 발레리우스 아우렐리우스 콘스탄티누스Flavius Valerius Aurelius Constantinus는 모이시아 속주의 나이수스 출신으로 아버지 콘스탄티우스 1세Constantius I와 첫째 부인 헬레나 사이에서 태어나 디오클레티아누스 황제의 궁정이 있는 니코메디아에서 어린 시절을 보냈다. 293년, 콘스탄티우스 1세는 사두정치 체제에서 서로마의 정제인 막시미아누스의 부제로 임명되었다. 그가 막시미아누스의 딸 테오도라와 결

한눈에 보는 세계사

271년 : 중국, 세계 최초로 나침반 사용
313년 : 한사군, 멸망
317년 : 중국, 동진 성립

280년 : 중국, 진(晉)의 통일
316년 : 중국, 5호 16국 시대 시작
320년 : 인도, 굽타 왕조 성립

혼한 뒤, 젊은 콘스탄티누스는 이집트와 페르시아 전쟁 중에 동로마 정제 디오클레티아누스의 휘하로 들어가 충성을 바쳤다.

305년, 콘스탄티우스 1세가 서로마의 정제가 되었지만 부제에는 다른 사람이 올랐는데, 사실상 막시미아누스의 아들 막센티우스와 콘스탄티우스 1세의 아들 콘스탄티누스는 아버지의 영향으로 권력에서 소외되어 있었다. 동로마 정제 갈레리우스는 콘스탄티누스를 아버지 콘스탄티우스 1세에게서 떨어뜨려 놓으려 했으나 콘스탄티누스는 결국 브리타니아의 아버지 휘하로 들어갔다. 306년 여름, 브리타니아 원정에 나선 콘스탄티우스 1세가 지금의 요크 지역인 에보라쿰Eboracum에서 죽고 휘하의 장병들이 콘스탄티누스를 서로마 정제로 추대하자 갈레리우스는 어쩔 수 없이 그를 부제로 인정했다. 312년, 막센티우스가 로마 근교의 밀비우스 다리 전투에서 대패하고 콘스탄티누스는 승전하여 원래 막센티우스의 영토인 이탈리아와 아프리카, 히스파니아를 장악함으로써 명실상부한 서로마 정제로 군립하게 되었다. 밀비우스 다리 전투를 앞둔 전날 밤, 콘스탄티누스는 하늘의 계시를 받았는데 꿈에서 '반드시 이기리라.'는 문구가 새겨진 반짝이는 십자가를 보았다고 한다. 이를 계기로 그는 기독교로 개종을 결심했다.

콘스탄티누스 상(像)

313년, 서로마 정제 콘스탄티누스는 발칸 반도와 일리리아의 동로마 정제 리키니우스Valerius Licinianus Licinius와 밀라노에서 만나 서로 동맹을 맺었고 리키니우스는 콘스탄티누스의 여동생 콘스탄티아를 아내로 맞이했다. 사실상 그리스도교를 공인하는 유명한 밀라노 칙령도 바로 이곳에서 발표된 것이다. 밀라노 칙령으로 모든 사람에게는 종교의 자유가 허락되었다. 로마의 신전과 그것의 사제, 대제사는 옛 풍습을 그대로 따랐고 황제 역시 '대제사장'의 칭호를 유지했다. 그는 국가나 개인이 빼앗은 교회와 재산을 전부 반환할 뜻을 밝혔는데, 이는 로마 법률상 기독교의 사유재산을 인정하는

콘스탄티누스 개선문

313년에 지어진 콘스탄티누스 개선문은 기본적인 큰 아치 좌우에 작은 아치를 곁들인 삼공식(三拱式)이며 받침과 벽면은 정교한 부조로 장식되어 있다.

첫 번째 사례였다. 또 아프리카 속주 총독에게 교회 건물과 재산을 돌려줄 것을 명령하고 교회 내 주교의 지위를 인정했으며, 카르타고 주교에게 성직자들에 관한 모든 지출을 국고에서 부담할 것을 요청했다.

얼마 후, 리키니우스가 이집트 및 아시아를 차지하고 있던 정제 막시미누스 다이아 Maximinus Daia를 물리치고 동로마 제국의 일인자가 되었다. 이로써 제국에는 동로마 정제와 서로마 정제 두 황제만 남게 되었지만, 리키니우스가 콘스탄티누스의 부제를 포섭하여 그에게 반발하도록 부추긴 사건과 변경 문제 때문에 이들의 평화로운 동맹은 일 년도 채 유지되지 못하고 깨져 버렸다. 314년, 두 정제의 세력이 서로 충돌하여 전쟁이 일어났지만 이렇다 할 결과 없이 두 사람은 휴전을 위한 협정을 맺었다. 323년, 로마의 패권을 놓고 벌인 일대 결전에서 콘스탄티누스가 발칸과 소아시아를 점령한 뒤 니코메디아의 리키니우스를 포위하면서 결국 최후의 승리를 거머쥐었다. 리키니우스는 아내 콘스탄티아의 중재로 콘스탄티누스에게 항복하여 목숨을 건졌으나 이듬해 324년에 야만족과 내통하여 반란을 꾀했다는 이유로 재판도 없이 처형당했다. 이로써 콘스탄티누스는 로마 제국의 유일한 통치자가 되었다.

로마 유일의 황제

콘스탄티누스는 사분 통치제를 폐지했으나 제국의 기반을 약화시키는 화근이 완전히 사라진 것은 아니었다. 330년, 수도 이전을 앞두고 콘스탄티누스는 일 년 내내 제국을 순행하며 각 속주의 정세를 살피고 주둔군을 정비했다. 제국의 복잡하고 불안정한 정세로 사실상 그는 디오클레티아누스의 사두 정치와 같은 공동 통치 체제를 따를 수밖에 없었는데, 자신의 아들과 조카에게 권력을 분할하여 다른 가문 출신자의 집권을 막았다. 그는 세 아들을 부제로 임명하여 콘스탄티누스 2세는 히스파니아와 갈리아, 브리타니아를, 콘스탄티우스 2세는 아시아 속주와 이집트를, 콘스탄스는 이탈리아와 서쪽일리리아, 아프리카를, 그의 두 조카는 각각 북부 변경과 카스피 해 일대를 관할하게 했고, 자신은 발칸, 트라키아, 소아시아를 직접 통치하며 도나우 변경 수비에 주력했다.

콘스탄티누스는 디오클레티아누스가 개혁한 변경군과 야전군, 각 속주의 군권 및 행정권의 분립 정책을 그대로 추진했는데, 디오클레티아누스 황제 때 비록 속주의 군정과 민정이 구분되었다고는 하나 여러 속주로 재편성된 행정구의 권한을 사실상 부근위대장이 모두 틀어쥐고 있었다. 이러한 폐단을 해결하기 위해 콘스탄티누스는 근위대를 해체하고 황실 친위대로 대체하여 전 군권을 오직 황제 자신에게 집중시켰다.

제국의 군대는 이미 부정부패로 기강과 규율이 문란해져 있어 향후의 병력 충원을 고려한다면 정부가 강제적 수단을 발휘하는 수밖에 없었다. 과거 퇴역한 병사에게 장기 복무한 대가로 퇴직금 대신 토지를 주던 것에서 콘스탄티누스는 토지를 아들에게 상속할 수 있는 대신 아들이 성인이 되면 반드시 군 복무를 해야 하며 만일 거절하면 재산을 몰수당하거나 목숨을 내놓아야 한다는 새로운 조건을 덧붙였다. 이 무서운 규정에 제국의 수많은 청년이 제 몸을 불구로 만들면서까지 병역을 회피하는 사태가 벌어졌다. 병력 충원으로 점점 많은 야만족이 로마군으로 편입되었고 그중 많은 수가 로마의 고위 관직에 올랐다.

제국의 행정 제도가 철저히 관료화되어 새로운 관직이 설치되면서 그에 기생하는 수많은 조직도 덩달아 생겨났다. 관료들은 엄격하게 등급을 나눠 놓은 '관료등급표'에 따라 오직 황제의 재판이 아니면 납세와 고문을 피해 갈 수 있는 일정한 특권을 누렸다. 이들은 황제에게 충성하는 것을 최고의 명예로 여겼고 황제의 뜻이 곧 법이라고 믿었다.

콘스탄티누스가 황제로 등극하여 제국의 경제와 문화의 중심지가 동로마로 급격히 이동하면서 이탈리아와 서로마는 점차 쇠퇴하기 시작했다. 더욱 효과적인 통치를 위해 콘스탄티누스는 330년에 비잔티움으로 수도를 옮겼다. 그리고 비잔티움은 후에 콘스탄티노플로 이름이 바뀌었다. 비잔티움은 니코메디아와 같이 전략적으로 시리아와 도나우 강 변경을 공격하기에 유리한 조건을 갖춘 데다 흑해에서 지중해 해협으로, 그리고 아시아를 지나 유럽으로 향하는 중요한 길목에 있었다.

밀라노 칙령 이후 319년, 콘스탄티누스는 기독교 성직자들에게 노역과 세금을 면제하는 법령을 반포했다. 323년에 리키니우스와의 전쟁에서 승리한 이후에는 대대적으로 동로마의 기독교를 장려하여 대다수 민중이 기독교를 받아들이게 되었다.

기독교가 황제에 의해 합법적인 지위를 확립하면서 기독교 내부에는 '아리우스파派'와 정교의 '정통파'로 나뉘는 교파 분열이 일어났다. 아리우스파의 창시자는 알렉산드리아의 사제 아리우스로, 그는 성자 예수는 창조된 피조물이며 성부인 하나님에게 종속된 존재라고 주장했다. 반면에 정통파를 창시한 알렉산드리아의 주교 아타나시우스는 성부와 성자, 성령의 삼위일체를 주장했다. 325년, 콘스탄티누스는 소아시아의 니케아에서 각지 기독교회의 주교들과 회의를 했다. 이 니케아 공의회에서 콘스탄티누스는 아리우스파를 이단으로 규정하고 성부, 성자, 성령의 동질성을 확립하면서 삼위일체의 교의를 정당화했다. 아리우스는 일리리아로 유배되고 아리우스파는 배격되었으나 훗날 이집트와 시리아, 일부 게르만 지역에서 더 널리 확대되었다.

콘스탄티누스는 노예의 생사를 결정하는 권한이 주인에게 있다고 규정했다. 부모가 자녀를 노예로 팔 수 있도록 허락했으며 도망노예와 주동자에 대한 형벌을 더욱 가중시켰다. 해방노예가 '무례와 잘못'을 저질렀을 때는 자유를 박탈하여 다시 노예로 만들었고 소작농의 농지를 한정함으로써 그들의 자유를 제한하여 노예와 같은 대우를 했다.

콘스탄티누스는 대외 정책에서도 선제인 디오클레티아누스의 발자취를 따라 움직였다. 313년과 332년에 서방과 도나우 강 연안에서 각각 프랑크 족과 고트 족을 상대로 전쟁에서 승리를 거두었는데, 이 시기에 제국의 변방으로 이주하는 이민족이 급증하고 있었다. 이 중 사르마트 족은 도나우 강 변경으로, 반달 족은 판노니아로 거처를 옮겼다.

337년, 중병을 앓던 디오클레티아누스는 죽기 직전에 아리우스파의 에우세비오에게 세례를 받고 며칠 뒤 5월 22일에 니코메디아에서 숨을 거두었다.

맥을 잡아 주는 **로마사의 중요 키워드**

콘스탄티노폴리스

터키 이스탄불의 옛 이름으로, 비잔티움 제국인 동로마의 수도이다. 발칸 반도 동쪽 끝에 있는 콘스탄티노폴리스는 보스포루스 해협과 인접한 데다 흑해의 입구를 지키고 있어 유럽과 아시아의 교통 요충지이자 전략적으로 매우 중요한 요새였다. 660년, 그리스 인이 건설한 그리스의 이민도시 비잔티움은 콘스탄티누스 이전의 제국 시대에서는 별다른 관심을 끌지 못했다. 그런데 로마의 황제 콘스탄티누스가 비잔티움을 대대적으로 개조하여 주요 도시로 삼고 330년에 수도를 옮기면서 '콘스탄티누스의 도시' 혹은 '새로운 로마'로 불리게 되었다. 1453년까지 비잔티움은 콘스탄티누스 대제와 그 이름을 같이하며 찬란한 천 년의 역사를 자랑했다. 콘스탄티노폴리스는 1453년에 오스만 제국의 군대에 포위당하고, 그해 5월에 메메드 2세에게 함락되어 멸망의 길을 걸었다. 훗날 오스만 제국의 수도가 되면서 이스탄불로 이름이 바뀌었다.

3 ROME
야만족의 침입과 로마의 멸망

날이 갈수록 로마 정부는 적들에게는 더 이상 두렵지 않은 존재가 된 반면에 국민에게는 더 압제적으로 변모해 갔다. 전 세계인이 열망했던 로마 시민이라는 영예로운 이름은 혐오스러운 것이 되었다. 야만족 정복자들이 동시에 멸망했더라도 서로마 제국은 다시 회복되지 못했을 것이며 로마가 여전히 존재했더라도 결코 예전의 자유와 영예를 누릴 수 없었을 것이다.

– 에드워드 기번

시기 : 337~476년
인물 : 프리티게른, 테오도시우스 1세, 아틸라

제국의 말기

337년, 콘스탄티누스가 죽고 그의 세 아들과 두 조카가 제국을 분할 통치했다. 제국 내부에 발생한 권력 투쟁은 337년부터 353년까지 16년간 계속되다 콘스탄티누스의 둘째아들 콘스탄티우스 2세가 제국을 통일하면서 잠잠해졌다. 그러나 콘스탄티누스의 조카 율리아누스로 의해 상황은 금세 달라졌다. 363년, 율리아누스가 페르시아 정벌에 나섰다가 부상당하고 사망한 이후에 두 명의 아우구스투스가 등장했다. 378년에는 364년부터 통치한 동로마 정제 발렌스가 서고트 족과의 전쟁에서 패하여 목숨을 잃었

한눈에 보는 세계사
375년 : 게르만 민족의 대이동 시작
433년 : 고구려·신라, 나제 동맹 결성

427년 : 고구려, 평양으로 천도
475년 : 백제, 웅진으로 천도

다. 제위를 물려받은 테오도시우스 1세^{Theodosius I}는 379~395년의 통치 기간 동안 서고트 족에 포용 정책을 펼쳐 야만족의 지지를 얻었고 기독교를 로마 제국의 공식 국교로 선언하여 잠시나마 통일된 국면을 회복하는 듯 보였다. 하지만 그가 죽은 뒤, 그의 두 아들이 동로마와 서로마를 나눠 가지면서 제국은 마침내 완전히 분열되었고 다시는 합쳐지지 않았다.

제국의 분열과 동시에 노예와 소작농, 기타 노역에 종사하는 백성의 항쟁은 날이 갈수록 그 열기가 뜨거워졌다. 368~369년, 브리타니아에서 세금 문제로 반란이 들끓었고 갈리아에는 디오클레티아누스에게 진압당한 바가우다에^{Bagaudae} 운동이 다시 일어나 갈리아 전역으로 확대되었다. 5세기에 이르러서는 브리타니아와 갈리아, 히스파니아에 대한 로마의 통치가 완전히 와해되었고 그 틈을 비집고 수많은 게르만 족의 작은 왕국이 들어섰다.

330년대부터 340년대에 북아프리카에 '신앙을 쟁취하는 전사'라는 뜻의

3세기 중엽 고트 족을 토벌하는 전투 장면의 부조

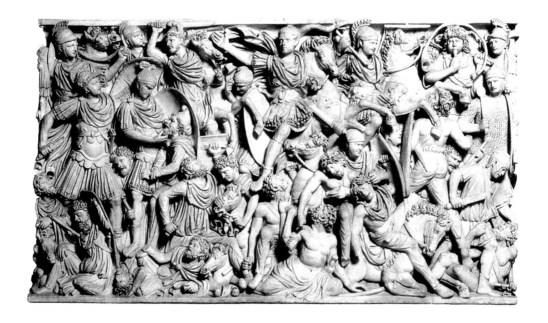

거대한 운동이 벌어졌다. 노예와 소작농, 기타 빈민층에서 시작되어 후에 로마 통치 아래 억압당한 베르베르 족까지 참여했다. 운동의 중심지는 누미디아와 모리타니아, 주동자는 베르베르 족이었다. 반란군은 몽둥이를 무기 삼아 대지주의 땅을 침범하여 노예문서와 채권을 불태웠으나 40년대 이후 군대의 진압으로 그 불씨가 꺼져 버렸다.

그런데 70년대 이후, 모리타니아 왕의 활약으로 운동의 불씨가 또 한 번 뜨겁게 타올랐다. 모리타니아의 대부분 지역을 점령한 반란군은 대농장을 짓밟고 카이사레아에 불을 질렀고 반란이 확대되는 과정에서 수많은 로마 군사들이 반란군 대열에 합류했다. 373년, 로마 정부의 명을 받은 테오도시우스 1세가 진압에 나서 2년 동안 전쟁을 치르던 중에 모리타니아 왕이 자살하면서 반란은 다시금 침체기에 접어들었다.

반란이 실패한 이듬해, 로마 제국의 북쪽 변경에서는 서고트 족이 또다시 시비를 걸어왔다. 중국 북방의 훈 족(흉노 족)이 서쪽으로 차츰 이동하여 4세기에 돈 강 평원에 그 모습을 드러낸 뒤 375년에 동고트 족을 정복하면서 서고트 족은 훈 족에 쫓겨 도나우 강을 건너야만 했다. 도나우 강 하류에 거주하던 서고트 족은 중앙아시아에서 넘어온 훈 족의 위협을 빌미로 로마 제국의 영내에서 거주할 수 있게 해 달라고 요청했다. 무장 해제하고 인질까지 내놓은 이들의 청원에 로마 황제 발렌스는 이를 허락하고 그들에게 땅과 식량을 제공하겠노라고 약속했다.

그런데 막상 서고트 족이 옮겨 오자 로마 정부는 식량을 주겠다던 약속을 저버린 채 과중한 세금을 매기는 것으로 모자라 고트 족을 노예로 팔아 버리는 인신매

폐위당하는 로물루스

476년, 서로마의 마지막 황제 로물루스 아우구스투스의 폐위는 서로마 제국의 멸망을 상징한다.

412

매까지 저질렀다. 막다른 궁지에 몰린 서고트 족이 로마 관리들의 부정에 불만을 터뜨리며 폭도로 변해 버리자 그곳 노예와 소작농, 농민들이 줄을 지어 합류하면서 금세 거대한 세력을 형성했다. 378년, 발렌스는 직접 군대를 이끌고 아드리아노플에서 서고트 족의 족장 프리티게른Fritigern과 결전을 벌였으나 결과는 로마군의 대참패였고 발렌스는 목숨을 잃었다.

379년, 프리티게른이 죽고 고트 족 내부에 분열이 발생하자 테오도시우스 1세는 포용 정책으로 트라키아와 마케도니아 일대를 고트 족에게 주어 분열을 잠재웠다. 노예 반란과 외족 침입의 이중고를 겪으면서도 테오도시우스 1세는 394년에 당장에라도 쓰러질 듯한 로마 제국을 힘겹게 통일했다. 하지만 그의 수고가 무색하게도 제국의 통일은 금방 깨져 버렸다. 도나우 강과 라인 강 일대의 게르만 족이 성난 파도처럼 무서운 기세로 쳐들어와 로마 제국을 장악한 것이다. 395년, 테오도시우스 1세가 세상을 떠났다. 그는 임종을 앞두고 두 아들에게 제국의 동·서부를 맡겼는데 동로마와 서로마는 각각 콘스탄티노폴리스와 로마를 수도로 삼았다.

395년, 로마 제국이 분열되자 서고트 족은 알라리크를 왕으로 추대하고 대규모 반란을 일으켜 발칸 반도에서 이탈리아로 진군해 왔다. 이탈리아에서만 4만 명의 노예가 서고트 족의 반란군 대열에 합류했다. 406년에 로마는 서고트 족에 맞서기 위해 라인 강 변경의 군대를 당장 불러들였는데 이것이 오히려 반달 족과 기타 게르만 족이 갈리아를 침범하는 기회를 제공하고 말았다. 407년에는 로마가 브리타니아를 포기하면서 앵글 족과 색슨 족까지 넘어왔다. 그런데 로마 제국의 혼란은 이것으로 끝나지 않고 또다시 새로운 위기가 찾아왔다. 알라리크가 동부 게르만 족 중 서고트 족을 이끌고 이탈리아로 쳐들어온 것이다. 똑똑하고 군 통솔력이 탁월한 로마 사령관 스틸리코가 알라리크를 무찔렀으나 당시 로마 황제인 호노리우스는 어이없게도 유언비어에 휘둘려 오히려 충신인 스틸리코를 역적으로 몰아 처형하고 말았다. 스틸리코가 처형된 이후 그를 따르던 병사들은 자신들의 사령관을 처형한 사람 밑에서는 복무할 수 없다며 서고트 족의 왕 알라리크의 휘하로 들어갔고 알라리크는 다시 로마로의 진격을 준비했다.

410년 8월 24일, 서고트 족의 알라리크는 408년과 409년에 이어 세 번째 로마를 포위 공격했다. 기회를 엿보던 노예들이 한밤중에 성문을 열어준 덕분에 서고트 족은 로마의 정치 중심지를 점령하여 대거 약탈을 자행했다. 6일 뒤에 서고트 족은 로마 황제 자리에 꼭두각시 황제를 앉혔고 이때 다른 게르만 족도 연달아 로마로 쳐들어와 몇몇 그들만의 왕국을 세웠다. 반달 족은 반달 왕국을 세워 해상 공격을 시도한 끝에 코르시카를 손에 넣었고 이미 쇠퇴기에 들어선 로마의 상업을 완전히 무너뜨렸다. 457년에는 부르군트 족이 갈리아 남부의 론 강 유역을 점령하여 부르군트 왕국을 건설했다.

반달 족은 서고트 족에게 패한 뒤 429년에 히스파니아에서 북아프리카로 건너갔다. 439년, 카르타고를 정복한 이들은 카르타고의 옛 땅에 반달 왕국을 건설했다. 5세기 중엽에 이르러서는 서로마 제국의 대부분이 이미 야만족들의 손아귀에 넘어가 있었다. 서고트 족과 반달 족 외에도 브리타니아는 앵글 족과 색슨 족, 갈리아 북부는 프랑크 족, 동부는 부르군트 족에게 점령당했다. 로마 제국은 이렇게 사방으로 갈기갈기 찢어져 곧 멸망할 위기에 놓여 있었다.

서로마 제국의 멸망

게르만 족이 로마로 대거 진격해 오던 때에 훈 족 역시 서쪽으로 이동하고 있었다. 450년, 훈 족의 수장 아틸라Attila는 서로마 황제의 여동생 호노리아를 아내로 맞이하려다 거절당하자 서로마와 전쟁을 일으켰다. 451년 6월 20일, 아틸라의 흉노 대군과 로마·서고트 연합군이 지금의 파리 교외에서 대규모 혈전을 벌였는데 전투가 얼마나 참혹한지 전쟁 하루 만에 양측의 전사자가 15만 명에 이를 정도였다. 국왕을 잃은 서고트 족은 후퇴하는 수밖에 없었고 심각한 타격을 입은 훈 족도 잠시 라인 강으로 물러나 다시 힘을 키웠다. 452년, 재기의 발판을 다진 흉노 제국은 다시 이탈리아를 공격하여 북부의 거의 모든 도시를 폐허로 만들어 놓고는 서로마에 화친을 제의했다.

455년, 반달 왕국의 왕 게이세리쿠스Geisericus는 전함을 이끌고 북아프리카에서 이탈리아로 쳐들어오자마자 로마를 점령하고 15일 동안 약탈을 자행했다. 468년에는 동로마 황제가 1천여 척의 전함과 10만 대군을 서로마에 지원했으나 카르타고 부근에서 게이세리쿠스와 대규모의 결전을 벌인 끝에 패하여 476년 가을, 반달 왕국과 평화 조약을 맺었다. 이 조약으로 북아프리카와 코르시카, 사르디니아와 시칠리아 등이 반달 왕국의 영토로 넘어갔다.

470년대에 이르러 로마 제국에 남은 영토라고는 이탈리아 반도뿐이었다. 서로마 황제는 어떻게든 통치권을 유지할 요량으로 게르만 족 용병을 모집했지만 결국은 이들의 꼭두각시 노릇만 하다 실권을 완전히 잃고 말았다. 흉노 제국이 붕괴하고 얼마 후에 로마는 흉노의 핍박과 야만족의 침입으로 멸망이 가속화되고 있었다. 476년 9월, 게르만 족 용병의 우두머리인 오도아케르가 서로마 제국 최후의 황제 로물루스Romulus Augustus를 폐위시키면서 서로마 제국은 민중 반란과 외족 침입으로 마침내 멸망하고 만다.

로마 제국의 멸망 이후, 로마와 게르만 족의 상호보완적인 작용으로 서유럽과 북아프리카의 광활한 지역에는 자연스럽게 봉건 제도가 싹트게 되었다.

로마는 누구에게나
매력적인 나라다

'일곱 언덕의 도시'에서 시작하여 찬란한 2000년의 역사를 자랑하는 '영원의 도시'이자 이제는 역사의 흔적이 살아 숨 쉬는 인류의 소중한 문화유산이 된 로마. 그렇기에 꼭 한 번쯤은 그 흔적 속에 발을 디뎌보고 싶고, 또 보고 나면 더욱 알고 싶어지는 것이 로마의 매력이 아닐까?

로마는 500년 동안 약소국이라는 꼬리표를 달고 오랜 고난의 세월을 보냈다. 그러면서 고군분투한 끝에 마침내 멋지게 도움닫기를 하여 지중해를 아우르는 거대한 제국으로 성장했다. 고대 로마 인은 어떤 사람들이었으며, 그들이 약점을 딛고 대제국을 경영할 수 있었던 숨은 힘은 과연 무엇이었을까?

작은 도시국가인 로마가 대제국을 건설하게 된 것은 결코 우연이 아니다. 대 라틴 전쟁을 끝내고 걱정을 한시름 던 로마가 슬슬 삼니움 족에게 눈길을 돌린 것도, 로마를 눈엣가시로 여기던 그리스의 식민도시 타렌툼을 누르고 이탈리아 반도의 최대 강국으로 떠오른 것도, 갈리아와 카르타고 같은 강적을 무찌르고 이탈리아를 넘어 지중해 전역을 정복하게 된 것 모두 오랜 세월 동안 로마 인이 투쟁과 타협을 반복하며 스스로 이루어 낸 결과물이지, 마치 동전을 던져서 앞면과 뒷면 중 하나가 나오듯 얻어걸린 행운이 아니다.

로마의 성공을 들여다보면 그들만의 독특한 철학과 지혜를 엿볼 수 있다. 정복 지역의 상황에 맞게 각기 다른 정치와 법률을 적용하여 필요에 따라 조정하는 분할 통치, 정복당한 민족이든 로마와의 전쟁에 패한 민족이든 모두 '로마 인'으로 융화하는 탁월한 정치는 국가의 위기를 모범적으로 극복한 한 사례로, 로마사 연구가 가치를 지닐 수밖에 없는 이유이다. 때때로 로마가 철저하게 패하면서도 쓰러지지 않고 다시 일어설 수 있었던 것은 "흐르는 물은 썩지 않는다."라는 말처럼 적에게서 장점을 발견했을 때 거부감 없이 수용한 로마 인 특유의 개방성 덕분이다. 이것은 절대 쉽지 않은 일이다. 만일 로마 인이 융화와 타협의 힘을 적절히 이용할 줄 몰랐더라면 분명히 로마의 역사는 지금과 달랐을 것이다.

　　로마의 역사는 곧 권력을 손에 쥐고 로마를 다스린 통치자의 역사라고 할 수 있다. 로마를 건국한 창시자 로물루스부터 야만족에게 폐위당한 마지막 황제에 이르기까지 수많은 통치자가 로마라는 무대에 올라 그들만의 드라마를 써 내려갔다. 단지 시대만 다를 뿐, 역사를 살아가는 사람들의 이야기가 담긴 세계 역사 시리즈 《로마》 편은 가벼운 재미와 더불어 우리에게 역사적인 교훈을 안겨 준다.

　　영원할 것만 같던 로마 제국도 세월의 풍파 속에서 서서히 내리막길을 걸었지만, 로마 인의 땀과 열정의 결정체인 그들의 역사는 오랜 시간이 흘러도 여전히 매력을 발산하며 변함없이 우리의 호기심을 자극한다.

찾아보기

[기타]

맥을 잡아주는 세계사 02

로마사

초판 1쇄 인쇄일 | 2014년 3월 5일 **초판 1쇄 발행일** | 2014년 3월 10일

지은이 | 맥세계사편찬위원회
펴낸이 | 강창용
펴낸곳 | 느낌이있는책

주소 | 경기도 파주시 교하읍 파주출판문화산업단지 문발로 115 세종 107호
전화 | (代)031-943-5931 **팩스** | 031-943-5962
홈페이지 | http://www.feelbooks.co.kr
이메일 | mail@feelbooks.co.kr
등록번호 | 제10-1588 **등록년월일** | 1998. 5. 16
책임편집 | 신선숙 **디자인** | design Bbook
책임영업 | 최강규 **책임관리** | 김나원

ISBN | 978-89-97336-58-6 03920
값 17,800원

· 잘못된 책은 구입처에서 교환해드립니다.

이 도서의 국립중앙도서관 출판시도서목록(CIP)은 서지정보유통지원시스템 홈페이
지(http://seoji.nl.go.kr)와 국가자료공동목록시스템(http://www.nl.go.kr/kolisnet)
에서 이용하실 수 있습니다.(CIP제어번호: CIP2014006145)